백년의 마라톤

백년의 마라톤

2016년 5월 15일 1판 1쇄 발행
2023년 3월 10일 1판 9쇄 발행

지은이 | 마이클 필스버리
옮긴이 | 한정은
펴낸이 | 양승윤

펴낸곳 | (주)와이엘씨
　　　　서울특별시 강남구 강남대로 354 혜천빌딩 15층
　　　　Tel.555-3200 Fax.552-0436

출판등록 1987. 1. 8. 제 1987-000005호
http://www.ylc21.co.kr

값 17,000원

ISBN 978-89-8401-207-3 04300
ISBN 978-89-8401-023-9 (세트)

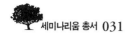

마오쩌둥·덩샤오핑·시진핑의 세계 패권 대장정

백년의 마라톤

마이클 필스버리 지음 | 한정은 옮김

영림카디널

기밀 정보 유출을 막기 위해

CIA, FBI, 국방부 및 국방부 장관실에서

출간 전에 이 책을 검토했다.

현장 실무를 위태롭게 할지도 모르는

민감한 운영 세부 사항을 삭제한

그들의 작업에 감사를 드린다.

| 차례 |

서문   8

제1장   중국의 꿈(中國夢)   31

제2장   전국시대   51

제3장   중국이 닉슨에게 왔다   79

제4장   미스터 화이트와 미시즈 그린   117

제5장   미국, 위대한 사탄   143

제6장   중국의 메시지 감시   163

제7장   살수간(殺手鐧)   189

제8장   자본가 흉내 내기   217

제9장   2049년, 중국이 주도하는 세계 질서   245

제10장   경고사격   273

제11장   전국시대처럼 사고하라   297

감사의 글   325

주석   329

희망 사항

2012년 11월 30일 정오, 하얀 수염에 서글서글한 인상을 주는 웨인 클러프 스미소니언 연구소 소장이 늦가을 하늘을 배경으로 빼곡한 카메라와 마이크 앞에 섰다. 그가 카메라 앞에서 얘기를 하는 동안 쌀쌀한 바람이 내셔널 몰을 쓸고 지나갔다. 사람들은 오버코트로 몸을 감싼 채 신기해 보이는 금메달을 손에 들고 있는 힐러리 클린턴 국무장관을 바라보고 있었다. 그날의 스미소니언 귀빈은 유명한 중국 예술가 차이궈창(蔡國强)이었다. 그는 전날 나의 아내 수전이 공동 개최한 스미소니언 국립박물관 아시아예술 전시관 새클러 갤러리에서 열린 화려한 축하 행사에도 참석했었다. 낸시 펠로시 민주당 원내 대표, 켄트의 마이클 공자빈, 그리고 일흔네 살의 이란 국왕의 미망인 등 4백여 명이 이 행사에 참석했다. 그들은 서로 잔을 부딪치며 미-중 관계를 축하했고, 2008년 베이징 올림픽 개막식에서 환상적인 불꽃놀이를 선보인 이래 세계적인 유명 인사가 된 차이궈창과 눈인사를 주고받았다. 중국을 대표하는 설치 예술가라는 평가를 받는 차이궈창은 이전에 만리장성을 따라 진행한 10km에 달하는 불꽃쇼로 우주에서도 보일 만큼 멋진 장관을 연출한 적이 있었다. 저녁에 열린 갈라쇼에서는 백만 달러가 넘는 스미소니언 기부금이 모금되었고, 이 소식은 여러 신문과 잡지의 사회면을 장식했다.(1) 그리고 이튿날, 차이궈창이 다시 양복, 회색 오버코트, 주황색 스카프 차림으로 모습을 드러냈다. 그는 흰머리를 단정하게 손질한 모습으로 2천 개의 폭발 장치가 장착된 4층 높이의 크리스마스트리를 올려다보았다.

관객들이 지켜보는 가운데 차이궈창이 손에 들고 있던 스위치를 켜자 크리스마스트리 가지들이 검은 연기를 뿜으며 폭발했다. 차이궈창이 다시 스위치를 켜자 두 번째 폭발이 이어졌고, 다시 세 번째 폭발이 일어났다. 고대 중국의 총기 발명을 상징하는 불꽃쇼가 5분간 계속되는 동안, 가지에서 떨어져 나온 솔잎들이 드넓은 잔디밭 사방으로 튀었고 검은 구름이 스미소니언의 상징물인 적색 사암 외벽을 감싸며 솟구쳐 올랐다.(2) 후에 그 불꽃쇼가 남긴 파편과 잔여물을 청소하는 데 꼬박 두 달이 걸렸다.

크리스마스를 한 달도 채 남겨놓지 않은 시점에, 중국 예술가가 미국 수도 한가운데에서 기독교 신앙의 상징물을 날려버리는 장면을 왜 지켜봐야 하는지 못마땅해한 관객이 한 명이라도 있었는지는 알 수 없다. 그날, 참석자들과 함께 박수를 쳤던 나조차도 그 파괴적 표현을 흐뭇하게 바라보았는지 어쨌는지 기억나지 않는다. 행여 있을지 모를 불만의 목소리를 의식했는지 박물관 대변인은 〈워싱턴 포스트〉와의 인터뷰에서 "그 행사는 크리스마스와 관련된 행사가 아니다"(3)

라고 말했다. 실제로 박물관 측은 차이궈창의 불꽃쇼를 '폭발적인 이 벤트'일 뿐이라고 선을 그었지만, 차라리 이보다는 차이궈창이 자신의 웹 사이트에 적은 '검은 크리스마스트리'(4)라는 말이 훨씬 더 적절한 표현일 것 같다.

차이궈창이 겸손한 미소를 머금은 채 지켜보는 가운데, 클린턴 국무장관의 보좌관은 기자단이 볼 수 있도록 금메달을 흔들어 보였다. 차이궈창은 그 분야에서는 처음으로 미국 납세자와 동일 세율이 적용되는 25만 달러의 상금과 클린턴 국무장관이 직접 수여하는 국무부 예술 메달을 받았다. 클린턴 국무장관은 "이해 증진과 외교 발전에 기여한"(5) 예술가에게 수여하는 메달이라고 의미를 부여했다. 차이궈창도 그 말에 동의하는 듯, "모든 예술가들은 외교관과 같다. 때로 예술은 정치가 할 수 없는 일을 할 수 있다"(6)라고 말했다.

다음 날, 나는 다소 미심쩍은 심정으로 중국의 고위급 인사를 만난 자리에서 전날 있었던 일을 말해주었다. 그도 의외라고 생각하는 것 같았다. 우리는 인터넷으로 차이궈창과 그의 작품들을 검색해보았다. 차이궈창을 천재라고 치켜세우는 영어 기사는 그렇다 치더라도, 수많은 중국어 웹 사이트가 한결같이 그를 자랑스러운 중국인이라며 칭송하고 있었다. 나는 식상하다는 생각이 들었다.

차이궈창이 중국 내에서 꽤 많은 팬을 거느리고 있는 것만은 분명해 보였다. 유명한 반체제 예술가 아이웨이웨이(艾未未)를 제외하면, 그는 중국에서 가장 대중적인 예술가임에 틀림없다. 차이궈창의 팬 가운데 민족주의 성향이 강한 사람은 그가 서양 사람들이 지켜보는 가운데 서구의 상징을 폭파시켰다며 환호했다. 중국의 민족주의자는 스스로를 잉파이(鷹派)라고 불렀는데, 이는 '매' 혹은 '독수리'라는 의미다. 군 간부와 정부 내 강경파가 다수를 차지한다. 그들을 만나본 미국인은 거의 없다. 그들은 대개 중국 정부와 군부 내에 있는 군사 전략가인데, 나는 1973년부터 미국 정부의 지시로 그들을 만나왔기 때문에 누구보다 그들을 잘 안다. 나의 몇몇 동료들은 이 잉파이를 미치광이로 여기기도 하지만, 내게 그들은 진짜 중국의 목소리를 들려주는 존재다.(7)

차이궈창과 강경파들은 미국의 쇠퇴와 강력한 중국의 부상을 고대해 마지않는 듯 보인다. (우연히도, 그의 이름 '궈창'은 중국어로 '강한 나라(國强)'라는 뜻이다.) 차이궈창의 초창기 작품은 이 주제를 담고 있다. 예를 들면, 미군이 아프가니스탄과 이라크에서 급조 폭발물(IEDs) 공격을 거듭 받고 있을 때, 차이궈창은 "관객들이 테러 공격과 전투 속에서도 일종의 보완적 미를 감상할 수 있도록"(8) 차량 폭탄 폭발을 연상시키는 폭파 장면을 연출했다. 또한 그는 흡사 예술 공연을 평가하듯 2001년 9·11 테러 공격을 세계의 관객을 위한 '장관'이라고 표현했다.

9·11 직후, 옥스퍼드대학의 한 교수는 차이궈창이 《무제한전(戰)》이라는 책을 가장 좋아한다고 말한 적이 있다고 밝혔다.(9) 이것은 글로벌 시대 전쟁과 전략, 군사적 분석을 다룬 책이다. 이 책에서 두 중국군 장교는 "베이징은 미국을 공격하기 위해 테러를 포함한 비대칭 전쟁 수단을 사용해야 한다"(10)라고 말한다. 최근까지도 중국 네티즌들이 했던 게임이 있는데, 이것은 자신들의 영웅이 미국 국회의사당에서 돌멩이 하나로 기독교 신앙의 상징물을 파괴하는 게임이다. 놀이에 불과해 보이지만, 이것은 미국을 겨냥한 심리를 분명히 보여준다.

나는 차이궈창에게 상금을 지급했던 정부기관이 그의 배경이나 미심쩍은 예술적 전략에 관해 전혀 모르고 있었다는 사실을 나중에 알게 되었다. 그 자리에 있었던 내 아내와 나도 무지했었다. 기쁨에 들 뜬 나머지 눈앞에서 진행된 공연의 체제 전복적인 의미를 생각해보지 않았다. 그런데 미국의 대(對)중국 정책도 이런 상황과 크게 다르지 않 았다. 중국 지도부는 중국의 부상이 평화로울 것이며 타국의 희생을 대가로 하지 않는다고 믿도록 만들면서, 다른 한편으로 이와 근본적 으로 배치되는 전략을 고수해왔다.

미국은 여전히 중국이 미국을 보는 것과 동일한 방식으로 중국을 바라보지 못하고 있으며, 이런 상황이 수십 년 동안 지속되어왔다. 그 렇지 않고서야 스미소니언 협회와 국무부가 내셔널 몰 광장에서 크리 스마스트리를 폭파한 유명 중국 예술가에게 25만 달러의 상금을 지급 했겠는가? '하늘을 속이고 바다를 건너다(瞞天過海)'라는 격언 속에 답 이 있다. 이것은 고대 중국의 36계[11] 가운데 하나이다. 36계는 상대가 경쟁하고 있다는 사실조차 의식하지 못하게 하고, 상대의 힘을 이용해 자신보다 강한 상대를 이기는 데 사용하는 전략이다. 후에 차이궈창은 국무부에서 "누구나 자신만의 작은 재주가 있지요"[12]라는 말을 했는 데, 아마 부지불식간에 이런 생각을 드러낸 말일 것이다.

적잖은 중국 전문가가 미국과 중국 사이의 오해를 줄이는 것이 중 요하다고 생각한다. 하지만 우리가 해야 할 일은 따로 있다. 미국은 줄 곧 중국을 정확히 이해하지 못했고, 이것은 때로 심각한 결과를 가져 왔다. 1950년대 한국전쟁 기간에, 중국은 미군이 중국 국경 가까이 접 근하지 말 것과 그렇지 않으면 상응한 방식으로 대응할 수밖에 없다 는 메시지를 미국에게 분명히 보냈다고 생각했다. 하지만 워싱턴에서는 누구도 이 메시지를 이해하지 못했고, 그해 11월 중공군이 압록강을 넘어 북한으로 밀려들었다. 한국전쟁 전까지 수많은 전투를 경험한 미군이었지만 1953년 휴전을 선언할 수밖에 없었다. 하지만 이는 3천 명이 넘는 미군이 목숨을 잃은 뒤였다. 이외에, 1970년대에 중국이 닉슨 정부에게 회담을 제안한 이유가 중국과 소련의 관계가 틀어졌기 때문이라고 오판했던 것, 1989년 천안문(天安門) 광장에서 일어난 학생 시위에 대한 중국 정부의 대응 그리고 1999년 미국의 베오그라드 주재 중국 대사관에 대한 우발적인 폭격을 히틀러의 만행과 동일시하던 중국의 의도를 정확히 간파하지 못했던 것이 모두 그 예이다.

미국 내 많은 중국 연구자는 중국을 서구 열강의 무기력한 희생자로 인식한다. 이는 중국 지도부가 굳게 믿을 뿐 아니라 적극적으로 주장하는 인식이기도 하다. 1967년 내가 컬럼비아대학에서 박사과정에 있을 때, 정치학 교수들은 서구와 일본이 어떻게 중국을 짓밟았는가를 강조하면서 젊은 세대가 얼마간이라도 속죄해야 한다는 식으로 말하곤 했다. 우리가 읽었던 전공 서적도 대개 비슷한 주장을 담고 있었다.

이런 관점―어떤 식으로든 중국을 도와주어야 하며, 중국의 선의와 피해 의식을 외면하는 주장을 의식적으로 배제하려는 태도―이 미국 정보기관의 대중국 접근 방식에 고스란히 내재되어 있다. 그리고 이 관점은 역대 미국 대통령과 정부 지도자의 결정에 영향을 미치고 있다.

심지어 해석에까지 영향을 미친다. 중국어를 배우는 학생이 가장 먼저 배우는 것 중의 하나가 중국어의 의미적 모호성이다. 중국어는 자음과 모음 같은 알파벳이 없다. 획이 모여서 글자를 만들고 글자가 모여서 단어를 이룬다. 사전에 수록된 수천 개의 글자는 적게는 1획, 많게는 17획에 이르는 약 2백 개의 부수와 전체 획수에 따라 분류되어 있다.

이런 복잡한 특징 외에도, 글자마다 성조와 발음이 있다. 한 가지 발음이 네 가지 성조를 가질 수 있다. 대표적인 예가 '마'이다. 이를 1성으로 발음하면 마는 엄마를 뜻한다. 2성으로 발음하면 마비라는 뜻이다. 3성으로 발음하면 말이라는 뜻이고, 끝을 뚝 떨어뜨리는 4성으로 발음하면 욕하다, 나무라다는 뜻이 된다. 중국어로 말할 때는 반드시 성조를 정확하게 발음해야 한다. 또 한 가지 모호성은 중국어가 사용하는 음절이 매우 적다는 점이다. 영어는 1천 개의 다른 음절을 사용하지만, 중국어 음절은 4백 개밖에 되지 않는다. 따라서 동일한 발음을 가진 단어가 많다. 동음이의어와 잘못 이해하는 경우가 자주 있다.

언어가 암호처럼 매우 복잡하다. 외국인으로서는 중국어의 의미를 어떻게 해석할 것인지 결정해야 하며, 그 결정으로 인해 본질적인 오해가 유발될 수도 있다.(13) 1983년 베이징에서 미국 상원 대표단을 만난 자리에서 했던 덩샤오핑(鄧小平) 특유의 에두른 중국어 표현, 1987년 워싱턴에서 했던 주룽지(朱鎔基) 총리의 모호한 언급, 2002년 미국을 방문한 후진타오(胡錦濤) 주석이 펜타곤에 전달하고자 했던 메시지, 우리는 이를 어떻게 해석해야 할지 판단해야 했다. 나의 동료들은 자주 해석을 놓고 의견을 교환해야만 했다. 불행하게도 미국에 있는 소위 중국 전문가들 대다수는 중국어를 몇 마디—중국어를 전혀 모르는 사람 앞에서 잘하는 체할 정도—밖에는 하지 못한다. 이로 인해 소위 유명한 중국 '전문가들'은 더욱 용이하게 자신들이 믿고 싶은 방식대로 중국어의 의미를 해석하고 있다. 말뿐만 아니라 그 말의 문맥을 들여다보는 것, 더 큰 숨겨진 의미를 찾아내는 것이 무엇보다 중요함에도, 반세기가 넘는 시간 동안 미국은 이렇게 하지 못했다. 최근까지도 중국 강경파의 진술들을 보면 고대 역사에서 인용한 애매한 표현들이 담겨 있다. 이로 인해, 대부분의 외국인은 중국의 전략과 그들이 전달하는 정보를 정확하게 이해하지 못하고 있다.

1971년 닉슨 대통령이 중국과 관계 개선을 이룬 후부터, 미국의 대중국 정책은 중국이 발전하도록 돕는 '건설적 포용' 기조가 대체로 유지되어왔다. 수십 년간 8명의 대통령을 거치면서 다소간 변화가 있었지만 이 정책은 여전히 유효하다. 민주당과 공화당 출신의 대통령들은 서로 다른 외교정책과 비전을 가지고 있었지만, 중국을 포용하고 발전하도록 도와야 한다는 점에서만은 동일한 관점을 가지고 있었다. 저명한 학자, 외교관 그리고 전직 대통령들을 주축으로 한 '건설적 포용'을 주장하는 그룹이 정책 입안자와 언론을 좌우했다. 나도 지난 수십 년 동안 이 그룹의 일원이었다는 사실을 인정할 수밖에 없다. 사실, 나는 1969년에 중국과 관계 개선을 모색하던 백악관에 중국 관련 정보를 제공한 1기 그룹 중 한 명이었다. 수십 년간, 나는 양당 지도부가 중국에 기술 및 군사적 지원을 하는 데 중요한 역할을 했었다. 당시엔 나도 미국의 고위 외교관과 학자들이 가지고 있던 가설을 대체로 수용했고, 이 가설들은 미국의 전략 대화, 외교 논평 그리고 언론 분석에 계속해서 영향을 미쳤다. 미국이 허약한 중국을 도와주면, 중국이 장차 민주적이고 평화적인 세력이 될 것이며 글로벌 우위를 차지하려는 야심 같은 것은 없다고 믿었다. 우리는 중국 강경파들의 영향력을 과소평가했다.[14]

그런 믿음을 뒷받침했던 모든 가설은 잘못된 것이었으며, 그만큼 위험했다. 중국이 하고 있는 행동과 중국이 하지 않고 있는 행동을 통해, 그것들이 틀린 가설이었음이 점차 분명해지고 있다.

잘못된 가설 #1:
포용이 완벽한 협력을 가져올 것이다

40년 동안, 나를 비롯한 많은 사람들은 중국을 '포용'해 광범위한 정치적 사안에서 서방과 협력하게 만들 수 있다고 믿었다. 하지만 그렇지 않았다. 지역 및 세계 문제를 바라보는 중국과 서방의 시각차를 무역과 기술 이전을 통해서 좁힐 수 있을 것이라고 믿었지만 그렇지 못했다. 결론적으로 중국은 우리의 장밋빛 기대를 거의 만족시키지 못했다.[15]

전쟁으로 피폐해진 아프가니스탄을 재건하려던 노력을 방해한 일부터 수단과 북한 같은 반(反)서방 정권에게 생명선을 공급한 것에 이르기까지, 중국은 미국 정부의 행동과 목표에 배치되는 행동을 해왔다. 실제로, 중국은 미국의 동맹국은 물론 미국의 적대국과도 다양한 관계를 유지해오고 있다.

대량살상무기도 한 가지 예이다. 미국과 미국의 동맹국에게 대량살상무기 확산보다 더 큰 안보 위협은 없다. 하지만 북한과 이란의 핵 야망을 저지하는 데 중국은 전혀 도움이 되지 않았다.

9·11 이후, 일부 평론가들은 미국과 중국이 과거에 구(舊)소련의 유령에 맞서기 위해 손을 잡았던 것처럼 향후 테러 위협에 대응하기

위해서도 손을 잡을 것이라고 주장했다. 2002년 1월, 조지 W. 부시 대통령은 일반 교서에서 '과거의 경쟁 관계를 씻어버리자'[16]고 밝혔다. 하지만 테러라는 '공동의 위협'에 맞서 협력하자는 이 희망찬 기대는 중국으로부터 상응한 호응을 얻지 못했다. 이 문제를 둘러싼 중미 협력은 매우 제한적으로 이루어질 것이다.

잘못된 가설 #2:
중국이 민주주의의 길을 걸을 것이다

중국은 과거 30년 동안 확실히 변했다. 하지만 중국의 정치체제는 우리의 포용 정책이 기대하고 예상했던 방식으로 진화하지 않았다. 이 점을 인식하는 중국 전문가들이 점차 '소수'가 되고 있다. 프린스턴대학의 애런 프리드버그 교수는 중국 공산당이 소멸하기는커녕 향후 수십 년간 건재할 것이라고 말했다.[17] 30년 동안 중국에 관한 글을 썼던 특파원 출신 작가 제임스 만은 중국이 점진적으로 자유민주주의를 받아들이게 될 것이라는 '위안적인 시나리오'는 환상에 불과하다는 사실이 밝혀질 것이라고 지적했다. 그는 20, 30년이 지나면 중국은 지금보다 훨씬 더 부유하고 강해질 것이며, 여전히 정치적 반대파를 적대시하는 공산 독재가 통치할 것이며, 세계 곳곳의 압제 정권을 지원하고 미국과 첨예하게 대립할 것이라고 경고했다.[18] 좌파 싱크탱크가 주도하는 유럽 외교관계이사회(ECFR)의 2009년 보고서는 중국이 유럽연합(EU)과의 접촉을 통해 '경제적으로 자유화되고, 법에 따른 통치가 개선되며 정치적으로 민주화될 것'이라는 믿음은 '시대착오'라고 기술하고 있다.[19] 학자들은 미국식(式) 자유시장경제의 부상이 아니라, '권위적 자본주의'[20]로 명명할 만한 시스템이 부상할 것으로 예측한다. 컬럼비아대학의 앤드류 네이선 교수는 〈민주주의 저널〉에 기고한 글에서 이러한 변화를 '권위주의의 회복력'[21]이라고 불렀다.

그럼에도 불구하고, 민주주의의 씨앗이 이미 중국의 여러 마을에 뿌려졌다는 생각이 미국 내 많은 중국 관찰자들 사이에서 일반적 통설이 되었다. 이들은 인내심을 가지고 지켜봐야 하겠지만 중국의 작은 마을에서 진행되고 있는 선거가 장차 더 넓은 지역으로 확대 실시될 것이라고 주장한다.

미국 정부 내의 많은 사람이 그랬던 것처럼 나도 수십 년간 이 '민주주의 이야기'를 들어왔다. 이와 관련한 수도 없이 많은 책과 기사를 읽었다. 나는 그럴 것이라고 믿었다. 그렇게 믿고 싶었다.

하지만 나의 신념은 1997년에 처음으로 흔들렸다. 그때 나는 둥관(東莞)이라는 공업 도시 인근의 한 마을에서 실시되는 '민주' 선거를 직접 보기 위해 중국을 방문했다. 방문 기간 동안, 나는 후보자 한 명과 중국어로 이야기를 나누고 실제로 선거가 어떻게 진행되는지 볼 기회가 있었다. 이 게임의 불문율이 곧 밝혀졌다. 입후보자들에게는 어떠한 정치 집회, TV 홍보 또는 선거 벽보도 허락되지 않았다. 그들은 공산당의 어떤 정책도 비판해서는 안 되며, 어떤 문제에 관해서든 다른 후보들을 비난해서도 안 되었다. 세금이나 재정 지출 혹은 국가의 미래를 둘러싸고 벌이는 미국식 논쟁은 벌어질 수 없었다. 후보자가 할 수 있는 유일한 일은 상대 후보와 자신의 개인적 자질을 비교하는 것뿐이었다. 이 규칙을 어기는 행위는 범죄로 취급되었다. 나와 이야기를 나눴던 후보자가 내게 서방에서는 이것이 어느 정도 민주적인 선거에 해당되느냐고 물었다. 나는 사실대로 말해줄 엄두가 나지 않았다. 중국의 강경파들이 이미 선거의 싹마저 제거해버린 것이다.

잘못된 가설 #3:
중국, 무너지기 쉬운 힘이다

1996년, 나는 로버트 돌 공화당 대통령 후보의 외교 자문관이던 로버트 엘스워스를 포함한 미국 대표단의 일원으로 중국을 방문했다. 중국은 돌이 대통령 선거에서 승리하고 엘스워스가 국무장관이 될 가능성을 저울질했는지 이례적으로 자신들의 내부 운영 상황과 문제들을 잠시 들여다볼 기회를 제공해주었다. 우리와 자리를 함께했던 인사들 중에는 스스로를 잉파이라고 부르는 군 간부도 있었다.

서로 간에 솔직한 의견 교류가 있었다고 할 만했던 자리에서, 우리는 중국 학자들로부터 중국이 심각한 경제·정치적 위기에 빠져 있으며 이런 식으로 가다가는 붕괴할 가능성도 있다는 말을 들었다. 그들은 중국의 심각한 환경문제, 불안한 소수민족문제, 그리고—반드시 개혁해야 한다는 말과 함께—무능하고 부패한 정부 지도자들을 언급했다. 그간 익숙하게 보아왔던 중국 정치국의 비밀주의적 태도를 고려할 때, 나는 이 학자들의 솔직한 말에 매우 놀랐다. 그들은 특히 내가 소위 허약한 중국을 도우려는 미국의 노력을 지지해온 사실도 언급했다.

이 방문에 동행했던 학계와 재계 인사들 그리고 정책 전문가들이 포함된 다른 그룹도 중국 학자들과 만날 기회가 있었으며, 그들도 다가올 중국의 쇠락에 관해 동일한 메시지를 들었다는 사실은 나중에야 알았다. 그들은 미국으로 돌아온 후 신문 기사, 책 그리고 논평을 통해 이때 들었던 '폭로'를 반복해서 언급했다. 예를 들면, 영향력 있는 민간 연구기관인 랜드 연구소는 머잖은 장래에 중국의 쇠락, 심지어 붕괴를 가져올지도 모를 10가지 주요 요인을 발표했다.[22] 이는 그 후 수년간 지속될 중국을 둘러싼 논의의 특징적인 경향이 되었다. 2003년에 〈코멘터리〉에 발표된 한 보도 기사의 제목은 '중국의 병(病)'[23]이었고, 2001년에 출간되어 베스트셀러가 된 책에서는 중국의 '머잖은 붕괴'[24]를 언급했다. 만약 미국이 중국에게 선거를 실시하라든가, 반체제 인사를 석방하라든가, 법치를 강화하라든가 혹은 소수민족을 공평하게 대우하라고 지나치게 압박하면, 중국의 붕괴를 초래하고 아시아 전체에 혼란을 야기할지도 모른다는 식의 견해를 경쟁적으로 피력했다.

수십 년 동안, 이런 주장들이 사설, 신문 기사, 책을 통해 중국에 대한 우리의 국가적 담론을 지배해왔다. 하지만 지금 IMF, OECD 그리고 유엔의 경제학자들에 따르면, 중국의 GDP는 앞으로 연간 7 내지 8퍼센트의 꾸준한 성장을 할 것이며, 2018년에는 미국을 추월할 것이다.[25] 불행하게도, 그때 나를 비롯한 소위 중국 전문가들은 '머잖은 중국의 붕괴'[26]라는 관점에 사로잡혀 이런 예측들을 믿지 않았다. 우리가 중국이 처한 곤경을 걱정하는 동안에, 중국 경제는 두 배 넘게 성장했다.

잘못된 가설 #4:

중국은 미국처럼 되고 싶어 한다

미국은 자신만의 오만에 갇혀 모든 국가들이 미국처럼 되기를 열망한다고 생각한다. 최근 몇 년 동안, 이런 오만함이 이라크와 아프가니스탄 문제를 향한 접근에 제약을 가져왔다. 미국은 중국에 대해서도 동일한 심리를 고수하고 있다.

1940년대에, 미국 정부의 지원으로 중국인의 심리를 이해하려는 연구를 진행한 적이 있었다. 그 후, 차이나타운에 거주하는 150명의 중국 이민자들을 대상으로 한 로르샤흐 테스트를 포함한 몇 가지 연구 결과가 나왔다. 네이선 레이츠, 루스 베네딕트 그리고 마거릿 미드를 포함한 연구자들은 중국인들이 좋아하는 책과 영화들을 분석했다. 여기에서 얻은 한 가지 결론은 중국인은 미국인과 다른 방식으로 전략적 사고를 한다는 점이었다. 미국인은 직접적인 행동을 선호하는 경향이 있는 반면에, 중국인은 직접적인 것보다는 간접적인 것을, 명료함이나 투명함보다는 모호함과 기만성을 선호하는 경향이 있는 것으로 나타났다. 또 한 가지는 중국의 고대 문헌과 병법서들은 속임수를 중요하게 생각한다는 점이었다.[27]

문화에 관한 정신분석적 연구로 유명한 네이선 레이츠 교수는 20년 후 다음과 같이 적었다.

손자(孫子)부터 마오쩌둥(毛澤東)에 이르기까지 중국의 전략 서적은 군사교리 자체보다는 기만적 전략을 더 강조한다. 중국인의 기만적 전략은 자신이 세운 전략의 완벽성을 지향하기보다는 적이 잘못된 행동을 하도록 유인하는 방식을 지향한다. 타 문화권 특히 서구에서, 기만적 전략은 대개 자기 자신의 힘을 이용해 충격적인 가능성을 실현할 의도로 사용된다. … 하지만 중국인은 기만 전술을 사용할 때 일반적으로 자신의 힘을 쓸 필요가 없다. … 중국인은 자신의 수단을 감추고, 권력자들의 일상을 알리지 않는 경향이 있다. 기습적인 행동과 기만술이 지극히 중요하기 때문이다.[28]

고대 중국의 문헌들은 대개 기만적 전술을 중요하게 여기며, 현명한 정치가라면 실체 속에 감춰진 신호들을 찾아내고 상대의 기만술을 꿰뚫어 볼 줄 알아야 한다고 강조한다. 중국의 고사(古事)에는 상대가 자신의 의도대로 움직이도록 만들기 위해 속임수를 동원한 영웅에 관한 이야기가 많다. 유명한 소설, 영화 그리고 TV 드라마는 자신의 진짜 의도를 끝까지 베일 속에 감추고 적을 유인하는 데 성공한 사람들을 영웅으로 묘사한다. 작가는 독자나 시청자가 그 속에 감춰진 기만적인 신호를 풀려고 노력하도록 만드는 것을 가장 노련한 이야기 구성 방식으로 간주한다.[29] 1940년대에 이루어진 이 독창적인 연구의 결론은 논쟁을 불러일으킬 가능성이 있고, 정치적인 관점에서도 바람직하지 못하다고 판단되어 외부에 발표되지 못했다. 유일하게 존재하는 복사본이 국회도서관에서 조용히 잠자고 있다.[30] 나는 2000년이 되어서야, 그것도 중국의 군 간부들을 통해서 이 연구의 결론이 근본적으로 옳았다는 것을 알게 되었다. 중국인은 기만적 전략을 매우 높이 평가한다. 그들은 자신들의 이런 문화적 특징을 자랑스러워한다. 두 강경파 군 간부가 이러한 인식을 보급하기 위해 '중국 전략문화촉진회'를 만들었다. 내가 그들을 처음 만난 20년 전부터 지금까지 관영 언론사를 통해 그들의 영향력이 꾸준히 확대되어왔다. 그들이 한 조언들이 최근 중국의 정책에 반영되기 전까지도, 미국 내 중국 전문가들은 여전히 그들의 존재를 간과하는 실수를 저질렀다.

잘못된 가설 #5:

중국의 강경파는 영향력이 미약하다

1990년대 클린턴 정부 시절 국방부와 CIA는 내게 미국을 기만할 수 있는 중국의 능력, 그리고 이를 실제 행동으로 옮길 수 있는 실행력에 관해 보고하라는 전례 없는 임무를 부여했다. 정보 자산, 미(未)발표 문건, 중국의 반체제 인사 및 학자와의 인터뷰 그리고 중국어로 된 저작물을 면밀히 조사하고 검토하는 과정에서, 중국이 나를 비롯한 다른 사람들에게 감추어왔던 비밀들을 알게 되었다. 내가 그때까지 믿어왔던 중국에 관한 전통적인 기술(記述)들과 이에 배치되는 단서들을 수집하는 과정에서, 과거 40년 동안에 드러났던 수많은 퍼즐 조각들을 맞추기 시작했다. 중국의 잉파이가 중국 지도부에 했던 건의들, 미국의 정책 입안자를 속여서 정보, 군사, 기술 그리고 경제 지원을 얻어냈던 전략들을 찾아냈다. 마오쩌둥에서 시작해 현재의 중국 지도부에 이르기까지, 강경파들은 줄곧 2049년(공산혁명 100주년)까지 치욕의 세기를 설욕하고 경제, 군사 그리고 정치적으로 미국을 추월해 글로벌 리더가 되고자 열망해왔다는 것을 알게 되었다. 이 계획이 바로 '백년의 마라톤'이다. 이것은 공산당 지도부가 미국과 외교 관계를 수립했던 그때부터 시행해왔던 계획이다. 과거 다른 나라에게 받았던 치욕을 되갚는 것이 목표다. 중국에 공평한 세계 질서와 미국의 글로벌 패권이 존재하지 않는 세계를 만들고, 제2차 세계대전이 끝날 무렵 브레턴우즈와 샌프란시스코에서 형성된 미국 주도의 경제 및 지정학적 세계 질서를 재편하는 것이다. 강경파들은 중국이 기만적 전략을 통해, 최소한이라도 위협이 될 만한 모든 시도를 차단함으로써 이 목표를 이룰 수 있다고 확신한다.

중국의 야망과 강경파의 기만적 전략에 관해 내가 알게 된 사실들을 보고했을 때, 미국의 정보 분석가들과 관리들은 믿을 수 없다는 반응을 보였다. 내가 찾아낸 증거들은 이전에는 본 적이 없었던 것들이었다. (감사하게도 조지 테닛 CIA 국장은 달랐는데, 2001년에 그는 이 보고서를 인정해 내게 우수업무수행상을 주었다.) 나는 동료들의 회의적인 태도를 이해할 수 있었다. 중국 정부는 오랫동안 '평화적 부상'을 위해 스스로를 원조가 필요한 후진국으로 묘사했다. 중국은 글로벌 리더십을 꿈꾸거나 미국과 맞서려는 의도를 일절 부인해왔다. 실제로 중화인민공화국 헌법에는 이런 주장을 담은 조항이 있다.(31) 중국 지도부는 끊임없이 "중국은 결코 패권국을 자처하지 않을 것이다"(32)라는 말로 다른 국가들을 안심시키고 있다. 다시 말해서, 중국은 최강국이 될 것이지만, 어느 누구를 억압하거나 무엇을 바꾸려고 시도하지 않겠다는 의미다. 우리는 '마라톤' 계획의 복사본을 가지고 있지 않다. 실제로 중국인도 그런 계획 같은 것은 없다고 말한다. 그들은 다만 세계경제의 3분의 1을 지배했던 300년 전 자신들의 지위를 회복하려는 것뿐이라고 말한다. 강경파들에 의하면, 그것은 적어도 미국의 두 배가 되는 것을 의미한다.

더 평화적이고 덜 민족주의적인 중국이라는 이 개념은 그동안에 서방 학계, 싱크탱크, 경제 연구소 그리고 미국 정부 내에서도 항상 제기되어왔다. 글로벌 지배보다는 경제성장에 더 관심이 많은 중국, 이개념이 그들에게도 유리하기 때문이다. 중국 기업에 투자하는 사모 펀드든 자금 지원을 받아서 중국과 공동 연구를 진행하고 학술회의를 개최하는 연구기관이든, 장밋빛 시나리오가 그들의 이익에 부합한다. 서방의 외교정책 전문가, 경제학자 그리고 기업가들이 받아들이고 있는 이 개념이 사실 근거가 없는 것도 아니다. 중국 내에도 온건파, 진정으로 미국과 협력을 추구하는 사람들이 존재한다. 실제로 중국 정부는 대체로 그들의 견해를 반복하면서 그것을 진정한 중국의 목소리라고 홍보하고 있다.(33)

하지만 '판다를 안고 있는 사람들(panda huggers, 내가 수십 년 동안 명예 훈장처럼 입에 달고 다닌 말이다)'이라는 다소 우스운 표현으로 불린 온건파조차도 중국 내 강경한 민족주의자들의 목소리를 '변방의', '극히 일부의' 주장에 불과하다고 일축했다. 강경파를 '뭘 모르는', 글로벌화와 정보기술 발전으로 인해 사라진 과거의 유물에 불과하다고 말했다.

중국의 민족주의를 주류 밖의 현상으로 일축하는 것은 서방의 중국 전문가들 대부분이 수십 년 동안 해왔던 일이다. 이 일방통행적인 희망 사항이 그 후 25년 동안 미국에게 가장 곤혹스러운 국가안보의 사각지대를 낳았다. 중국 내 온건파와 강경파는 베이징 정부 청사에서 중국의 미래가 어떠해야 할 것인가를 둘러싸고 치열한 논쟁을 벌였다. 강경한 민족주의자들의 세계관이 점차 주도권을 잡았다. 실제로 현재 이들이 시진핑(習近平) 정부 내에서 훨씬 더 강한 영향력을 행사하고 있다. 강경파의 지원을 등에 업은 〈환구시보(環球時報)〉가 두세 번째로 영향력 있는 신문이 되었다. 이 신문의 편집장 후시진(胡錫進)이 했던 말에서 강경파가 온건파를 어떤 시각으로 보는지 분명히 알 수 있다: 그들은 "중국에 멸망을 가져올 종양"이다.[34]

지난 30년 동안, 나는 닉슨 정부 이후 모든 정부 내에서 일한 중국 전문가로서 서방의 누구보다도 중국의 군부와 정보기관을 자주 방문했다. 인민 해방군과 국가안전부의 관리들은 자신들의 가장 비밀스러운 문을 열어서 어느 서양인도 읽어본 적이 없는 문건과 서적을 내게 주었다. 비록 평화적이고 유순한 중국 쪽에 베팅했던 베이징과 워싱턴의 몇몇 사람들이 그런 내게 불편한 심기를 드러내기도 했지만, 강경파는 나를 자신들의 관점을 선전할 수 있는 유용한 도구로 보았던 것이다. 1998년과 2000년에, 나는 《미래 전쟁을 바라보는 중국의 시각》[35]과 《중국, 미래 안보 환경을 논하다》[36] 두 권의 책을 출간했는데, 내가 베이징을 방문했을 때 수집한 다량의 문건을 번역한 것과 중국의 군사 지도자와 망명자들이 내게 준 자료를 기반으로 쓴 책들이다. 여기에는 향후 세계 속에서 중국의 역할을 두고 벌였던 중국 내부의 두 차례 논쟁과 관련한 문건들이 포함되어 있는데, 당시에 나는 이 두 관점을 '정통주의(강경파)'와 '수정주의(중도파)'로 명명했다. 두 권의 책에서 언급된 장성들과 외교정책 전문가들은 자신들의 견해가 정확하게 번역되어 최소한 워싱턴의 국가안보 전문가들에게 다소간 주목을 받은 것에 내게 감사를 표했고, 그 후 몇 년 동안 내게 더 많은 방문을 허락해주었다.[37]

수십 년간 중국을 세심하게 들여다본 후, 나는 지금 이 강경파들의 관점이 변방의 관점이 아니며, 중국의 지정학적 전략과 사고의 중심에 확고히 자리 잡고 있다고 확신한다. 이것은 중국이 세계적으로 부상하는 모습을 보고 싶어 하는 사람들, 그들을 대표하는 고위 정책 입안자들이 가진 사실 그대로의 관점이다. 문화혁명 이래, 중국 내에도 세계 자유시장으로의 편입과 더 민주적인 체제로의 전환을 추구했던 많은 자유주의 사상가들이 있다. 미국에 매파와 비둘기파, 소위 신(新)보수주의, 간섭주의, 현실주의 그리고 고립주의 진영이 있는 것과 마찬가지로, 중국의 엘리트도 나뉘어 있다. 물론 다른 점은 중국 국민들과 서방 언론의 관점에서 볼 때, 그들은 거의 논쟁을 하지 않는다. 의회 대표를 선출하거나 그런 문제를 토론할 장을 열어두지 않는다.

향후 10년 동안에 서방의 정책 입안자들, 정보 분석가들 그리고 학자들이 해야 할 일은 이런 논쟁이 벌어지는 비밀의 장막을 꿰뚫어 보고 서로 다른 진영들이 불러일으킬 영향력을 가늠하는 것이다. 지금까지, 서방의 정책 전문가들과 경제계에서는 중국이 평화적 부상을 추구하고 있으며 점차 미국과 닮아갈 것이라고 보는 시각이 대체로 당연하게 받아들여져 왔다. 중국에서 스타벅스, 맥도널드 그리고 애플과 같은 브랜드들의 폭발적인 성장이 이러한 관점에 한층 힘을 실어주고 있다. 최근에 중국이 한층 군국주의적으로 변화할지도 모른다는 불안한 신호들이 나타나면서 40여 년간 팽배해왔던 희망 어린 전망에 대해 일부에서 의문을 가지게 되었다.[38]

미국과 중국이 긴밀한 관계를 유지해야 한다고 줄곧 주장해온 사람들조차도 부인하지 못하는 사실은, 중국이 바로 우리 목전에서 글로벌 강국으로 부상하고 있으며 미국을 비롯한 서방국가들은 중국이 목표를 성취하도록 지금까지 도와주었다는 점이다. 세계은행이 그 중심에 있었다. 1983년, 덩샤오핑 주석과 세계은행 고위 인사들이 경제학자들로 구성된 팀을 만들기로 비밀리에 합의했고, 이들이 20년 후 미래의 관점에서 중국이 미국을 추월할 수 있는 방안을 건의했다.[39] 하지만 지원 수단은 이것만이 아니었다. 수십 년 동안, 미국 정부는 중국에게 민감한 정보, 기술, 군사, 첩보에 관한 전문적인 조언을 해주었다. 2005년, 미국 의회는 그토록 오랜 기간 동안에 그렇게 많은 것들이 제공되었음에도 전체적인 기록이 남아있지 않다는 점을 들어 정부를 비난했다. 그리고 우리가 중국에게 주지 않은 것들은 그들이 훔쳐갔다.

백년의 마라톤의 강점은 드러나지 않게 작동한다는 것이다. 영화 〈파이트 클럽〉에서처럼, 마라톤의 첫 번째 규칙은 마라톤에 관해 언급하지 않는다는 것이다. 실제로, 베이징에 있는 문서 보관 창고에는 마라톤을 상세하게 기술한 종합 계획이라고 할 만한 것이 한 부도 존재하지 않는 것이 거의 확실하다. 마라톤은 중국 지도부가 익히 알고 있는 것이기 때문에 굳이 그것을 문서화해놓는 위험을 자초할 필요가 없다. 하지만 중국인들은 점차 공개적으로 이 개념을 언급하기 시작했는데, 어쩌면 이제 미국이 따라잡기에는 이미 늦었다고 판단했기 때문인지도 모른다.

2012년, 2013년 그리고 2014년에 세 차례 중국을 방문했을 때, 나는 중국인들의 태도가 변했음을 감지했다. 관례대로, 나는 수십 년 동안 알아왔던 중국의 주요 싱크탱크 학자들과 만났다. 나는 '중국이 주도하는 세계 질서'—불과 몇 년 전만 해도 그들이 회피하거나 최소한 드러내놓고 말하지 못했던 말—에 대해 단도직입적으로 물었다. 그런데 많은 학자들이 새로운 질서의 확립 혹은 '회복'이 예상보다 훨씬 빨리 도래할 수 있다고 공개적으로 언급했다. 2008년 글로벌 금융 위기로 미국 경제가 타격을 입자, 중국은 오래전부터 예상해왔던 회복 불가능한 미국의 쇠퇴가 시작되었다고 생각했다.

　그들은—중국의 관심은 그저 도래하는 다극화 세계에서 적절한 리더십을 발휘하는 것일 뿐이라고 그토록 단언해왔던 바로 그 사람들이—'세계 속의 정확한 자신의 위치'의 회복이라는 장기적인 목표를 공개적으로 언급했다. 그것은 그들이 나는 물론이고 미국 정부를 기만해왔다는 것을 스스로 인정하는 것이나 다름없었다. 차마 자존심 때문에 인정하지는 못하겠지만, 그것은 미국 역사상 가장 체계적으로 초래된, 가장 명백하고 위험한 정보 실패였다. 지금도 우리는 마라톤이 현재 진행형이라는 사실조차 모르고 있기 때문이다. 미국이 패배하고 있다.

제1장

중국의 꿈
(中國夢)

"하늘에 두 개의 해가 없듯이,

백성에게 두 명의 임금이 있을 수 없다

（天無二日, 民無二王）."

– 공자

2013년 3월, 시진핑 국가주석이 취임했을 때까지도 미국 내 중국 연구자들은 그를 정확히 알지 못했다. 그가 중국의 강경파에게 지지를 받고 있었음에도 불구하고, 서방의 관찰자들은 대체로 사람 좋아 보이는 얼굴에 온화한 미소를 머금은 그가 중국의 구(舊)세력을 몰아내고 중국을 자유시장 체제의 민주주의 국가로 만들어줄 고르바초프 같은 개혁자일 것이라고 기대했다. 하지만 시진핑 주석은 곧바로 자신이 품고 있던 꿈을 드러냈다―세계 계층 피라미드의 정점에 있는 부활한 중국. 이것은 중국 지도부가 백년의 마라톤의 출발점으로 인식하고 있는 1949년 마오쩌둥이 집권한 때부터 줄곧 품어온 중국 공산당의 꿈이었다. 시진핑 주석은 '부흥지로(復興之路)'라는 슬로건을 제시했는데, 이는 '부흥으로 가는 길'이라는 의미다. 소수 민족주의자의 전유물로만 여겨지던 표현이 새 국가 지도자의 국정 슬로건이 된 것이었다. 그 변화가 현실로 나타나기까지 오랜 시간이 걸리지 않을 것이다.

베이징 천안문 광장에는 1949년 마오쩌둥의 명령으로 세워진 10층 높이의 기념비가 서 있다. 중국 정부가 부여하는 자격증을 소지하고 정부의 관리를 받는 관광 안내원은 외국인 관광객에게 이 기념비에 관해 상세하게 설명해주지 않는다. 서양인이 어찌어찌해서 그곳에 간다 하더라도, 대리석과 화강암 위에 중국어로 글귀가 새겨져 있고 영어 해석이 제공되지 않기 때문에 그것이 무슨 뜻인지 알기가 쉽지 않다. 그런데 이 기념비에는 마라톤의 가장 기본적인 개념이 새겨져 있다.

인터넷에 소개되어 있는 '인민의 영웅들을 위한 기념비'라는 거창한 문구는 어딘지 평범해 보인다.[1] 실제로 이것은 중국의 분노를 상징하는 조형물이다. 영국과 청나라가 무역 분쟁을 벌이다가 결국 제1차 아편전쟁이 일어났던 1839년을 시작으로 서구 열강에게 짓밟힌 '치욕의 세기'를 상징하는 기념비다. 이 기념비에 새겨진 글과 조각은 인민의 저항, 서구 열강의 침략 그리고 1949년 마오쩌둥이 국가주석이 된 후 정점을 찍었던 외세에 맞선 항쟁에 이르기까지 중국 근대 100년의 역사를 담고 있다.

매일같이 미국 관광객이 이 기념비 옆을 지나가고 멀찍이서 사진을 찍지만, 기념비가 미국을 향해 전하는 메시지는 분명하다. 그리고 중국 국민 사이에서 애국심을 불러일으키는 상징물로 자리 잡고 있다는 점에서 이 기념비는 또 하나의 메시지를 던지고 있다: 중국에 정의의 시대가 도래하고 있다. 이 기념비는 중국과 미국의 관계를 보여주는 완벽한 상징물이다. 전자는 분노를 품고 있고, 후자는 이를 까맣게 모르고 있다.

세계 국가 계층구조 속에서 중국이 차지하는 특별한 위치라는 개념은 중국 공산당이 부상하기 전부터 존재했다.[2] 19세기 후반, 서구 열강은 몰락하던 오스만튀르크 제국을 '유럽의 병자'라고 불렀던 것에 빗대어 중국을 '아시아의 병자'라고 불렀다. 많은 중국 지식인에게, 이 말은 서구 열강과 그 방관자를 향한 분노를 불러일으키는 가슴 아픈 말이다. "외국인들이 우리를 '아시아의 병자', 미개하고 열등한 종족이라고 부른다."[3] 근대 혁명가 천톈화(陳天華)가 1903년에 신랄한 어조로 써 내려간 글 속에 있었던 말이다. 세계 계층구조의 정점에서 중국이 적절한 위치를 차지하기 전까지는 결코 치유되지 않을 곪은 상처다.

20세기로 접어들 무렵, 중국의 전략가와 지식인들은 찰스 다윈과 토머스 헉슬리의 저서에 매료되어 있었다. 그들은 경쟁과 적자생존을 비롯한 다윈주의의 개념을 서구가 초래한 중국의 치욕을 설욕할 수 있는 개념으로 인식했다. 번역가이자 학자, 개혁가였던 옌푸(嚴復)는 헉슬리의 《진화와 윤리(Evolution and Ethics)》를 중국어로 처음 번역한 인물로 알려져 있다. 하지만 그는 중요한 실수를 저질렀다. 자연선택이라는 말을 도태 혹은 '제거'로 번역함으로써, 이것이 다윈주의에 대한 중국인들의 이해를 특징짓게 되었다.[4] 경쟁에서 패배한 쪽은 약자, 자연이나 정치의 세계에서 제거될 운명을 가진 대상으로 인식되었다. "약자는 강자에게 먹힌다." 옌푸는 이렇게 썼다. "또한 어리석은 자는 지혜로운 자에게 예속된다. 결국, 살아남는 자들이 … 그 시대, 그곳, 그 상황에서 적자(適者)가 된다."[5] 심지어 그는 서양인이 '열등한 종족의 구성원을 우수한 종족에게 먹혀야 할 존재'로 인식한다고 적었다.[6] 1911년, 중국 근대화의 아버지로 불리는 손중산[쑨원(孫文)]은 인종 간 생존 투쟁을 모든 활동의 기본이라고 여겼다. 그는 외세에 맞서 싸우는 중국인의 투쟁을 황인종을 예속하고 심지어 멸종시키려는 백인종들의 '멸종'의 위협에 맞선 저항으로 인식했다.[7]

이러한 인식은 1949년에 다시 주목을 받았다. 마오쩌둥의 저서들은 다윈의 사상으로 가득했다. 그에게 가장 영감을 준 번역가가 두 명이 있었는데, 그중 한 사람은 미래의 싸움이 황인종과 백인종 두 종족의 싸움이 될 것이며 황인종이 전략을 수정하지 않으면 백인종이 우위를 점할 것이라고 주장했다. 마오쩌둥과 그의 추종자들은 카를 마르크스의 저서를 탐독하기 전에 이미 중국인의 강점을 강화할 수 있는 장기적이고 혁명적인 전략을 고민했고, 이것이 중국의 생존을 결정할 것이라고 믿었다.[8] 이때부터, 치열한 경쟁 세계에서 살아남기 위한 생존 투쟁이 중국 공산당의 전략적 사고의 근간을 이루게 되었다.

1930년대 추격을 피하기 위해 시작된 홍군의 대장정 기간 동안에, 마오쩌둥이 품고 다닌 유일한 책은 고대 중국의 치국(治國) 서적 《자치통감(資治通鑑)》이었다. 이 책은 전국시대의 전략을 중심으로, 기원전 4000년경으로 거슬러 올라가는 고사와 격언들이 담겨 있는 책이다.[9] 그중에 중국인들이 매료되었던 다윈의 개념과 잘 맞아떨어지는 공자의 말 한마디가 있다: "하늘 아래 두 개의 태양이 있을 수 없다."[10] 세계 질서는 계층구조를 특징으로 하며, 그 정점에는 언제나 한 명의 통치자가 있을 뿐이라는 것이다.

미국 내 중국 전문가들이 저지른 큰 실수는 이 책을 대수롭지 않게 여겼다는 것이다. 이 책은 영어로 번역된 적조차 없다. 이 책과 관련해 알려진 것이라고는 1992년에 〈뉴욕 타임스〉 기자 해리슨 솔즈베리가 쓴 글이 유일한데, 1935년에 마오쩌둥이 이 책이 담고 있는 역사적 교훈을 얼마나 좋아했는지 그리고 그가 1976년에 사망하기 전까지 몇 번이고 이 책을 읽었다는 사실 정도이다.[11] 덩샤오핑을 포함한 다른 중국 지도자들도 이 책을 읽었다. 중국의 고등학생조차《자치통감》을 읽으며, 기만 전략의 중요성, 적의 포위를 피하는 법 그리고 새로운 강자가 때를 기다리며 기존의 패자가 만들어놓은 질서 속에서 몸을 낮추는 법 등 춘추전국시대의 교훈을 공부한다. 미국은 이 모든 것을 놓치고 보지 못했다.

마오쩌둥은 다윈의 말을 빌려 이렇게 말했다. "이데올로기 싸움에서, 사회주의는 지금 적자(適者)로서 승리하기 위한 모든 여건을 누리고 있다."[12] 1950년대에, 마오쩌둥을 비롯한 중국의 지도자들은 세계 지배를 자주 언급했다. 대개 아이젠하워, 케네디, 트루먼 혹은 닉슨 같은 미국의 대통령들이 미국을 지구 상에서 가장 위대한 나라라고 했던 말들과 크게 다를 바 없는 지극히 민족주의적이고 과대망상적인 말이었다.

대약진을 추진하던 시기에 중국 지도부는 중국이 앞으로 "영국을 따라잡고 미국을 추월할 것"이라는 식의 슬로건들을 내걸었다.[13] 하지만 어느 누구도 이런 말이 담고 있는 심각한 의도를 인식하지 못했다.

마오쩌둥 집권기에, 미국 정보 당국자들은 자신만의 선입견에 빠져 있었다. 그들은 중국을 급진주의자들이 통치하는 고립되고 원시적인 나라로 여겼다. 당시에 중국은 거리마다 차가 아닌 자전거로 넘쳐났고 선풍기조차도 만들 줄 몰랐다. 외국인 투자는 생각조차 할 수 없었다. 마오쩌둥의 기괴한 민족주의적 책략은 서구의 눈에 조롱거리일 뿐이었다. 그는 해외에 있던 중국 외교사절들을 모두 철수시켰다. 농작물 피해를 줄인다며 군대를 동원하여 농작물을 먹어치우는 메뚜기의 씨를 말렸다. 하지만 그는 메뚜기가 해충의 천적이라는 사실도 알지 못했다. 결과적으로 그 후 농작물이 심각한 피해를 입었다.

미국 정보 당국은 중국이 장차 소련의 추종자로만 남지 않을 것이라는 보고서를 믿지 않았다. 그런 후진적인 나라가 언젠가 소련과 맞설 것이라든가, 더욱이 미국과 맞설 것이라는 생각은 터무니없다고 비웃었다. 하지만 웃지 않은 사람들이 있었다―소련의 지도부. 그들은 미국보다 훨씬 오래전부터 중국이 추격해오고 있다는 사실을 간파했다. 마라톤의 첫 번째 단서는 모스크바에서 나왔다.

1950년대, 중국은 공개적으로 소련을 공산 진영의 지도자로 치켜세웠다. 중국은 스스로를 2인자로 낮추며 소련의 원조와 기술 지원을 받으려고 했다. 하지만 2인자는 마오쩌둥에게 어울리는 역할이 아니었다. 소련은 이 사실을 알고 있었다. 소련은 중국을 두려워하고 불신했던 것만큼이나 중국과 미국이 손잡는 것을 두려워했다. 그래서 그들은 미국에게 잘못된 메시지를 보냈다.

1961년 말, 아나톨리 골리친(Anatoli Golitsin)이라는 소련 남자가 헬싱키에 있는 CIA 사무실로 찾아와서 망명 의사를 밝혔다. CIA는 그가 헬싱키에서 가족들이 있는 스톡홀름으로 갈 수 있도록 비행 편을 마련해주었다.[14] 우크라이나 출신의 골리친은 45세로, 핀란드 주재 소련 대사관으로 파견되기 전까지 이반 클리노프라는 이름으로 KGB에서 일한 간부였다. 그는 소련이 서방에서 진행했던 활동들에 관한 정보 파일들을 가지고 스톡홀름에 도착했고, 그곳에서 다시 미국으로 날아왔다. 그는 '서방으로 망명한 가장 가치 있는 망명자'[15]로 불렸으며, 후에 인기리에 방명된 TV 시리즈 〈미션: 임파서블〉의 실제 인물이기도 했다. 골리친은 그 후 수년 동안 미국의 외교 및 정보기관에게 획기적인 영향을 미칠 중국과 소련의 관계에 관한 많은 정보들을 전해주었다.

처음부터 미국 정보 당국은 골리친을 신뢰할 수밖에 없었다. 그는 서방에서 활동하고 있던 많은 소련 정보 요원들의 이름을 제공하는 식으로 자신의 신뢰성을 입증해 보였다. 무엇보다도 중요한 것은, 영국 정보장교 킴 필비가 KGB를 위해서도 활동한 이중간첩이라는 사실을 확인해준 일이었다.

음모론자이기도 했던 골리친은 영국 수상 해럴드 윌슨이 KGB 정보원이라는 주장을 하기도 했다. 그가 주장한 음모론 가운데 하나는 공산 진영의 주도권을 둘러싸고 중국 공산당과 소련 정치국 사이에 심각한 균열이 일어나고 있다는 소문과 관련된 것이었다. 골리친은 이 소문이 중국을 이용해서 미국을 속이고 정보를 빼내기 위해 KGB가 꾸민 속임수, 근거 없는 소문이라고 단언했다. 골리친은 이외에 또한 가지 소식을 전해주었다. 소련과 중국의 분열 여부를 증명해줄 다른 한 명의 망명자가 미국으로 온다는 것이었다. 하지만 그는 망명자가 언제 올지는 알 수 없다고 했다. 약 2년 후, 골리친의 말은 사실임이 입증되었다.

1964년 1월, 유리 노센코(Yuri Nosenko)라는 KGB 요원이 제네바에 있는 CIA 사무실로 접촉해 왔고, 곧이어 망명했다. 그는 서방과 소련 사이에서 이중간첩으로 활동하다가 배신이 발각되어 모스크바로부터 소환 명령을 받자, 돌아가면 투옥될 게―더 나쁜 상황이 일어날 수도 있었다―틀림없다고 생각하고 미국으로 망명한 것이다. 미국에 도착한 후, 그는 중-소 관계에 관해 이미 알려져 있던 사실들과는 배치되는 주장들을 했다. 그중에는 중-소의 심각한 균열에 관한 정보도 있었는데, 그의 말은 중-소 균열이 근거 없는 소문이라고 단언했던 골리친의 말과 정면으로 배치되었다. 실제로 두 나라의 갈등은 국경 충돌과 전면전을 우려할 정도로 심각하다는 것이었다.[16] 그는 골리친이 KGB가 중-미 동맹을 방해할 목적으로 거짓 정보를 흘리기 위해 보낸 요원이라고 주장했다. 그가 전해준 정보 중에 무엇보다 불길한 것은 마오쩌둥이 공산 진영뿐만 아니라 장차 세계 질서를 주도하고 싶어 한다는 것이었다.

두 정보원의 상반된 주장은 미국 정부를 당황스럽게 했다. 공산 진영을 대표하는 두 나라 사이가 벌어지고 있다는 정보는 마음껏 이용하고 싶을 만큼 솔깃한 것이었다. 한편으로는, 한 공산국가가 다른 공산국가와 손잡고 서방국가에 공동으로 대응하려는 시도일 수도 있었다. 미국 정보 당국 안에서 점차 일치된 결론이 도출되었다. 그것은 그 후 수십 년에 걸쳐 지속된 중국에 관한 잘못된 결론이 되고 말았다. 노센코의 정보를 믿지 않기로 결정한 것이다.

노센코는 독방에 감금되었고, 자신의 주장을 철회할 때까지 그곳에 있어야 했다. 하지만 그는 감금된 지 3년이 지나도 자신이 한 말이나 신념을 굽히려 하지 않았다. 마침내 일부 정보 분석가들이 노센코의 말—소련에 맞서서 중-미 동맹이 성사될 수도 있다는 유혹적인 정보— 이 사실일 수도 있다며 조심스럽게 전망하기 시작했다. CIA와 FBI는 이 주장을 뒷받침할 정보를 수집하는 작업에 착수했다. 내가 합류하게 된 것은 그 시점이었다.

1969년, 미국 정보 당국에는 이 논쟁을 해결해줄 두 가지 방법이 있었다. 첫째는 KGB 정보기관 내에 심어둔 요원이었다. 두 번째는 소런 정치국 위원과 접촉 가능한 인물이었다. 불행히도, 두 가지 모두 불가능했다. 결국 미국 정보 당국은 중-소 관계의 수수께끼를 풀기 위해 이용 가능한 수단에 의존할 수밖에 없었다. 당시에, 뉴욕 유엔 사무국 내 소련 측 조직에서 일하게 된 대학원생도 그중 하나였다.

스물네 살이었던 나는 사무국장 사무실에서 정치 업무를 담당하고 있었는데, 컬럼비아대학에 다닐 때 나를 가르친 교수님의 도움으로 얻은 일이었다. 비록 하급직이었지만, 나는 부서 내 모든 곳에 출입이 가능한 유일한 미국인이었다. 기밀 정보에 접근할 수 있는 허가증을 가지고 있었고 전 세계 고위 유엔 관리와 정기적으로 만날 수가 있었기 때문에, 나는 FBI와 CIA 모두가 주목한 목표물이었다.

구름이 옅게 드리웠던 4월의 어느 월요일 아침 8시 35분, 나는 교통 정체가 풀리기를 기다리며 1번가(街)와 42번가가 만나는 모퉁이에서 있었다. 외교관 번호판을 단 검은색 리무진들이 거리를 점거하다시피 하고 있었기 때문에 시민들이 불평을 늘어놓았다. 두 달 전부터 유엔 사무국에서 일을 시작한 이래로 늘 겪어왔던 일이었다. 하지만, 그날 나의 업무가 바뀌었다. 나는 미국 정부의 스파이가 되기로 동의했다.

나와 접촉했던 CIA의 '피터'와 FBI의 '스미스 요원'은 미국 국가안보 고문 헨리 키신저에게 어떤 경로를 통해서든 중-소 분열의 가능성을 입증할 만한 정보를 수집하라는 명령을 받았다. 중국이 앞으로 어떤 존재가 될 것인지—신뢰할 수 있을지, 불안정한지, 심지어 위험한 존재인지—에는 거의 관심이 없었다. 나의 두 미국인 동료의 관심은 오직 모스크바에 맞서기 위해 베이징을 어떻게 활용할 것인가 하는 점이었다. 서부의 백악관이라고 불리던 캘리포니아 샌클레멘테에서 아시아의 미래를 논의하기 위해 닉슨 대통령이 주재하는 회의가 열리는 1969년 8월까지, 이 일련의 과정들이 이어졌다.

존 르 카레의 소설이나 제임스 본드 영화가 내 머릿속에 심어준 스파이 활동이 머잖아 내 앞에 현실로 나타났다. 나의 암호명은 007 영화에 나오듯 그렇게 유쾌하지도 신비롭지도 않았다.[17] 중-소 관계에 관한 가장 심도 깊은 보고서들, ESAU와 POLO라고 불리던 다량의 CIA 연구 결과가 나왔다.[18] 증거가 혼재되어 있었다. 헨리 키신저가 이끌던 국가안보회의(NSC)는 중국과 관계를 개선하기 위해 노력할 것인가를 두고 의견이 양분되었다. 1969년 4월 회의에서 밝혀진 것처럼 대부분 닉슨 대통령의 견해를 지지했는데, 중국이 소련보다 더 위협하며 따라서 중국을 막기 위한 미사일 시스템이 필요하다는 의견이었다. 1969년 11월까지도 여전히 키신저의 조언자들은 키신저와 대통령에게 보낸 메모에서 중국을 향한 문호 개방을 반대했다. 키신저는 닉슨이 중국을 방문할지도 모른다는 말을 들었을 때 "그럴 리가"라며 일축했다.[19]

나는 이 보고서들을 읽으며 시간을 보냈는데, 중국의 야망에 대한 그들의 판단은 놀라웠다. CIA가 아이언 바크(IRON BARK)라고 불렀던 일련의 작업을 통해, 1960년부터 1962년까지 별도로 분류된 수천 페이지에 달하는 소련 문건을 미녹스 카메라로 찍어서 보관했다는 사실을 나는 그때 처음 알았다. 놀랍게도, 그 문건들은 모스크바의 군사 지도자들이 중국을 나토(NATO) 연합군만큼이나 군사적인 위협으로 간주했다는 것을 보여주었다. 또한 FBI가 솔로, 탑햇 그리고 페도라라는 작전명으로 세 차례의 스파이 활동을 벌였으며, 소련 정치국 내부까지 상당히 신뢰할 만한 높은 수준의 접촉이 있었다는 것도 알게 되었다.[20]

하지만 FBI와 CIA는 키신저와 그의 조언자들이 던진 질문을 내게 하며, 이 정보를 상세히 설명해줄 것을 요구했다.

사무국 사무실들은 유엔 건물의 35층에 있다. 그곳에서 만난 가장 인상적인 소련 관리는 흰머리에 풍채가 좋고 외향적인 성격의 아르카디 셰브첸코였다. 나는 그와 제법 가까운 사이였다. 39세의 셰브첸코는 술을 무척 좋아해서—특히 마티니를 좋아했다—맨해튼에 있는 프랑스식 작은 술집에 자주 들렀다. 나는 그와 자주 점심을 먹었는데, 그는 사무국 직원들에게 자국 정부 관리들과 접촉하지 못하도록 하는 유엔 규정을 엉터리라며 비웃곤 했다. 유엔에서 일하는 소련인들이 정보를 얻고 지령을 받기 위해 매일 소련 대표부 사무실로 온다고 말했다.

1969년 4월, 우리 둘 사이에 신뢰와 우정이라고 부를 만한 관계가 만들어졌을 무렵, 그는 한 달 전 중-소 국경 지대에서 일어난 두 차례의 충돌과 중국군의 행동을 상세하게 말해주었다. 이것은 대부분의 미국 정보 요원이 모르고 있던 사실이었다. 그에 의하면, 중국군이 소련군을 기습 공격한 것이 충돌의 발단이었다. 소련 지도부는 중국이 공산 진영의 주도권을 차지하고 최종적으로는 세계 주도권을 장악하려 한다고 믿고 있으며, 이 때문에 중국을 증오하면서 한편으로 두려워한다고 셰브첸코는 말했다. 수십 년 동안 중국이 소련의 지원이 필요한 약소국 행세를 해왔기 때문에, 소련은 중국이 이렇게 직접적으로 도발한 것에 충격을 받은 상태라고 덧붙였다.

나는 유엔 본부 노스 델리게이트 라운지에서 셰브첸코와 커피를 마셨던 특별한 만남을 지금도 기억한다. 그때 나는 셰브첸코가 던진 중국의 미래와 관련한 농담에 두 차례 웃음을 터뜨렸던 것 같다. 그 농담은 대략 이랬다. 소련의 레오니트 브레즈네프 총서기가 닉슨 대통령에게 전화를 걸었다.

"KGB가 보고하길, 각하께선 2000년에 일어날 일을 예상할 수 있는 신형 슈퍼컴퓨터를 갖고 계시다고 하더군요." 브레즈네프가 말했다.

"네," 닉슨이 대답했다. "그런 컴퓨터를 가지고 있습니다."

"그렇다면, 각하, 우리 정치국 위원이 될 사람들의 명단을 미리 예상해주실 수 있을까요?"

닉슨이 들고 있는 전화기 저편에서 한참 동안 말이 없었다.

"하하!" 브레즈네프가 닉슨에게 말했다. "각하의 컴퓨터가 그 정도로 똑똑하지는 않나 보군요."

"그렇지 않습니다, 서기장님." 닉슨이 대답했다. "방금 하신 질문의 답이 나와 있긴 한데, 제가 읽을 수가 없군요."

"왜죠?" 브레즈네프가 물었다.

"중국어로 되어 있거든요."

어이가 없어서 웃게 만드는 농담이었다. 자기 국민들을 먹여 살리지도 못하는 한 마르크스주의자의 손에 미래가 달려있다는 생각이 생뚱맞다고 느꼈다. 하지만 소련인들은 예리하게도 우리가 보지 못한 무언가를 보았다. 나는 같은 부서에서 일했던 예브게니 쿠토보이, 블라디미르 페트로프스키 그리고 니콜라이 포힌 등 다른 많은 소련인과도 교류를 했는데, 그들은 각기 다른 장소에서 하나같이 똑같은 농담을 했다. 나는 재미있다고만 생각했지 그 속에 심각한 메시지가 담겨 있다는 생각을 전혀 하지 못했다.

나는 쿠토보이와 대부분의 시간을 보냈는데, 그는 내가 일하던 정무국 맞은편 사무실에서 일했다.[21] 우리의 상사였던 페트로프스키는 후에 소련 외무부 차관이 되었다. 쿠토보이는 후에 유고슬라비아 주재 소련 대사가 되었다. 셰브첸코와 마찬가지로 그들은 내가 하는 질문에 기꺼이 대답해주었다. 두 사람 모두 삼십 대였다. 심지어 중국과 소련의 갈등의 역사와 중국인들의 교활함을 신이 나서 말해주었다. 쿠토보이는 근대 공산주의 국가 중국을 세운 것은 근본적으로 소련이며, 모든 중국의 주요 기관마다 소련에서 온 자문관이 있다고 말했다. 소련이 동맹국인 중국을 근대화하기 위해 무기 운반, 군대 훈련 그리고 기술적 조언들을 제공해주었다고 했다. 하지만 1953년, 스탈린이 죽자 이 관계가 틀어지기 시작했다고 말했다.

쿠토보이의 말에 따르면, 소련의 지도부는 중국이 내심 소련을 추월하려는 꿈을 가지고 있으며, 거기서 멈추지 않고 다음 목표는 미국이 될 것이라고 생각했다. 중국은 2인자로만 머물지 않을 것이라는 말이었다. 세계라는 무대의 주인공이 되기 위해서 어떻게 해서든 자신들이 쓴 각본대로 움직일 것이라고 했다. 쿠토보이는 만약 중국이 던진 미끼를 미국이 문다면 예상보다 많은 대가를 치를 것이라고 경고했다. 내가 만난 소련인들이 전해준 공통된 메시지는, 중국이 세계적인 계층구조의 정점이었던 과거의 위상을 회복하고자 하는 역사적 야망을 추구하고 있다는 것이었다. 중국은 자국 역사에서 배운 교훈에 입각해 적절한 시기가 올 때까지 슈퍼파워가 되고자 하는 야망을 숨기고 있을 뿐이며, 미국이 중국에 군사원조를 한다면 그것은 최악의 실수가 될 것이라고 경고했다. 쿠토보이는 자신의 견해를 입증하기 위해 러시아 학자들이 쓴 고대 중국 역사에 관한 책 두 권을 내게 주었다. 나는 1971년에 제출한 CIA 보고서에서, 소련은 이미 닉슨 대통령이 중국에 문호를 개방할 것으로 예상하고 있었다는 것과 순수하게 외교적인 접촉이라면 민감하게 반응하지 않을 것으로 예상한다는 내용 등을 포함해서 이때 알게 된 몇 가지 사실을 적었다.[22] 1973년, 모스크바는 닉슨 대통령에게 만약 미국이 중국과 순수한 외교 관계를 넘어서 실제로 군사 관계를 형성한다면 소련은 무력으로 대응할 것이라고 직접적인 경고를 보냈다. 키신저와 그의 팀은 어느 쪽을 선택할 것인가를 두고 토론을 벌였는데, 철저히 비밀을 유지하기 위한 수단으로 키신저가 사용하곤 했던 메모에서 나는 직접적인 원조를 제공하는 쪽에 표시했다.[23]

나는 쿠토보이를 좋아했고 신뢰할 만한 인물이라는 것을 알고 있었다. 하지만 1969년, 나는 스물네 살에 불과했다. 내게 그는 자신의 마음을 아프게 한 여자가 나도 아프게 할 것이라고 경고하는 남자처럼 보였다. 당시에, 중국 경제는 미국 GNP의 10분의 1에 불과할 정도로 보잘것없었다.[24] 그런 중국이 미국을 추월하려는 꿈을 꾸고 있다는 말은 비현실적으로밖에 들리지 않았다. 워싱턴의 귀에는 중국이 새로운 댄스 파트너를 원하고 있다는 말 정도로 들렸다. 닉슨 대통령은 중국과 손을 잡을 것인가 말 것인가를 결정해야 했다. 이렇게 당시 우리로서는 누구도 상상하지 못했던 엄청난 결과를 가져오게 될 중-미 관계가 시작되었다.

중국은 자국의 발전을 위한 수단으로 소련을 이용했던 것처럼 미국을 이용할 계획이었다—그러면서도 제3의 경쟁 세력이 출현하지 못하도록 협력하겠다는 약속을 수시로 했다. 중국은 소련의 원조를 이끌어내기 위해 미국과 경쟁 관계에 있던 소련을 이용했고, 그것이

삐걱거리자 함께 소련에 맞서자며 미국 편에 섰다. 이처럼 냉전 시대에도 마라톤이 진행될 수 있었다. 이렇게 함으로써, 중국은 고대 군사 전략을 실행에 옮기고 있었다―'남의 칼을 빌려 사람을 죽여라(借刀殺人).'[25] 이 말은 다른 사람의 힘을 이용해 적을 공격하라는 의미다.

40년 후, 시진핑은 중국 국가주석으로 취임하자마자 중국이 감추고 있던 의도를 분명하게 드러냈다. 국가주석으로서의 자신의 역할을 밝힌 첫 연설에서, 그는 지금까지 어떤 중국 지도자도 공개적으로 언급한 적이 없었던 '강한 중국의 꿈'이라는 표현을 사용했다.[26]

그것은 놀라운 말이었다. 중국 지도자들은 자신의 말에 대해, 특히 공개 석상에서 하는 말에 대해 서방 정치인들보다 훨씬 신중하다. 그들은 공식적인 장소에서 '꿈'이나 '희망' 같은 말들을 사용하지 않는다. 감정이 섞인 표현들을 서양인들이나 하는 낯간지러운 말로 여긴다. 그런데 그는 연설에서 '중국의 꿈'이라는 말을 여러 차례 언급했다. 〈월스트리트 저널〉 1면에 보도된 기사에 따르면, 시진핑 주석은 중국의 꿈이 실현될 시기를 2049년이라고 언급했다. 마오쩌둥의 집권과 공산정부 수립 100주년이 되는 해이다.[27]

시진핑 주석이 한 말은 우연히 나온 것도 실수로 나온 것도 아니다. 한때 인민 해방군으로 복무했으며 중앙군사위원회 비서를 역임한 그는 중국군 내의 민족주의 '초강경파'와 긴밀한 관계를 맺고 있다. 그의 연설이 있은 후, 나는 몇몇 중국인과 대화를 나누면서 중국에서 대학 교육을 받은 군인이라면 '강한 중국의 꿈'이라는 말을 금방 이해한다는 것을 알았다.

'강한 중국의 꿈'을 추구해온 시진핑 주석은 세간에 잘 알려지지 않은 책 한 권을 언급한 적이 있는데, 2009년에 중국에서 출판된《중국의 꿈(中國夢)》이라는 책이다. 인민 해방군 간부 류밍푸(劉明福)가 쓴 책이다. 이 책을 쓰던 당시 류밍푸는 미래 인민 해방군 지도자를 양성하는 국방대학교 교수로 재직하고 있었다. 내가 '백년의 마라톤'을 구체적으로 기술한 내용을 처음으로 본 것이 이 책에서였다.[28]

그 후,《중국의 꿈》은 전국적인 베스트셀러가 되었다. 이 책의 일부만 영어로 번역되어 있는데, 주로 중국이 미국을 제치고 어떻게 세계적인 주도국이 될 것인가를 기술하고 있다. 소련이 미국을 추월하는 데 실패한 이유를 분석하고, 한 장 전체를 할애해 중국이 향후에 기울여야 할 여덟 가지 노력의 방향을 적고 있다.[29] 류밍푸가 만든 '백년의 마라톤'이라는 개념은 중국 내에서 공감을 불러일으켰다. 책 제목인 '중국의 꿈'과 함께 '공평한' 세계 질서 속에서 중국의 '부흥'이라는 설명이 붙어있다. 부흥과 마라톤, 이 말은 부흥까지 1949년을 출발점으로 1세기가 걸린다는 뜻을 내포하고 있다. 마라톤의 최종 상태에 대해서는 밝히지 않고 있다. 좋아질 것이라는 말 외에 최종적인 부흥이 정확히 어떤 상태인지에 관해서는 언급이 없다.

이 책에서 류밍푸는 중국이 글로벌 리더십을 확보하려면 세계적 수준의 군사력이 뒷받침되어야 한다고 주장한다. '21세기 중국의 위대한 목표는 세계 NO.1 강국이 되는 것이다'라고 선포한다.[30] 그는 "중국과 미국의 경쟁은 '결투'나 '복싱'이 아니라 '육상경기'이며, 그것도 기나긴 '마라톤'이 될 것이다"라고 적고 있다. 이 마라톤이 끝나면, 마침내 지구 상에서 가장 도덕적인 강국이 통치자가 될 것이라고 말한다.[31]

2010년, 류밍푸는 자신이 내놓은 도발적인 작품에 관해 〈ABC〉 기자의 질문을 받았을 때, 이 책의 핵심 주장을 되풀이하면서도 한편으로 서방과의 경쟁과 중국의 궁극적인 승리는 평화로울 것이라고 강조했다. 하지만 그의 중국어 원서를 읽어본 사람이라면 그런 어조를 발견할 수 없다. 그는 미국의 약점에 대해 연구하고, 서방이 중국의 진짜 계획을 알아채는 때를 대비해 미국과 맞설 준비를 하는 것이 중요하다고 언급한다.(32) 류밍푸는 또한 마오쩌둥이 대담하게도 미국을 추월하려는 위대한 꿈을 꾸었고, '미국을 물리치는 것이 인류를 위해 중국이 할 수 있는 가장 큰 기여'라고 말했다고 소개했다. 이는 중국 지도자들 사이에 공식적인 마라톤 전략이 존재하고 있음을 의미한다.(33) 2013년에 〈월스트리트 저널〉이 보도했듯이,《중국의 꿈》은 모든 국영 서점에서 '권장 도서'가 되었다.(34)

사실, 그는 '마라톤'이라는 개념을 처음으로 제시한 인물이 아니었다. 이 개념은 훨씬 더 이전 문헌에서 언급된 바 있다. 예를 들면, 2005년에 출간되어 오늘날 중국에서 점차 주류적 사고로 받아들여지고 있는 자오팅양(趙汀陽)의 저서《천하의 체계: 세계 제도의 철학》이 있다.(35) 이 책에서 말하는 '체계'는 전통적인 중국적 사유를 기반으로 한 세계 구조의 재정립을 뜻한다. 이 새로운 세계는 중국어로 톈샤(天下)라고 불린다. 중국학자 윌리엄 캘러핸은 톈샤를 중국의 '우수한' 문명이 정점에 자리 잡고 있는 단일화된 글로벌 체계라고 해석한다.(36) 이 체계에서 미국을 비롯한 다른 문명은 '속물화된 황무지'다. 문명화된 세계의 중심으로서 중국은 세계 모든 나라, 민족과 '조화'를 이루며 발전해야 할 책임이 있다. 중국의 가치관, 언어 그리고 문화가 퍼져 나가면서 다른 문명은 톈샤 속으로 편입된다. 그리고 이 체계는 '자유보다 질서를, 법보다 도덕을, 그리고 민주주의와 인권보다 엘리트 통

치'에 가치를 둔다.(37)

나는 2012년 7월에 베이징에서 이미 국제적 명성을 얻고 있던 자오팅양을 만난 적이 있다. 나는 그에게 만일 중국의 각본을 따르지 않는 나라가 있다면, 톈샤 체계는 이 불복종을 어떻게 처리하느냐고 물었다. "쉬운 질문입니다." 그가 대답했다. "주례(周禮: 주나라의 관직과 제도를 적은 유교 경전-옮긴이)는 황제가 천하의 모든 제도를 시행하려면 4대 1의 군사적 우위가 있어야 한다고 적고 있지요." 말인즉슨, 중국이 경제라는 마라톤에서 승리함으로써 미국을 두 배 추월한 후에는 군사력으로 중국의 새로운 지위를 지켜야 한다는 뜻이다. 세계 최강의 경제 강국은 다른 어느 나라보다 강력한 힘이 필요하다는 것이다. 결국 미국의 군사력을 무력하게 만들 수 있는 나라가 되겠다는 의미다. 미국은 1860년과 1940년 사이에 이미 이렇게 했다. 중국의 강경파들은 미국의 전략을 연구하고 수 세기에 달하는 중국의 고대 역사를 보면서 교훈을 얻은 것이었다. 1969년, 소련 외교관들이 유엔에서 내게 했던 베이징의 기만적인 전략과 장기적인 글로벌 야망에 대한 경고가 현실이 되고 있었다.

제2장

전국시대

"황제의 구정(九鼎)의 경중(輕重)을 묻다."

– 춘추시대 고사

중국 역사에는 1492년(콜럼버스가 신대륙을 발견한 해-옮긴이)이나 1776년(미국 독립선언의 해-옮긴이)이 없다. 중국 역사는 3천 년 이상 거슬러 올라간다. 중국은 아브라함에게 주어진 약속의 땅에 관한 민족 신화나 독립선언문 채택 같은 국가 탄생의 순간이 없다. 중국 역사는 한정된 지리적 경계 내에서 벌어진 끊임없는 전쟁과 투쟁의 역사다—동쪽으로는 광대한 바다, 북쪽으로는 험난한 사막 그리고 서쪽으로는 높은 산들이 솟아 있다. 많은 왕조와 통치자들이 등장했다가 사라져갔다. 어쩌면 중국인들은 다가올 수천 년도 그럴 것이라고 생각할지 모른다. 헨리 키신저가 이런 말을 한 적이 있다. "중국인은 미국인과 시간 감각이 다르다. 미국인에게 어느 역사적 사건이 일어난 시기를 물으면 미국인은 달력에 있는 특정한 날짜를 말하지만, 중국인은 그 사건이 일어났던 왕조를 말한다. 열네 개의 왕조 가운데 열 개가 미국 역사보다도 더 오래 존재했었다."[1] 중국의 잉파이들은 장구하고 복잡한 역사를 면밀히 분석했다. 마라톤에서 승리하기 위해 그들은 역사적 성공과 실패에서 특별한 교훈을 찾아냈다.

강경파들은 춘추전국시대[2]—다섯 세기 동안 정치적 혼란이 지속되었던 시대—의 역사를 분석하고 이를 책으로 썼다. 기원전 475년경에 일곱 개의 나라가 반목하는 전국시대가 시작되었는데, 진의 통일로 결말이 났다. 춘추시대와 전국시대 모두 힘에 의한 정치, 음모, 기만 그리고 군웅들 간의 전쟁으로 점철된 시대였다. 생존경쟁만이 존재하는 잔인한 다윈적 시대였다. 군웅들은 어느 한쪽을 제거하기 위해 서로 합종연횡하면서 오로지 패자(霸者)가 되고자 했다. 춘추시대에 다섯 명의 패자가 일어났다가 사라졌으며, 전국시대에는 두 개의 동맹이 서로 세력을 다투었다. 강경파는 이 두 시대에서 마라톤을 위한 교훈을 찾아냈다.

오랫동안, 베이징의 잉파이 전략가들은 전국시대로부터 오늘날 중국의 전략적 접근법에 적용할 수 있는 중요한 교훈을 찾아왔다. 미국 내 중국 정책 연구자들은 최근에 와서야 이 사실을 알았지만, 오늘날까지도 이 관점은 미국 정부 내에서 광범위하게 수용되지 못하고 있다. 수십 년 동안 중국의 전략적 사고에 무지했던 대가는 엄청났다. 정확한 이해의 부족이 스스로 중국에 길을 내주는 어이없는 결과를 가져왔다.

미국의 무지함—더 넓게는 서방의 무지함—은 최소한 두 가지 중요한 요인에서 비롯되었다. 첫째, 17세기부터 현대까지 중국학 연구자, 선교사 그리고 중국을 방문하고 연구했던 연구자는 중국 역사를 근본적으로 잘못 해석하고 수용했다. 중국 문화의 평화적 성격과 유교는 강조되었지만 전국시대 유혈의 역사는 간과되었다. 많은 경우 완전히 누락되었다.(3) 더욱이, 마오쩌둥이 추진했던 '4가지 옛것을 깨뜨리고, 4가지 새것을 세우자(破四舊立四新)'는 정책에 따라 공산당은 오랜 세월 존재해왔던 중국의 풍습, 문화, 사고, 습관을 파괴하고 없애는 데 주력했고, 이를 본 서방은 중국이 공산당 이전 시대와 완전히 결별한 것으로 생각하게 되었다.

중국의 전략의 핵심에는 전국시대의 교훈이 자리 잡고 있으며 최근 들어 중국이 이 점을 차츰 공개적으로 밝히고 있다는 것을 미국 정책 입안자들도 깨닫기 시작했다. 초기에, 전국시대의 역사적 교훈을 언급하는 사람은 강경파뿐이었다. 시작은 1990년대 중국에서 발표된 저작물들이었다. 미국 정보원들이 확보한 문건과 보고서, 군사 독트린에 관해 벌어진 토론 속에 전국시대 역사에 얽힌 고사와 교훈에 관한 언급들이 들어 있었다. 1991년, 중국 지도부는 내부적으로 전국시대의 교훈과 도광양회(韜光養晦)라는 표현을 언급하기 시작했다. 이 표현이 담긴 문건이 유출되자, 베이징은 '때를 기다려 능력을 키우라'라는 포괄적이고 모호한 의미로 번역했다.(4) 하지만 문맥을 볼 때, 이 말은 기존의 패권을 전복시키고 복수할 때를 기다린다는 뜻이다. 미국 내 많은 전문가들은 처음에 이런 말에 주목하지 않았다. 중국이 호전적인 전략적 의도를 품고 있다는 증거가 비주류로 분류되던 강경파의 입과 펜에서 나온 것이라면, 이는 고려할 가치조차 없다고 믿었기 때문이었다.

중국학자들은 대개 중국의 고대 역사가 단지 은유적인 방식으로 중국의 현재에 영향을 미칠 뿐이라고 주장했다.[5] 하지만, 그렇게 말하는 학자는 고대의 역사적 교훈이 실제로 어떻게 적용되고 있는가를 보여주는 중국 정부의 내부 문건을 본 적이 없는 사람이다. 이들은 중국에서 요직에 있다가 망명한 사람과 만나본 적도 없다. 중국군은 물론이고 정보기관 인사들과 40년간 접촉해온 나의 견해는 지금 그들과 배치되는 쪽으로 기울어져 있다. 지금 나는 강경파가 중국에서 주류라고 생각한다. 마치 강경파의 영향력이 날로 커지고 있다는 사실을 외부에 드러내서는 안 된다는 명령에 복종이라도 하듯이 온건파는 강경파 앞에서 숨을 죽이고 있다.

중국 망명자들이 제공한 정보에 근거해, 나는 전국시대의 교훈들이 오늘날 중국 주도의 세계를 만들려는 현실적 목표를 위해 어떻게 적용될 수 있고 적용되어야 하는지 기술해놓은 대외 기밀 서적을 읽기 시작했다. 나는 전국시대적 사고가 이미 오래전부터 중국 지도자들에게 영향을 미치고 있다는 것을 알게 되었다. 1995년부터 정기적으로 개최되던 회의에 참석하기 위해 미국 정부 대표단의 일원으로 베이징을 방문했을 때, 나는 중국 정부가 운영하며 출입이 제한된 서점을 둘러볼 기회를 얻었다. 그리고 후에 그곳에서 판매되고 있는 책의 저자를 만나서 이야기를 나눌 수가 있었다. 그 책들은 전국시대 수백 년 동안 권력의 흥망성쇠를 체계적으로 분석한 것들이었다.

1990년대 중반에 나타난 뚜렷한 경향 중 하나가 전국시대의 교훈을 분석한 책들이 많아졌다는 사실이다. 리빈옌 소장은 초창기 저자 중 한 명이었다. 서른 명의 군 장교가 전국시대의 고전(古典)인《손자병법》의 적용을 주제로 학술회의를 열었는데, 나는 펜타곤에서 온 학자로서 논문을 발표해달라는 요청을 세 차례 받았다. 강경파들은 내가 전국시대의 교훈을 아주 잘 알고 있는—그렇지 않다는 것이 입증되었지만—미국 국방부에서 온 강경파라고 생각했다. 이 회의는 오늘날까지도 열리고 있다. 나는 2013년 10월에 한 군사 서적 전문 서점에 갔다가 두 가지 사실에 놀랐다. 첫째는 과거에 비해 중국 고대 역사를 분석한 서적들이 눈에 띄게 늘었다는 사실이었다. 그리고 '중국군 장교 전용'이라는 표지판이 붙어 있는 코너에서 직원에게 중국 역사의 교훈에 관해 기술한 책들이 많으냐고 물었더니, 그 직원은 "네, 저 책들은 내용이 너무 구체적이라 외국인들이 보는 책이 아닙니다"라고 웃으며 말했다.

나는 20년 전에 이 모임을 시작했던 장교들이 협회와 연구 모임을 만들었다는 것을 알았다. 1996년에 처음으로 단체가 만들어졌고, 가장 최근에는 2012년에 만들어졌다. 이 연구를 처음에 시작한 많은 장교들이 후에 장성이 되어 지도적 위치에 올랐고, 젊은 전략 장교들이 그 연구를 계속 이어가고 있다.

중국에서는 널리 알려진 연구서인《전국시대의 전략들》은 영어로 번역된 적이 없는 고사 모음집이다. 이 책이 영어로 번역이 되었더라면, 미국은 중국 역사의 혼란기가 주는 교훈을 언급하는 중국 지도부의 의도를 좀 더 이해할 수 있었을지도 모른다.

학생들도 전국시대가 주는 교훈에 관해서, 특히 치국(治國)의 방법에 관한 책략들을 배운다. 현대 중국의 군사학자와 정치철학자는 중국 역사 가운데 다른 어떤 시기보다도 이 시기의 이야기에 주목한다. 21명의 중국군 고위급 인사로 구성된 한 위원회는 전국시대를 분석한 《중국 고대로부터 얻는 전략적 교훈》 시리즈(전9권) 출판을 후원했다. 오늘날 중국 정부 내부 문건 속에서 인용되는 많은 고사가 전국칠웅들 간의 반목에 관한 것이다.

오늘날 중국 지도부가 추진하고 있는—또한 수십 년 동안 추진 해온—마라톤 전략은 대부분 강경파가 전국시대를 분석한 저서에서 나온 결과물이다. 다음은 백년의 마라톤의 근간을 이루고 있는 중국 의 9가지 전략이다.

1. **적을 안심시켜 경계심을 풀도록 만들어라.** 중국의 전략은 오늘날 미 국의 전략과 달리 강한 상대를 섣불리 도발하면 안 된다고 말한 다. 대신에 상대를 칠 수 있는 최적의 시기가 올 때까지 자신의 의도를 완벽하게 숨겨야 한다고 말한다.

2. **적의 전략가들을 조종해 내 편으로 이용하라.** 중국의 전략은 적의 핵 심부에 있는 영향력 있는 조언자들을 끌어들여 적의 진영이 분 열하도록 만들라고 강조한다. 이것은 오랫동안 중-미 관계의 특 징이 되어왔다.

3. **승리하기 위해 수십 년이든 아니면 그 이상이라도 인내하라.** 전국시대 의 지도자는 결정적인 승리를 단숨에 얻은 적이 없다. 수십 년 동안 신중하고 계산된 기다림 끝에 얻었다. 오늘날, 중국의 지 도부는 기꺼이 이 인내의 게임을 즐긴다.

4. **전략적 목표를 위해 상대의 생각과 기술을 훔쳐라.** 중국은 자신의 전 략적 이익을 위해서 서방의 법적 제한이나 헌법 원칙에 거의 구애받지 않고 절도 행위를 한다. 이런 행위는 약한 나라가 강

한 나라의 것을 빼앗는 상대적으로 손쉽고 비용을 절감할 수 있는 수단이다.

5. **군사력은 장기적인 경쟁에서 승리하기 위한 핵심적인 요인이 아니다.** 중국이 더 강한 군사력을 위해 더 많은 군비를 투입하지 않는 이유를 부분적으로나마 설명해준다. 중국의 전략은 맹목적으로 힘을 축적하기보다는 적의 약점을 겨냥하고 때가 오기를 기다리는 것이다.

6. **패자(霸者)는 자신의 우월한 위치를 지키기 위해 극단적인, 심지어 부주의한 행동을 하기 쉽다는 점을 기억하라.** 패자의 흥망은 전국시대를 특징짓는 요소였다. 중국의 전략적 사고에 의하면, 패권국—오늘날 문맥에서는 미국—은 다른 나라들보다 힘이 약해졌다고 해서 조용히 사라지는 법이 없다. 오히려 패권국은 모든 현존하는 도전자와 잠재적인 도전자들을 제거하려 든다고 생각한다.

7. **'세(勢)'를 기억하라.** 이 개념은 다음에 상세하게 이야기할 것이다. 이 말이 중국의 전략을 특징짓는 두 가지 중요한 요소라는 것만 기억하자. 한 마디로 '세(勢)'는 상대가 내 뜻에 따를 수밖에 없도록 만들고 그를 칠 최적의 시기를 기다리는 것을 말한다.

8. **다른 도전자들과 비교해 상대적으로 자신의 상태를 가늠할 수 있는 지표를 만들어라.** 중국의 전략은 평화로운 시기, 심지어 전쟁 중에도 군사적 측면은 물론이고 더 광범위한 측면에서 자신이 가진

상대적 힘을 평가하는 것을 매우 중요하게 생각한다. 이와 반대로, 미국은 이렇게 해본 적이 없다.

9. 상대방에게 포위되거나 속임을 당하지 않도록 경계를 늦추지 마라. 뿌리 깊은 편집광적인 특징을 갖고 있는 중국의 지도부는 다른 잠재적 경쟁자들이 자신들을 속이려 들 것에 대비해 이중 대응을 해야 한다고 믿는다. 냉혹했던 전국시대에, 순진하게 다른 사람을 믿었던 지도자는 패배했다. 아주 처절하게 몰락했다. 아마 전략적인 측면에서 중국이 무엇보다 두려워하는 것은 상대에게 포위당하는 상황일 것이다. 고대부터 전해져 온 바둑에서는 상대에게 포위당하지 않는 것이 절대적으로 중요하다—상대에게 포위되지 않으면서 동시에 상대를 포위해야 승리를 거둘 수 있는 게임이다. 오늘날, 중국 지도부의 사고의 저변에는 경쟁국들이 기본적으로 바둑과 마찬가지로 상대를 포위하려 한다는 인식이 있다.

중국의 마라톤 전략의 가장 중요한 부분들은 대부분 군부, 특히 잉파이들이 수립했다. 공산당 정부가 들어서기 이전부터 중국에는 군의 고위급 인사들이 민간 분야 전략 수립에 깊이 간여하는 문무(文武)의 전통이 있었다. 미국적 시스템과 어떤 차이가 있는지 예를 들어보자. 가족계획, 세수(稅收), 경제정책 등 일반적으로 행정부의 권한에 속하는 일을 펜타곤이 처리했다고 보면 된다. 미국에 최고법원과 독립적인 사법부가 없다고 상상해보라. 그러면 1949년 중국의 군부 지도자들의 역할이 얼마나 광범위했는지 양자 간의 차이를 분명히 느낄 수 있을 것이다.

신(新)중국의 초대 외무장관은 장군 출신이었다. 키신저의 회고록에 의하면, 미국에 문호를 개방하기로 한 결정은 중국의 문민 지도자들이 아닌 4인의 장성들로 구성된 위원회가 내렸다.(6) 1979년, 중국의 '한 자녀 정책'은 무기 개발자가 수립했다. 1980년, 인민 해방군 연구기관인 군사과학원 출신의 군사 저술가들이 마라톤 전략의 추진 과정을 평가하는 척도를 만들었다. 중국에서 유명한 국가 전략서인 《위대한 전략》은 군사과학원 출신의 저자가 쓴 책이다.(7) 국가의 에너지 자원 전략을 수립한 사람도 장성이었다. 1986년, 강경파에 속하는 핵무기 과학자들로 구성된 팀이 중국의 장기적인 군사과학기술 계획을 세웠다.(8) 1970년 6월, 나는 미국 정부 내의 다른 중국 전문가들과 마찬가지로 이를 전혀 알지 못했다. 그달에 나는 타이완 국립대학교에서 진행되는 중국어 연수 프로그램의 박사급 지원자였고, 그것은 내가 처음으로 중국의 문화와 역사를 경험할 수 있는 기회였다. 2년 과정의 그 프로그램은 중국 문화를 배우는 데 초점이 맞춰져 있었다. 나는 타이완에서 홈스테이를 하면서 선생님들이 교대로 수업을 진행하는 작은 강의실에서 종일 수업을 들었다. 중국 역사상 가장 뛰어난 명저를 다룬 교재로 수업이 진행되었는데, 중국 학생은 오늘날에도 이 책으로 공부를 한다. 이 교재들 속에 기술된 격언과 고사는 중국인이 세계를 인식하는 기본적인 관념이었고, 내가 중국인의 사고, 역사 그리고 세계관을 들여다볼 수 있는 창구였다. 그 후 수십 년에 걸쳐서 나는 이때 배운 내용을 더욱 깊이 인식하게 되었다. 선생님들은 중국의 전통을 두 가지로 구분했다: 덕과 성실을 중심으로 하는 유교적 세계와 전국시대의 패권적 사고가 지배하는 냉혹한 세계. 나는 중국의 역사를 요약해서 보여주는 유명한 격언을 떠올렸다: 외유내강(外柔內剛).

　오늘날 강경파는 흔히 비유적인 표현으로 미국과 중국 관계에 관해 말한다. 전국시대의 가장 널리 알려진 고사 가운데 하나가 강성해지는 왕조와 쇠락해가는 왕조에 관한 이야기다: 초나라와 주나라. 초나라 왕이 쇠락해가는 주나라의 사신을 데리고 자신의 군대를 둘러보던 중에, 주나라 황궁에 있는 구정(九鼎, 고대 중국의 왕권의 상징으로 발이 세 개인 솥 아홉 개-옮긴이)의 크기와 무게가 얼마나 되느냐고 물었다. 초나라 왕이 주나라에 충성을 맹세하고 결코 황제가 되려는 야심 같은 것은 없다는 사실을 확인하는 것이 그 만남의 목적이었음에도 불구하고, 초나라 왕이 주나라 황제의 구정의 무게를 물은 것이다. 지혜로운 주나라 사신이 대답했다. "누군가가 천명을 어기려 할 때마다 구정이 자리를 이동합니다"라고 대답했다. "구정은 주나라 황제께 있습니다. 선황들께서는 천명을 받들어 삼십 대, 칠백 년 동안 나라를 다스리고자 하셨습니다. 비록 주나라의 덕이 쇠하기는 했으나 천명이 바뀌지는 않았습니다. 구정의 무게를 묻기에는 아직 이르다고 사료됩니다."[9] 구정의 무게를 물음으로써, 초나라 왕은 부지불식간에 주나라에 도전하려는 본심을 드러낸 것이었다.

　중국에서 이 고사가 주는 교훈은 유명하다: "황제의 구정(九鼎)의 무게를 물어서는 안 된다." 다시 말해서, 상대가 당신의 본심을 알더라도 이를 제지하기에는 이미 때가 늦은 시기가 오기 전까지, 상대가 당신을 적으로 생각하도록 만들어서는 안 된다는 것이다. 국제적 관점에서 보자면, 강력한 힘을 가지기도 전에 강대국에 무너지지 않으려면 강대국의 사고를 조종해야 한다. 구정의 크기와 무게를 물은 것은 초나라 왕의 전략적 실수였다.

전국시대에는 신흥 세력이 기존의 큰 왕조를 무너뜨렸다. 신흥 세력은 기존의 황제를 대신하려는 야망을 철저하게 숨김으로써 황제가 현실에 안주하도록 만들었다. 최적의 시기가 오기 전에 자신보다 강한 상대와 맞서는 것은 신흥 세력에게는 최악의 선택이었다. 황제가 대항할 힘을 상실하고 자신의 동맹국에게도 배신당한 마지막 단계가 되면, 새로운 강자는 마침내 자신의 본색을 드러냈다.

《전국책(戰國策)》의 기록에 따르면, 지혜로운 도전자는 늙은 황제가 오히려 부지불식간에 자신들을 도와 세력을 키우도록 만들었다. 이를 일찌감치 간파한 조언자(강경파)를 쫓아내고 자신들에게 협조하도록 만들 수 있는 조언자(온건파)가 힘을 얻도록 만들었다.

《전국책》은 자연계의 질서가 계층적 구조로 되어 있으며, 그 정점에는 통치자가 있다고 여긴다. 당연히, 이러한 세계 질서는 오늘날 베이징의 공식 노선이 아니다. 표면적으로 베이징은 동등한 국가들 속에서 미국이 우월한 위치를 점한 다극화 세계를 말한다. 지금은, 황제의 구정의 무게를 묻고 싶어 하지 않는다.

하지만 그들이 말하는 다극화 세계는 실제로 중국이 정점에 있는 새로운 세계의 계층 질서를 만들기 위해 거쳐 가는 전략적 중간 상태에 불과하다. 이 새로운 질서를 대동(大同)이라고 하는데, 서방 학자들은 흔히 이를 '연방' 혹은 '조화로운 시대'로 오역한다. 하지만 이것은 '단극이 주도하는 시대'라고 번역하는 것이 옳다. 2005년부터, 중국 지도부는 유엔을 비롯한 여러 공식 석상에서 소위 조화로운 세계를 향한 비전을 말하고 있다.

중국의 장기적인 전략의 요소 하나는 서방에서 주로 중상주의로 알려진 것에서 비롯한다. 높은 관세, 직접적인 천연자원 통제 그리고 자국 상업 보호가 그것인데, 이들은 모두 자국 통화의 영향력을 강화하기 위해 고안된 시스템이다. 중국 지도부는 중상주의가 자유시장과 자유무역의 성공으로 말미암아 한물간 제도라고 보는 서방의 관점을 부정한다.[10]

중상주의를 수용하는 중국은 무역과 시장을 통해 필요한 자원을 충분히 확보할 수 있다는 관점을 경계한다. 중국 지도부는 지역적 혹은 세계적 결핍의 위기가 발생할 수 있다는 병적인 공포심을 가지고 있다. 결과적으로 그들은 유럽의 중상주의 군주들이 16세기와 17세기에 신대륙을 식민지화하고자 시도했던 것처럼, 가치 있는 해외의 천연자원을 소유하거나 직접적으로 통제하려고 한다. 《전국책》여러 곳에서 이와 관련한 교훈을 볼 수 있다.

전국시대가 주는 또 한 가지 교훈은 성공은 지극한 인내가 필요하다는 것이다. 미국의 기업가는 분기 보고서에, 미국 정치인은 몇 년마다 찾아오는 선거에, 그리고 주식시장은 하루 동안에 이루어지는 거래에 기반하고 있다. 전국시대에 등장하는 도전자의 이야기는 승리를 위한 오랜 기다림에 기반하고 있다. 수십 년에 걸친 주도면밀한 계획이 승리를 가져다주었다. 오늘날, 10년마다 자동으로 임기가 종료되는 중국 지도자가 수(數) 세대가 걸리는 국가계획을 세우고, 반세기 혹은 그 이상의 세월이 걸려도 성취하기 어려워 보이는 목표를 세우는 것은 이상할 것이 없다.

전국시대의 문학과 중국 역사에 등장하는 영웅에 관한 민간의 이야기들도 적의 생각과 방법을 훔치는 것이 중요하다는 점을 강조한다. 오늘날, 중국의 정보기관의 일상적인 임무는 기술과 정보를 훔쳐서 중국 지도부에 전달하는 것이다.[11] 많은 미국 관리가 최근 몇 년 동안에 벌어진 산업스파이나 지식재산권 침해와 같은 중국의 약탈적 경제행위를 부분적이고 일시적 현상이라고 생각한다. 사실, 이것은 전국시대의 책략에 근거한 훨씬 큰 전략의 일부분이다.

중국 국가 정보기관의 활동도 미국의 방식과 매우 다르다. 정부가 국가 경제력을 증대시키기 위해 자국 기업에 정보를 제공하는 것은 미국에서 비도덕적이고 불법인 것으로 간주된다. 미국 정부에서 40년간 일하면서 나는 미국 정보기관이 그런 방법으로 GDP를 끌어올리려고 시도했다는 말을 한 번도 들어보지 못했다. 자국 기업이 해외에서 더 많은 계약을 성사시키도록 미국 대사관이 지원할 수는 있지만, 이것은 정부 스파이가 훔친 기술과 독점적 정보를 자국 기업에 제공하는 것과는 차원이 다르다.

최적의 군사력에 관해서 미국과 중국의 견해는 어떻게 다를까. 역사상 미국이 거둔 위대한 군사적 승리들은 많은 경우 대규모 군사적 수단으로 얻은 것이었다. 남북전쟁에서 그랜트 장군은 더 많은 군대와 무기로 남부의 리 장군을 압도했다. 1944년 6월 6일, 아이젠하워는 역사상 최대 규모의 군대를 노르망디에 상륙시켰다. 최근에는, 적보다 훨씬 더 강한 군사력이 필요하다고 주장한 소위 파월 독트린이 있었다.

이와 반대로 전국시대는 막대한 군비 지출을 강조하지 않았다. 수십 년 동안 비(非)군사적인 대립이 주요한 경쟁 형태였다. 유능한 전략가는 적이 군비에 지나치게 많은 재정을 투입하게 만들어서 재원이 고갈하도록 만들었다. 2천 년 후 소련이 붕괴했을 때, 중국은 미국이 모스크바가 과도한 국방비 지출을 하도록 유도함으로써 국가파산에 이르게 만들었다고 분석했다.

2011년까지, 미국이 GDP의 약 5%를 국방비에 투입하는 동안 중국의 국방 예산은 GDP의 약 2.5%에 불과했다.[12] 중국은 전략적으로 세력 투사(power projection) 강국이 되려고 하지 않았으며, 약 3백 개 정도로 추정되는 이상하리만치 적은 양의 소형 핵탄두를 줄곧 유지했다. 미국에 대해서, 중국은 전투기에는 전투기로 군함에는 군함으로 맞서기보다는 효과를 극대화할 수 있는 비대칭 전략 확충에 더 많은 투자를 했다. 중국은 위성 공격 기술을 최초로 개발하고, 스텔스기에 대응할 수단을 개발했으며, 사이버전에 엄청난 투자를 했고, 수백만 달러를 들여서 40억 달러짜리 항공모함을 가라앉힐 수 있는 미사일을 만들었다.[13] 이 미사일은 매우 높은 성능에 비해 제작비용은 턱없이 저렴했는데, 미국에서 훔쳐온 기술을 바탕으로 만들어졌기 때문일 것이다.

많은 서방의 분석가는 왜 중국이 자국 영토와 해상을 방어하기 위해 더 강력한 군사력을 키우지 않는지 의아해한다. 대답은 전국시대의 교훈에 있다. 중국은 '구정(九鼎)의 무게'를 묻지 않고 있다. 강력한 군사력 배양이 미국을 도발하는 재난적인 결과를 가져오리라고 생각하기 때문이다. (1949년부터 1963년까지 미국의 금수 조치를 경험한 중국은 미국의 분노를 야기하는 것이 얼마나 큰 고통을 가져올 것인지 이미 알고 있다.)[14] 서방의 분석가들은 중국이 자국의 경제성장을 뒷받침하면서도 미국의 헤게모니에 섣불리 도전하지 않을 정도의 군사력 수준을 필요로 한다고 생각한다. 하지만 전국시대의 교훈에 근거해 볼 때, 십 년을 주기로 하는 경쟁의 마지막 단계—미국이 저지하기에는 이미 때가 늦은 시기—가 되면 중국은 군비 지출에 스스로 부과한 제약을 제거해버릴 것이다. 군사 분야에서의 획기적인 변화를 기술한 책들은 이미 20년 전부터 이 제약을 벗어버릴 최적의 시기를 언급해왔다. 이 시기까지는 아직 몇 년이 남았다.(15)

전국시대적 사고와 전통적인 미국식 세계관의 기본적인 차이를 한 가지로 요약한다면, 미국은 중국과의 관계를 경쟁과 협력 사이를 오가는 관계로 파악하는 반면에, 베이징은 미국이 적대적이고 기만적인 대(對)중국 정책을 고수한다고 생각한다는 점이다. 이것이 단지 무지로 인한 오해에 불과하다면, 미국이 오해를 해소하거나 적어도 줄여나갈 수가 있을 것이다. 불행하게도 그렇지가 않다. 미국을 향한 중국 지도부의 불신은 거의 모든 전략적 결정들 속에 내재된 뿌리 깊은 문화적 원리에 근거한다. 따라서 미국에 대한 그들의 불신은 쉽게 변하지 않는다.(16)

중국의 전략의 중심에는 '세(勢)'가 자리 잡고 있는데, 이것은 서양인에게 설명하기 어려운 개념이다. 영어로 곧바로 번역하기가 어렵다. 중국어학자는 이것을 우세한 힘을 누르고 승리하기 위해 노련한 전략가만이 이용할 수 있는 '힘의 조정' 혹은 '원하는 결과가 일어나도록 만드는 것'이라고 설명한다. 노련한 지도자는 자신의 '세'를 활용하는 능력이 취약한지 여부를 인식할 줄 안다.(17) 잠재적인 '세'를 제대로 활용할 줄 모른다는 것이 미국의 대중국 전략의 운명을 결정짓고 있다.

미국 대중문화에서 볼 수 있는 '세'와 근접한 상황은 조지 루커스 감독의 영화 〈스타워즈〉에 나오는 '포스(힘)'인데, 이것은 상당 부분 동양철학에 근거한다. '세'는 노련한 지도자가 자신의 의지대로 상황이 전개되도록 만들 기회를 포착하고 이용하는 신비한 힘이다. 노련한 지도자는 다른 사람을 자신의 뜻에 따라 움직이도록 만드는 데 이런 기회를 이용할 줄 안다. 《손자병법》의 '세'에 관한 장에 기술되었듯, "노련한 사람은 적이 움직일 수밖에 없는 상황을 만듦으로써 적이 움직이도록 만든다."[18] 톰 소여가 친구들이 자신을 대신해서 담장에 페인트칠을 하도록 만드는 상황은 '세'의 개념을 보여주는 단순한 예이다. 톰은 친구들의 심리를 파악하고 아이들이 움직이도록 만드는 방법을 알고 있었고, 자기 대신에 그 일을 하도록 유도했다. '세'의 중요한 특징은 '무위(無爲)'인데, 이는 다른 나라가 자신을 위해 일하도록 만든다는 의미를 내포한다.

'세'는 중국인의 독특한 세계관의 핵심이기도 하다. 우주 속에 존재하는 인간의 역할에 대한 신비한 운명론을 담고 있다. 인간이나 국가는 서로 상호작용하며 상황을 변화시키지만, 이런 상황들은 저마다 독립적인 역량을 가지고 있다. '상황을 만들다', '군사 태세를 갖추다', '전략적 정치적 상황을 전체적으로 가늠하다' 혹은 '힘의 균형을 추구하다' 등의 의미를 가진 중국어 표현 속에 '세'라는 글자가 들어있다. 상대보다 먼저 '세'를 인식하는 것은 '현인(賢人)', 이를 현대적으로 해석하자면 정치인이나 전문 정보 요원이 해야 할 일이다.

서양학자들은 비교적 최근에서야 '세'의 개념을 이해했다. 1983년, 하와이대학의 중국철학과 교수 로저 에임스가 전국시대의 정치 행정에 관한 책 《통치의 기술》을 번역하면서 '세'의 개념을 정의했다. 이 책이 영어로 출간된 후,[19] 프랑스 학자 프랑수아 줄리앙이 에임스 교수의 일을 이어받았다. 줄리앙은 7권의 책에서 '세'는 독특한 중국적 개념이라고 규정했다.[20] 그의 주장은 좌파 비평가에게 '타자화', 다시 말해서 중국 문화를 이국적이며 다소 열등한 문화로 인식하

고 있다는 비판을 받았다. 이들은 '세'가 전혀 독특한 개념이 아니라고 주장했다.[21]

줄리앙을 옹호하는 사람이 없지는 않았는데, 대부분 중국군 인사였다. 인민 해방군 소속 전략가들은 '세'를 비롯한 많은 중국의 전략적 관점이 실제로 중국의 독특한 개념이라고 주장했다.

1990년대에 처음으로 중국 정부의 내부 문건에서 '세'의 개념을 읽었을 때, 나는 그 함의를 정확히 파악하지는 못했지만 그것이 중국 지도부의 전략적 사고에 매우 중요한 개념이라는 것을 깨달았다. 나는 에임스와 줄리앙을 만났고, '세'의 개념에 관한 그들의 발견과 통찰력을 통해서 '세'를 반복해 언급한 중국군과 정보기관의 보고서의 의미를 해석할 수 있었다.

두 학자에 따르면, '세'는 도교—우주 만물에 충만해 있는 기(氣)와 조화하고자 갈망하는 종교이자 철학—에서 많은 영향을 받았다. 도교를 신봉하는 사람은 우주가 스스로 부단히 변화하며 음과 양의 힘과 극성(極性)이 순식간에 뒤바뀔 수 있다고 믿는다. 중국군의 전략가들은 '세'가 어떻게 방향을 전환해서 다른 방향으로 기울어지며, 심지어 역전될 수 있는지 자주 언급한다. 변화를 초기에 감지해서 추적하고, 그런 변화가 진행되는 시점을 드러내는 지표를 예의 주시해야 한다고 강조한다.

에임스와 줄리앙은 '세'를 '어떤 상황을 조성하다' 혹은 '어떤 결과가 되도록 만들다' 등 수십 가지 의미로 번역할 수 있다고 말한다. 또한 기회의 창출 혹은 추진력의 창출이라고 번역하는 경우도 있고, '어떤 상황을 전개하다' 혹은 '특정한 방향으로 몰고 가다'라는 의미로도 번역된다. '세'는 다양한 의미에 적용된다. 서법(書法)의 수준, 중국 문학작품의 매력 그리고 시가(詩歌)의 미학적 특징을 평가할 때도 사용된다. 또한 줄리앙과 에임스는 '세'를 철학에서 말하는 '통약 불가능성'에 해당하는 예라고 보았다. 개념이 너무나 달라서 그 언어의 문맥이 아닌 다른 문맥에서는 이해하기 어렵다는 것이다.

마오쩌둥은 '세'를 자주 인용했다. 그가 '세'에 관해 기술한 전략 서적은 지금도 군사학교와 중앙당교(中國共産黨中央黨校)의 필독서다. 1978년 이후에 중국에서 나온 몇몇 책의 분석에 따르면, 1950년대와 60년대에 중국 지도자들은 중국과 소련의 관계 속에서 '세'를 정확하게 읽지 못했다. 공산 진영에서 소련이 가진 주도권을 중국이 빼앗으려고 한다는 것을 소련이 알았기 때문에, 소련에게 더 많은 투자, 무역, 군사기술 내지는 정치적 지원을 얻는 데 실패했다고 분석했다. '세'를 활용하지 못했다는 사실을 통감한 중국은 1978년 이후 대미 전략에서는 동일한 실수를 되풀이하지 않으려고 절치부심했다.

우선 중국은 미국에게 기술, 투자 그리고 정치적 지원을 제공받으면서 중국 제품이 미국 시장에 들어가도록 만들 방법을 찾아냈다—더욱 큰 야심을 깊이 감춰둔 채.

또한 베이징은 KGB가 자신의 의도를 간파하고 경계했던 경험을 거울삼아, 미국 정보기관이 오히려 나서서 도움을 주도록 만들 방법도 찾아냈다. 미국의 보수파조차 중국을 소련에 함께 맞서줄 파트너, 데탕트를 가져올 동료 그리고 공산주의 국가가 아닌 나라로 느끼도록 만들었다.[22]

'세'는 적이 자신을 고립시키지 못하도록 적의 동맹을 약화시키면서 동시에 자신의 동맹을 형성하여 적을 고립시킨다는 의미를 가진다. '세'는 전국시대의 '합종책(合縱策)'과 '연횡책(連橫策)'에 기원을 둔다. '연횡’은 강국이었던 진(秦)과 연합했던 나라들을 말하는데, 지도상에서 동서로 위치해 있었다. 반대 진영인 ‘합종’은 남북으로 분포해 있던 나라들이 진나라에 맞서기 위해 연합했던 동맹이었다. 이 두 동맹은 십년 동안 당근과 채찍을 통해 동맹을 유지하며 상대 진영과 대립했다. 결과적으로 보면, 패권을 차지하려는 어떠한 야심도 없으며 오히려 목전의 일을 처리하기에도 여념이 없다는 식으로 기만전술을 썼던 ‘연횡’의 승리로 끝이 났다. ‘연횡’은 기만전술을 사용해 상대 진영을 이간질시키는 데 성공했고, 최강자였던 진나라가 ‘합종’한 동맹국들을 정복했다. 오늘날, 중국의 전략가는 미국이 자신의 동맹 체제에 맞설 대안 체제가 만들어질 수 있다는 경계심을 갖지 않도록 미국 주도의 세계 동맹 체제에 신중하게 대응해야 한다는 말을 자주 한다.

바둑은 중국의 가장 대표적인 보드게임인데, 이는 ‘합종’과 ‘연횡’이 형성되었던 전국시대를 상기시킨다. 이 게임의 목적은 체스처럼 상대를 철저하게 전멸시키는 것이 아니다. 대신에, 두 사람이 번갈아가며 바둑판 위에 흰 돌과 검은 돌을 놓아서 상대가 만든 집을 포위한다. 중국어로 웨이치(圍棋)라고 부르는 이 게임의 문자적 의미는 ‘포위하다’라는 뜻이다. 상대로 하여금 방심하도록 만들어서 자신이 포위당할 길을 스스로 내어주게 만드는 것이 승리의 핵심이다.

바둑에서 승리하기 위한 두 번째 열쇠는 자신의 진짜 방향과 의도를 상대가 모르도록 속이는 것이다. 상대가 당신의 진짜 전략을 눈치 채지 못하도록 이쪽에서 포위하는 척하며 다른 방향에서 길을 만들어 적을 포위해야 한다. 상대를 포위할 수 있도록 다양한 위치를 잡으면서 동시에 상대의 포위에 대응해야 하기 때문에, 포위 여부가 명백하게 드러나지 않으며 상대의 공간을 얼마나 많이 차지했느냐에 따라 승패가 판가름 난다.

기만술이 상대의 전략에서 얼마나 중요한지를 모른 채 바둑을 둔다고 상상해보라. 중국이 만든 게임에서 미국이 어떻게 바둑을 두고 있는지를 조금이나마 가늠할 수 있을 것이다. 미국은 게임의 규칙을 전혀 모른다. 대부분은 '세'를 들어본 적도 없다. 우리는 지금 게임에서 지고 있다는 걸 모른다. 사실, 게임이 이미 시작되었다는 사실조차 모른다. 이 때문에, 우리는 중국의 뛰어난 전략을 비난하면서도 나를 비롯한 많은 사람이 그토록 오랫동안 착각에 사로잡혀 있었다.

헨리 키신저는 《중국 이야기》에서 전쟁과 위기에 대응하는 방법과 관련해 중국이 '세'를 활용하는 다섯 가지 예를 소개한다. '세'의 중요성을 알게 되면서, 중국을 바라보는 그의 시각에 많은 변화가 있었다는 것을 알 수 있다. 중국 지도자들과의 만남을 기술했던 이전 저서 네 권과 달리,[23] 그는 최근에 발표한 이 책에서 거듭 '세'에 관해 언급한다. 중국이 미국과의 관계를 전투적 공존으로 규정짓고 있다는 경고와 더불어 그는 '세'의 중요한 측면을 강조한다: "오늘날까지도 미국은 중국을 향한 개방을 중국이 우의(友誼)라는 안정적 자세로 나오도록 유도한 것이라고 생각한다. 하지만 중국 지도부는 '세'의 개념—부단히 변화하는 상황 속에서 문제를 이해하는 능력—을 바탕으로 성장했다. … 중국의 저서에서는 합법적인 국제 질서와 같은 미국이 신성시하는 어휘를 거의 찾아볼 수 없다. 이보다는 일종의 전투적 공존으로 나아가는 세계를 지향하고 있으며, 이 공존의 개념과 함께 언제든 싸울 수 있는 준비 태세를 강조하고 있다."[24]

키신저는 1979년 중국의 베트남 공격이 '세'의 개념에서 비롯되었다고 설명한다: "넓은 의미에서, 그 전쟁은 베이징이 손자(孫子)가 제시한 세(勢)의 개념을 분석한 결과에서 비롯했다―전략적 배경 이면에 내재된 '잠재적 에너지'. 덩샤오핑은 소련의 전략을 수용할 수 없다고 판단하고, 가능하다면 이를 전복시키고자 했다. 중국은 한편으로는 과감한 군사적 도전을 통해서, 다른 한편으로는 미국을 전례 없는 긴밀한 협력자로 끌어들임으로써 이 목적을 이루었다."(25)

세(勢)는 중국의 전략가가 특정 상황 속에서 힘의 균형을 어떻게 평가하며, '세'의 변화에 따라 어떻게 행동이 달라지는지를 이해하는 데 매우 중요하다. 전국시대의 전략가들이 처음으로 적용했던 지표가 중요한 영향을 미쳤다. 중국에서, '세'는 분석가가 조사해야 할 평가의 개념이자 지휘관이나 국가 지도자가 만들고 조정할 수 있는 무엇이다.

공자가 남긴 명언, 시(詩), 서예 그리고 예술에만 초점이 맞춰진 나머지 일반적으로 중국의 문화에 대해 오해하고 있는 이미지가 있다. 고대 중국인이 분석적이고 수리적이기보다는 창조적이고 철학적이었다는 선입견이 그것이다. 하지만 랜드 연구소의 허버트 골드해머 박사는 전국시대 몇몇 전략가는 정량적 계산의 결과를 적에게 보여줌으로써 적이 스스로 패배를 시인하도록 만들었다는 사실을 지적한다.(26) 정량적 측정은 고대 중국 정치에서 매우 중요한 역할을 했으며, 오늘날도 마찬가지다.

중국 군부와 정보기관은 정량적 지표를 통해 자신과 지정학적 경쟁 관계에 있는 상대를 비교하고 그들을 추월하는 데 시간이 얼마나 걸릴지 판단한다. 중국군 분석가가 저술한 책을 어렵사리 구해 이런 정량적 지표에 관해 읽은 후,(27) 나는 중국이 세계의 역학 관계와 국가의 발전 상황을 너무나 정밀하게 예측하고 있다는 사실에 놀랐다. 무엇보다 놀라웠던 것은 평가 시스템에서 군사력의 비중이 전체의 10%

도 채 안되었다는 사실이다. 그전까지 세계에서 두 번째 군사 대국이었던 소련이 붕괴한 후, 중국은 경제·외교 부문의 투자, 기술혁신 그리고 천연자원 보유에 더욱 큰 중요성을 부여하도록 평가 시스템을 변경시켰다. 국력을 평가하는 방법을 바꾼 것이다. 중국은 자국의 경제 성장 기조가 지속되면서 다극 체제의 세계 질서가 앞으로 일극 체제로 회귀할 것이라고 예측한다. 중국 지도부는 그때가 되면 중국이 세계의 주도적인 강국이 될 것이라고 믿고 있다.

이 목표의 중심에 세(勢)의 개념이 있다. 베이징은 대미 관계의 거의 모든 측면에 이 개념을 적용한다. 톰 소여의 친구들이 톰이 자신들을 조종해 담장에 페인트칠을 하도록 만들고 있다는 것을 몰랐던 것과 마찬가지로, 미국의 정책 입안자는 자신이 이용당하고 있다는 사실을 모른다.

중국의 군사 서적에서 세(勢)와 관련해 자주 언급되는 사례가 기원후 208년에 있었던 적벽대전이다.[28] 이 전투는 기만술을 활용한 뛰어난 전략, 그리고 적의 계산 착오를 이용한 전략을 바라보는 중국인의 관점을 완벽하게 보여준다. 서양의 테르모필레 전투, 칸나에 전투 혹은 워털루 전투처럼, 적벽대전은 중국 전사(戰史)에서 괄목할 만한 순간으로 여겨진다. 이 전투와 관련된 기만전술들은 지금까지도 중국군 지도부가 연구하며, 군사 교재와 소설 속에 등장하고 있다.[29]

적벽대전은 중국 대륙 전체의 패권을 둘러싸고 남부에 자리 잡고 있던 오나라와 북부의 강자로 군림하던 위나라 사이에 벌어진 전투이다. 전투를 앞두고 조조의 100만 대군이 오나라 장군 주유와 유비의 책사(策士) 제갈량이 이끄는 군대와 강을 사이에 두고 집결했다. 하지만, 수전(水戰)에 익숙하지 못했던 조조의 군대는 첫 번째 전투에서 패하고 남쪽의 수로를 내주고 말았다. 이어서 상대를 속이기 위한 일련의 기만전술이 펼쳐졌다. 이때의 기만전술에 관한 말들이 오늘날까지 명언으로 전해지고 있고, 중국에서 가장 널리 알려진 소설《삼국지연의》에 고스란히 기술되어 있다.

기만술의 한 가지 실례를 보자. 조조는 이전의 패배를 만회하기 위한 방법을 강구하다가 자신의 부하—주유의 어린 시절 친구—를 사신으로 보내어 제갈량이 항복하도록 만들 방법이 있는지를 염탐한다. 오나라 진영에 도착한 사신은 짐짓 옛 친구를 만나러 온 것처럼 행동하지만, 기만전술의 대가였던 주유는 그의 속마음을 간파한다. 사신을 연회에 초대한 주유는 몹시 술에 취한 체한다. 그날 밤, 그는 술에 취한 척하며 사신으로 온 친구를 자신의 장막에서 지내도록 유도한다. 그렇게 하면 그가 틀림없이 자신의 장막을 뒤질 것이라고 생각한 것이다. 그의 책상에는 근처에 주둔하고 있던 위나라의 두 수군 지휘관이 보낸 가짜 서신이 놓여 있었는데, 그 서신에는 조조 진영에 투항한 그들의 스파이 활동이 적혀 있었다. 예상대로, 사신은 편지를 훔쳐서 재빨리 위나라 진영으로 돌아간다. 가짜 서신을 읽은 조조는 크게 노해 자신의 뛰어난 두 참모를 처형했고, 이 일로 그의 세력이 약화되는 결과를 빚고 만다. 결과적으로 주유와 제갈량은 자신들의 입지를 굳히고 새로이 세(勢)를 장악했다.

또 다른 예로, 제갈량이 책사 방통에게 위나라를 이기려면 어떻게 해야 하는지 계책을 찾아내도록 한다. 최강을 자랑하는 적의 수군 함대를 서로 연결하도록 만들어서 무력화시키는 계책이 세워진다. 방통은 거짓으로 오나라 진영을 떠나려고 한다는 소문을 흘린다. 방통이 도망하려고 한다는 소식을 들은 위나라는 그가 자신들의 진영으로 도망하도록 돕는다. 교묘하게 말을 흘리는 것도 일종의 기만전술이다. 조조의 진영으로 온 방통은 술에 취한 척하며 위나라의 수군이 멀미를 하게 되면 어떤 결과가 발생할 것인지 은연중에 내비친다. 적이 두려워하던 일을 이야기함으로써 적을 유인한 것이다. 일찍부터 병사들이 멀미를 하는 문제를 두고 걱정을 해오던 조조는 어리석게도 방통이 일러준 멀미를 피할 수 있는 방법을 따른다. 방통이 제시한 '해결책'은 군함을 30척 내지 40척씩 서로 쇠사슬로 묶어서 연결해 배가 파도에 흔들리지 않게 하고, 병사들이 쉽게 배와 배 사이를 이동할 수 있도록 만드는 것이었다. 조조는 그것이 속임수라는 것을 모른 채 받아들인다. 만약 단 한 척의 배라도 화공(火攻)을 받게 되면 전체 함대가 불길에 휩싸이게 된다는 것을 짐작도 못한다. 이 기만전술이 주는 교훈은 아무리 강한 힘을 가졌다 해도 자신의 힘을 제대로 활용하지도 못하고 무기력하게 무너질 수 있다는 것이다.

이제 적벽대전이 목전에 와 있다. 유비군의 지휘관이었던 제갈량이 세(勢)를 어떻게 평가하느냐가 전략의 핵심이다. 날씨를 세심하게 관찰한 제갈량은 머잖아 동풍이 불 것이라고 예측한다. 제갈량은 '세'의 순간이 도래했음을 느끼자, 곧바로 과감한 행동에 돌입한다. 그는 한밤중에 공격 명령을 내린다. 바람이 부는 데다가 함대가 쇠사슬로 묶여 있었기 때문에, 위나라의 수군 함대는 순식간에 불길에 휩싸인다. 패자를 자처하던 조조의 기세는 크게 타격을 입고 만다.[30]

오늘날 중국 곳곳에는 이 전쟁의 신을 모시는 사당이 있다. 적벽대전이 시작된 순간, 제갈량의 시간이 도래했다. 강력한 함대가 풍비박산 나자 조조는 숲으로 달아난다. 그는 달아나면서도 자신이 달아

나는 것을 막지 못한 제갈량을 비웃었다. 조조는 《손자병법》에 나오는 약할수록 강한 척하라는 말을 떠올리며, 큰길을 따라 진을 쳐서 자신이 퇴각할 수 없도록 불을 놓았어야 했다며 제갈량을 비웃는다. 하지만 그것은 그가 다시 속임수에 걸려든 것이었다.

중국 역사상 가장 뛰어난 기만전술가로 평가받는 두 사람은 마지막 기만술을 통해 자신들의 대결을 결정짓는다. 이미 조조의 생각을 꿰뚫은 제갈량은 대로를 따라 군대를 주둔시키는 대신에 길에다가 연기를 피우고 매복하게 했다. 조조는 겨우 300명의 군사와 함께 퇴로를 찾는다. 그는 자신이 안전하다고 믿으며 다시 제갈량을 비웃는다. 하지만 그는 다시 매복에 걸려들었고, 결국 패하고 말았다. 가장 강력한 군대를 가졌고, 기회를 포착하는 데 뛰어나며, 심중의 의도를 결코 드러내지 않는 기만술의 대가였던 조조가 연이은 기만술에 패한 것이다.

"단 한 번의 속임수에 큰 패배를 당할 수 있다." 오늘날 중국군 내 강경파가 '적벽대전'에 관해 쓴 평론 곳곳에 이런 생각이 드러난다.

수많은 전술가가 제갈량의 적벽대전 전술은 절묘한 계획에 입각했다고 말한다: 상황을 평가하고, 속임수를 쓰고, 결정적인 공격을 위해 특별한 힘을 이용하고, 지도부의 분열을 조장하고, 적을 고립시키며, 전략적 동맹을 형성한다.(31) 반대로, 조조는 이를 알지 못했기 때문에 자신이 일으킨 전쟁에서 패했다. 중국의 전술가들은 적벽대전의 승인(勝因)은 상황이 유리하게 바뀔 때까지 '기다리며 지켜보는' 전략이었다고 강조한다.(32) 또 한 가지는 적이 내부 분란으로 무너지기 시작하는 순간을 파악하고 공격의 최적기를 정하는 데 간자(間者)를 활용한 사실이다.(33)

오늘날, 중국은 미국도 전국시대적 전략을 가지고 있다고 생각한다. 중국의 전략적 관점에 의하면, 미국도 전국시대의 전략을 지향하고 있다. 중국 내 강경파는 무기력한 광신자에 불과하다는 오랜 선입견 때문에, 미국은 사실을 제대로 보지 못했다. 만약 우월한 입지를 지키기 위해서 미국이 패권적 행동을 할 것이라고 중국이 생각한다면, 이것은 위험한 생각이다. 반대로, 미국이 데탕트, 유엔헌장, 민주주의 그리고 인권을 신장시키는 데 주력하면, 중국은 미국을 의심의 눈초리로 바라볼 것이다. 실제로 미국은 어느 쪽일까? 중국 내 온건파와 개혁주의자는 미국의 선의를 볼 수도 있다. 하지만 강경파는 미국의 기만성만을 볼 것이다.

중국이
닉슨에게 왔다

"동의 오(吳)와 연합해 북의 위(魏)와 대적하라."
– 1969년 마오쩌둥이 비망록에서 인용한
《삼국지연의》의 천하삼분지계(天下三分之計).

지난 수년간 미국인들은 1971년에 닉슨이 대(對)중국 문호를 개방한 것은 매우 탁월한 결정이었다고 배워왔다. 전략가이기도 했던 닉슨은 자신의 안보 고문이던 헨리 키신저와 마찬가지로 중국과 제휴하면 당시에 미국에게 큰 위협으로 여겨지던 소련과의 대결 구도에서 미국의 입지를 강화할 수 있다고 믿었다. 많은 미국인의 눈에 닉슨은 국가 간 대립의 세계에서 여러 가지 수(手)를 내다보고 체스를 둘 줄 아는 지도자였다. 미국이 대중국 문호를 개방한 것은 분명 탁월한 결정이라 할 만했고, 냉전의 관점에서 볼 때도 그만한 타당한 이유가 있었다. 하지만 사람들은 그 개방이 실제로는 닉슨이 아니라 키신저에 의해 주도되었다는 사실은 잘 모르고 있다. 취임 후 수개월 동안 닉슨 정부의 관심은 소련과의 관계 개선이었다. 중국과 눈웃음을 주고받느라 소련의 심기를 건드릴 생각은 추호도 없었다. 사실, 여러 가지 면에서 볼 때 닉슨이 중국에 간 것이 아니라 중국이 닉슨에게 온 것이었다.

미국에서 신임 대통령이 취임할 때마다 베이징은 탁월하게 전략적 변신을 해왔다. 워싱턴의 유력 인물들 사이에 벌어진 이견을 기민하게 포착하고 능숙하게 대처했다. 미국과의 세(勢)를 판단함에 있어서, 중국 지도부는 전국시대에서 중요한 교훈을 얻었다―적진에 들어가 있는 간자(間者).

1985년, 45년 동안 CIA에서 일했던 래리 친이 중국을 위해 수십 년간 간첩 행위를 한 사실이 발각되어 기소되었다. 죄목은 대량의 중국 관련 비밀 문건을 중국 정부에 넘겼다는 것이었는데, 1986년에 유죄판결을 받았다. 판사 앞에서 행한 발언에서 그는 미국과 중국의 관계 개선을 도모하기 위해서 한 일이라고 주장했다. 얼마 후, 그는 감방에서 교도관에게 주검으로 발견되었다. 그의 죽음은 자신이 미국의 계획과 약점을 중국 정부에게 건네줌으로써 베이징이 손쉽게 원하는 것을 손에 넣을 수 있도록 해주었다는 판결을 인정한 셈이었다.[1]

이에 반해, 미국에게는 중국의 전략적 사고에 관한 직접적인 통찰력을 제공해줄 만한 제보자가 없다. 중국의 내부 정책 자료에 접근하기가 어렵기 때문에, 이 장에서는 이후에 밝혀진 여러 가지 정보와 중국의 동기에 대한 미국의 해석을 살펴봄으로써, 레이건 행정부 말기에 중국이 새로이 대미 관계 전환을 시도했던 이유를 살펴보고자 한다.

미국과 달리 중국은 닉슨부터 버락 오바마에 이르기까지 미국 정부에 어떻게 경제, 군사 그리고 정치·외교적 지원을 얻어냈는지 보여주는 공식 문건을 공개한 적이 없고 앞으로도 공개할 것 같지 않다. 그런데, 중국 학자들의 인터뷰와 기고문을 통해서 베이징의 일관된 전략적 접근법으로 보이는 단서를 찾아볼 수 있다. 여기에서 드러난 중국의 9가지 전략적 특징(2장에서 기술)을 통해 우리는 중국의 과거와 향후의 행동을 이해할 수 있다. 이 가운데에서도 기만술의 활용, 세(勢), 인내 그리고 소련에 의한 포위를 피하는 것이 무엇보다 두드러진 특징이다. 이 9가지 전략적 요소들은 중국이 수십 년에 걸쳐 미국으로부터 지원을 이끌어내고 자신의 영향력을 확대할 수 있었던 지침이 되었다.

1960년대 말 거대한 야망이 소련에 간파당하면서 양국 관계가 무력 충돌 직전까지 이르자, 중국이 새로운 후견인을 찾아 나섰다는 것이 대체로 받아들여지는 견해다. 미국과 어떻게 하면 친구—더 엄밀하게 말해서 일시적 동지—가 될 것인가를 두고, 마오쩌둥은 외교관이 아닌 군부 인사를 찾았다. 많은 미국인은 중국 내 강경파의 영향력을 과소평가했다. 훗날, 대미 관계 회복이 중국 군부에 의해 비밀리에 설계되었다는 사실이 알려지자 미국은 몹시 놀랐다. 1969년 봄, 마오쩌둥은 지난 10년 동안 중국이 취한 수동적 자세를 버리고 소련의 위협에 과감히 맞설 것을 주장하는 네 명의 강경파 장군을 불렀다. 천이(陳毅), 녜룽전(聶榮臻), 쉬샹첸(徐向前) 그리고 예젠잉(葉劍英)이 그들이다.(2) 이들은 소련과 중국에 대한 미국의 전략을 "산꼭대기에 앉아서 두 호랑이의 싸움을 지켜본다(坐山觀虎鬪)"는(3) 한마디 말로 정리했다. 전국시대에서 비롯된 이 말의 의미는 미국이 한 공산국가가 다른 공산국가를 삼켜버리기를 바라고 있다는 의미였다.

1969년 5월, 마오쩌둥은 그들에게 더 많은 조언을 구했다. 키신저에 따르면, 장군들은 "전략적인 관점에서, 소련이 대규모로 중국을 공격하는 경우에 미국이라는 카드를 활용해야 하는지"를 놓고 논의했다.(4) 천이는 1939년 스탈린과 히틀러가 맺은 상호 불가침 조약 사례를 연구할 것을 제안했다. 예젠잉은 적벽대전에서 조조를 이겼던 제갈량의 전략을 언급했다: "오, 촉 그리고 위 세 나라가 대립하고 있을 때, 동의 오와 연합해 북의 위를 쳤던 제갈량의 전략을 참고할 필요가 있습니다."[5]

그들은 소련이 중국을 손에 넣을까봐 미국이 두려워한다고 생각했다: "미국 제국주의자들이 가장 원하지 않는 상황은 중-소 전쟁에서 소련 수정주의자가 승리하고, 소련이 자원이나 인력 면에서 미국보다 더 강력하고 거대한 제국을 세우는 것입니다."[6]

천이는 새로 대통령에 취임한 닉슨이 "중국을 이기고" 싶어 한다고 말했다. 그는 미-중 대화를 장관급 내지 더 높은 수준으로 격상할 것을 제안했다.[7] 키신저에 따르면 무엇보다 획기적인 주장은 천이의 제안이었는데, 타이완이 중국에 귀속되어야 한다는 그동안 중국이 고수해온 전제 조건을 내려놓아야 한다는 것이었다.[8] 천이는 이렇게 주장했다:

첫째, 바르샤바에서 대사급 회의가 개최되면, 우리가 먼저 중-미 회담을 장관급이나 더 높은 수준으로 격상시킬 것을 제안해서, 중-미 관계의 기본적인 문제와 관련 문제들을 해결할 수가 있을 것입니다. …

둘째, 더 높은 수준의 중-미 회담은 전략적 의미가 있습니다. 우리는 어떤 전제 조건도 내걸어서는 안 됩니다. … 타이완 문제는 더 높은 수준의 대화를 통해 점차 해결될 수 있습니다. 더욱이 미국과 다른 전략적인 중요한 문제들을 논의할 수가 있습니다.[9]

중국은 닉슨의 방문 가능성을 "갈등을 이용해, 적을 분열시키고,

자신의 힘을 확장시킬 수 있는" 기회로 표현했는데, 여전히 미국을 적이라고 불렀다.(10) 다시 말해서, 미국은 중국에게 장기적인 협력자가 아니라 유용한 도구에 불과했다. 이 원칙에 입각해, 베이징은 닉슨과 키신저에게 다음과 같은 비밀 메시지를 보냈다: 닉슨 대통령은 이미 베오그라드와 부쿠레슈티를 방문했으므로 베이징에서도 환영을 받을 것이다.(11) 메시지에는 신뢰나 미래의 협력에 관한 어떤 암시도 담겨 있지 않았다.

중국은 미국과 접촉하기로 결정한 이유가 명시된 내부 문건을 공개한 적이 없다. 하지만 몇몇 장군이 내게 한 말에 의하면, 닉슨 정부에 대한 마오쩌둥의 관점이 세(勢)의 의미와 적용을 보여주는 전형적인 사례이며, 무엇보다 마오쩌둥이 더욱 적극적으로 대미 관계 개선에 나선 계기가 있었다: 1969년 8월 28일, 중국 북쪽에 있는 신장 변경에서 소련과 벌어진 군사 충돌. 중국은 북쪽 국경을 따라 군대를 배치했다. 그때가 미국과의 관계 회복이 "전략적 필요"가 된 순간이라고 키신저는 결론 내렸다. 나는 뉴욕에 있는 유엔 본부에서 그 공격에 대한 소련 측의 이야기를 들은 후, 당시 중국과의 접촉이 가져올 위험에 관해 논쟁을 벌이고 있던 국가안보회의(NSC)에 그 사실을 알리기 위해 피터와 스미스 요원에게 연락했다.

1969년, 세(勢)를 정확하게 간파한 마오쩌둥은 소련의 궤도를 벗어나 서방과 새로운 제휴를 맺었다. 마오쩌둥은 이러한 변화를 가속화하기 위해 두 가지 행동을 취했다. 첫째는 닉슨을 베이징으로 초대한 것이고, 둘째는 소련 국경과 인접한 곳에서 사전 예고도 없이 수일 간격으로 두 차례 수소폭탄 실험을 실시한 것이었다. 이 일련의 행동은 무력시위인 동시에 소련의 궤도에서 이탈하고자 한다는 메시지를 미국에게 보낸 것이었다.

1970년 10월 1일, 미국이 여전히 자신이 보낸 메시지를 접수하지 않았다고 판단한 마오쩌둥은 반(反)서방적 태도를 고수해온 공산국가로서는 매우 이례적인 행동을 취했다: 미국의 유명 저널리스트이자 작가였던 에드거 스노를 초청해 함께 천안문 전망대 위에 서서 사진을 찍었다. 마오쩌둥은 자신이 초대한 손님에게 메시지를 전달했다: 닉슨 대통령의 중국 방문을 환영한다. 이것은 놀라운 초대였으며, 중국 정부가 보여준 최근의 태도였다. 키신저에 의하면, 워싱턴은 여전히 그 메시지를 접수하지 못했거나 적어도 그 본심을 인지하지 못했다. 미국은 자신의 이해와 전략에 몰입한 나머지 중국의 이해와 전략에 관심을 기울이지 않았다. 이렇게 중-미 관계 정상화의 역사가 일종의 신화처럼 시작되었다. 닉슨이 먼저 중국에 손을 내민 것이 아니었다. 오히려 마오쩌둥이라는 인간을 통해, 중국이 닉슨에게 손을 내민 것이었다. 미국인들이 이 사실을 모를 뿐이었다. 중국의 내부 문건에서 미국이 여전히 적으로 불리고 있다는 것과 히틀러에 비유되고 있다는 사실은 더더욱 모르고 있었다.

닉슨과 키신저가 대중국 전략을 고민하는 동안, 나는 이 드라마에서 단역을 맡고 있었다. 1969년 가을, 내게 접촉을 해온 피터와 스미스 요원이 내게 유엔에서 일하면서 수집한 정보를 키신저의 참모들 앞에서 보고하라는 연락을 전했다. 키신저의 참모들과 만난 자리에서 나는 중국을 놓고 그들 간에 날카로운 의견 차이가 있다는 것을 감지했다. 국가안보회의 위원인 존 홀드리지와 헬무트 소넨펠트는 다가올 서곡(序曲)에 우호적이었고 소련의 과민 반응을 우려하지도 않았다.[12] 하지만 다른 두 사람, 로저 모리스와 빌 하일랜드는 반대 입장이었다.[13]

모리스와 하일랜드는 미-중 연합이 불필요하게 모스크바를 자극하고 대(對)소련 데탕트 정책에 심각한 악영향을 미칠 것이라고 우려했다. 이미 네 명의 고위급 인사가 닉슨과 개인적으로 만나서, 중국과의 관계 개선으로 모스크바가 데탕트와 군비 억제의 틀에서 발을 뺄지도 모른다는 우려를 전달했다. 닉슨과 키신저가 2년 동안이나 중국과의 관계 개선을 망설인 것은 이런 대립적인 주장 때문이었다. 그들은 중국을 놓고, 그리고 내가 유엔에서 소련인 동료들로부터 알게 된 내용을 기초로 한 보고를 놓고 고심에 빠졌다. 내가 보고한 내용은, 모스크바는 데탕트에서 발을 빼지 않을 것이며 사실은 중국의 기만적인 제안을 미국이 수용하기를 바라고 있다는 것이었는데, 셰브첸코와 쿠토보이가 내게 말해준 사실 그대로였다.

내가 제시한 증거가 이 경색된 상황을 타개하는 데 적절한 역할을 했던 것 같다. 그때까지 나는 수집한 모든 정보를 전달했다: 중-소 간 균열이 사실이며 소련은 우리가 중국과 관계를 개선하기를 바라고 있다. 닉슨이 일정 수준까지 대중국 관계를 개선시킬 것이라고 예측한 아르카디 셰브첸코 등 고위급 외교관들도 이것이 사실임을 확인했다. 다만 그들은 중-미 관계가 '지나치게' 진전되어 군사적 관계로 발전할까봐 우려했다. 나는 중-미 제휴를 강력하게 찬성하는 편에 있었다. 훗날 키신저는 내게 감사의 메모를 전달하기도 했다.

하지만 닉슨과 키신저를 베이징으로 가게 만든 다른 부수 요인이 있었다. 키신저가 여전히 중국의 의도를 두고 고민하는 동안에, 테드 케네디 상원 의원이 중국 방문을 추진했다. 중국은 심지어 1971년 7월 비밀리에 베이징을 방문한 키신저에게 이 사실을 귀띔해주기까지 했는데, 이것은 강경파와 온건파를 이용하는 전국시대의 전략을 그대로 보여준다. 닉슨은 키신저를 통해 자신이 중국을 방문하기 전에 어떤 미국 정치인도 중국으로 초청하지 말 것을 중국에 요청했다. 닉슨은 케네디가 베이징을 방문한 최초의 미국 정치인이 되는 것을 자신이 받아야 할 박수를 빼앗기는 것으로 생각했고, 또 그렇게 생각할 만도 했다.[14] 케네디는 공산국가인 중국과 관계 개선의 가능성을 공개 연설에서 언급함으로써, 1972년 대통령 선거전의 외교정책 기반을 구축하려 했던 것이다.[15] 또 한 가지 요인은 중국의 베트남전 개입이었다. 1950년대에 시작된 이 전쟁에서, 중국은 그동안 베트남에 무기, 물자, 군사적 조언을 제공하고 있었다. 당시에 중국은 북 베트남에 대한 군사 지원을 삭감하고 심지어 중국 해역을 지나는 소련의 선박 수를 크게 제한했는데, 이는 닉슨 행정부가 더욱 친(親)중국으로 선회하도록 만들었다. 닉슨은 베이징 방문 기간 동안 마오쩌둥에게 중국에 대해서는 물론이고 미국에 대한 어떠한 위협도 제거하는 데 노력할 것이라는 확답을 받았다.

> 현재, 미국으로부터의 위협도, 중국으로부터의 위협도 상대적으로 적습니다. 다시 말해, 현재 상황은 우리 양국 사이에 전쟁 상태가 존재하는 것이 아니기 때문에 이는 주된 이슈가 아니라고 할 수 있습니다. 각하께서는 각하의 군대를 각하의 나라로 철수하기를 원하고, 저희 군대는 외국으로 나가지 않을 것입니다.[16]

키신저에 의하면, 중국 군대가 외국으로 나가지 않을 것이라는 마오쩌둥의 말은 1950년에 한국에서 그랬던 것처럼 중국이 베트남전에도 개입할지 모른다는 미국의 우려를 잠재웠다.[17] 마오쩌둥은 이 문제가 미국의 사고 속에 중요하게 자리 잡고 있다는 점을 정확하게 인식하고 만족할 만한 답을 주었던 것이다.

1971년 7월, 키신저는 비밀리에 중국으로 역사적인 방문을 했고, 처음으로 마오쩌둥의 장기 계획을 구체적으로 파악하게 되었다. 미국과 접촉할 수밖에 없도록 만든 소련의 위협에 관해서 중국은 말을 아꼈다. 외교부 부장 저우언라이(周恩來)는 "우리의 북쪽 이웃" 혹은 "또 다른 강국"이라는 말로 소련을 우회적으로 표현했다. 중국은 소련의 위협에 관한 어떠한 언급도 먼저 꺼내지 않았다.(18) 중국은 과연 그토록 소련의 공격을 두려워했던 것일까?

그해 10월, 키신저가 또다시 베이징을 방문했을 때, 저우언라이는 6개의 주요 의제 가운데 소련을 마지막 의제에 포함시켰다. 중국으로부터 미-소 관계 개선을 반대하지 않을 것이라는 말을 들은 후, 키신저는 그것이 일종의 허세이며 실제로 소련의 위협에 대한 두려움을 감추고 있다고 판단했다.(19) 키신저는 저우언라이에게 "다른 지역에 집중하기 위해 탈(脫)유럽하려는 모스크바의 야심"을 전달했다.(20) '다른 지역'은 중국을 의미했다.

하지만 그때조차도 중국이 미국을 협력자가 아닌 장애물로 보았다는 것을 시사하는 단서들이 있다. 저우언라이는 중국이 새로운 친구(미국)를 실제로 어떻게 생각하는지 엿보이는 언급을 했다.

"미국은 바(覇)입니다." 저우언라이는 키신저의 통역을 맡은 중국 외교부 대사 지차오주(冀朝鑄)에게 이렇게 말했다. 이것은 마오쩌둥과 훗날 그의 계승자가 된 덩샤오핑이 자주 입에 올린 말이다.

중국어를 이해하는 미국 정부 관리 사이에서 중국어와 영어 사이에 명확하게 통역할 수 없는 어휘가 많다는 사실은 익히 알려져 있다. 두 언어 사이에서 실제로 어떤 의미로 그 말이 사용되었으며 어떻게 통역할지의 선택은 통역을 맡은 사람이 결정했다. 키신저의 통역사는 "미국은 리더입니다"라고 키신저에게 통역했다. '리더'라는 말은 별다른 저의가 없는, 냉전 시대라는 상황 문맥에서는 심지어 칭찬의 뜻이 될 수도 있는 말이다. 하지만 중국어에서 '바'는 그런 의미가 아니다―적어도 순전히 그런 뜻으로만 사용하는 말이 아니다.

'바'는 중국의 전국시대에서 유래한 특별한 역사적 의미를 지닌 말이다. '바'를 자처하는 나라는 무력으로 붕괴하기 전까지 군사적 세계 질서를 만들고 무력을 사용해 경쟁자를 제거했다. 좀 더 정확하게 번역하자면 '바'는 '전제군주'라는 뜻이다. 전국시대에 적어도 다섯 명의 '바'가 있었다. 새로이 등장한 '바'가 수십 년 혹은 100년 동안 존재해온 기존의 '바'를 계략으로 무너뜨렸다. 그날 키신저가 들었던 이 말이 미국을 지도자가 아닌 전제군주로 지칭한 것이었다는 사실을 알았다면 미국의 대중국 정책이 바뀌었을지도 모른다. 오늘날까지 우리는 여전히 그 중요한 오역(誤譯)이 가져온 결과를 감당하고 있다. 몇 년 후, 나는 지차오주 대사와 이야기를 나눌 기회가 있었다. 허심탄회하게 쓴 자신의 회고록《마오의 곁에 있는 사람》이라는 책에도 그가 키신저에게 '바'의 개념을 어떻게 통역했는지에 관한 내용은 들어있지 않다. 이 책은 드물게도 내부자적 시각을 제공하는 책으로 중국 외교부가 미국에 대한 개방을 어떤 시각으로 보았는지 알려준다. 나는 그가 영어로 '리더'라고 통역했던 말의 원래 중국어 표현이 '바'가 맞느냐고 물었다.

"키신저 박사에게 '바'가 뭔지 얘기해주셨습니까?" 내가 물었다.

"아뇨." 그가 대답했다.

"왜죠?"

"그를 불쾌하게 했을 테니까요."

만약 키신저가 저우언라이가 말한 '바'가 무슨 의미인지 알았다면—중국이 실제로 미국을 어떻게 보고 있었는지 알았다면—닉슨 정부가 그렇게 포용적으로 중국을 대하지 않았을 것이다. 얼마 후, 미국은 비밀리에 중국에 많은 군사 지원을 해주었으며,[21] 이는 단지 몇 년간의 제휴가 아닌 영구적인 협력 관계를 확립하고 있다는 잘못된 이해에서 비롯된 지원이었다. 만약 미국 내 분석가들이 반미 성향을 지닌 강경파의 관점과 미국을 전제적인 '바'로 보는 중국의 기본 인식을 알았다면, 워싱턴은 달라졌을 것이다. 1977년 랜드 연구소에서 펴낸 보고서는 1968년 이후부터 중국 지도부 내에 미국은 "결코 개과천선하지 않을 것"이라고 주장하는 강력한 반미 그룹이 존재한다는 증거가 있다고 경고했다.[22]

저우언라이와 키신저의 만남이 있은 지 두 달 후 닉슨의 방문이 임박할 무렵, 키신저는 비밀리에 첫 번째 대중국 지원을 실행했는데, 미국이 중국군을 지원했다는 사실이 알려졌다면 상당한 파장이 일었을 것이다. 중국이 파키스탄을 지원하는 것을 용인했을 뿐 아니라,[23] 주의를 딴 데로 돌리기 위한 군대 이동을 포함해 인도 군대의 이동에 관한 상세한 비밀 정보를 제공했다.[24] 키신저는 이 지원에 대한 보답으로 인도가 파키스탄 동부를 침공하는 것을 저지하기 위해 중국 군대가 인도 국경에 주둔할 것을 요청했다. 중국은 이 요청을 들어주지 않았지만, 이것이 미국을 실망시키지도 않았다.

1972년 1월, 닉슨은 키신저의 비서실장 알렉산더 헤이그에게 비밀리에 또 다른 지원을 하도록 지시했다. 닉슨의 역사적인 방문이 있기 한 달 전에 미리 대표단을 이끌고 중국에 간 헤이그는 소련에 맞서서 중국과 실질적인 협력을 약속했다. 헤이그는 저우언라이에게 인도와 파키스탄 간에 위기가 고조되는 동안 미국이 중국 국경에서 벌어지는 소련의 위협을 "중립화"하고 "(중국에 대한) 위협을 저지"할 것이라고 약속했다. 비밀리에 이루어진 거래라는 점에서, 키신저와 헤이그가 진행한 처음 두 차례의 지원은 전술적인 측면이 컸다고 볼 수 있었다. 하지만 20년 동안 지속된 중국에 대한 금수 조치가 그 후 획기적인 변화를 맞게 되었으며, 무엇보다 중요한 것은 이것이 나중에 이어질 더 많은 지원의 신호였다는 점이다.

1972년 2월, 닉슨과 마주한 마오쩌둥은 완벽하게 역할을 수행했다. 그는 일찍이 소련과 그랬던 것처럼 미국 앞에서도 동일한 역할을 맡았다―악의 없고, 약하며 원조와 보호가 절실히 필요한 중국을 연기했다. "그 사람들이 내게 관심이 있습니까?" 마오쩌둥은 미국인을 지칭하며 물었다. "마치 죽은 쥐를 위해 우는 고양이 같군!"[(25)] 마오쩌둥은 심지어 미국이 모스크바를 저지하기 위해 중국의 어깨 위에 올라서 있다고 말하며, 미국이 궁지에 몰려있다고 생각했다.

몇 년 후, 키신저는 중국 관리들과 협상하며 느꼈던 불안한 심정을 이렇게 회상했다.

'반(反)패권'에 관한 미국의 약속은 계략이었고, 중국이 일단 경계심을 풀면 워싱턴과 모스크바가 공모해서 베이징을 몰락시키려 들었을까요? 서방이 중국을 기만하고 있었던 것일까요, 아니면 서방이 스스로를 기만하고 있었던 것일까요? 어느 쪽이 되었든, 실제적인 결론은 "소련의 유해

한 물"이 중국을 향해 동쪽으로 흘러 들어갈 수 있었다는 것입니다.[26]

이러한 인식을 불식시키기 위해, 닉슨은 마오쩌둥에게 중국에 대한 소련의 어떠한 "공격적인 행동"에도 반대할 것이라고 약속했다.[27] 또한 만약 중국이 "자신의 안전을 지키기 위해 조치를 취하는 경우", 미국은 중국에 간섭하려는 어떠한 타국의 시도도 반대할 것이라고 말했다.[28]

닉슨이 베이징에서 다른 중국 지도부와 만나고 있던 그날, 키신저는 군사위원회 부위원장 예젠잉(葉劍英)과 외교부 부부장 차오관화(喬冠華)에게 중-소 국경의 소련군 배치 상황을 간단하게 설명했다. 그 자리에서 중국은 핵무기 목표 선정에 관한 정보를 제공받았으며, 예젠잉은 그것을 "우리의 관계가 개선되기를 원하는 장관님의 바람을 보여주는 증거"라고 화답한 사실이 예일대학교 폴 브레이큰 교수가 2012년에 발표한《제2차 핵 시대》라는 책에서 밝혀졌다.[29] 소련의 지상군, 공군, 미사일 그리고 핵무기에 관한 설명이 포함되어 있었던 것이다.[30] 키신저의 중국 사무 고문 역할을 했던 윈스턴 처칠은 소련이 이미 그 정보 교류를 알고 있었을 것이라고 말했다.[31] 사실, 모스크바는 곧바로 정보를 입수했다.[32]

마오쩌둥은 소련이라는 "불량배"에 대응하는 데 미국과 협력할 것이라는 말과 함께 워싱턴의 동맹국 특히 나토가 좀 더 협력적인 행동을 취해줄 것을 촉구했다.[33] 마오쩌둥은 또한 미국에 유럽, 터키, 이란, 파키스탄 그리고 일본을 포함하는 반(反)소련 축을 만들 것을 촉구했다.[34] 패권적인 소련을 포위하려는 이 전략은 전형적인 전국시대적 접근법이다. 하지만 그것이 중국의 항시적인 정책 경향이 아니며,

두 전국(戰國) 사이에서 진행한 전략적인 협력일 뿐이라는 사실을 미국은 간과했다. 20년 후에 회고록이 공개된 후에야 비로소 1972년 마오쩌둥의 계산이 명확히 밝혀졌다.(35)

키신저는 닉슨에게 "영국을 제외하면, 중국이 글로벌 인식에 우리와 가장 근접한 나라일 것입니다"라고 말했다.(36) 중국의 전략에 대한 의구심이라고는 거의 찾아볼 수 없다.

하지만 중국은 미국에 여전히 의구심을 가지고 있었다. 정상회담이 끝날 무렵에 서명한 상하이 코뮈니케는 "아시아에서 소련의 확장을 막기 위한 암묵적 동맹이 곧 성립될 것"을 의미한다고 한 키신저의 견해에 동의하지 않았다.(37) 코뮈니케는 다음과 같이 기술한다.

(미국이나 중국) 모두 아시아-태평양 지역에서 패권을 추구해서는 안 되며, 그러한 패권을 형성하려는 한 국가 혹은 국가들에 의한 어떤 노력에도 반대한다. 그리고 (양국 중) 누구도 어느 제삼국을 대신해 협상하거나 다른 나라에 대해 상대국과 협정이나 양해 각서를 체결할 준비가 되어 있지 않다.

중국의 메시지는 만약 자신과 유사(類似) 동맹을 원한다면 미국이 더 많은 것을 제공해야 한다는 것이었다. 1973년 4월, 닉슨 정부의 뒤이은 지원에 관한 은밀한 제안이 베이징에서 이루어졌다. 여기에는 모스크바를 견제하고, 적어도 소련의 주의를 환기시킬 미-중 협력 방안을 찾기 위해 명시적인 안보 약속도 포함되었다. 키신저는 닉슨 대통령이 "(중국에 대한) 공격이 미국의 중대한 이익과 관련된다고 여길 정도의 (중국과의) 충분한 관계"를 원한다고 중국에 말했다.(38) 이것은 우발적 사태가 발생할 경우 미국이 "중대한 국가의 이해관계"라는 관점에서 미군을 한국에 배치했고 그보다 이전에는 서독에 배치했을 때 적용한 인계 철선(조약에 입각한 자동적인 군사개입-옮긴이)의 개념이다. 키신저가 미군을 중국 북쪽 국경 지역에 영구 배치하겠다고 약속하지는 않았지만, 그는 확실한 주목을 끌 수 있는 무언가를 원했다. 이것은 마오쩌둥의 장군들이 제안했고, 마오쩌둥이 1969년에 닉슨에게 얻고자 했던 것이기도 했다: 모스크바를 향한 명확한 태도.

키신저는 이 전략의 시간표까지 제시했다. 중국에게 "가장 위험한 시기는 소련이 데탕트와 군비 감축으로 대(對)서방 '평화 공작', 군대 이동 그리고 공격적인 핵 능력 개발을 마감할 1974년에서 1976년까지의 시기일 것이다." 이것은 그가 유엔 주재 중국 대사 황화(黃華)에게 한 말이었다. 키신저는 그때까지 인계 철선이 성립되기를 원했다.

그 이후, 닉슨과 마오쩌둥의 네 번째 만남이자 키신저의 여섯 번째 중국 방문에서 비밀리에 이루어진 제안은 미국이 소련에게 하는 모든 제안을 중국에게도 똑같이 적용하겠다는 약속이었다. 1973년 6월 닉슨과 소련 공산당 서기장 브레즈네프의 정상회담을 준비하던 때에, 키신저는 "우리가 소련에게 하려고 준비하는 무엇이든, 중국과도 할 준비가 되어 있다"고 재확인했다.[39] 사실, 미국은 소련에게 한 것보다 훨씬 많은 것들을 중국에게 제공할 의사가 있었다: "우리는 소련과 할 준비가 되어있지 않은 것들을 중국과는 할 준비가 되어 있을 수 있다." 키신저는 이렇게 말했다.[40]

이 무렵, 닉슨 대통령이 "미국은 중국이 당사국인 분쟁과 관련해 (핵전쟁 방지) 협정에 따라 소련과 공동 행동에 나서지 않을 것이다"라고 적힌 메모를 전달했다.[41] 동시에, 영국을 통해 우회적으로 중국에

기술을 제공함으로써 자국법의 적용을 피하기로 결정했다.(42)

일곱 번째 은밀한 제안은 무엇보다 민감한 내용이었는데, 30년 동안 대외적으로 알려지지 않았고 심지어 CIA도 알지 못했다. 1973년 10월, 나는 미국이 베이징에 한 약속에 따라 중국에 힘을 실어주기 위한 확실한 행동을 취할 것인가, 아니면 말이나 제스처 정도의 수준으로만 할 것인가 하는 문제를 둘러싸고 내부적으로 논쟁을 벌이는 것을 목격했다. 미국은 중국과 "안보에 관한 더욱 구체적인 이해관계"를 확립할 수도 있었고, 아니면 양자 외교 관계의 정상화를 통해 중요한 진전을 이뤄나가자고 약속하는 선에 그칠 수도 있었다.(43) 어느 쪽을 선택하든 논거는 충분했다.

그해, 나는 랜드 연구소에서 일하고 있었는데, 키신저의 랜드 연구소 동료였던 리처드 무어스틴이 내게 일급기밀로 분류되어 있던 키신저와 중국 지도자들의 대화록에 접근할 수 있도록 해주었다. 나를 랜드 연구소에 채용한 사람은 앤디 마셜과 프레드 이클레 두 사람이었는데, 이클레는 나중에 닉슨이 미국 군축청(ACDA) 책임자로 임명하면서 얼마 후 랜드 연구소를 떠났다. 1973년에 이클레는 중국에 관한 분석을 논의하고, 비밀 정보 협력과 조기경보 기술에 관해 키신저에게 올릴 제안서 초안을 작성하는 일로 몇 차례 나를 자신의 집무실로 불렀다.

나는 미국이 중국과 구체적이고 은밀한 협력을 진행하는 데 이클레가 개입하고 있다는 것을 알고 있었다. 비록 이클레가 키신저에게 "공식적인 관계"(즉, 공식적인 제휴)는 바람직하지 않다고 말했지만, 워싱턴은 "기술적인 성격"의 도움을 단독으로 제공할 수 있었다. 미국은 중국을 겨냥한 소련의 군사행동에 대한 조기 경보 정보를 베이징에 비밀리에 제공하는 데 이용될 "핫라인"을 설치할 수 있었다. "앞으로도 폭격기가 중국의 전략적 역량에서 상당한 비중을 차지할 것이라는 점을 감안하면, 조기 경보로 몇 시간을 버는 것은 그들의 군사적 취약성을 크게 보완할 수 있다"고 이클레와 나는 메모에 적었다. "핫라인을 통해 앞으로 있을지 모를 소련의 공격에 대한 조기 경보 정보를 전달할 수 있다는 사실은 설득력 있는 논거가 될 수 있다." 또한 우리는 소련이 공격을 감행하려고 할 때 중국이 경계 태세를 갖추도록 해줄 조기 경보용 하드웨어와 기술을 베이징에 판매할 것을 주장했다.[44]

키신저는 우리의 제안에 동의했다. 그가 미국과 중국의 구체적이고 은밀한 협력을 제안했다는 사실을 아는 사람은 극히 소수에 불과했다. 1973년 11월, 베이징을 방문한 키신저는 소련이 공격을 하는 경우 미국은 "장비와 다른 도움들"을 제공할 수 있다고 중국에 말했다. 그는 미국은 "약간의 위장을 통해" 베이징과 중국 폭격기 기지와의 통신이 원활히 이루어지도록 도움을 줄 수 있다고 말했다. 또한 중국이 만들 수 있는 "특정한 종류의 레이더" 기술을 제공하겠다고 제안했다.[45] 다시 말해서, 키신저는 중국군을 지원하겠다고 비밀리에 제안했다. 평화 시(時)와 소련이 공격하는 경우 모두에 대비한 군사적 지원을 제시하고 있었다.

놀랍게도, 중국은 이 일곱 번째 제안에 대해 검토할 시간을 달라며 주저했다.[46] 그들은 조기 경보와 관련한 미국의 협력은 "매우 큰 도움이 되는 정보"일 수 있으나, 이것은 "누구도 우리가 동맹이라고 느끼지 못하는" 방식으로 이루어져야 한다고 말했다. 동맹 관계를 맺는 것에 전국시대적인 사고를 가지고 있던 중국 지도부는 키신저의 제안이 모스크바와의 전쟁에 자신을 끌어들이려는 의도가 아닐까 의심했던 것이다.

닉슨과 키신저가 이 제안으로 감내해야 했던 위험성을 중국이 몰랐을 수도 있다. 키신저의 가장 가까운 조언자였던 처칠 경은 키신저에게 보낸 메모에서 이것이 (일반적인 반대는 말할 것도 없고) 위헌의 소지가 있고 러시아를 자극할 수 있다며 강하게 반대했다. 처칠은 중국과의 관계 개선을 적극 지지한 인물이었지만, 키신저는 처칠 경의 반대를 받아들이지 않았다.

권력 기반이 강력해진 덩샤오핑이 미국과 손잡고 공세적으로 변모한 중국의 상징적인 인물로 떠오른 1970년대 말, 중-미 관계는 무엇보다 큰 진전을 이루었다. 서양인의 시각에서 덩샤오핑은 이상적인 중국 지도자였다: 할아버지처럼 온화하고 침착한 이미지를 가진 개혁적인 성향의 지도자. 간단히 말해서, 그는 서양인이 원하는 인물이었다.

하지만 그는 자애로운 할아버지가 아니었다. 정치국과의 비공식 회의에서 그는 서양에 비해 중국은 발전이 없다며 보좌관과 조언자를 향해 격노했다. 그는 중국이 마오쩌둥의 '개혁'하에서 미국의 '바'를 추월할 수도 있었던 30년의 세월을 잃어버렸다고 믿었다.

덩샤오핑은 미국과의 협력 관계를 열망했지만, 그것은 무엇보다 한 가지 중요한 이유 때문이었다. 그는 중국이 소련식 경제모델을 추구한 것은 잘못된 말에 돈을 건 것과 마찬가지였으며, 지금 그 대가를 지불하고 있다고 판단했다. 훗날 미국 정보 요원이 입수한 중국 내부 문건에 의하면, 중국 지도부는 삐걱대고 있는 소련과의 동맹에서 자신들이 최대치를 뽑아내지 못했다고 결론 내렸다. 덩샤오핑은 대미 관계에서 똑같은 실수를 되풀이하지 않았다. 중국이 마라톤에서 앞설 수 있는 실제적인 길은 미국으로부터 지식과 기술을 얻어내는 것이라고 판단했다. 다시 말해서, 중국은 자기만족에 사로잡힌 미국으로부터 은밀하게 최대치를 끌어냄으로써 마라톤에서 역전을 이루고자 했다.

중앙 정치국 내에서 덩샤오핑이 가장 좋아하는 전국시대의 격언은 도광양회(韜光養晦: 야심을 숨기고 은밀하게 힘을 기르라)로 알려져 있었다. 또한 그는 완곡하고 악의 없어 보이는 이야기를 통해 상대방에게 메시지를 전달했다. 1975년 12월 제럴드 포드 대통령과 처음 만났을 때, 덩샤오핑은 중국의 고전《삼국지연의》에 나오는 한 가지 이야기를 언급했다. 돌이켜보면 그가 중요한 사실 하나를 드러낸 것이었지만 포드는 이를 전혀 이해하지 못했다. 그것은 중국 역사상 가장 위대한 전제군주 가운데 한 명으로 여겨지는 인물로, 앞 장에서도 기술했던 조조에 관한 고사(故事)였다. 실제로 조조는 고대 중국 문헌에서 '바'의 개념을 가장 잘 이해한 인물로 여겨진다.

덩샤오핑이 포드에게 해준 이야기는 이러했다. 조조가 자신의 정적 유비를 누르고 '바'가 되었다. 전쟁이 끝난 후, 유비는 조조를 위해 일하겠다고 말했지만 조조는 유비의 충성심을 향한 의심을 거두지 않았다. 덩샤오핑은 "유비는 매와 같아서 배가 고플 때는 나를 위해 일하지만, 배불리 먹으면 날아가 버릴 것이다"라는 조조가 한 말을 포드 대통령에게 했다. 언뜻 들으면, 그의 이야기에 나오는 "매"는 소련이었다. 소련을 도우려는 미국의 시도가 실패하리라는 경고였다. 일단 원하는 것을 얻으면, 소련은 유비처럼 자신의 이익을 쫓아갈 것이라는 의미였다. 하지만 미국은 중국에도 동일한 전략적 함의가 적용된다는 사실을 인식하지 못했다. 미국이 일단 중국을 대등한 위치로 끌어올리면, 중국은 동맹자로 남기보다는 "날아가 버릴 것"이었다.

하지만 덩샤오핑은 교묘하게도 조조와 유비에 관한 가장 유명한 이야기를 하지 않았다. 만약 그것을 말했다면 중국의 진짜 목적을 누설하게 되었을 것이다. 중국의 강경파는 이 고대의 이야기가 함축한 은유를 공개적으로 기술한 적이 없었다. 중국의 전략적 암시를 풀 수 있는 열쇠가 필요했다. 포드나 키신저는 덩샤오핑이 한 말의 의미를 조금도 이해하지 못했다.

구정(九鼎)의 무게를 묻는 고사(故事)는 헤게모니를 장악하고자 하는 의도를 감추는 중국의 전략을 상징적으로 보여준다. 그런데《삼국지연의》에 나오는 다른 한 가지 이야기를 통해, 중국이 과거처럼 단순히 은폐하는 수준을 넘어서 자신의 야심을 감추기 위해 적극적으로 상대를 속이려 한다는 것을 알 수 있다.

적벽대전이 있기 몇 년 전, 패권에 도전하려는 본심을 숨기고 있던 유비는 조조로부터 와달라는 청을 받았다. 조조를 무너뜨리려는 계획을 세우던 유비는 "세심하고 영리한 조조에게 비밀을 들키지 않아야 했다." 유비가 오자, 조조는 그를 매화나무 아래에 있는 탁자로 안내했고, 그곳에서 두 사람은 마주 앉아서 따뜻한 과일주를 마셨다. 그들이 술을 마시고 있는 동안에, 구름이 끼며 금방이라도 폭우가 내릴 것처럼 날씨가 돌변했다. 조조의 시중 한 명이 손가락으로 용의 모양을 닮은 구름을 가리켰다. 모든 시선이 용을 닮은 구름을 향해 있을 때, 조조가 유비에게 용의 변신에 대해 아느냐고 물었다.

"소상히는 모릅니다." 유비가 대답했다.

"용은 자유자재로 변신할 수 있습니다. 후광을 발하며 솟아오를 수도 있고 순식간에 시야에서 사라질 수도 있지요." 조조가 말했다. "이제 봄으로 접어들었으니, 천하를 차지하려는 사람처럼 용이 변신할 때를 기다리는 시기군요. 용은 범인(凡人)들 중에 있는 영웅에 비유되지요. 공은 오늘날 누가 영웅인지를 아셔야 합니다. 그리고 누가 영웅인지 말씀해주셨으면 합니다."

유비는 짐짓 모르겠다는 듯이 말했다. "저는 평범하고 어리석은 인간일 뿐입니다. 어떻게 그런 일을 알 수가 있겠습니까?"

"그들의 얼굴을 보지 못했을 수는 있겠으나, 이름은 들어보셨을 겁니다." 조조가 대답했다.

"강한 군대와 풍부한 자원을 가진 하회 이남의 원술(袁術), 그를 말씀하시는지요?" 유비가 물었다.

조조가 웃었다. "무덤에서 썩어가는 해골이지요. 당장에라도 제거해버릴 수 있소."

"그럼, 원소(袁紹)겠군요." 유비가 말했다.

"훌륭하나, 겁쟁이지요."

"형주의 유표(刘表)가 있지요."

"그럴싸하나, 헛된 평판이지요." 조조가 대답했다. "그는 아닙니다."

"남부의 맹주 손책(孫策), 그가 영웅입니까?" 유비가 물었다.

"그는 아버지 손견(孫堅)의 평판 덕을 보고 있지요, 손책은 진정한 영웅이 못 됩니다."

"익주의 유장(劉璋)은 어떻습니까?"

"대단한 가문의 일원이기는 하나, 집 지키는 개에 불과하지요."

마침내 유비가 물었다. "장수(張繡), 장로(張魯), 그리고 한수(韓遂), 다른 모든 장수들은 어떤지요?"

"그런 하찮은 자들은 입에 올릴 가치도 없습니다." 조조가 반박했다.

"이 사람들이 아니라면 저는 도무지 모르겠군요." 유비가 마침내 말했다.

"영웅은 가슴속에 원대한 꿈을 품고 그것을 이루기 위한 계획을 가지고 있는 사람이지요. 책략을 품고 세상을 뜻대로 움직입니다."

"그런 사람이 누굽니까?" 유비가 물었다.

조조가 손가락으로 유비를 가리키더니 다시 자신을 가리키며 말했다. "세상에 영웅은 공과 나 두 사람뿐입니다."

유비는 놀란 나머지 젓가락을 바닥에 떨어뜨렸다. 바로 그때 구름을 뚫고 천둥소리가 들려왔다. 유비가 젓가락을 줍기 위해 허리를 굽히며 말했다. "어이쿠! (천둥을 가리키며) 귓전에서 울리는 것 같습니다."

조조가 놀라며 말했다. "하하! 천둥이 무서우십니까?" 영웅이 겨우 천둥을 무서워하다니? 유비는 '바'에 도전하려는 자신의 야망을 감추며 두려운 표정을 지어 보였다.

얼마 후, 유비는 관우와 장비에게 이 일을 상세히 전하며, "조조가 나를 단순하고 어떤 야망도 없는 인물로 생각하도록 만들어야 했소. 하지만 그가 갑자기 나를 가리키며 영웅이라고 했을 때, 행여 의심이라도 하는 줄로 여기고 가슴이 철렁했소. 다행히도 그 순간에 천둥이 치는 바람에 핑곗거리가 되어주었지."

"참으로 현명하셨습니다." 그들이 말했다.

그 후의 이야기는 말 그대로 역사다. 유비는 머잖아 조조로부터 벗

어나서 오랜 기간 조조와 패권을 다투었다.[(47)]

중국과 새로운 관계를 수립한 후, 닉슨과 포드 정부는 중국이 당면한 정치적 목표를 상당히 만족시켜 주었다. 이 모든 선물은—이어서 주어질 선물들까지—최소한 30년 동안 미국 국민들이 모르게 주어졌다. 미국은 달라이 라마를 향한 CIA의 비밀 지원을 끊었을 뿐 아니라 타이완에 대한 안보 약속의 상징이었던 미 해군의 타이완해협 정기 순찰도 중단했다.[(48)] 적대국과 맞서야 한다는 목적하에서, 중국의 힘을 지속적으로 강화시키는 정책이 추진되었다.

1975년 아직 랜드 연구소에 있었을 때, 나는 소련에 대응하기 위한 미국과 중국의 군사적 협력을 옹호하는 글을 외교 전문지 〈포린 폴리시〉에 기고했다. 나중에 외교관이 된 리처드 홀브룩이 당시에 이 잡지의 편집자로 일하고 있었다. 그는 나의 생각을 "블록버스터"라고 말하며 적극적으로 지지했다. 그는 〈뉴스위크〉에 "베이징에게 총을?"이라는 장문의 글을 게재해온 다른 편집자들과도 나의 생각을 공유했다. 소련의 언론이 내가 한 주장과 나를 개인적으로 비난했지만, 여러 언론을 통해 나의 주장이 보도되었다.[(49)] 내게 그 생각을 제안한 것은 유엔에서 일하던 중국군 장교들이었다. 이렇게 해서 1973년에 나는 그 후 40년간 이어진 중국군 강경파와의 대화를 시작하게 되었다. 그 과정에서 헤게모니에 대응하는 전국시대적 교훈에 관해 듣게 되었는데, 그때 나는 그것이 늘 소련을 빗댄 이야기라고만 생각했다.

1976년 초, 공화당 대선 주자를 놓고 포드 대통령과 경쟁하던 로널드 레이건이 그 기고문을 읽었다. (나는 홀브룩의 요청으로 그 글을 레이건에게 보냈다.) 레이건은 손으로 쓴 메모에서, 소련을 견제하기 위한 쐐기로서 중국과 관계를 강화해야 한다는 생각에 동의한다고 밝혔다. 하지만 그는 중국에 신중하게 접근해야 하며 특히 미국의 민주 동맹인 타이완을 포기하는 것에 대해 우려를 표시했다. 퍼시픽 팰리세이드에 있는 자택에서 만난 후─그는 "64세에 실직자"가 되었다며 농담을 던졌다─그는 연설에서 인용할 수 있도록 중국에 관한 자료를 계속 보내달라고 요청했다.

1978년, 중-미 관계가 정상화되었다. 다시 말해, 미국은 중국을 중국 국민의 합법적인 정부로 공식 인정했다. 그해, 덩샤오핑은 즉시 미국을 향한 희망 사항 중 첫 번째 항목을 집중 공략했다─과학과 기술. 이것은 전국시대적 개념을 엿볼 수 있는 한 가지 예이다─무위(無爲), 즉 상대방으로 하여금 내 일을 하도록 만들어라.[50] 1978년, 한 가지 전략을 공식화하면서 덩샤오핑은 "기술이 경제성장을 위한 최고의 생산적 역량이다"라고 말했다.[51] 그는 경제적으로 중국이 미국을 앞설 유일한 길은 대대적인 과학기술 개발이라고 믿었다. 그 지름길은 미국의 것을 가져오는 것이었다. 덩샤오핑은 그러한 노력을 기꺼이 도와줄 협력자로서 새로 대통령에 취임한 지미 카터에게 주목했는데, 카터는 공식적인 중-미 협력 관계라는 외교적 성과를 몹시 원했다.

1978년 7월, 카터 대통령은 역사상 최고위급 미국 과학자 대표단을 중국에 파견했다. 카터의 과학 고문이자 지구과학자인 전직 MIT공대 교수 프랭크 프레스가 대표단을 인솔했다. 그는 1975년부터 1977년까지 중-미 학문적 소통에 관한 위원회 위원장을 역임했으며, 중국과의 학문 교류에 특히 관심을 가지고 있었다. 프레스가 이끄는 대표단은 중국 언론의 큰 주목을 받았다. 외국인의 말을 직접 인용해 보도하는 일이 거의 없는 〈인민일보〉도 글로벌화의 이점을 강조한 프레스의 만찬 연설을 그대로 보도했다. 그리고 그 후 14차례나 이어진 덩샤오핑과의 만남에 배석했던 국가안보회의 중국정책 담당자 마이클 옥센버그는 덩샤오핑 주석이 그때처럼 강한 지적 호기심과 중국의 미래에 대한 비전을 분명히 드러낸 모습을 본 적이 없다고 말했다. 중국은 또다시 도움이 절실히 필요한 약자로 변신했다. 덩샤오핑은 프레스 대표단에게 중국의 과학기술 분야에서의 후진성과 첨단기술 도입을 제약하고 있는 미국의 몇 가지 규정에 우려를 표했다.

과거에, 베이징은 과학 인력 부족을 우려해 자국 과학자들이 미국으로 가는 것을 엄격하게 통제했다. 프레스는 중국이 여전히 서방과의 과학 교류 확대에 신중한 자세를 취할 것이라고 예상했었다. 그래서 덩샤오핑이 중국의 과학 인력 700명을 미국에서 받아들여 줄 것을 요청했을 때 그는 내심 놀랐지만, 그 후 수년에 걸쳐 이 숫자는 수만 명으로 늘어났다. 이것이 자신의 정치 생애에서 중요한 업적이 될 것이라고 확신한 덩샤오핑은 프레스에게 당장 답변을 듣고자 했고, 새벽 3시에 전화를 걸어서 카터 대통령을 깨웠다. 자신의 조언자들과 마찬가지로, 카터는 과학 분야 교류를 향한 중국의 집요한 관심의 본질을 파악하지 못한 채, 그것을 단지 관계 개선을 희망한다는 신호로만 생각했다.

1979년 1월, 중국 지도자로서 최초이자 유일하게 미국을 방문한 덩샤오핑은 열렬한 환영을 받았다. 카터 대통령은 국빈 만찬을 개최했고, 대(對)중국 정책에 대한 초당파적 지지를 보여주기 위해 실각한 닉슨까지 만찬에 초대했다. 1974년 8월에 사임한 전직 대통령이 백악관을 방문한 것은 그때가 처음이었다. 미국에 체류하는 13일 동안 덩샤오핑은 코카콜라 본사, 휴스턴에 있는 존슨 우주센터, 심지어 디즈니랜드도 참관했다. 〈타임〉은 두 차례나 덩샤오핑을 표지 인물로 선정하며 환영을 표했다. 베이징에 있는 국립박물관에는 텍사스에서 받은 카우보이모자를 쓰고 웃고 있는 덩샤오핑의 사진이 전시되어 있는데, 이 사진은 그의 미국 방문의 상징처럼 되었다. 이 사진은 그가 "공산주의자"라기보다는 "우리"와 비슷한 유쾌한 인물이라는 메시지처럼 보였다. 하지만 그것은 '마라톤'의 전환점이었다. 덩샤오핑은 마오쩌둥보다 훨씬 많은 것을 미국에게 얻어냈다.

1979년 1월 31일 덩샤오핑의 미국 방문 기간 동안, 팡이(方毅) 국가과학기술 위원회 위원장은 미국과 과학 교류 확대 합의서에 서명했다. 그해에 50명의 중국 학생이 처음으로 미국에 왔다. 교류를 시작한 이후 처음 5년 동안, 19,000명의 중국 학생이 미국 대학에서 주로 물리학, 보건과학 그리고 공학을 전공했으며, 이 숫자는 그 후 지속적으로 늘어났다.[52] 또한 카터와 덩샤오핑은 영사관에서 무역, 과학 그리고 기술에 관한 협력 합의서에 서명했다. 미국이 중국 과학자에게 이전한 과학기술 지식의 양은 미국 역사상 유례가 없는 규모였다. 중국은 자신이 선정한 몇몇 분야에서 과학 교류를 확대하기 위해 대표단을 파견해줄 것을 미국 국립과학원에 요청했다. 중국이 물리학, 원자력, 항공우주를 주관하는 모든 국제조직에 가입할 수 있도록 미국이 지원하도록 만드는 것이 중국의 전략이었다. 미국은 이에 동의했고, 중국에 여덟 번째 지원이 이루어졌다.

미국은 또한 은밀한 군사 협력에도 동의했다. 카터는 베트남에서 중국군의 활동을 지원하기 위한 정보를 제공했는데, 헨리 키신저가 2011년에 출간한 《중국을 논하다》라는 책에 기술했듯이 그도 깜짝 놀랄 정도의 수준이었다. 마치 자신이 베이징에게 문을 열어준 것은 괴물을 탄생시킨 것이나 다름없었다고 말하려는 듯, 키신저는 이 책에서 카터의 "비공식적 공모"는 베이징이 자행한 "공공연한 군사 도발"에 맞먹는다며 강하게 비난했다. 이 지원은 실제로 크메르루주 잔당을 간접적으로 지원하는 효과를 가져왔다.(53) 키신저는 해럴드 브라운 국방장관의 중국 방문에 대해, "바로 몇 년 전까지만 해도 상상조차 할 수 없던 일"이라며 분통을 터뜨렸다. 대통령 훈령 제43호에 따라, 1978년에 미국은 아홉 번째 지원에 서명했고, 과학, 에너지, 농업, 우주, 지구과학, 무역 그리고 보건 건강 분야에서 미국의 과학기술적 성과를 중국에 전해주기 위한 다양한 프로그램들이 만들어졌다.(54) 이듬해, 카터 정부는 중국에게 최혜국 대우를 부여했다. CIA에서 일한 적이 있고 후에 주중 대사를 역임한 제임스 릴리가 자신의 회고록《차이나 핸즈》에 적었듯이, 카터 대통령은 1979년에 중국 북서부에 신호정보 수집기지를 건설하도록 용인했다. "내가 CIA로부터 메달을 수여받은 한 가지 이유는 베이징에 CIA 분소를 설치하는 과정에 내가 참여했기 때문이었다"라고 릴리는 적었다. "또 한 가지는 내가 중국과 정보를 공유하는 데 역할을 했기 때문이다. … 다소 과장된 생각처럼 여겨지겠지만, 바로 몇 년 전까지 베트남에서 대리전을 벌였던 미국과 중국이 소련에 대응한 전략적 · 기술적 정보를 공유했다."(55)

1978년에 나는 미국 상원예산위원회 전문위원이었고 또한 국방부 고문으로도 일했기 때문에, 중국에 관한 기밀 자료, 내가 작성한 보고서와 분석 자료를 열람할 수 있었다. 1980년에 로널드 레이건이 백악관을 향한 두 번째 도전을 시작했을 때, 나는 그의 조언자 가운데 한 명으로 임명되어 외교정책에 관한 첫 번째 유세 연설 초안을 작성하는 일을 도왔다. 나는 그의 조언자들 사이에서 공감대를 얻고 있던 견해를 연설문에 담았는데, 그것은 중국이 훨씬 강력해진 소련의 위협에 대응할 수 있도록 미국이 중국을 도와야 한다는 것이었다. 레이건이 선거에서 승리한 후, 나는 대통령 인수위 위원으로 임명되었다. 그때도 나는 더 많은 협력을 주장했다. 알렉산더 헤이그도 나와 견해를 같이했는데, 그는 카터 정부하에서 이루어진 중국에 대한 지원을 훤히 알고 있었다. 국무장관이 된 그가 베이징을 방문해 무기 판매 의사를 공개적으로 밝힌 것은 어쩌면 당연한 수순이었다.

1981년에 레이건이 서명한 국가안보 결정지침(NSDD) 제11호에 따라 펜타곤은 선진적인 육해공 전략 기술과 미사일 기술을 판매했고, 중국군은 세계적 수준의 전투력을 갖출 수 있게 되었다. 이듬해, 레이건이 서명한 국가안보 결정지침 제12호는 미국과 중국 사이에 이루어진 핵 협력 및 개발 선언이나 마찬가지였고, 중국에서 군사용 및 비군사용 핵 프로그램 발전을 지원했다.

레이건은 전임자들의 대중국 정책에 매우 회의적이었는데, 이로 인해 행정부 내에서 대중국 정책을 두고 심각한 불협화음이 일었다. 레이건은 행정부에 포진해 있던 대부분의 중국 전문가보다 더 정확히 중국의 본질을 꿰뚫고 있었다. 표면적으로 보자면 1984년에 발표된 국가안보 결정지침 제140호에 기술되어 있듯이, "중국이 현대화하도록 도와서, 강하고 안정된 중국이 아시아와 세계의 평화를 증진하는 역량이 될 수 있다는 기초 위에서", 레이건은 닉슨-포드-카터의 대중국 노선을 따랐다.(국가안보회의는 국가안보 결정지침 제140호에 대한 열람을 엄격히 제한했는데, 이는 강한 중국을 둘러싼 레이건 정부 내의 논쟁을

대략적으로 담고 있기 때문일 것이다.)[56]

레이건은 중국을 돕고, 무기를 판매하며, 타이완에 대한 무기 판매를 축소한다는 내용을 골자로 한 비밀문서에 서명했다. 하지만 자신의 전임자들과 달리, 매우 중요한 조건을 달았다. 중국이 소련에 독립적이어야 하며 전제적 체제를 자유화한다는 조건하에서 중국을 지원한다는 것이었다. 불행히도, 그의 조언자들은 이 전제 조건을 무시했고, 어떤 이유에서인지 알 수 없지만 레이건 자신도 그랬다.

이외에도, 레이건 정부는 중국 정부가 새로 세운 유전공학, 자동화, 생명공학, 레이저, 우주 기술, 유인우주선, 인공지능 로봇 분야를 연구하는 연구소에 자금과 교육을 제공했다. 심지어 중국 군사 대표단이 인터넷, 사이버 작전, 그리고 수십 가지의 첨단기술 프로그램을 연구하는 국방 첨단과학기술 연구소를 방문하도록 허가했는데, 이곳은 국가안보 핵심 기구다.

레이건 재임 기간 동안에 비밀리에 진행된 중국과의 군사 협력은 전에는 상상할 수도 없었던 수준으로 확대되었다. 미국은 반(反)소련 성향의 아프가니스탄 반군, 크메르루주 그리고 앙골라에 있는 반(反)쿠바 세력에 군사물자를 제공하기 위해 비밀리에 중국과 협력했다. 베트남이 캄보디아를 점령하는 것을 막기 위한 협력 프로그램—5만 명의 반(反)베트남 게릴라를 무장시키는 것을 포함해—에 네 명의 CIA 관리들이 참여했는데,《캄보디아인들의 전쟁》이란 책에 이 프로그램이 상세하게 기술되어 있다.[57] 조지 크라일의 책《찰리 윌슨의 전쟁》에 다른 CIA 관리들이 밝힌 훨씬 큰 비밀이 기술되어 있는데, 미국이 반(反)소련 성향의 아프가니스탄 반군을 돕기 위해 중국으로부터 20억 달러의 무기를 구매했다는 내용이었다.[58] 키신저는 회고록에서 앙골

라에서도 비밀스런 협력이 있었다고 적었다.[59]

왜 중국은 이렇듯 대규모 비밀 협력을 진행했을까? 이유는 베이징이 기밀문서를 공개하거나 고위급 인사가 망명을 해야만 알 수 있을 것이다. 지금 우리가 알고 있는 한 가지는 베이징이 장기적으로 강한 중국을 만들기 위해 미국의 힘과 기술을 이용했다는 사실이다. 소련에 의한 포위를 피하기 위해 중국은 전략적으로 바둑을 두어야 했다는 것이 핵심이다. 하지만 이것을 마라톤에서 더 광범위한 전진을 위한 노력이라고는 누구도 생각하지 않았다. 우리가 중국을 보호가 필요한 약하고 수세에 몰린 존재로 보도록 만들었던 것이다.

〈뉴욕 타임스〉 기자 패트릭 타일러에 따르면, 열 번째 지원에서 중-소 국경 지역에서 미-중의 정보 수집—암호명 체스너트 프로그램—이 허용되었다. 1979년 8월 월터 먼데일 부통령이 중국을 방문했을 때, 펜타곤과 CIA는 군 수송기를 이용해 체스너트 관측소를 중국으로 공수했다. 타일러의 보도에 의하면, 중국은 놀랍게도 소련이 이것을 볼 수 있도록 미국 공군 전략 수송기 C-141 스타리프터가 베이징 공항에서 소련 여객기 옆에 정렬하도록 요청했다.[60] 보도에 의하면, 이 관측 장비들은 항공운송, 소련 공군기지의 레이더 신호, 그리고 KGB의 통신에 관한 정보를 수집할 수 있고, 또한 소련의 핵 능력 경계 태세의 모든 변화를 추적할 수 있었다.[61] 따라서 소련이 공격할 경우에 중국은 경계 태세를 갖추는 데 필요한 시간을 확보할 수 있었다. 이것은 소련의 지원을 등에 업은 베트남의 캄보디아 침략과 1979년 12월 소련의 아프가니스탄 침공으로 촉발된 '포위'가 시작되기 몇 달 전에 이루어진 중국 안보의 획기적인 진전이었다. 중국은 끈질긴 인내로 키신저, 이클레 그리고 6년 전 내가 했던 것보다 더 많은 것을 얻어낸 것이었다.

'세(勢)'의 판단에 입각해, 베이징은 아프가니스탄과 베트남에서 중국을 포위하려는 소련의 두 "집게"를 뽑아내기 위해서는 미국의 도움이 필요하다고 생각한 게 틀림없다. 덩샤오핑은 헤게모니를 쥐고 있던 미국으로부터 마오쩌둥이 의도했던 것보다 훨씬 더 진전된 도움을 얻어냈다는 것이 입증된 셈이었다.(62)

1982년부터 1989년까지, 중-미 캄보디아 프로그램이 중국, 태국 육군, 싱가포르 그리고 말레이시아의 지원하에 방콕에서 진행되었다. 이것은 중국에 대한 미국의 열한 번째 지원이었다. 비밀리에 진행된 이 협력은 부분적으로 공개되었고, 그 결과 오히려 20년 동안 효과적으로 은폐되었다. 미국 국제개발처(USAID)는 캄보디아에 대한 인도적 지원이라며 이 프로그램을 옹호했던 플로리다 출신 공화당 의원 빌 매컬럼, 뉴욕 출신 민주당 의원 스티븐 솔라즈의 이름을 딴 기금을 조성했다. 케네스 콘보이에 의하면, 공개된 이 두 프로그램 외에도 레이건은 1982년에 한 해에만 2백만 달러를 비밀리에 지원하도록 CIA에 지시했는데, 이 금액은 1986년에 1,200만 달러로 증가했다.(63) 이 프로그램은 태국이 프로젝트 328이라고 불렀던 프로젝트와 통합되었다. 중국, 말레이시아, 싱가포르 그리고 태국도 무기와 자금을 제공했다. 심지어 싱가포르의 리콴유 총리는 이 비밀 기지를 방문하기 위해 방콕을 방문했다. 나는 1985년과 1986년에 이곳을 방문해, CIA 본부 내 극동국(局) 책임자로 일하다가 방콕으로 파견된 CIA 분소 책임자로부터 브리핑을 받았다. 그는 소련을 견제하기 위해 중국이 이 프로그램에 참여하고 있으며, "도심에서 진행하는 유일한 게임"이라고 말했다.(64)

이 프로그램이 캄보디아에서 시작된 후 2년이 지난 1984년 여름부터, 소련을 아프가니스탄에서 쫓아내기 위한 중국의 비밀 협력 규모는 캄보디아에서의 그것보다 50배 확대되었다.

당시에 우리는 '세(勢)'와 '반(反)포위'를 전혀 이해하지 못했고, 중국이 소련의 분노를 감수하면서라도 미국의 아프가니스탄 반군 지원에서 주요한 무기 공급원이 되리라고는 아무도 생각하지 못했다. 유능하고 중국어를 할 줄 아는 CIA 요원 조 디트라니가 이 사실을 밝혔다.(65) 타일러 기자에 따르면, 중국과의 거래는 엄격히 비밀리에 이루어졌으며, CIA 내에서도 이 프로그램을 아는 인물은 10명 정도였다. 중국은 지금도 그때 무기를 공급했던 사실을 인정하지 않는다. 조지 크라일은《찰리 윌슨의 전쟁》이라는 책에서 AK-47 자동소총, 기관총, 로켓 추진식 대전차 수류탄 그리고 지뢰가 첫 번째 공급 목록이었다고 기술한다.(66) 1984년, 찰리 윌슨은 아프가니스탄 반군 지원을 위해 5천만 달러를 얻어내려고 했다. 그에 의하면, CIA는 3,800만 달러를 들여 중국에서 무기를 구입하기로 결정했다. 1990년, 〈워싱턴 포스트〉는 익명의 제보를 인용해 중-미 비밀 거래가 이루어졌던 6년 동안 중국이 제공한 무기가 총 2천억 달러가 넘는다고 보도했다.

미-중 간 은밀한 협력은 레이건 정부 때에 정점에 달했다. 닉슨과 포드 두 대통령은 소련에 관한 정보를 중국에 제공했다. 카터 대통령은 도청 프로젝트인 체스너트 가동을 용인했다. 비록 비밀리에 이루어지기는 했지만 중국을 전면적인 전략적 파트너로 인정한 것은 레이건이었다.

주요 프로젝트는 아프가니스탄, 캄보디아 그리고 앙골라에 있는 반(反)소련 성향의 반군을 비밀리에 지원하는 세 가지 프로젝트였다. 그 무렵, 3성 장군에 상당하는 지위에 오른 나는 펜타곤에서 정책 수립과 비밀 활동을 지휘했고, 정책 책임자인 프레드 이클레에게 보고했다. 1973년에 이클레와 나는 키신저의 대중국 지원과 카터 대통령의 체스너트 프로그램을 알고 있는 몇 안 되는 인물이었다. 우리는 중국이 진심으로 미국의 동맹이 되고자 하는지를 시험할 준비를 했다. 긍정적인 결과가 나온다면, 향후 몇 년 동안 미국이 친(親)중국 기조를 유지할 것이었다.

나의 임무는 이슬라마바드, 방콕 그리고 남 앙골라에 있는 아프가니스탄, 캄보디아 그리고 앙골라 반군들과 만나 그들의 계획과 요구를 확인하는 것이었다. 또한 나는 중국의 조언, 동의 그리고 지원을 얻기 위해 파견되었다. 우리는 레이건 대통령이 국가안보 결정지침에 서명하도록 조언했는데, 이것은 아프가니스탄에서의 단계적 지원 확대가 소련의 보복을 가져올 가능성이 있다는 것을 의미했다.[67] 우리는 그 경우에 대비해 중국의 판단, 가능하다면 중국의 지원이 필요했다.

20년 후, 스티브 콜 기자는 "중국 공산주의자들은 CIA와의 거래에서 팔아치운 무기로 거대한 이윤을 남겼다"고 보도했다.[68] 만약 반(反)소련 군을 지원하기 위해 중국산 무기를 구입하는 데 20억 달러를 썼다는 주장이 사실이라면, 중국이 자국 방어를 위해 5억 달러를 들여 미국산 군수 장비를 구입한 것은 상대적으로 적어 보일 지경이다.

중국은 반군에게 공급할 무기를 미국에 판매했을 뿐 아니라 이 비밀스러운 작전을 어떻게 수행할 것인가에 관한 조언도 했다. 그들이 한 조언에서, 기울어가는 '바(覇)', 즉 소련에 대한 중국의 전략을 엿볼 수 있다. 첫째, 중국은 이용 가능한 소련의 핵심적인 약점들을 정확히 찾아내야 한다고 강조했다. 그들이 내놓은 한 가지 책략은 소련의 자금 부담을 증대시키는 것이었다. 내가 아프가니스탄과 앙골라 반군에게 스팅어 대공미사일을 지원할 수도 있다는 안을 내놓자, 중국은 소련의 헬리콥터와 제트 전투기를 파괴하면 소련에게 막대한 비용 손실을 가져올 수 있다며 찬성했다.

두 번째는 다른 사람들이 서로 싸우도록 만들어야 한다는 것이었다. 이것은 물론 전국시대적 사고, 즉 다른 사람이 나의 일을 하도록 만드는 것이다.

세 번째는 기울어가는 '바'의 동맹을 공격하는 것이었다. 캄보디아 반군은 소련의 조종을 받는 베트남의 꼭두각시와 싸웠다. 앙골라 반군은 소련 항공기를 타고 들어온 쿠바인을 쫓아냈는데, 만약 그때 스팅어를 사용했다면 끝장이 났을지도 모른다. 미국은 중국과의 협력을 통해 이 모든 것, 아니 더 많은 것을 해치웠다.

나는 중국인들에게 두 가지 부가적인 작전에 관해서 물었다: 아프가니스탄 반군이 소련으로 특공대를 파견해 공격하도록 지원해야 하는가? (이는 냉전 시대에도 해본 적이 없는 작전이다.) 그리고 요인 암살 프로그램 지원 요청, 다시 말해 장거리 저격용 소총, 야간 투시경, 아프가니스탄에 있는 소련의 고위급 인사들의 위치를 알려주는 지도를 제공해달라는 아프가니스탄의 요청을 받아들여야 하는가? 나의 동료들은 중국이 상황을 그쪽으로 끌고 갈 것이라고 장담했다. 그간에 중국의 역사서를 읽어온 나는 중국의 대답을 짐작은 했지만, 정작 그들로부터 일제히 그래야 한다는 대답을 들었을 때 소련을 붕괴시키고자 하는 베이징의 냉혹함에 적잖이 놀랐다.

스티브 콜은 퓰리처상을 수상한 책《유령 전쟁들》에서 이 요구를 거절한 것은 미국이었다고 적었다. 이 책에 의하면, CIA 소속 변호사들이 그것은 "명백한 암살"이나 다름없으며 따라서 CIA 책임자가 "쇠고랑을 찰 수도 있다"고 경고했다.⁽⁶⁹⁾ 결국 저격용 소총은 승인을 받았지만 지도와 야간 투시경은 제외되었다. 중국이 소련에 대한 효과적인 충격요법이 될 것이라며 지지했던 소련 영토 내에서의 특공대 공격도 거부되었다.⁽⁷⁰⁾

1985년, 레이건 정부는 10억 달러가 넘는 여섯 종류의 주요 무기 시스템을 중국에 판매하기로 결정했다. 이 프로그램의 목적은 중국의 육해공군, 심지어 중국 해병대의 공격력을 강화하는 것이었다.⁽⁷¹⁾ 그리고 1986년 3월, 레이건 행정부는 중국이 유전공학, 지능형 로봇, 인공지능, 자동화, 생명공학, 레이저, 슈퍼컴퓨터, 우주 기술, 그리고 유인우주선을 핵심으로 하는 국가연구센터 여덟 곳을 설립하도록 지원했다.⁽⁷²⁾ 얼마 후, 중국은 이 지원에 힘입어 10만여 개의 프로젝트에서 괄목할 만한 성과를 이루었는데, 모두 중국의 마라톤 전략에 지극히 중요한 분야들이었다. 레이건 정부는 중국에게 힘을 실어줌으로써 소련을 견제하고자 했고, 정부 관리들은 중국이 거대한 자유화를 향해 나아가고 있다는 베이징의 주장을 믿고 싶어 했다.

자신의 동맹국이었던 소련의 적대국인 미국에게 지원을 받아 동맹국의 포위를 무력화하려는 중국의 전략은 성공하고 있었다. 1989년, 소련은 아프가니스탄에서 철수하겠다고 밝혔고 베트남도 곧이어 캄보디아에서 철수했다. 이제 워싱턴과 베이징은 신뢰의 기초 위에 서서 진정한 동맹이 될 수 있을까? 나는 그렇게 생각했다. 하지만 전국 시대적 개념에 따르면, 이제 중국이 진정한 '바(霸)', 미국을 상대할 시간이 다가오고 있었다.

'세(勢)'의 중요한 요소 중 하나는 포위하려는 적의 시도를 무력화하는 것이다. 1989년 2월 덩샤오핑은 베이징에서 조지 H. W. 부시 대통령과 만난 자리에서, 1980년대의 일련의 성공적인 결과를 회고하며 중국을 향한 소련의 포위 전략은 치명적인 위협이었다고 말했다. 이것은 '세(勢)'의 포위론을 가장 솔직하게 드러낸 말이었다. 하지만 이제 바둑판에서는, 세력이 현저히 약화된 소련을 향한 중국의 포위가 시작되고 있었다. 모스크바가 기울기 시작하고 거대한 미국의 패권이 아직 발휘되고 있는 때에, 중국이 '세(勢)'를 어떻게 가늠할 것인지는 누구도 예상하지 못했다.

제3장 중국이 닉슨에게 왔다

제4장

미스터 화이트와
미시즈 그린

"불이 난 틈을 타서 도적질하라(趁火打劫)."

— 36계

1989년 4월, 나는 열세 번째로 베이징을 방문했다. 그때 나는 정부 내에서 두 가지 역할을 맡고 있었다. 상원의 연구자로 있으면서 펜타곤 총괄평가국에서 중국 보고서 초안을 작성하는 작업에 참여했는데, 이 보고서는 딕 체니 국방장관에게 직접 보고되었다. 당시 어느 정도 인정을 받고 있던 나는 1983년에 상당히 오랜 시간 덩샤오핑을 접견한 적이 있었다. 펜타곤을 위해 번역한 중국의 군사 관련 책을 홍보하는데 사용할 목적으로 덩샤오핑에게 같이 악수하는 장면을 찍어달라는 요청을 해서 주중 대사 아서 험멜을 놀라게 만들기도 했다.[1]

　　1989년 중국 방문 기간 중에, 나는 천안문 광장에서 벌어진 학생 시위 관련 보고서를 읽어보고 싶었다. 시위에 참가한 학생들은 자신들이 개혁을 가속화하기 위해 일어섰다고 했다. 그런데 당시 우리는 베이징에서 이미 친(親)민주적, 친(親)자본적인 방향으로 개혁이 진행 중이라고 생각했고, 미국 내 친(親)중국 성향의 인물은 개혁이 이미 거스를 수 없는 대세라고 여겼다.

4월 22일, 나는 피터 톰센 대사로부터 몇 명의 학생들과 차를 타고 광장으로 가도 좋다는 허가를 받았다.(2) 1960년대에 학생 시위에 참가한 적이 있던 나는 중국에서 민주화 시위가 어떻게 진행되는지 봐두는 것도 괜찮다고 생각했다. 출발하기 전에, 피터 대사가 내게 전임 주중 대사 윈스턴 로드가 새로 취임한 조지 H. W. 부시 대통령에게 보낸 이임(離任) 전보를 보여주었다.

포드 대통령 시절에 중국 특사를 지냈던 부시는 미-중 간 건설적인 관계 확립에 상당한 관심을 가지고 있었다. 사실, 그는 중국에 대해 기대가 컸다. 내가 베이징에 가기 두 달 전인 1989년 2월, 그는 대통령으로서 첫 해외 순방으로 중국을 방문했다. 미국 상·하원에서 한 연설에서, 그는 "민주주의의 바람이 새로운 희망을 창조하고 있으며 자유시장의 힘이 새로운 힘을 분출하고 있다"며 고무되어 있었다.(3)

로드 대사의 전보는 베이징의 "믿을 만한" 소식통에 의하면 미-중 관계가 긍정적으로 가고 있다는 찬사로 가득했다. 중국 여러 지방의 마을에서 진행되는 민주 선거가 머잖아 확대될 것이며, 국유기업이 사라지고 진정한 자유시장경제의 기초가 다져지고 있다는 말과 함께 베이징과 모스크바의 관계가 회복 불가능하다는 흔한 레퍼토리도 담겨 있었다. 중국은 미국의 이익에 위협이 되지 않으며, 천안문에 있는 학생들도 민주적인 정치를 추구하는 것이 아니라고도 했다.

로드를 위해 변명을 하자면, 이는 미국 내 중국 연구자들 사이에서 보편적인 인식이었다. 펜타곤에 제출한 나의 보고서도 이런 인식을 담고 있었다. 비록 학생들이 광장에서 민주화 시위를 하고 있지만 이는 심각한 문제가 아니며, 6월에 개강을 하면 시위 학생들이 집으로 돌아갈 것이라고 생각했다. 당시 대사관 직원 가운데 학생 시위의 심각성을 인식한 사람은 래리 워츨 대령 한 사람뿐이었던 것 같다. 그는 군대가 광장을 깨끗이 밀어버릴 것이라고 예측했는데, 아무도 이 예측에 동의하지 않았다. 나와 마찬가지로 중국군 내 강경파와 여러 해 동안 접촉해온 그는 그들을 주목했다. 훗날, 그는 무력이 동원될 것이라고 예측했던 이유는 강경파 때문이었으며, 때로 그들이 온건파보다 핵심 지도부의 심중을 더 잘 알고 있다는 것을 보여주는 드문 예라고 내게 말했다.

우리는 대부분 학생 시위 때문에 공산당 내의 개혁론자들이 난처한 상황에 빠질까봐 우려했다. 지금도 많은 사람이 여전히 그렇듯, 당시 대부분의 사람은 중국이 필연적으로 개혁의 길을 갈 수밖에 없다고 생각했다. 사실 우리는 중국의 몇몇 최고위급 인사가 중대한 개혁을 지나치게 빠르게 밀어붙인다는 말을 들었던 터였다. 하지만 당시 우리로서는 그 후 1년이 못되어, 그들이 모두 투옥되거나 가택 연금이 되거나 국외로 추방당할 것이라고는 생각조차 할 수 없었다. 개혁을 둘러싸고 정치국 내에서 논쟁이 벌어졌다는 것은 알고 있었지만, 누가 무엇을 원하는지 반(反)개혁 세력이 얼마나 강력한지는 구체적으로 알지 못했다.

엄연히 존재하는 사실을 우리가 보고자 했다면 볼 수 있었을 테지만, 자기만족에 젖어서 사실을 사실대로 보지 못했다. 그 몇 주 전에 다소 놀라운 일이 있었다. 언론에 보도된 대로 표현하자면 "경박한" 5만 명의 학생이 덩샤오핑에 의해 실각한 전직 공산당 총서기 후야오방(胡耀邦)을 추모하는 시가행진을 벌인 일이었다.[4] 그 후 7주에 걸쳐,

약 1백만 명의 학생이 언론 자유, 보도의 자유, 부패 척결 그리고 정부의 책임 있는 태도를 요구하며 광장에서 시위를 벌였다. 그들은 미국의 독립선언문 복사본을 손에 들고, 건물 3층 높이에 달하는 '민주주의 여신상'을 만들었다. 정부 관리와 대화를 요구하며 소련의 미하일 고르바초프의 국빈 방문이 있기 바로 전날에는 단식투쟁에 돌입했다. 고르바초프가 모스크바로 돌아간 후, 천안문 광장에 모인 시위대는 세계적인 뉴스가 되었고 중국 정치국을 곤혹과 불안에 빠뜨렸다.

덩샤오핑을 중국의 진정한 개혁자로 여기던 미국은 중국 학생들이 이렇듯 대규모로 불법 시위를 벌이며 후야오방을 추모하는 것을 이해하지 못했다. 후야오방에 대해—그리고 덩샤오핑에 대해—오해하고 있다고는 생각지도 못했다.

나는 어딘지 의문스러운 생각을 떨쳐버릴 수가 없었다. 직접 시위 학생을 보고 싶어 했던 것도 이 때문이었던 것 같다. 피터 톰센과 나는 앞쪽에 미국 국기를 단 검은색 캐딜락을 타고 광장으로 갔다. 티셔츠 차림에 긴 머리를 한 수백 명의 학생들 쪽으로 걸어가는 동안 우리는 아무런 제지도 받지 않았다. 함께 얘기를 나눴던 학생들에게 단식투쟁이나 공산당에 대한 저항 의식 같은 것은 찾아볼 수 없었다. 1968년, 베트남 전쟁에 반대해 컬럼비아대학 '투쟁 위원회'에 참여했던 때에, 나는 조종사용 고글을 쓰고 줄담배를 피워대던 젊은 중국인 교수와 반전시위에 관해 이야기를 나눈 적이 있었다. 베이징사범대학의 류샤오보(劉曉波) 교수였다. 그는 학생들이 광장을 점거하기 하루 전날 뉴욕에서 날아왔다.[5] 컬럼비아대학에서 방문 교수로 있다가 역사의 현장에 함께하고자 온 것이다. 그로부터 20년 후 류샤오보는 〈08헌장〉에 서명했다는 이유로 체포되어 유기징역을 선고받음으로써 정말로 역사의 한 페이지가 되었다. 그는 2010년에 노벨 평화상을 받았다. 그의 최근 저술은 극단적인 민족주의와 군부 내 강경파를 향한 직접적인 비판을 담고 있다. 1989년 당시에 서방국가는 대체로 강경파가 주도권을 잡는다거나 학생들에게 무력을 사용하는 일은 없을 것으로 내다보고 있었다.

5월, 덩샤오핑은 계엄령을 선포하고 25만 명의 군인을 수도에 투입했다. 시위자들이 해산을 거부하자 탱크와 군대를 보낸 것이다. 이름조차 알려지지 않은 수백 수천의 학생들이 거리에서 살해당했고, 대개는 총탄에 목숨을 잃었다. 발포 소리가 광장 주변의 건물들을 에워쌌다. 군인은 시위자를 향해 발길질을 하고 곤봉을 휘둘렀으며 탱크가 시위자의 다리와 등을 뭉개고 지나갔다. 탱크가 늘어서 있는 길을 홀로 막아섰던 한 남자는 천안문 시위의 상징이 되었다. 일단의 사람들에게 끌려간 후 다시는 그에 관한 소식을 들을 수 없었다.

천안문 사태 이후, 많은 개혁론자가 종신 가택 연금을 선고받았고 당의 싱크탱크로 일하던 일부 핵심 지식인은 서방으로 망명했다. 정부의 감시가 강화되었으며, 특히 중국의 뉴스와 역사책에서 시위에 관한 내용들을 깨끗이 삭제하라는 명령이 내려졌다. 카네기 국제평화재단의 수석 연구원 민신페이(裴敏欣)에 의하면, 학살 후 1년 동안 중국 정부는 신문사의 12%, 사회과학 간행물의 13%, 그리고 534개 출판사 가운데 76%를 폐쇄했다.[6] 또한 3,200만 권의 책을 압류하고, 150편의 영화를 상영 금지했으며, 언론 활동과 관련해 8만 명을 처벌했다.[7]

이런 끔찍한 사건에도 불구하고, 미국의 대(對)중국 정책의 변화는 느리게 다가왔다. 부시 대통령은 톰센의 후임자 제임스 릴리 대사를 소환하고 유의미한 미-중 관계를 일체 중단하라는 의회의 요구를 묵살하려고 했다.(8) 대신에 그는 자신의 일기에 적었듯이, "관계를 깨지 마시오. 아무리 험악한 일이 벌어지고 개탄스럽더라도, 긴 안목을 가지고 보시오"라고 한 자신의 전임자 리처드 닉슨의 조언을 따랐다. 부시에 의하면, 닉슨은 장기적으로 좋은 관계를 유지해야 하므로 "거래를 중단하거나 상징적인 어떤 행동을 해야 한다"고 생각하지 않았다.(9) 어느 순간부터, 부시는 천안문에 모였던 학생들을 "단지 소수의 시위자들"이라고 적었다.(10)

늘 그렇듯, 중국은 이 상황을 다른 시각으로 보았다. 덩샤오핑은 중국에서 학생운동이 일어난 것은 중국 인민 사이에 번지고 있는 미국적 정서의 위험성 때문이며, 미국이 중국에게 해를 미칠 것이라고 했던 민족주의자의 경고가 현실로 나타난 것이라고 보았다. 물론 덩샤오핑은 서방의 인정을 받기 위해 대중 정서의 표출을 허용했지만, 이제 도를 넘었다고 생각했다. 강경파(극단적인 민족주의자)는 적어도 1980년대 초부터 미국의 생활 방식과 문화가 중국을 파괴할 "정신적 오염"이라는 시각을 키워왔다. 그들은 미국이 세계적으로 소비문화를 조장하고 세계를 지배하려 한다고 믿었다. 인민 해방군과 정치국 내에 이런 이데올로기적 사고를 주창한 덩리췬(鄧力群)과 후차오무(胡喬木)의 추종자들이 있었다.(11)

덩샤오핑이 이 급진적인 반미(反美) 성향 그룹을 앞장서 주도하지는 않았지만, 그들에게 경도되었던 것만은 분명했다. 베이징을 비롯해 다른 주요 도시에서 일어난 학생 시위는 공산당의 합법성을 추호도 의심해본 적이 없는 덩샤오핑과 지도부를 아연실색하게 만들었다. 당시의 상황을 분석한 내부 보고서는 일련의 시위를 미국이 공산당을 전복시킬 의도로 획책한 심리전의 결과라고 규정지었다. 병적으로 의심이 많았던 덩샤오핑은 "미국이 소위 중국의 민주주의자와 인간쓰레기에 불과한 반체제 인사를 선동하고 부추기기 위해 모든 선전 수단을 가동하기 시작했다"는 잘못된 주장을 믿었다.[12] 덩샤오핑은 미국이 중국 공산당을 붕괴시키려 한다고 확신했다. 천안문 사태 후에 덩샤오핑은 보수주의자와 손을 잡았고 그들 중 한 명이 총리가 되긴 했지만, 중국의 자유화 경향마저 바뀌었는지는 누구도 알 수 없었다. 하지만 그 후, 덩샤오핑은 "정신 오염"을 운운하며 민족주의적 이데올로기가 반영된 반미적인 화법을 구사하기 시작했다.[13] 그리고 리펑(李鵬), 후차오무 그리고 덩리췬 등 강경파를 등용하고, 인민 해방군과 정치국 내의 개혁 성향 인사를 조직적으로 제거하기 시작했다. 개혁파 지도자 자오쯔양(趙紫陽)이 종신 가택 연금을 당했다는 소식은 많은 미국인에게 충격을 안겨주었다. 컬럼비아대학의 앤드류 네이선 교수가, 당시에 우리로서는 알 길이 없었던 엄청난 역경에도 불구하고 자오쯔양이 강경파의 반대에 맞서 실질적인 개혁을 추진하려 했다는 사실을 보여주는 〈천안문 문서〉를 우여곡절 끝에 확보하고 이를 발표하기까지 20년의 시간이 걸렸다.[14]

부시 정부 내 친(親)중국 인사들은 최상의 시나리오를 늘어놓았다. 당 지도자의 체포는 일시적인 후퇴이다, 중국은 여전히 민주화의 길을 걷고 있다, 이 숙청은 과잉 반응이다, 우리는 덩샤오핑이 이끄는 "온건파"를 보호해야 하며 이들이 배를 바로 잡아서 우리와의 관계를 순조롭게 이끌어 가도록 해야 한다 등등. 잘못된 주장을 끊임없이 양산한 무리 속에 나도 있었다. 우리는 중요한 변화가 일어났다는 것을 알고 있었다. 다만 그것이 영원한 변화가 아니기를 희망했다.

돌이켜 생각하면 내가 그렇게 속았다는 사실이 고통스럽다. 훌륭한 분석가라면 자신의 판단이 틀렸을 경우에 대비한 계획을 생각하고 일이 잘못될 수 있는 아주 적은 가능성이라도 예상한다. 개혁파와 반대파 사이에 치명적인 파국이 다가오고 있었으며, 진짜 개혁론자들이 머잖아 투옥, 가택 연금 혹은 추방당했으며, 중국에 대한 무기 판매가 백지화되었다. 일급 기밀로 분류된 문서에 접근할 수 있는 사람이라면 누구나 냉전 시대의 전형적인 정보 실패에 대해 알고 있었다. CIA 역사상 처음으로 있었던 국가정보평가에서 중국이 한국전쟁에 개입하지 않을 것이라고 확신했는데, 이는 베이징이 참전하지 않겠다고 말했기 때문이었다. 하지만 그들은 며칠 후 한국전에 개입했다. 1962년, CIA는 소련이 미사일이나 핵무기를 쿠바에 배치하지 않을 것이라고 예상했는데, 그렇게 하지 않을 것이라고 한 소련 관리의 말을 믿었기 때문이었다. 1979년, CIA의 최고위급 분석가 로버트 보이가 의회 청문회에서 이란의 국왕은 건재하며, 아야톨라 호메이니가 권력을 장악할 가능성은 전혀 없으며, 따라서 이란은 안정적이라고 증언했다.[15] 많은 CIA 정보원에게 이런 정보가 전달되었지만, 이것은 잘못된 정보였다.

1980년대에 CIA나 펜타곤에서 나와 함께 일했던 누구도 중국이 미국을 속일 수 있다거나 중대한 정보 실패가 발생할 수 있다는 생각을 하지 못했다. 모든 소식통과 망명자가 기본적으로 동일한 말을 전했다. 중국은 자유시장경제, 선거 그리고 더욱 광범위한 협력의 길로 나아가고 있다. 하지만 천안문 사태 이후 미국으로 망명하는 사람이 증가했고, 중국에서 벌어지는 일에 관해 그리고 자신의 조국에 관해 불길한 말을 하기 시작했다. 하지만 그때도 우리는 귀를 기울이려고 하지 않았다.

특히 주목할 만한 망명자가 한 명 있었는데, 적어도 내가 보기에는 그랬다. 고위급 망명자였음에도 불구하고 그의 요구는 이례적으로 평이했다—정치적 보호, 새로운 이름, 집, 적절한 수입이 보장된 직업, 그리고 중국 정보기관이 자신이 사망한 것으로 믿도록 만들어 줄 것. 망명자들은 요구를 제시하는데, 대개는 상당한 액수의 돈을 요구한다. 또한 하나같이 자신이 다른 사람보다 더 중요한 비밀을 알고 있다고 주장한다. 하지만 뚱뚱한 체격에 불안해 보이던 그 남자는 달랐다—요구하는 것이 상대적으로 적었다는 점과 그가 말한 것이 우리가 기존에 알고 있던 정보, 장기간 고수해왔던 정책과 전적으로 배치되는 내용이라는 점이었다.

1990년대 초, 그—미스터 화이트라고 부르기로 한다—가 펜실베이니아에 있는 FBI 본부 국가안보실에서 열리는 회의에 모습을 드러냈다. 그날 회의는 특별했다. 망명자들이 주는 비밀 정보를 평가하기 위해 정부 내 중국 전문가가 모두 참석하라는 명령을 받았기 때문이다. 한 시간으로 예정된 회의가 세 시간으로 길어졌다.

미스터 화이트는 회의의 주요 목적 가운데 하나였다. 세부적인 내용을 말할 때면 눈이 날카로워지고 불안한 듯 손가락을 만지작거리며 미심쩍어 보이는 행동을 했다. 그는 우리가 독자적으로 확인해 볼 수 있는 비밀들을 털어놓았다: 미국 내에 있는 중국 스파이들의 정체 그리고 중국 지도부가 사용하는 회의실의 모습과 비밀 전화 시스템에 관한 구체적인 내용들. 그리고 우리가 이미 손에 넣은 많은 중국 관련 기밀문서를 주저 없이 거짓 정보와 진짜 정보로 분류했다. 그는 거짓말탐지기 조사를 통과했다. 그러나 그가 제공한 새로운 정보 하나가

문제였다. 우리는 그것을 믿지 않았다.

1986년부터 1989년까지 3년 동안, 중국의 미래 전략을 둘러싸고 정치국 내에서 권력투쟁이 벌어졌다는 말이었다. 그는 고위급 비밀회의와 논쟁에 관한 기록들을 열람했다고 주장했다. 권력을 장악한 강경파가 중국 내 친미 정서를 일소하기 위해 대대적인 노력을 기울이고 있으며, 천안문 사태가 중국 내 안정을 흔들어놓았으며, 덩샤오핑은 지금 강경 노선을 걷고 있다고 말했다. 강경파의 역할과 그들이 온건파를 어떻게 제압했는지도 말했다. 그는 미국이 진짜 개혁파를 도와야 한다고 생각했다. 중국의 내부 정치 상황을 우리가 어느 정도 알고 있을 것이라고 생각한 그는 우리가 개혁파를 구해주길 바랐다.

심지어 민족주의적인 강경파의 시각을 널리 보급하기 위해 덩샤오핑이 매우 대담한 계획을 세우고 있다고 말했다. 공자를 국가적 영웅으로 되살리는 방안을 논의하는 비밀회의에 직접 참석했다고 했다. 불과 수십 년 전까지만 해도, 중국에선 유교 문화는 물론이고 종교적 색채를 지닌 모든 것들이 공격의 대상이었다.

물론 중국 지도부가 전체주의적인 시각으로 역사를 재(再)기술하도록 했다는 것은 새로울 게 없었다. 1949년 공산당이 정권을 장악한 후, 역사가들은 농민반란이 모든 발전의 시작이었다는 점을 부각하기 위해 역사를 재기술했는데, 이를 두고 역사가 제임스 해리슨은 "인류 역사상 이데올로기적 재교육의 가장 대중적인 시도"라고 규정했다.(16) 하지만 미스터 화이트가 전한 최근의 변화는 믿어지지 않을 정도로 광범위하게 진행되고 있었다. 자신들이 존재하려면 과거에서 벗어나야 한다고 주장했던 공산당이 이제는 과거를 포용하려 한단 말인가? 극단적인 민족주의를 정부의 존재 수단으로 삼기 위해서 공산주의 이데올로기를 폐기하려는 것인가? 붉은 중국이 이제 더 이상 붉지 않다는 것인가? 모든 것이 말 그대로 믿기 어려웠다.

우리가 미스터 화이트의 말을 이해하기 어려웠던 이유는 장기적으로 FBI의 소중한 비밀 자산이 되어줄 것으로 여겨진 여자—미시즈 그린으로 부르기로 한다—가 같은 시기에 제공한 정보와 배치되었기 때문이었다. 그녀는 정보를 주는 대가로 2백만 달러가 넘는 거액을 요구했는데, 그만한 가치가 있는 정보였다. 그녀는 정치국 위원뿐 아니라 덩샤오핑의 후계자 장쩌민(江澤民)과도 친분이 있으며 그에 관한 비밀들을 알고 있다고 주장했다. 덩샤오핑은 여전히 친미(親美)를 고수하고 있으며 장쩌민은 훨씬 더 그렇다고 말했다. 알려진 대로 그는 엘비스 프레슬리 노래를 즐겨 부른다고 했다. 중국은 천안문 사태 이후 미국과 더욱 가까워지기를 원하며, 유교를 숭상할 것이라든가 마르크스주의가 교육 커리큘럼에서 제외될 것이라는 말은 터무니없다며 비웃었다. 강경파는 이제 늙어서 변두리로 밀려난 사상가들이며, 그나마 가지고 있는 영향력마저 머잖아 잃을 것이라고 주장했다.

만약 우리가 미시즈 그린의 신뢰성을 세밀히 검토하고자 했다면 얼마든지 할 수 있었다. 미스터 화이트와 달리, 그녀는 미국 내 중국 스파이들의 이름이나 위치를 폭로하지도 않았고 폭로할 수도 없으며, 이미 사진으로 알려진 중국 스파이조차 식별하지 못했다. 그녀는 고위급 당 간부가 출퇴근할 때 이용하는 베이징 비밀 지하 터널도 몰랐다. 또한 중국 비밀 문건의 진위를 정확하게 식별하지도 못했다.

하지만 영어를 거의 알아듣지 못해서 전전긍긍하는 미스터 화이트와 달리, 미시즈 그린은 영어를 유창하게 구사했다. 그녀는 거의 모든 정책 분야에서 미국과 중국의 미래에 매우 낙관적이었다. 두려움에 떠는 듯했고 심지어 공포에 젖은 것처럼 보였던 미스터 화이트와 달리, 미시즈 그린은 기꺼이 1년에 한두 번 생명의 위험을 무릅쓰고 중국으로 날아가 새로운 정보를 가져오겠다고 했다.

나는 두 망명자 모두 유리하게 활용할 수 있다고 말했다. 동료들은 그렇게 생각하지 않았다. 만장일치를 선호하는 미국 정보기관으로서는 중-미 관계에 관한 의견 차이는 당혹스러웠다. 미시즈 그린이 이 문제를 해결했다. 우리는 그녀의 손을 들어주었고 그녀가 요구하는 돈을 제공했다.

나는 그 회의가 열린 직후 미스터 화이트를 만났다. 그가 한 말을 모두 믿은 것은 아니었지만 호기심이 들었기 때문이었다. 우리는 중국어로 이야기했다. 마르크스주의를 국가 이데올로기와 학교 커리큘럼에서 삭제할 것이라는 믿기지 않는 말이 만에 하나라도 사실이라면, 그것이 실제로 어떻게 시행될 것인지 궁금했다.

미스터 화이트는 "애국주의 교육" 커리큘럼 계획을 들은 적이 있다고 말했다. 그것은 전국적으로 100개의 "애국주의 교육" 기지, 역사 박물관, 관광 박물관을 새로 세우고, 일본, 미국과 같은 외세에게 중국이 겪었던 "치욕의 100년"을 주제로 하는 TV와 라디오 프로그램 제작 그리고 영화 제작에 자금을 지원한다는 계획이었다. 이 프로그램들이 하나같이 전하고자 하는 것은, 미국이 중국을 견제하고 과거의 영광을 되살리려는 시도를 막으려 한다는 것이었다.

"중국의 젊은이와 지식인은 천안문 광장에서 미국과 사랑에 빠졌습니다." 그가 말했다. "정부에게 그것은 두 번 다시 있어서는 안 될 일이었습니다. 그래서 서방에 의해 겪었던 치욕을 끝내고, 당신들을 모략해서 다시 힘을 회복하려고 하는 것입니다."

"일석이조입니다"라는 말로 그가 결론을 맺었다. 이것은 서양과 중국 모두 잘 아는 속담이다.

"두 마리 새는 뭘 말하죠?" 내가 물었다.

"이제 더 이상 소련의 위협은 없습니다." 그가 대답했다. "그들은 붕괴했고, 따라서 베이징은 이제 미국의 보호가 필요 없습니다." 그렇다면 두 번째 새는? 그것은 미국이라고 분명한 어조로 그가 말했다. 그는 '바'라는 말을 사용했다. 그리고 "세(勢)가 변했으니까요"라고 덧붙였다.

닉슨이 1972년에 중국에 문호를 개방한 후에, 미국에게는 중국을 대하는 태도를 수정하고 보다 덜 낙관적인 관점으로 중국 지도부를 바라볼 기회가 있었다. 하지만 미국 정부는 최대한 신속하게 미-중 관계를 안정화하고 싶어 했다. 천안문에서 학살이 있은 후에도, 중국 내 자유 개혁론자가 축출되고 온건파 지도자들이 체포된 후에도, 부시는 여전히 과거의 잘못된 관점을 고수했다. 평생 동안 가택 연금을 당했던 개혁주의 지도자 자오쯔양이나 그의 전임자 후야오방은 누구도 언급하지 않았다. 미국 정부는 이미 고인이 된 후야오방이나 자오쯔양에 관해 언급하지 않기로 결정했다. 그들이 진정한 개혁가였다는 사실을 아무도 알지 못했다. 누구도 그들이 최고위직에 있을 때 추진했던 개혁의 정도를 알지 못했다. 이 모든 것은 후야오방과 자오쯔양을 도와서 민주적 정치 개혁을 위해 일했던 중국 망명자의 입을 통해 비로소 알려지게 되었다.

나도 여전히 덩샤오핑과 장쩌민이 진짜 개혁론자라고 생각했다. 하지만 거짓 개혁론자를 지원하고 진짜 개혁론자들을 버린 것이 훗날 우리를 집요하게 괴롭힐 실수였다는 것을 나는 머잖아 알게 되었다.

나는 보고서를 쓰기 위해 파리로 날아가서, 체포를 피해 프랑스 정부에 보호를 요청한 많은 공산당 관리를 인터뷰했다. 그들은 10대 강령이라는 것을 만들고, 서방에게 망명정권으로 받아들여지기를 기대하며 조직을 결성하고 지도자를 선출했다. '민주적인 중국을 위한 연맹'이라는 조직이었다. 부시 대통령은 이 조직이나, 10대 강령 혹은 새로 선출된 지도자 옌자치(嚴家其)에게 전혀 관심이 없었다. 그는 회고록에서, 미국식 체제를 도입하고 정치 개혁을 이루기 위해 기울였던 노력을 상세하게 기록했다.[17] 옌자치는 자오쯔양 밑에서 일한 인물이었다. 그가 회고록에 적은 내용들은 이전에 후야오방 밑에서 일했던 또 다른 망명자 롼밍(阮銘)의 회고록에도 적혀 있다.[18] 하지만 이들의 이야기는 너무나 미미했고 때가 너무 늦었다. 결국, 덩샤오핑은 포드, 카터 그리고 부시 대통령을 만나고, 두 번이나 〈타임〉의 표지에 등장했으며, 미시즈 그린은 덩샤오핑이 선택한 후계자가 엘비스 프레슬리 노래를 영어로 부르기를 좋아한다고 주장했다.

"나는 민주주의의 힘이 천안문 광장에서 일어난 불행한 일을 극복할 수 있을 것이라고 확신합니다"라고 부시 대통령이 말했다.[19] 하지만 시위와 진압이 있은 후, 부시는 중국에 약속한 어뢰, 레이더, 그리고 군수물자를 모두 공급하도록 펜타곤에 명령했다. 닉슨의 중국 접근법을 계승한 부시가 새로운 시각으로 중국을 보는 것은 불가능했다. 중국이 세계에서 가장 거대한 신흥 시장이 될 것이 거의 확실시되었기 때문에, 그의 입장은 중국과의 관계 강화와 점증하는 시장 기회를 유지하기를 원하던 미국 기업인들의 지지를 받았다.

빌 클린턴은 부시의 중국 "옹호론적" 태도를 날카롭게 비판하며 대선에서 좀 더 냉철한 접근법을 공약했다. 그리고 실제로 한동안 그렇게 했다. 1992년 대통령 선거에서 부시를 누르고 승리한 클린턴은 아이젠하워, 케네디 그리고 존슨 이후 역대 미국 대통령 가운데 중국에 대해 가장 강경한 노선을 취했다.

클린턴은 중국을 방문한 적이 없었지만, 아칸소 주지사 시절에 네 차례 타이완을 방문한 적이 있었다. 1992년 대통령 선거기간 동안에, 그는 '베이징의 도살자들'을 버릇없이 만들었다며 부시 대통령을 공격했다.[20] 클린턴이 대통령에 취임한 후, 워런 크리스토퍼 국무장관은 상원외교위원회 청문회에서 "우리의 정책은 경제·정치적 자유화 세력을 고무시킴으로써 중국이 공산주의에서 민주주의로 광범위하고 평화적인 변혁을 하도록 촉진할 것입니다"라고 말했다. 전직 주중 대사 윈스턴 로드도 여기에 힘을 보탰다. 그는 천안문 사태와 자신이 오랫동안 중국 지도부를 잘못 이해해왔던 것에 충격을 받고, 미국에서 가장 신랄한 중국 비판가로 바뀌었다. 동아시아 태평양 담당 차관보로 임명된 로드는 상원외교위원회에 참석해 중국에 엄격한 조건을 적용할 것이라고 약속했다. 인권과 민주 선거에서 진전이 없다면 무역 우대도 없을 것이라는 의미였다. 1993년, 민주당 출신의 하원 의원 낸시 펠로시와 상원 의원 조지 미첼이 중국에 대한 획기적인 조항을 제정하는 활동을 주도했다.[21] 1980년대에 중국의 개혁을 바라보던 안이한 시각이 사라지는 듯 보였다.

클린턴 정부의 중국을 향한 강경한 태도는 1993년 5월 28일에 정점을 찍었는데, 달라이 라마와 천안문 시위 학생 대표단을 포함해 40명의 중국 반체제 인사를 백악관으로 초청한 것이었다. 중국 정치국은 이 일을 향후 발전에 필요한 중-미 관계 자체를 위협하는 전례 없는 사건으로 해석했다. 따라서 그들은 움직이기 시작했다.

중국 내 자신의 소식통과 연락해온 미스터 화이트에 의하면, 중국 정보기관들은 대중국 접근 방식을 놓고 클린턴 정부 내에 이견이 존재한다는 것을 잘 알고 있었으며, 따라서 미국 정부 내에 친(親)중국 연합을 구축한다는 전략을 세웠다. 중국은 국가안보 보좌관 토니 레이크와 부보좌관 샌디 버거가 중국에 우호적이라고 판단했다. 또한 글로벌화와 자유무역에 관해 피력한 견해로 볼 때 국가경제위원회 위원장 로버트 루빈도 자신들의 편이라고 생각했다. 경제자문위원회 위원장 로라 타이슨과 하버드대학 경제학 교수이자 국제사무 담당 국무부 차관 로런스 서머스도 글로벌화와 자유무역에 이들과 같은 견해를 가지고 있었다.

자신들의 이익을 확대하기 위해, 중국은 워싱턴에서 이들에게 힘을 실어주고, 경제계의 친(親)중국 인사들과 이들의 만남을 적극 주선했다. 중국 관리들은 유력한 미국 기업인에게 사업상 거래를 제시했다. 클린턴의 대통령 선거를 적극적으로 후원했던 기업인이 미국에게 수백만 달러의 세수 증대를 가져올 것이라며 보잉 항공기의 중국 판매를 허용해달라거나, 혹은 중국산(産) 로켓에 미국 상업 위성을 탑재하게 해달라며 직접 대통령을 압박했다. 더욱이, 유권자의 경제 이익에 기반하고 있는 의회에서도 새로운 지지 세력이 움직이기 시작했다.

1993년 말까지, 오늘날 중국이 "클린턴 쿠데타"라고 부를 정도로 이들은 반(反)중국 입장을 완화하도록 대통령을 집요하게 설득했다. 클린턴이 한때 공약했던 것과 달리, 달라이 라마와의 만남은 더 이상 없었다. 갖가지 제재가 완화되었고 곧이어 폐지되었다. 클린턴 정부 내 친(親)중국 인사는 중국으로부터 앞을 내다볼 줄 아는 정치력을 지닌 인물이라는 평가를 받았고, "중국의 친구"가 된 덕분에 중국 정책 입안자와 더욱 자주 접촉할 수 있는 반대급부를 받았다. 한편, 중국은 소리 없이 반체제 인사를 계속해서 탄압했다.[22]

모든 것이 후퇴했거나 후퇴하고 있는 것 같았다. 또다시, 미국은 중국을 동맹으로 생각했다. 미국인의 눈에 천안문 탄압은 불행하고 일시적인 사건이었다. 인내하며 지켜보아야 한다고 생각했다. 하지만 중국은 달랐다. 그들은 기존의 '바'가 도전자에게 어떻게 했는지 잘 알고 있었다.

1999년 5월 7일 금요일, 클린턴의 두 번째 임기가 끝날 무렵, 미국을 중심으로 한 나토 군이 세르비아를 공습했다. B-2 폭격기 두 대가 미주리 주 놉 노스터에 있는 화이트먼 공군기지를 이륙해 세르비아의 수도 베오그라드로 향했다. 폭격기들은 '베오그라드 창고 #1'이라고 표시된 장소에 JDAM 폭탄 5발을 투하했다. CIA가 제공한 표적 자료는 몇 번씩이나 확인을 거친 것이었다. 하지만 끔찍하게도 예상은 빗나갔다. 폭탄은 한밤중에 베오그라드에 있는 중국 대사관 남측 일부를 강타했고, 세 명의 대사관 직원이 목숨을 잃었다.

내가 미스터 화이트를 만난 지 약 10년 후에 이 사건이 일어났다. 미시즈 그린만큼 신뢰를 주지는 못했지만 그가 유쾌한 사람이라는 것을 알면서 그를 좋아하게 되었고 가끔 찾아갔다. 중국 대사관이 폭격을 당한 날 밤, 나는 중국이 클린턴 대통령의 사과를 요구할 것이라 보는지 물어보려고 미스터 화이트를 만나러 갔다.

물론 베오그라드 폭격은 끔찍한 사건이었다. 그에 따라 중국 정부가 어떤 식으로든 모종의 대응을 하리라고 나는 짐작했다. 하지만 중대한 상황이 발생하리라고는 예상하지 못했다. 그동안 줄곧 중국의 의도에 관한 경고를 무시해왔던 대부분의 미국 정보 분석가도 마찬가지였다.

내 질문을 받자마자 미스터 화이트는 베오그라드 폭격은 자신이 말한 중국 내 극단적인 민족주의 세력이 영향력을 확대할 더없이 좋은 기회가 될 것이라고 단언했다. "앞으로 한동안 반미 시위가 이어질 것입니다." 그가 예상했다.

시위라니? 나는 의아했다. 너무나 명백한 우발적인 사고가 아닌가? 그리고 미국의 고위급 인사가 이미 공식 사과를 했다.

그는 자신의 예측이 틀림없다고 말했다. 그는 중국 내 반미 세력이 한동안 활개 칠 것임을 알고 있었다. 그리고 이미 우리에게 경고한 적이 있었다. 그 무렵, 주중 대사 제임스 새서는 베이징에서 예상치 못한 사면초가에 직면했다.

미스터 화이트는 중국은 이 일을 우발적인 사고로 보지 않을 것이며, 황제의 구정(九鼎)의 무게를 물은 경쟁자에 대한 엄밀한 검증으로 받아들일 것이라고 말하며 "그들은 이것을 미국의 경고이자 중국의 의지를 시험하는 것으로 여길 것입니다"라고 덧붙였다.

시위가 시작되었을 때, 새서 대사는 중국의 강경파와 전국시대적 사고를 신중하게 생각해야 한다는 미스터 화이트의 경고를 알지 못했다. 그리고 대사관에서 서쪽으로 불과 3마일 떨어진 곳에서 열린 중국 정치국 비밀회의에서 베오그라드 대사관에 대한 미국의 '공격'을 성토하는 발언이 터져 나오고 있다는 사실도 알지 못했다. 폭격이 발생한 지 수 시간 만에, 수백 명의 중국인들이 미국 대사관 정문으로 몰려왔다. 돌멩이, 달걀 그리고 토마토가 날아들었고, 미국과 나토에 대한 '보복'을 요구했다.

토요일 오후에 자신의 집무실에 있던 새서 대사는 곧이어 그 건물을 안전하게 나가기가 어렵다는 것을 알게 되었다. 며칠 사이에 대사관 밖에 운집한 시위대는 수만 명으로 불어났고, 중국에서 미국을 대표하는 그가 중국 대중의 가상의 적이 된 채 옷을 갈아입을 수도 샤워를 할 수도 없는 상황에 처했다. 그는 대사관 집무실에서 동결건조한 군용 식량을 먹으면서 담요도 없이 바닥에서 잠을 잤다.

5월 9일 일요일 밤, 시위대가 대사관의 부서진 창문으로 투척한 화염병 두 개로 화재가 났고, 경비병들이 소화기로 불을 껐다. 멀지 않은 곳에서는 대사의 아내와 아들이 이미 대피하고 없는 대사 관저의 부엌 유리창으로 벽돌이 날아들었다. 대사는 중국의 고위급 인사와 전화 통화조차 할 수 없었다. 그는 〈뉴욕 타임스〉와의 인터뷰에서, "대사관 앞에서 무슨 일이 일어나고 있는지도 제대로 알 수가 없었습니다"라고 말했다.[23]

대사와 달리 중국 지도부는 무슨 일이 일어나고 있는지 정확히 알고 있었다. 중국에서 시위가 자발적으로 일어나는 경우는 거의 없으며, 수십 년 전 천안문 광장에서 벌어진 시위가 그토록 중국 지도부를 경악케 한 것도 그 때문이었다. 중국 정보기관이 당시 시위를 조직했다는 사실을 말해주는 정황으로, 주요 관변 종교 단체 지도자가 속속 도착해 차례로 시가행진을 벌였다. 수십 명의 불교 승려가 앞장서고 티베트 승려, 도교 신자, 가톨릭, 기독교 그리고 이슬람교 지도자가 뒤를 따랐다.

다음 날인 5월 10일 월요일, 중국 공안이 미국 대사관 25피트 거리 이내로 시위대가 들어올 수 있도록 허가했다. 시위대는 "미 제국주의 타도!"를 외치며 중국 국가를 합창했다. 젊은이들이 헬멧을 쓴 군경 틈으로 대사관을 향해 벽돌을 던졌다.[24] 시위대가 건물 안으로 들이닥칠지 모른다는 불안감에 대사관 직원이 민감한 서류를 파쇄하기 시작했다. 월요일 오후, 당혹스러워하는 미국 대사에게 마침내 탕자쉬안(唐家璇) 외교부장이 전화를 걸었다. 그는 폭격 사건과 관련한 '공개적이고 공식적인 사과'를 포함해 '미국이 주도하는 나토'에 네 가지 요구 사항을 제시했다.[25]

사실, 중국 정부는 미국이 그 사건에 이미 사과의 뜻을 거듭 밝혔다는 것을 잘 알고 있었다. 그날도 클린턴 대통령이 기자들 앞에서 다시 한 번 사과했다. "사죄드립니다." 그가 말했다. "이 일을 유감으로 생각합니다. 하지만 비극적인 실수와 인종 청소라는 고의 행위를 명백히 구분하는 것은 매우 중요하다고 생각하며, 미국은 앞으로도 이 구분을 할 것입니다."[26]

국가안보기관들도 새서 대사처럼 중국의 반응에 곤혹스러워했다. 미스터 화이트로부터 중국이 어떤 식으로 나올 것이라는 예상을 이미 들은 나도 마찬가지 기분이었다. 폭격 사건에 대한 중국의 공식적인 대응이 다소 과격하다는 점이 특히 그랬다. 중국 관영 신문 〈인민일보〉는 베오그라드 대사관 폭격은 "야만적인 범죄"이며 "미국이 주도하는 나토"가 "주범"이라고 표현했다. 1면에 실린 장문의 기사에서는 미국과 나치 독일이 여덟 가지 측면에서 유사하다고 주장했다. 예를 들어, "자기중심적 태도와 패권을 추구하는 야심이 매우 유사하다. … 만약 세계에서 과거 나치 독일처럼 '지구의 주인'이 되고자 하는 나라가 어느 나라냐고 묻는다면, 대답은 한 가지, 그것은 패권주의를 고수하는 미국이다"라고 적었다.(27) 10년 전 천안문 광장에서 민주주의를 외치던 시위자가 중국판 자유의 여신상을 만들어 세웠던 것과 정반대로, 이제 중국의 학생은 피카소가 1937년에 그린 반전 벽화 〈게르니카〉를 복사한 그림과 붉은색 페인트로 미국을 비난하는 글귀가 적힌 포스터를 들고 다녔다. 또한 그들은 판지를 이용해 횃불이 아닌 폭탄을 손에 들고 있는 빌 클린턴의 형상을 만들었다.(28)

미국 정보기관에서는 중국의 행동에 다양한 해석을 내놓았다. 과격한 중국적 정서나 심지어 편집광으로 보는 사람들도 있었고, 미국에게 더 많은 양보를 이끌어내려는 소동에 불과하다고 보는 사람들도 있었다. 하지만 내가 기억하기로, 중국의 행동을 주도면밀하게 계산된 계획으로 인식한 사람은 아무도 없었다. 누구도 대중국 전략을 재평가할 필요가 있다는 생각을 하지 못했다. 그리고 아무도 미스터 화이트의 주장을 신빙성 있게 받아들이지 않았다.

2001년, 미국 정보기관이 1999년 베오그라드 폭격 이후 개최된 정치국 긴급회의 내용을 담은 비밀 회의록을 입수했다.(29) 이 회의록에는 중국 지도부의 미국을 향한 실질적인 시각이 고스란히 담겨 있었다. 회의에 참석한 위원들이 상황에 대한 견해와 대응 방안을 주장했는데, 회의록에서 드러난 중국 정부의 편협한 민족주의는 오히려 미스터 화이트의 경고가 무색할 정도였다.

장쩌민은 "미국은 이 사건을 통해 국제적 위기와 갈등, 특히 돌발 사태에 중국이 어떻게 대응하는지, 대응 강도를 확인하려 할 것입니다"라고 말했다. 그는 폭격이 '훨씬 더 거대한 음모'의 일부일 가능성도 있다고 말했다. 정치국 상임위원회 서열 2위인 리펑은 "동지들! 피로 물든 대사관 사건은 개별적인 사안이 아니며, 중국 인민에 대한 단순한 모욕이나 도전이 아닙니다. 그것은 주도면밀하게 계획된 파괴입니다. 무엇보다도 이 사건은 미국이 적이라는 것을 일깨워주고 있습니다. 미국은 일부에서 말하듯이 친구가 아닙니다"라고 말했다. 부총리 리란칭(李嵐淸)은 "미래에는 중국과 미국의 정면 대결이 불가피할 것입니다!"라고 말했다. 그는 클린턴 대통령이 "국제 위기와 갈등에 대한 중국의 대응 강도, 인민의 목소리와 여론의 입장, 그리고 우리 정부의 생각과 어떤 수단을 취할 것인가를 탐색하기 위해, 시험 삼아 돌을 던져보려고" 폭격을 명령했다고 말했다.

회의록에서, 누구도 미국의 입장을 염두에 두지 않았다. 한 걸음 물러나 이 폭격이 우발적 사고일 가능성을 언급하는 사람이 한 명도 없었다. 미국 대사관 앞에서 대규모 학생 시위를 하거나 클린턴 대통령을 비난하기 전에, 잠시 시간을 두고 미국의 입장을 들어보자고 말하는 사람은 전혀 없었다. 1973년 이후부터 다양한 프로그램으로 베이징에 만들어놓았다고 우리가 믿어 마지않던 그토록 많은 선의와 신뢰는 찾아볼 수 없었다.

이런 사실에도 불구하고 중국을 대하는 미국의 자기만족과 낙관론은 여전히 굳건했다. 중국에 강경파가 확실히 존재하지만 이성적이고 냉철한 사람들에 의해 그들의 영향력이 억제될 수 있다고 생각했다. 새로운 노력으로 신뢰를 구축하고 오해를 줄여나가야 한다는 주장들이 나오기 시작했다. 곧이어 "장쩌민과 중국의 친구들"이 가는 곳마다 "오해를 줄이고 신뢰를 구축하자"며 목소리를 높였다. 중국의 "애국주의 교육"이 다른 악의를 가지고 추진되는 것이 아니라고 결론지었다. 미국인도 그 상황이라면 마찬가지였을 것이라고 말했다. 중국 정부 내 반(反)서방 인사들이 골칫거리이기는 하지만, 중국 지도부의 정서는 그들과 다르다고 자위했다.

미국 관리들은 반미적인 신호들을 완전히 무시했다. 심지어 일부 반미의 증거는 차단되었다. 1990년대에 버지니아 주 레스턴에 있는 CIA 번역 센터를 정기적으로 방문하던 중에, 나는 중국 지도부의 반미적인 언급을 보고서에서는 별로 찾아볼 수 없는 이유가 무엇이냐고 번역가에게 물었다.(30) 미국 관리들은 대부분 중국어를 이해할 수 없었기 때문에 중국 지도부의 심중이 무엇인지 알기 위해―중요한 어감을 포착하기 위해―번역 센터의 번역에 의존해야만 했다.

"간단합니다." 그녀가 대답했다. "민족주의적인 언급은 번역하지 말라는 지시를 받았습니다."

나는 이해가 되지 않았다. "왜죠?" 내가 물었다.

"본부에 있는 중국 부서에서 그것은 워싱턴에 있는 보수주의자와 좌익 성향 인권 옹호론자를 부추기고 중국과의 관계에 손상을 가져올 뿐이라고 했습니다."

그때까지도 나는 중국의 미래에 대해 가끔 흔들리기는 했지만 여전히 신뢰하고 있었다. 미스터 화이트와 정치국 회의에서 나온 회의록을 통해 드러난 정보들에도 불구하고, 나는 여전히 중국 회의론자가 아니었다. 선견지명을 가진 미국 정치인들이 중국이 민주주의를 향해 나아갈 수밖에 없는 필연성과 중국 경제의 취약성을 말하고, 강경파가 70대 후반이나 80대 초반의 늙은이들이기 때문에 인내심을 가지고 기다리면 온건 개혁파가 강경파의 자리를 대신할 것이라고 말하던 그때에는, 많은 정보 채널이 이런 신호는 일시적인 현상이라고 이구동성으로 증명하는 것만 같았다. 중국이 그 많은 정보 채널을 조종하고 있다고는 결코 생각하지 못했다.

그리고 그 과정에서, 중국의 내부 정보를 우리에게 제공해준 한 일급 스파이는 우리의 희망을 한층 더 부풀게 했다: 미시즈 그린. 베이징은 미국에게 전혀 위협이 되지 않으며 공산당 지도부와 급진적이고 위험한 중국의 정치적 요소는 별개로 생각해야 한다는 그녀의 말에 우리는 번번이 마음을 놓았다. 2003년 4월 9일, FBI가 그녀를 체포할 때까지 중국 지도부에 관한 그녀의 보고는 미국 관리들에게 지속적으로 영향을 미쳤다.[31] 중국에 있는 CIA 정보원이 그녀의 정체를 밝혔다. 그녀는 FBI로부터 170만 달러를 받은 사실을 보고하지 않았다는 잘못을 인정하고, 중국에 어떤 기밀을 넘겨주었는지 밝히는 데 협조하겠다고 말했다. 연방 법원은 법무부가 그녀와 접촉한 FBI 요원에게 적용한 규정 때문에 그녀가 자신을 변호할 권리를 침해받았다고 판결하고, 이 사건을 기각했다. 그녀는 다시 기소되었고 사실이 인정되어 3년 형을 선고받았다.[32]

이 사건을 조사한 FBI 조사관은 보고서에서 거짓 정보를 제공할 가능성이 있는 중국인 정보원의 파일에 붉은 깃발을 표시하는 시스템을 제안했다. 데이비드 스자디 FBI 부국장은 기자와의 인터뷰에서, "FBI가 자신의 정보원을 한층 더 면밀히 관리하고 그들이 제공하는 정보를 점검할 필요성"을 보여주는 사건이라고 말했다.[33] FBI는 미시즈 그린의 거짓 정보를 조사한 보고서를 지금까지 기밀문서로 분류하고 있다. FBI 보고서가 공개되지 않는 한, 무엇이 잘못되었는지—그녀가 중국에게 넘겨준 정보와 미국을 방심하게 만들었던 주장을—알 길이 없다. 적벽대전의 현대적 적용에 관한 강경파의 발언을 간과하는 바람에 저지른 실수다.

제5장

미국,
위대한 사탄

"없어도 있는 것처럼 하라(無中生有)."

- 36계

당시에 미국 정부는 잘 모르고 있었지만, 1989년 6월 4일은 중국 정부가 자국민에게 미국을 묘사하는 방식에 전환점이 된 날이었다. 서구(西歐)에게 치욕을 당했다는 정서가 중국 공산당 내부에 여전히 뿌리 깊게 남아있었지만, 중국이 서방국가와 어깨를 나란히 할 만큼 초강대국으로 발전하기 위해서는 서방의 도움이 필요하다는 마오쩌둥의 계산에 의해 그때까지만 해도 이런 의식이 다소 완화되어있었다.[1] 훗날 망명자들이 전한 바에 의하면, 중국 최고 지도부는 진정한 민주 개혁을 고려하기도 했었다. 제임스 메이슨의 삼권분립 사상조차 지지를 받은 적이 있었다. 2001년까지 중국에서 입수한 공식 문건들은 강경파가 덩샤오핑과 원로들을 몰아붙이기 위해 상황을 어떤 식으로 왜곡했는지 여실히 보여준다.

　이 책의 핵심 주제는 강경파가 미국을 갈아치워야 할 위험한 패권국으로 인식하도록 중국 지도부를 성공적으로 설득했다는 것을 보여주는 증거에 기초하고 있다. 이들의 관점은 1989년에 정당성을 획득했고, 결과적으로 베이징은 체계적으로 자국 국민을 향해 미국 정부를 악마화했다. 중국 관영 매체들이 내부적으로 하는 말은 미국 국민에게 드러난 중국의 모습과는 선명하게 대비된다. 강경파의 주장은 분명하다. 그들은 소위 미국의 패권주의가 1980년대에 그랬던 것처럼 중국 정부를 전복시키려 한다고 생각한다. 미국이 자신들의 반대자인 중국 내 온건파에게 여전히 영향을 미치고 있기 때문에 "애국주의 교육"과 반미 교육이 필요하다고 주장한다.

사실, 마오쩌둥이 닉슨을 초청한 직후 몇 년간 중국의 대중문화와 관영 매체는 미국을 대체로 긍정적으로 묘사했었다. 천안문 사태 이후 이를 위험한 실수로 간주한 강경파는 어렵지 않게 정치국이 진로를 수정하도록 설득했다. 이에 적극 대응할 수 있었음에도 불구하고, 미국의 정보 분석가와 중국 전문가들은 마르크스주의와 호전적인 민족주의를 신봉하는 강경파를 예전에 공룡이 사라졌던 것처럼 머잖아 사라져버릴 일시적인 현상이라고 믿었다.

천안문 사태가 일어나고 몇 년 후 또 하나의 중대한 지정학적 지진이 발생했다. 마오쩌둥의 강경파 장군들이 위(魏)와 맞서기 위해 오(吳)와 연합하는 전략을 제안한 지 20년 후인 1991년, 소련이 붕괴한 것이다. 냉전 시대에 미국의 승리―베를린 장벽 붕괴, 자유화 바람이 일어난 동유럽 국가들 그리고 소련의 완벽한 해체로 상징되는 승리―는 베이징을 뒤흔들었다. 천안문 사태 이후 점증한 중국 지도부의 반미 망상증이 한층 강화되었다. 그들의 눈에 천안문 사태는 전국시대적 표현을 빌자면 "적들 사이에 내분을 조장하기 위해(反間計)" 미국이 감행한 최초의 공격이었다. 급진적인 민족주의자는 미국이 중국 공산당을 붕괴시키는 데 거의 성공할 뻔했지만, 개혁론자 자오쯔양과 미국의 "동조자"를 숙청하기로 결정함으로써 이를 저지할 수 있었다고 생각했다. 1980년대에 큰 영향력을 발휘했던 친미 개혁론자의 숙청은 중국 내 지식인과 분석가 사이에 공백을 가져왔다. 그 후 친미 성향의 인물들이 유력한 위치에서 거의 밀려났을 뿐 아니라, 향후에 더 이상 이런 성향이 확산되지 못하도록 쐐기를 박는 결과를 가져왔다. 한때 "극단적 민족주의자"로 설 자리를 잃었던 강경파의 목소리가 공식 노선이 되었다.

중국 정부는 효과적으로 중-미 관계의 "대안 역사"를 창조함으로써, 실제로 자신을 도와준 미국을 끊임없이 자신을 무너뜨리려고 하는 이블 트윈(evil twin, 선의를 가장한 악당-옮긴이) 같은 존재로 묘사했다. 그들은 대중문화 속에 존재하는 친미 성향을 타파하라고 명령하고, 미국 지도자 앞에서는 이런 상황이 짐짓 당혹스러운 듯 가장했다. 모호한 메시지로 우리를 헷갈리게 했다. 전혀 외교적이지 못한 반미 언행들이 불거져 나올 때마다, 나는 물론이고 서방 외교관과 미국 관리가 수도 없이 들은 레퍼토리가 있었다: 이것은 일부 강경한 보수주의자의 견해이며 "주류" 공산당 지도부의 견해가 아니다.

오늘날 중국의 젊은이는 미국에 관해 전혀 다른 이야기를 믿고 있다—미국이 170년 동안 중국을 지배하려고 시도해왔다. 에이브러햄 링컨, 우드로 윌슨 그리고 프랭클린 루즈벨트를 포함한 미국의 국가 영웅을 중국을 약화시키려고 시도한 "사악한 주모자"로 묘사했다. 이런 왜곡된 역사적 시각은 이것을 단지 일시적 현상으로 생각하는 사람들의 중-미 "협력"에 대한 시각도 왜곡시키고 있다.(2)

1990년부터, 중국의 교과서는 미국을 150여 년간 중국의 부상을 억압하고 중국 문명의 영혼을 파괴하려고 하는 패권국으로 기술하기 시작했다. 겉으로 보기에 악의라곤 없어 보이는 "애국주의 교육"이라는 수단으로 재교육을 진행했다.[3] 중국 망명자 미스터 화이트는 이 프로그램이 마오쩌둥의 집권 초기—미국에게 접근하기 이전—부터 잠재해 있었던 미국 역사에 관한 왜곡된 시각을 되살릴 것이라고 예상했었다. 1951년에 왕춘이 쓴 《미국의 중국 침략사》라는 교과서가 전형적인 예인데, 이 책은 알려진 대로 역사적 교훈의 영원성을 주장하는 편집자 주석이 덧붙어 2012년에 재출간 되었다. "《미국의 중국 침략사》는 한동안 절판되었다. … 비록 시간이 흘렀지만, 이 책에 담긴 역사적 사실들은 여전히 진실하다. 이것은 시대가 변했다고 해서 변하지 않는다."[4] 이것은 중국 사회과학원의 홈페이지에 게재되었던 주석이다.[5]

2013년 가을 중국 국립박물관을 방문했을 때, 나는 이런 선전의 놀라운 예를 목격했다. 중국 공산당 내 강경파와 자유 개혁론자들이 역사적 사실과 기술을 둘러싸고 오랜 기간 대립했고, 이 때문에 마오쩌둥이 집권한 후 이 박물관은 개관한 시간보다 문을 닫아놓은 시간이 더 길었다. 1961년에 천안문 광장 지척에 세워진 이 박물관은 1966년 문화혁명 때 폐관되었다. 1979년 덩샤오핑이 중국 경제를 일으키기 시작했을 때 국립역사박물관으로 재(再)개관했다. 하지만 새로운 세기로 접어든 지 얼마 되지 않은 2001년에 다시 문을 닫았다. 2011년에 다시 문을 열기까지 10년의 세월과 4억 달러의 자금이 소요되었다. 중국 지도부는 두 가지 목표를 설정했다. 첫째는 루브르, 대영박물관 그리고 메트로폴리탄 미술관보다도 더 큰, 세계에서 가장 큰 박물관을 만들고자 했다. 웅장한 입구(10층 높이에 축구장 세 개를 합친 넓이) 바로 위에 거대한 구정(九鼎) 세 개가 자리하고 있다. (불운했던 초(楚) 왕과 달리 나는 그 무게를 묻지 않았다.)

두 번째 목표는 박물관을 통해 "근면하고 용감하며, 지혜롭고 평화를 사랑하는, 인류 문명의 진보에 지울 수 없는 공헌을 한 사람들이 사는 위대한 나라"라는 이야기를 들려주려는 것이었다. 물론 국립 역사박물관이 자국 역사에 긍정적인 시각을 덧입히는 것은 특이할 것이 없다. 하지만 중국 박물관을 보고 내가 놀란 것은 중국과 미국을 포함한 다른 나라들과의 관계에 관한 기술―그리고 기술하지 않은 사실들―때문이었다.

"부흥의 길"이라고 불리는 상설 전시실에는 1840년부터 오늘날까지 집권당의 관점에서 본 현대 중국 역사에 관한 자료들이 전시되어 있다. 이 시기를 "서구 자본주의 국가"에 의한 "대대적인 확장과 수탈의 시대에 중국이 반(半)식민지, 반(半)봉건 사회로 전락"한 시대로 기술하고 있다. 대략 이런 식이었다. 미국을 포함한 "제국주의 열강"이 벌 떼처럼 중국으로 몰려와 인민을 수탈하고 죽였다. 1900년 의화단 사건에 관해서는, "중국 인민이 굴하지 않고 외국 침략자에게 맞섰다."[6] 제2차 세계대전 시기에 일본과 벌인 전쟁은 "중국 인민이 외세의 침략을 격퇴시킴으로써 현대사에서 거둔 최초의 승리"이며, 당시 "역사적 결정을 내려야 할 기로"에 선 중국은 장제스의 "독재정치"가 아닌 "평화와 민주를 위해 적극 투쟁한" 마오쩌둥의 중국 공산당을 선택했다.

중국 공산당의 지도하에서, 중국 인민들은 "자주적으로 발전해왔으며, 독립적이고 비교적 완전한 산업 체계와 경제 체계를 만드는 과정에서 고난을 극복하고 사회주의 현대화를 위한 중요한 물질·기술적 기초를 닦았다." 공산당에 의해 "위대한 국가, 활력 넘치는 사회주의 시장경제"를 건설하고, 이제 "광범위한 개방"을 구가하고 있다. 미래에 중국은 "공산당의 핵심적인 지도를 중심으로 단결할 것이며 중국 특색의 사회주의의 위대한 기치를 높이 들 것이다."

제2차 세계대전에서 중국이 승리를 거둘 수 있었던 것은 소위 악당으로 묘사되어 있는 "서구 자본주의 국가"의 군사개입 때문이었으며, 중국의 급격한 수출 성장은 미국의 투자와 미국 시장 덕분이었으며, 그리고 중국의 기술 발전은 거의 100개에 이르는 미국과의 과학기술 교류 프로그램 덕분이었다. 하지만 이에 관한 언급은 어디에도 없었다. 대신에 그곳에서 내가 본 유일한 미국인의 모습은 1세기 전 의화단 사건이 일어났던 때에 황제에 대한 예라곤 전혀 없이 옥좌에 턱 하니 앉아있는 미국인들의 사진이었다. 미국인이 중국을 모욕하고 정복하고자 한다는 인상만 던져줄 뿐, 왜 그들이 중국에 왔는지 어떤 상황 설명도 붙어있지 않았다. 사진 옆에는 의화단 사건 직후에 미국을 포함한 여러 외국 군대가 어디에 주둔했는지 보여주는 군사지도가 한 장 있었다.

나는 중국 외교학원 학생 세 명을 초청해 함께 박물관을 관람했다. 외교관이 되기 위해 공부하던 그들은 중국 정부의 관점에서 보면 훌륭한 교육을 받은 학생들이었다. 그런데 그들은 의화단 사건으로 10만 명의 민간인이 목숨을 잃은 일, 제2차 세계대전 때 중국에 대한 미국의 지원, 마오쩌둥의 정치 운동으로 2천만 명이 목숨을 잃은 일, 1959년부터 1962년까지 발생했던 기아, 1966년부터 1976년까지 있었던 대학 휴교, 그리고 문화대혁명으로 수백만 명이 죽음을 당했던 일을 자세히 알지 못했다. 그리고 천안문 광장 시위에 관해서도 듣기는 했지만 이야기하지 않는 것이 좋다는 정도로 알고 있었다.

그 대학원생들은 천안문 사태 이후 덩샤오핑이 내린 결정의 산물이었다. 그들이 언급하지 않는 것이 좋다고 아는 그곳은 박물관에서 불과 2백 야드 거리에 있었다.[7] 1989년 이후, 덩샤오핑은 당의 통치를 강화하기 위해 리펑을 비롯한 강경파와 손잡기로 결정했다. 그들은 학생이 다시는 자유의 여신상을 만들거나 미국 독립선언문을 인용하거나 미국적 가치를 중국 공산당의 가치를 대체할 만한 것으로 여기지 못하도록 만들겠다고 다짐했다. 불과 1년 사이에 교과서는 미국을 중국의 적으로 기술했고, 새로운 정책과 규정을 만들어서 교실과 도서관에 미국에 대한 한 가지 시각만 존재하도록 만들었다.

중국 역사 교과서 최신판에는 존 타일러 대통령이 최초의 미국 악당으로 등장한다. 마오쩌둥의 표현대로라면 1844년에 타일러가 "미국의 중국 침략으로 맺은 최초의 불평등 조약"인 '왕샤 조약(望厦條約)'을 체결했다.[8] 이 조약으로 미국이 중국을 마음대로 할 수 있는 발판을 마련했으며, "중국을 착취하고 불법 행동을 할 수 있는" 문을 열었다고 기술되어 있다. 타일러와 미국인들은 "(전국시대 전략을 빌자면) 적이 지칠 때까지 기다리기로(以逸待勞)" 결정했다. 미국이 아직 중국을 통치할 힘이 없기 때문에 시간을 두고 기다리기로 했다는 의미다. 중국 강경파의 눈에, 타일러 대통령—실제 삶에서는 최초의 대통령 선거 구호로 알려져 있을 뿐 이렇다 할 업적이 없었다—은 중국 문명을 완벽하게 지배하기 위한 계획의 기초를 놓은 사악한 천재성을 지닌 인물이었다.[9]

타일러의 뒤를 이어 등장하는 미국 지도자는 익히 알려진 대로 반중 성향의 지도자 에이브러햄 링컨이었다. 물론, 미국에서 링컨은 미국을 단결시키고 노예를 해방했으며 원칙을 지키기 위해 목숨을 내놓았던, '정직한 에이브(Abe)'라는 애칭으로 기억되는 지도자다. 하지만 중국에서, 그는 또 한 명의 잔인한 미 제국주의자일 뿐이다. 인민대학교의 스인홍(時殷弘) 교수는 링컨은 "국제사회에서 중국을 좌지우지하고 심지어 이용하려고 했다"고 주장했다.[10] 이런 역사 해석에 따르면, 링컨이 중국과 서방과의 관계를 정상화하기 위해 앤슨 벌링게임(Anson Burlingame)을 파견한 것도 이 때문이었다. 베이징외국어대학교 미국연구소 메이런이(楳仁毅) 교수에 의하면, 1868년에 체결된 벌링게임 조약은 중국에게 "서구 문화의 규범을 따르도록" 강요한 조약이었다.[11] 서구의 외교 전통을 위해 중국의 관습과 예절을 무너뜨렸으며 태평양을 지배하려는 링컨의 꿈을 가능케 했다는 것이다.

이들의 역사 해석에 의하면, 20세기로 접어들면서 미국이 본색을 드러냈다. 1900년 의화단 사건이 발생하자, 미국은 8개국 연합군에 가담해 서구 세력으로부터 벗어나려는 중국의 애국 봉기를 탄압했다. 외국 군대가 중국을 파괴하고 약탈했으며, 전승국들이 중국 인민에게 610억 달러(오늘날 달러화로 환산)에 달하는 배상금을 부과했다. 미국은 "불이 난 집을 약탈하고(趁火打劫)", 다른 나라가 중국을 공격하게 해서 "남의 칼을 빌려 상대를 죽였다(借刀殺人)."[12]

의화단 사건 이후, 중국이 어려움에 처하기는 했지만 아직 희망이 있었다. 우드로 윌슨이 베르사유에서 인권과 자기 결정권에 대한 협상을 약속하면서, 제1차 대전에서 연합군을 도운 중국에게 희망이 비치고 있었다. 하지만 중국은 윌슨 대통령이 자유와 평화를 수호하기 위해 추진한 지구적 군사 협력은 전 세계가 미국의 패권을 인정하도록 만들려는 간교한 계략이라고 해석했다. 덩수성(鄧蜀生)이 쓴 《미국의 역사와 미국인》에 따르면, 윌슨은 "중국을 온전히 미국의 이익권(圈)으로 만들고자" 했다.[13] 그에 의하면, 윌슨은 산둥 성의 독일 조차지를 중국이 아닌 일본에게 합법적으로 이양하려고 획책했으며, 전국시대에 일구이언을 했던 패자(覇者)처럼 비밀리에 약한 나라를 무너뜨리려 했으며, 이 "배신"의 소식이 알려지면서 1919년 5·4운동이 일어났고, 근대 중국에서 민족주의가 출현했으며, 1921년 중국 공산당이 창당되었다.

제2차 세계대전에 관한 중국 분석가들의 화법대로라면, 일본의 1931년 만주 침략과 1937년 중국 침략은 두 아시아 국가가 서로 끝없이 전쟁을 하게 만들어서 서태평양 지역에서 미국의 패권을 위협하지 못하도록 만들려는 미국의 전략이었다. 지난대학의 역사학 교수 탕칭은 루즈벨트 대통령이 "중국 인민들이 항일 전쟁에 나서도록 만든 이유는 중국과 일본이 싸우도록 해서 중국을 일본에 대항할 기지로 삼아 중-미 전시 협력을 추진하는 것이 미국에게 유리했기 때문"이며, 이를 통해 미국이 언젠가 중국은 물론 전 세계를 지배하려 했다고 주장했다.[14] 덩수성은 중국에서 "침략자 일본"을 부추긴 가장 큰 책임은 루즈벨트에게 있다고 말했다. 전국시대의 패권적인 사고로 볼 때, 루즈벨트는 "산에 앉아서 호랑이가 싸우는 것을 지켜본 것(坐山觀虎鬪)",[15] 다시 말해서 양쪽 가운데 어느 한쪽이 치명상을 입고 미국에 저항할 수 없도록 만들려고 했다. 그리고 "강 건너편에서 불구경을 하다가 안전한 정복의 길을 확보"하려고 했다.[16]

대담하게도 중국 지도부는 닉슨의 대중국 문호 개방도 중국을 지배하려는 사악한 계획의 일환으로 재구성했다. 미국은 중국과 소련이 경쟁하도록 부추겨서 두 공산국가 사이에 핵전쟁이 일어나기를 바랐다는 새로운 줄거리를 덧붙이고 있다. 자신의 전임자였던 루즈벨트와 마찬가지로 닉슨도 산에서 호랑이 싸움을 지켜보다가 마침내 지구의 구원자로 등장해 유일 초강대국이 되려고 했다는 것이다. 이 줄거리에 따르면, 마오쩌둥 주석이 현명하게도 미국의 전략을 꿰뚫어 보았고, 베이징이 소련과 맞설 동맹이 필요하다는 이유를 만들어서 닉슨이 중국을 방문하도록 만들었다. 마오쩌둥의 최고위급 장군 한 명이 삼국시대의 유비를 언급하며 전략을 제시했다: 북의 위(魏)와 맞서기 위해 동의 오(吳)와 연합하라.[17]

중국의 현대사 해석에 따르면, 미국은 소련을 내부적으로 약화시키기 위해 무역, 경제협력, 기술 이전, 외교, 문화와 교육 분야의 교류, 민주적 개혁 압력이라는 수단을 이용했다. 전국시대의 화법으로 말하자면, 미국이 "달콤한 꿀단지"로 소련의 젊은이와 이상주의자를 유인해 "적들 사이에 내분을 조장(反間計)"했다.

중국 전략가들의 눈에 이것은 소련의 실수를 이용한 노련한 정치적 기만술이었으며, 자신들은 미국의 동일한 전략에 기만당하지 않겠다고 다짐했다. 2013년, 중국 인민 해방군 국방대학이 〈소리 없는 경쟁〉이라는 90분짜리 영화를 제작했는데, 귀를 자극하는 배경음악과 함께 미국이 중국 사회에 침투하여 "중국을 와해시키고", "공산당의 힘을 약화시키며" 그리고 "정치인을 세뇌"하려고 한다는 내용이었다.[18] 영화는 풀브라이트 장학 재단, 포드 재단, 카터 센터, 합동군사훈련, 그리고 미국과 중국의 엘리트 간 교류 등을 침투의 주요 통로로 지목했다.

중국은 냉전(冷戰)도 미국이 글로벌 우위를 차지하기 위해 수십 년간 부추긴 갈등이라고 기술했다. 2013년에 중국에서 방송된 TV 미니

시리즈는 레이건 정부 시절에 일어난 소련의 붕괴를 미국이 획책한 기만술의 결과라고 표현했다. 일반적으로 알려져 있듯 공산주의 체제가 더 이상 스스로를 지탱할 능력이 없어서 붕괴한 것이 아니라는 주장이었다. 미국이 교묘한 술책으로 소련을 속이고 붕괴하도록 만들었다는 것이었다.

중국 정부의 중-미 역사 해석은 당연히 소설이다. 존 타일러가 서명한 왕샤 조약은 공식적인 외교 관계를 수립하고, 중국에게 최혜국 대우를 부여하고, 미국인이 중국어를 배우지 못하도록 한 금지규정을 폐지한 친(親)중국 조약이었다. 에이브러햄 링컨의 특사로 파견된 앤슨 벌링게임이 체결한 조약도 중국에게 유리한 조약이었다. 유럽의 위협을 받았던 중국의 주권을 인정하고, 공격과 오해가 발생할 소지를 막기 위한 일종의 "핫라인"이 되어주었다. 의화단 사건 때 앞장서서 외국 군대의 특권 남용을 막은 것도 미국이었다. 비록 성공하지는 못했지만, 우드로 윌슨 대통령은 베르사유 조약 체결에서 칭다오가 중국에 반환되도록 하려고 부단히 노력했다. 서구 학자들에 의하면, 심지어 윌슨은 일본이 평화 회담에서 퇴장할지도 모르는 위험을 무릅쓰고 중국 영토 반환을 위해 노력했고, 후에 비록 일본이 약속을 어겼지만 일본으로부터 영토를 반환하겠다는 약속을 이끌어냈다. 프랭클린 루즈벨트는 중국을 정복하기는커녕 중국에게 원조를 제공하고 태평양 지역에서 일본과 대립각을 세움으로써 중국 편에 섰다. 리처드 닉슨은 중국과 외교 관계를 수립하고 핵전쟁을 일으키려는 생각을 한 적도 없으며, 천안문 광장 시위는 중국을 무너뜨리려는 미국의 선동이 아닌, 더 나은 중국을 건설하고자 했던 학생운동이었다.

중국 지도부는 정확한 미-중 관계 역사를 대체로 접한 적이 없다는 것을 알았기 때문에, 2012년 6월에 만난 중국 전략가가 오바마 대통령의 소위 반(反)중국 비밀 계획을 베이징에서 알고 있다는 말을 경고하듯 했을 때 나는 놀랍지도 않았다.

하지만 미국 역사를 잘 아는 중국의 학자와 관리는 공식 노선을 앵무새처럼 되뇔 만큼 어리석지 않다. 그들은 미국에서 온 방문자에게 반미적인 말을 거의 하지 않는다. 그들은 신중하고 정직하다. 그들은 자신들이 가르칠 수밖에 없는 역사에 당혹스러워한다. 2013년 가을 베이징을 방문했을 때, 나는 한 교수에게 강의에서 사용하는 교재에 관해 직접 물어보았다. 그는 내가 이미 그의 교수요목과 교재의 복사본을 가지고 있다는 것을 모르고 있었다.

"그저 궁금해서 드리는 말씀입니다만" 내가 말을 꺼냈다. "교수님의 책에서 타일러, 윌슨, 링컨 대통령에 관한 내용을 많이 읽었습니다. 특히, 뭐랄까, '사악한' 대중국 정책에 관해서 말입니다."

그의 안색이 변하더니 더듬거리듯 말했다. "음… 글쎄요, 최근에 저희가 미국 기록물을 담은 마이크로필름을 입수했습니다…."

"알고 있습니다." 내가 대답했다. "저도 그 기록을 살펴보았습니다. 우리 미국 교재에서는 반(反)중국 정책으로 볼 만한 어떠한 언급도 발견할 수가 없습니다. 실제로, 당시에 우리는 아주 친(親)중국적이었죠. 구체적으로 말하자면, 미국 건국의 아버지라고 불리는 벤저민 프랭클린과 토머스 제퍼슨은 중국의 제도를 매우 존경했습니다."

그는 창문을 내다보며 한숨을 쉬더니 자신의 곤혹스러운 입장을 털어놓았다. "제가 그 교재를 선택한 게 아닙니다. 모든 교수가 당원이고, 중앙위원회가 우리에 대한 파일을 가지고 있습니다. 승인된 교재를 벗어나면 교수로서의 자리도 끝이 납니다."

나는 이해한다는 미소를 지어보였다. "그러니까 이 결정은 상부에서 한 것이라는 말씀이군요?"

"그렇죠." 그가 대답했다.

그 주에 나는 유명한 미국연구소를 적어도 15차례 방문했다. 그곳은 중국 사회과학원으로 알려진 15층짜리 콘크리트 건물과 3마일 떨어져 있다. 나는 미국 대사관 대표단과 함께 도착했다. 건물은 녹색 콘크리트 벽으로 에워싸여 있었다.

우리는 15층에서 만나기로 했었다. 불행하게도 엘리베이터가 수리 중이어서 계단으로 올라가야 했는데, 대표단 가운데 나이든 분들이 힘들어했다. 15층에 도착한 우리는 산업용 조명이 밝혀진 복도를 일렬로 서서 걸어 들어갔다. 먼지가 내려앉은 침침한 복도를 걸어가는데, 방문마다 붙어 있는 미국 정책, 국내 정치, 그리고 외교정책이라는 표지판이 눈에 들어왔다.

그곳에서 우리는 대략 40, 50대로 보이는 16명의 중국 학자와 만났다. 모두 미국에서 대학원에 다니던 시절에 입었을 복장과 비슷한 평상복 차림이었다.

런던정경대학에서 박사 학위를 받은 연구소의 황핑(黃平) 주임이 우리를 맞았고 이어서 회의가 시작되었다. 약 20분 후, 나는 중국이 미국을 어떻게 바라보는지 몇 가지 질문을 했다.

"많은 노력을 기울였지만, 저는 미국이 중국의 발전에 기여했다는 긍정적인 얘기를 들어본 적이 없습니다. 최근에, 예일대 역사학과의 조너선 스펜서 교수가 쓴 《근대 중국의 서양인 고문들》이라는 훌륭한 역사서를 읽었습니다. 이 책은 중국을 도왔던 선교사들, 록펠러 재단의 공헌, 그리고 의화단 사건의 배상에서부터 중국의 MIT라 불리는 칭화대학을 세운 일까지 미국의 역할을 적고 있습니다. 여기 계신 분들 중에서, 중국에 대한 미국의 지원에 조금이라도 고마움을 표시한 교재나 글을 쓰신 적이 있으십니까? 그 치욕의 세기 동안에 미국이 중국을 도왔다고 말하는 교재나 글이 있습니까? 1978년 이후 중국 경제성장률의 절반은 미국이 중국을 투자 적격 지역으로 보증해주었기 때문이라는 글을 쓴 전문가가 있습니까? 미국이 어떻게 관세를 인하했으며, 금융, 과학 그리고 해운 발전에 도움을 주었는가에 관한 글이나 책이 있습니까? 저는 이를 인정한 중국 교재를 단 한 권도 본 적이 없습니다. 제가 중요한 무언가를 간과한 게 틀림없습니다. 한 가지라도 그런 사례를 말씀해주시겠습니까?"

불편한 침묵이 이어졌고, 중국 참석자들 사이에 어색한 시선들이 교차했다.

한 학자가 침착한 목소리로 대답했다. "저희가 미국에서 공부할 때 미국이 우리를 어떻게 도와주었는가를 배웠지만, 그것은 지금 공인된 교수요목에 포함되어 있지 않습니다."

몇 차례의 그룹 회의에서 나는 부시, 오바마 대통령이 중국을 고립시키고 중국의 해양자원을 수탈하려고 하며, 해상 항로를 봉쇄하고 영토를 분할하려 하며, 중국 내 반정부 세력을 돕고, 폭동, 내전, 테러를 선동하고, 폭격기로 중국을 공격하려고 한다는 내용이 담긴 책과 잡지들을 받았다. 놀랍게도 중국 지도부의 과거 인식뿐 아니라 미래에 대한 인식도, 미국에 관해 거짓말을 쏟아내고 있는 것이 아니라 자신들이 선전하는 내용을 실제로 그렇게 믿고 있었다.

처음에는, 생각이 있는 사람이라면 존 타일러부터 버락 오바마까지 미국 대통령들이 전국시대의 전략적 사고를 배워서 중국을 지배하는 데 적용하려 한다는 말을 믿을 리가 없다고 나는 생각했다. 하지만 그때 나는 이런 사고를 마치 우주의 진리처럼 여기는 중국인이 많다는 것을 알게 되었다. 그들은 미국이 세계에서 가장 강력한 나라이며, 전국시대의 모든 패자(霸者)가 그랬던 것처럼 미국도 냉혹하고 잔인할 것이라고 가정한다. 미-중 경제안보 검토위원회(UCESRC)가 2002년에 발표한 보고서에 나와 있듯이, "중국 지도부는 미국을 '패권국'으로 규정짓고 있으며, 이는 미국이 중국의 주된 경쟁자이자 강력한 힘을 가지고 상대를 괴롭히는 악당이라는 의미를 함축한 표현이다."[19]

이 위원회에 따르면,

중국은 전통적으로 패권국을 자신과 매우 적대적인 관계에 있는 외국 세력으로 규정해왔다. … 미국의 기본적인 지향점은 흔히 민주화 요구로 위장된 파렴치한 "힘의 정치"이며, 글로벌 헤게모니를 유지하는 것이라고 믿고 있다. … 미국식 자유민주주의와 아시아 지역에서의 미국의 존재와 영향력이 공산당의 정치권력 독점을 위협하고 있다는 관점을 가지고, 미국의 힘에 대한 전략적 평가와 정치적 기술(記述)을 하고 있다.[20]

중국은 이타적인 발로에서든 아니든 미국의 모든 대외 개입을 그 증거로 든다. 위원회가 지적하듯이, "베이징은 베오그라드 주재 중국 대사관 폭격을 두고 미국을 나치 독일에 비유했으며, 보스니아와 코소보 개입을 미국이 유럽에서 우위를 유지하려는 시도라고 보았고, 나토의 확대를 중국을 견제하고 포위하려는 시도로 규정지었으며, 미국

의 탄도미사일 방어망이 대량살상무기의 확산을 가져올 것이라고 비난했다."(21)

간단히 말해서, 중국 지도부는 미국이 150여 년 전부터 중국을 지배하려고 해왔으며, 미국을 압도하기 위해 가능한 모든 방법을 동원하는 것이 중국이 해야 할 일이라 믿는다. 그들은 국제 상황을 기본적으로 제로섬 게임으로 인식하며, 타일러를 비롯한 가증스러운 미국 제국주의자가 자신에게 했다고 믿는 것과 동일한 방식으로 되갚으려고 한다.

만약 중국 지도부가 자신들의 오해를 행동으로 옮기려고만 하지 않았어도 미국을 향한 중국의 시각이 이렇듯 문제가 되지는 않았을 것이다. 언뜻 보기에 미국과 맞서려는 생각 같은 것은 없어 보이지만, 중국 지도부가 미국을 글로벌 경쟁에서 기필코 이겨야 할 적(敵)으로 보고 있다는 사실은 분명하다. 중국이 왜 번번이 미국의 힘을 약화시키려고 했는지, 특히 대테러 전쟁에서 왜 미국의 적을 지원하는지, 그 이유는 바로 중-미 관계에 대한 이러한 시각 때문이다. 예를 들어, 미-중 경제안보 검토위원회에 의하면, 9·11 테러 이후에 중국 정부가 〈펜타곤이 움직이고 있다〉라는 비디오를 제작했는데, 이 비디오에서 사담 후세인의 주장은 이성적이고 지혜로운 목소리로 묘사된 반면에, 미국 정부는 패권적인 힘과 자아가 도전받고 있는, 무책임한 군사적 보복에 집착하는 악당으로 묘사된다.(22)

덩샤오핑에게 미국을 중상모략해야 한다고 건의했던 중국 강경파의 주장은 대체로 성공을 거두었다. 덩샤오핑이 고대 중국의 패권적 사고를 확실히 수용한 것이다.

덩샤오핑은 국내외적인 '세(勢)'를 평가했다. 그리고 1969년부터

1989년까지, 미국과 우호 관계를 유지해온 20년의 시간을 버렸다. 하지만 그는 미국 정부를 경악케 하거나 경계하도록 만드는 방식으로 그렇게 하지 않았다. 중국은 국경 지대에서 1백만 소련군의 위협에 대응하기 위한 도움이 더 이상 필요하지 않았다. 한편 미국의 어느 정보기관도 정부가 중국 지도부의 말을 곧이곧대로 믿고 있다는 사실에 주목하지 않았다. 워싱턴에 있는 누구도 중국의 반미적인 장광설을 심각하게 받아들이지 않았다. 대부분의 서방 지도자도 이를 공개적으로 언급하지도 주목하지도 않았다. 따라서 미국을 기만적이라고 말하는 그들의 주장은 반박조차 당하지 않았다. 문제를 제기해도, 그것은 중국에서 극히 일부 강경파의 시각일 뿐이라는 말이 되돌아왔다.

수십 년 동안, 중국 지도부는 국내외적으로 중국의 모든 정치 논의를 통제해왔다. 이 목적을 이루기 위해, 그들은 중국과 자신들에 대한 대외 인식에 영향을 미칠 수 있는 메시지를 체계적으로 생산해냈다. 미국의 이목을 가리고 자신의 힘을 키워서 결국 미국을 추월하는 것이 목적이었다. 1995년 이후부터, 중국 지도부는 백년의 마라톤의 승리가 외국 언론의 눈에 비친 중국의 이미지, 이 이미지를 만들어줄 강력한 선전 시스템에 달려 있다는 사실을 인식했다. 그것은 엄청난 비용이 드는 일이었지만 성패가 달린 중요한 일이었다.

중국 지도부는 미국뿐 아니라 미국의 언론도 신뢰하지 않는다. 2013년 말경, 중국은 수십 명의 미국 기자를 중국에서 추방하려는 계획을 세웠다.[23] 그들이 중국 정부에 심각한 해를 미쳐서가 아니라, 그들이 소속된 〈타임스〉와 〈블룸버그〉의 '죄' 때문이었다. 2012년 6월, 〈블룸버그〉는 시진핑 주석의 친척들이 부를 축적했다는 보도를 했다.(24) 그리고 그해 10월, 〈타임스〉는 전직 총리 원자바오의 재산 축재를 보도했다. 그 후 〈타임스〉 소유의 중국어 온라인 잡지는 그의 딸이 J.P.모건에게 비밀리에 컨설팅 비용을 수수했다는 보도를 했다.(25) 이런 보도가 나간 후, 중국은 〈타임스〉와 〈블룸버그〉 웹 사이트 접속을 차단했다.(26) 중국 정부는 미국이 중국 국민들 사이에 불신의 씨앗을 뿌리고 중국의 정당한 발전을 저해하려 한다는 생각을 갖고 있는데, 미국 기자도 그 연장선상에 놓고 보는 듯하다.

오늘날, 이런 생각이 중국의 엘리트 사이에서 일종의 기본적인 관점으로 자리 잡고 극단적인 성향으로 발전하고 있다. 영향력 있는 군사 전략가이자 국방대학교 교수인 다이쉬(戴旭) 대령의 기고문이 자주 신문 머리기사로 등장하는데, 그의 기고문은 주로 미국이 주도하는 음모를 주장한다. 중국 정부의 묵계가 없다면 이런 기고문을 싣는 것은 불가능하다. 예를 들어, 2013년에 그는 미국이 상하이에 H7N9 조류 바이러스를 퍼뜨려서 "생물·심리적" 전쟁을 수행했다고 주장했다. 또한 그는 미국이 세계 인구를 20% 감소시키고, 비밀리에 중국의 산업을 통제하려고 하며, 중국을 여러 나라로 쪼개려 한다고 주장했다.(27)

중국이 과거부터 지금까지 줄곧 미국을 악당으로 인식하고 있다는 사실을 미국은 깨닫지 못하고 있다. 2004년에 미-중 경제안보 검토위원회가 메릴랜드대학에 의뢰해, "지금까지 중국 언론이 미국과 관련해 전달한 메시지 및 논조에 관한 경험적 증거를 찾는 연구"를 진행했다.(28) 위원회는 "미국 정부가 중국의 저작물과 발언을 수집, 번역, 분석하는 데 충분한 자원을 투입하지 않았다. 결과적으로, 이것이 중국 지도부와 중국 국민의 인식에 대한 미국 국민의 이해를 제한했다"고 밝혔다.(29)

중국 강경파들은 아마도 미국 영화 〈유주얼 서스펙트〉를 본 적이 없을 것이다. 이 영화에서 사악한 천재 역을 맡은 케빈 스페이시는 친절한 말씨에 신체장애를 가진 척 가장한다. "악마의 가장 훌륭한 속임수는 세상으로 하여금 자신이 존재하지 않는다고 믿게 하는 것이다." 이것은 그가 한 유명한 대사다.[30] 자신의 존재 자체를 속이는 것이 최고의 속임수라는 의미다. 중국의 강경파는 자신들이 대대적이고 조직적으로 미국을 모략한다는 사실을 은폐하려고 한다. 투자, 무역 및 교육 분야에서의 미국의 지원, 그리고 중국의 부상에 대한 워싱턴의 용인이 필요하기 때문이다. 그래서 중국이 다정한 표정을 지어야 한다는 것을 그들은 알고 있다. 하지만 한편으로 중국의 젊은이들, 차세대 군 간부와 정치 지도자들을 향해 미국식 정치 모델의 모든 장점을 폄하하고 미국 정부를 악마화하는 것이 중국 강경파의 또 한 가지 전략적 목표이다. 아마도 자유시장경제와 선거 등 강한 파급력을 가진 미국식 모델 확산이 두렵기 때문일 것이다. 하지만 과학, 경영관리 그리고 기타 정치와 무관한 주제들은 미국에 가서 공부하는 것이 좋다고 생각하는 것 같다. 오늘날 24만 명의 중국 학생이 미국에서 공부한다.

중국 강경파는 미국식 정치 모델이 중국에서 움트지 못하도록 싹을 자를 방법을 찾았다고 믿고 있다. 중국 내 온건파를 내세워 어떠한 중상모략도 존재하지 않는다고 부정하고, 그리고 미국이 아무것도 문제 삼지 않기를 희망한다.

제6장

중국의
메시지 감시

"가짜 꽃으로 나무를 장식하라(樹上開花)."

– 36계

중국의 마라톤 전략의 성패는 다른 나라들, 특히 미국의 호의에 달려 있다. 여기에서 호의라는 말은 대규모 투자, 중국 제품의 수출, 정부 나 정부 산하기관이 기술을 도용하거나 세계무역기구(WTO) 규정을 위 반했을 때 이를 관용해주는 것, 그리고 인권침해를 눈감아주는 것으 로 번역할 수 있다. 서방 지도자들은 중국이 대체로 자유시장, 생산적 인 국제 협력, 정치적 자유화로 "우향(右向)"하고 있다고 믿고 이런 혜 택을 부여한다.

중국에 대한 이런 인식—더 정확히는 오해—은 우연이나 순진해 서 생긴 결과가 아니다. 후자는 다소간 맞는 말이다. 지난 몇 년에 걸 쳐 나를 비롯한 전문가들은 중국 망명자와 반체제 인사를 통해, 베이 징이 자국에서 일어나는 일을 서구 사회가 정확히 인식하지 못하도록 하고 편향적인 희망을 갖도록 만드는 고도의 시스템을 운용하고 있다

는 사실을 알게 되었다. 이 시스템의 최고 책임자는 중국 정부에서 서열 3위의 고위급 인사이다.(1)

　반체제 예술가 아이웨이웨이는 이런 은밀한 통제 가운데 한 가지, 즉 중국의 진상을 서방 언론에 알리는 데 중요한 역할을 한 블로거에 대한 탄압을 폭로한 이후에 투옥되었다.(2) '국경 없는 기자들'이 상세히 보도했듯이, 아이웨이웨이는 "자신의 사무실과 침실에 네 대의 웹캠을 설치하는 퍼포먼스로 자신이 중국 기관에게 받고 있는 감시를 조롱했다."(3) 아이웨이웨이는 그들이 하고 있는 일—외국의 정부, 정책 입안자, 학자, 기자, 재계 지도자 그리고 분석가에게 보여주기 위해 날조된 현실을 이용하고 있다는 것—을 알고 있다. 이것은 정교한 PR 행위 이상이다. 패권국이 자기만족에 빠지도록 만들고 이목을 가려서 현실을 보지 못하도록 만드는 것은 마라톤의 필수 요소다. 그리고 중국은 영리하게 성공을 거두고 있다. 사실상, 그들은 수십 년 동안 이 비밀 전략을 들키지 않고 유지하는 데 성공했다.

　1960년대 이후, 미국의 정책 입안자들은 중국이 군사 분야를 중요시하지 않으며 미국에게 군사적 위협이 될 가능성도 없는 후진국이라고 믿게 되었다. 이것은 베이징이 서방 지도자에게 매우 효과적으로 전달한 메시지였다. 1999년, 〈뉴욕 타임스〉 베이징 국장 패트릭 타일러는 다음과 같이 보도했다. "오늘날 중국은 연구실에서 첨단기술을 연구하는 데 몰두하고 있지만, 현대적 군사 강국이 되는 데 필요한 산업 토대를 만들 수 있는 전문 기술도 자원도 거의 가지고 있지 않다."(4)

　이것이 틀린 생각일 수 있다는 느낌을 처음 받은 것은 바로 그해였는데, 중국어로 출간되어 중국 전역에 유통된《무제한전(戰)》이라는 책을 보면서였다.[5] 미국의 약점을 노골적으로 거론해서 중국군 내에서 큰 파장을 불러일으킨 책이다. 이 책의 저자들은 미국처럼 자신보다 강한 나라를 이기기 위한 방법으로 직접적인 군사 행동이 아닌 비군사적인 수단을 제안했는데, 법리 전쟁(국제법, 국제사법기구, 그리고 미국의 운신의 폭을 제약할 수 있는 소송 등), 경제적 전쟁, 생화학 전쟁, 사이버 공격, 심지어 테러리즘이 포함된다. 차오량(喬良), 왕샹쑤이(王湘穗) 두 중국군 대령이 쓴 책이란 사실이 더욱 눈살을 찌푸리게 했다.

이 책이 서방에 알려지자, 베이징은 곧바로 서점에서 책을 전량 회수했다.[6] 그 책이 인민 해방군 출판사에서 출판되었고 두 사람 모두 그 후에 승진을 했음에도 불구하고, 중국 정부는 그 책의 주장이 정부의 생각을 대변하지 않는다는 말로 빠져나갔다.[7] 2001년 9월 11일 미국에서 테러가 발생하자, 중국 웹 사이트들은 미국의 사망자가 "미국 정부 정책의 희생자"라고 한 차오량의 말을 게시했다.[8] 2004년에 그는 오늘날의 국제정치가 전국시대와 어떤 점에서 유사한지를 기술한 책을 공저로 출간했는데, 베스트셀러가 되었다.[9]

미국 내 학계와 재계의 친(親)중국 인사들은 두 대령의 주장이 중국 '주변부'의 생각이기 때문에 염두에 둘 필요가 없다며 베이징을 변호하고 나섰다. 실제로, 내가 펜타곤의 내 사무실을 통해 공식적으로 요청하고 나서야, 미국 정부의 공식 번역 기관이 이 책의 번역을 진행했다. 더욱이, 미국 관리들은 2005년에 이 책의 저자들을 워싱턴으로 초청했는데, 그들이 일단 미국을 실제로 보면 책에 기술한 생각을 포기할지도 모른다는 취지였을 것이다. 하지만, 왕샹쑤이는 전국시대가 우리 시대에 주는 교훈이라는 주제로 다시 책을 출간했다. 그는 나에게 "우리 중국의 강경파는 큰 영향력을 가지고 있기 때문에 '주변부'

라고 불리는 것에 개의치 않는다"라고 말했다.

중국 정부의 행동 방식은 다르다. 중국은 정부에 비판적인 학계와 언론계 인사를 위해 레드 카펫을 깔아주지 않는다. 잘 알려져 있듯이, 베이징은 자신의 대의명분과 장기 전략에 유용한 메시지를 생산하는 데 냉혹하리만치 노련하며, 그렇지 않은 메시지를 검열한다. 천안문 시위 이후, 중국 정부는 역사책을 개정하고 자신의 노선을 따르지 않는 사람을 처벌하고 있다. 미국의 정책 입안자나 국민이 중국 정부 내 고위 인사 사이에 반미 정서가 만연해 있다는 사실을 알았다면, 미-중 관계가 어떻게 달라졌을까. 베이징 입장에서 보자면 그건 일어나서는 안 될 일이다. 사실상, 베이징 최고위층의 관리하에서 벌어지는 은밀하고도 대담한 여론 조작 활동은 여전히 현재 진행형이다. 이런 조작을 정보기관 관리들은 수년 전부터 이미 알고 있었다.

나는 2003년에 중국 망명자로부터—여기서는 미시즈 리라고 부르겠다—이런 시도가 이루어지고 있다는 사실을 처음 알게 되었다. 미국 관리와 만난 자리에서, 그녀는 자신의 주장을 뒷받침하기 위해 전국시대의 짧은 고사(故事) 하나를 들려주었다. 기원전 490년과 470년 사이에 기존의 패주(霸主) 오왕 부차와 중원의 새로운 주인이 되려는 야망을 가진 신흥 강자 월왕 구천에 관한 이야기였다. 부차가 구천을 사로잡았다. '강경한' 인물이었던 부차의 책사 오자서는 구천을 죽여야 한다고 말했다. 언제 닥칠지 모르는 위험을 늘 경계하던 오자서는 구천을 살려두면 언젠가 도주해 오나라를 무너뜨릴 것이라 경고했다. 하지만 구천과 이미 은밀히 결탁했던 신하들이 오자서를 모욕하고 음해했다. 결국 오왕 부차는 죽어야 할 사람이 구천이 아니라 오자서라고 생각하게 되었다. 마침내, 부차는 한때 자신의 책사였던 오자서에게 자결을 하라며 칼을 보냈다. 이때 오자서가 훗날 영화 속 장면에 등장할 정도로 유명한 말을 남겼다—자신이 죽은 후, 적의 군대가 성문으로 밀려들어 오는 것을 볼 수 있도록 눈알을 뽑아서 성문에 걸어놔 달라. 화가 치솟은 부차는 그의 마지막 요청마저 거절했다.

한편 구천은 목숨을 살려준 대가로 3년 동안 패주(霸主) 부차의 노복 노릇을 할 것이며, 그 후에는 협력자가 되겠다고 부차를 설득했다. 오왕 부차가 원인 모를 병이 들자, 구천은 병을 진단하기 위해 그의 배설물을 먹는 시늉까지 하며 충성심을 보여주었다.

하지만 자유의 몸이 된 구천은 약속을 어겼다. 오자서의 예상대로, 그는 자신이 당한 치욕을 되갚겠다고 다짐했다. 그는 싹이 나지도 않을 썩은 씨앗을 오나라에 팔아서 기근이 발생하도록 만들었다. 그리고 오나라를 침공해 부차를 사로잡았다. 포로가 된 부차는 치욕으로 자살을 하고, 구천이 새로운 패주가 되었다.

그녀는 이 고사(故事)가 오늘날 중국이 서방에 대응하는 전략이라고 말했다. 적의 본색에 관한 경고를 무시하고 어리석은 충고와 이중적인 전략에 속아 넘어간 패주(霸主) 부차가 바로 미국이라고 말했다. 중국 지도부는 이 고사 속 구천의 현대 버전이라고 했다. 때를 기다리며 충실한 협력자가 되겠다고 다짐한 비굴한 구천처럼,[10] 베이징은 자신의 의도를 숨기고 거짓 약속을 하면서 은밀하게 움직이고 있다고 했다.[11] 구천이 부차의 힘이 쇠락해 무너뜨릴 때를 기다렸듯이, 중국 지도부는 '세(勢)'를 가늠하며 치욕을 되갚을 최적의 시기를 기다린다는 것이었다.[12]

그 후 2004년에 중국을 방문했을 때, 나는 여러 학자들에게 이 고사가 상징하는 것이 무엇이냐고 물어보았다. 그들은 이를 아주 잘 알고 있을 뿐 아니라 상당한 식견을 가지고 있었다. 심지어 이 고사가 담긴 여러 책과 글을 알려주었다. 이들이 소개해준 책 가운데 어느 저자는 "만약 세상을 지배하고 싶다면, 그런 야심을 드러내지 않는 것이 좋다. 위대한 존재가 되고자 하는 어떤 야망도 드러내서는 안 된다. 만약 품고 있는 계획을 드러내고 싶다면 … 구천의 성공이 좋은 예가 될 것이다"라고 말했다.[13] 한 인민 해방군 소속 군사 저술가는 구천이 지킨 원칙을 한마디로 이렇게 정리했다. "행동에 옮기기 전에 먼저 유리한 전략적 상황을 만들어라."[14] 미시즈 리는 이것이 서방국가에 대응하는 중국의 원칙이라고 말했다.

그녀는 중국 최고위 지도부 산하에 매스컴을 통해서 '올바른' 메시지만 전달되도록 주도면밀하게 통제하는 비밀 조직이 있다고 말했다. 먼저 국내 채널을 통해 메시지를 유포시킴으로써, 다른 나라 특히 미국으로 이 메시지가 흘러 들어가도록 만드는 것이 핵심이라고 말했다. 그녀는 시장에서 성공적 판매를 보장하는 방법은 맥주의 질이 아니라 맥주가 유통되는 채널의 수라는 마케팅 전략을 비유로 들었다. 그녀는 비록 자신의 주장을 입증하지는 못했지만, 이 주장을 뒷받침할 만한 세 가지 사실을 제시했다. 그녀의 관점은 믿기 어려울 정도였다―중국 정부가 막대한 시간과 에너지를 투입해, 외국의 대(對)중국 인식에 직접적인 영향을 미칠 만한 메시지가 중국 국내에 유포되지 못하도록 통제하고 있다. 미국 정부는 외교와 전략적 대화를 최선의 방법으로 간주한다. 하지만 다른 나라의 인식에 영향을 줄 목적으로 미국의 모든 언론들―일간지, TV, 블로그―을 통제한다고 상상해보라. 이는 비도덕적이고 불법이며, 불가능한 일이다. 적어도 미국적 문맥에서는 그렇다. 백악관에서 대통령을 보좌하는 관리와 여론조사 담당관은

〈뉴욕 타임스〉와 〈AP 통신〉에 무엇을 보도해야 한다고 명령할 수가 없다.

그녀는 중국 정부가 어떻게 주기적으로 정부 정책에 대한 비판들을 감시하는지—그리고 은폐하려 하는지—를 말했다. 특정한 메시지를 생성하는 문제를 둘러싸고 강경파와 온건파 간에 자주 논쟁이 벌어진다고 말했다. 이것은 미스터 화이트가 제공한 정보와 일치했는데, 그는 1980년대에 중국 공산당 선전 기관을 장악한 강경파가 어떻게 자국 국민이 미국을 악마적인 존재로 인식하게 만들 것인가를 두고 온건파와 대립했다고 말했다. 그들은 해외 공관과 심지어 정보기관을 통해 피드백을 받고, 일종의 피드백 루프를 거쳐 메시지를 재조정한다.

그녀에 의하면, 이러한 메시지 조작에 매년 120억 달러의 예산이 투입되며, 베이징의 비밀 장소에서 매주 회합을 갖는 정치국 상무위원회가 이 일을 담당했다. 메시지 조작은 중국 내 인터넷뿐 아니라 신문, TV 프로그램 그리고 해외에서 발간되는 잡지를 겨냥한 선전 시스템으로 이루어졌다. 또한 천 명이 넘는 직원이 상주하는 공산당 청사 맞은편에 비밀 기관이 있는데, 이 기관도 메시지 조작에 간여하고 있었다. 통일전선부라고 불리는 이 기관은 정보 수집과 분석 능력을 갖고 있다. 나는 1999년에 이곳을 방문한 적이 있는데, 이 기관의 책임자는 내게 '국내' 문제가 주요 업무라고 했었다. 그때 우리는 그 말의 이중적 의미를 이해하지 못했다. 중국 지도부 직속 기관인 이곳은 국내적으로, 그리고 더 중요하게는 대외적으로 '올바른' 메시지를 생성하고 유포하는 일을 맡고 있다. 그토록 많은 대외 선전 문구가 중국인은 이해하지만 외국인은 이해하기 어려운 일련의 금언과 구호로 이루어져 있는 것은 이 때문이다.

이 프로그램의 영향력과 관련해 미시즈 리가 첫 번째로 든 사례는 중-미 무역 관계 회복과 중국의 세계무역기구 가입이 쟁점이었던 2000년 미국 의회 선거에 미친 영향이었는데, 두 사안 모두 중국 경제에 큰 호재가 될 이슈였다. 이때 취한 전략은 중국이 국내적으로나 대외적으로 사회주의 시장경제를 결코 포기하지 않을 것이라는 정보를 철저히 차단하고, 대신에 중국 내 온건 개혁론자를 내세워 중국이 자유시장경제로 전환할 가능성을 내비치는 것이었다. 중국으로서는 전반적으로 중국에 회의적인 미국 의회를 설득하려면 이런 식의 암시가 필요했을 것이다.

두 번째 사례는 달라이 라마가 티베트로 돌아갈 수 있도록 중국에 압력을 가하려던 클린턴 대통령의 시도를 무력화하기 위해 생성한 메시지였다. 다른 티베트 지도자의 위상을 격상시킨 반면에, 달라이 라마의 정치적 요구를 부풀리거나 그를 '가사를 걸친 승냥이'라고 표현하며 종교 지도자가 아닌 정치인이라고 모독했다.[15]

세 번째 사례는 중국 인권 옹호자, 특히 고위급 망명자에 대한 미국의 지원을 베이징이 어떤 식으로 폄하했는가에 관한 구체적인 사례들이었다. 그녀는 이 세 가지 사례들 가운데 중국의 세계무역기구 가입을 결정하는 투표에 영향을 미치려고 했던 시도가 가장 성공적이었다고 말했다.

그녀의 주장은 우리를 놀라게 했지만, 이미 미국 정부 안팎으로 중국이 미국 의회와 백악관에 영향을 미치려 했다는 의혹을 품은 사람들이 있었다. 1996년, 프레드 톰슨과 존 글렌 상원 의원이 주도한 상원 청문회에서, 중국이 미국의 정치 과정에 직접적인 영향을 미치려고 시도했다는 사실이 밝혀졌다. '더 플랜'이라고 알려진 계획하에, 중국 자금이 미국 선거 자금법을 위반하고 친(親)중국 성향을 가진 의원의 선거 활동에 사용되었다는 것이다.[16] 2000년 3월, FBI와 CIA가 의회에 제출한 보고서에 베이징의 "영향 및 감시… 중국에 대한 세계의 인식"이라는 언급이 등장했다. 중국의 목표는 "중국의 이익에 영향을 미칠 수 있는 국가의 주요 인물과 기술 개발에 관한 정보를 수집하는 것이다. 미국 정보계에 침투하는 것이 중국의 핵심 목적이다"라고 보고서는 기술했다.[17] 미시즈 리에 의하면, 2000년 상원 청문회에서 자신의 행위가 백일하에 드러나자 중국은 미국 정치인을 향한 직접적인 정치자금 제공을 중단했다. 하지만 미국 정치 과정에 영향을 주려는 시도를 포기한 것이 아니었다. 중국 언론과 싱크탱크를 동원해 워싱턴에 있는 자신의 동맹자들에게 메시지를 전달하고, 기존의 패주(미국)가 경각심을 가질 만한 내용을 보도하지 못하도록 국내 언론을 통제하는 등 동일한 효과를 얻을 수 있는 합법적인 수단을 찾아냈다. 그녀의 설명대로라면, 중국은 우리가 생각했던 것보다 훨씬 더 효율적으로 움직이고 있었다.

미시즈 리의 설명에 의하면, 여러 해 전부터 중국은 자신이 원하는 메시지를 생산해줄 것이라고 보는 정도에 따라 외국의 정책 입안자를 몇 가지 범주로 분류해왔다. 주요국에 주재하고 있는 중국 대사관은 '우의 위원회'를 만들어서 각국의 주요 정치인, 재계 지도자, 언론계 인사를 '우호적'에서 '적대적'까지 다양한 부류로 구분했다. 우호적이라고 여겨지는 인사들은 중국의 '진정한 친구'로 분류된다. 미국에서, 이 목록 안에는 다수의 양당 출신 국가안보 정책 자문을 포함해 학계와 전·현직 정부 인사들이 망라되어 있다.

전(前) 상원외교위원회 공화당 수석 자문 위원이자 두 권의 중국 관련 저서의 공동 저자인 윌리엄 C. 트리플릿 2세는 친(親)베이징으로 판단되는 미국의 전문가들을 '레드 팀'이라고 불렀다―그들 대부분은 인민 해방군의 실체를 제대로 파악하지 못했거나 아니면 사실을 알고도 못 본 척해왔다. 트리플릿은 그런 중국 전문가와 반대되는 그룹을 '블루 팀'이라고 불렀다―친(親)중국 전문가들과 이데올로기 논쟁에 매몰된 분석가들. 분명한 것은, 레드 팀으로 불리는 사람은 자신이 그렇게 불리는 것에 불쾌해하며 자신들은 중국에게 기만당한 것이 아니라고 말한다. 자신은 물론이고 다른 누구에게도 중국 정부가 거짓말을 하는 것이 아니라고 말한다.

중국 언론계 인사에게 내려진 중국 정부의 공식적인 지침은 '레드 팀' 인사―중국 정부의 표현대로라면 '중국과 친밀하고 중국 홍보의 좋은 지원자'가 되어줄 미국인―를 지원해야 한다는 것이다.[18] 그런 점에서, 베이징은 미국에서 적지 않은 '좋은 지원자'를 찾아냈다.[19] '친애하는 친구'는 중국으로 초청을 받으며, 학계를 비롯해 여러 주요 인사를 만나고, 언론을 통해 널리 보도되며, 때에 따라서 정부기관과의 계약이나 투자 기회를 보장받는다. 중국 측 인사는 그들에게 애덤 스미스와 토머스 제퍼슨에 대한 찬사를 쏟아놓고, 다른 나라 정부나 자국 내의 반체제 인사가 지나치게 중국을 몰아붙이고 비난하면 중국의 안정이 흔들릴 수 있다고 경고한다. 핵심은 간단하다―중국은 위협적인 나라가 아니며, 미국은 중국이 강대국으로 평화롭게 부상하도록 도와야 한다.

베이징은 미국 내 일부 중국 전문가를 베이징의 시각을 대변하는 창구로 중요시한다. 나는 레드 팀이 형성되기 오래전부터 레드 팀의 일원이었기 때문에 알고 있다. 우리는 서로를 알고 있으며, 모두 모이면 보통 크기의 강당을 가득 채울 정도의 숫자다. 따라서 중국은 누가 자신들 편에 있고 누가 그렇지 않은지를 판단하기 위해 어렵지 않게 우리 사이에 오가는 말과 글을 점검한다. 만약 이들에게 충분히 영향을 미칠 수 있다면, 다른 저술가, 분석가, 정책 입안자 그리고 기자에게까지 자신의 관점을 유포시킬 수 있고, 자신의 활동을 보장해줄 전문가를 찾을 수 있다는 것을 중국 지도부는 알고 있다. 중국은 미국의 사고와 여론의 핵심에 접근할 여러 방법을 가지고 있다. 하버드대학 역사학 교수 로스 테릴이 기술했듯이, "중국과의 비즈니스 또는 중-미 연구기관 간 협력에서 이익을 얻는 미국인 사이에 공생 관계가 발생한다. 중국과 훌륭한 관계를 구축한 사업가에게 돈이 들어오고, 중국 연구 기금이 필요한 연구기관은 그 돈을 거절하기 어렵다."[20] 베이징의 관점을 지지하는 중국 정책 연구에 자금을 지원하기 위해, 중국 기업이 이미 미국 싱크탱크와 대학에 기부를 하기 시작했다. 이것은 마라톤에서 승리하기 위한 정치국의 메시지 조작이다.

더 많은 동맹군을 형성하기 위해, 2004년 중국 정부는 무엇보다 영리한 사업을 시작했다. 전 세계에 공자 아카데미를 설립한 것이다. 전직 부총리이자 최초의 여성 정치국 위원을 지낸 류옌둥(劉延東)이 이 기관의 수장이라는 사실은 공자 아카데미가 베이징 정부에게 얼마나 중요한지를 말해준다. 공자는 인(仁)과 자족(自足)을 아는 중국이라는 이미지를 전하는 완벽한 상징이다. 서양인에게 그의 이름은 많은 명언을 남긴 지혜로운 평화주의 철학자를 떠올리게 한다.

공식적으로 공자 아카데미는 지역의 대학과 협력 관계를 맺고 중국어와 중국 문화에 관심이 있는 외국인에게 이를 가르쳐주는 기관이다. 하지만 이 기관은 중국의 역사를 미화하고, 공자를 정신적 표상으로 여기는, 평화를 사랑하는 행복한 나라라는 이미지를 외국인들에게 심어주는 일도 한다. 이들은 《손자병법》을 비폭력적인 학술서로 재해석한다. 학생에게 자족할 줄 아는 유교적 가정과 성실과 명예를 지키는 영웅의 이야기를 들려준다. 평화주의와 성실이 중국의 주류 문화 가치로 강조된다. 중국 정부의 웹 사이트에 게시되어 있듯이, 공자 아카데미는 "중국과 세계 사이에 우의와 협력을 다지는 가교로서 세계적으로 환영받고 있다."[21]

지난 10년 동안, 미국의 스탠퍼드대학, 컬럼비아대학, 펜실베이니아대학을 포함해 세계 약 350개 대학에 공자 아카데미가 설립되었다.[22] 중국이 미국에 접근하는 것을 얼마나 중요하게 여기는지 보여주는 지표로, 전 세계 공자 아카데미의 5분의 1이 미국에 설립되어 있다.[23] 이것은 다른 어떤 나라보다도 4배 이상 많은 수치다.[24]

2012년 〈뉴욕 타임스〉 보도에 따르면, "자금난에 직면한 대학 설립자에게, 중국어를 가르칠 교사를 훈련하는 데 필요한 자금과 교재뿐만 아니라 교사의 월급과 교육 프로그램 및 공식 행사에 필요한 자금까지 지원해주는 이 기관은 마치 신의 손처럼 여겨질 것이다."[25] 또한 다양한 특별 프로그램 명목으로 수십만 달러의 자금을 제공한다. 이 모든 자금이 한반(漢辦)이라는 기관에서 나오는데, 어느 책에서 "교육부 산하에 있는 중국 정부의 팔"이라고 말한 곳이다.[26] 류옌둥이 수장인 한반은 12개 부처에서 파견된 고위 당 간부들이 운영한다. 〈네이션〉이 장문의 기사에서 폭로한 바에 따르면, "간단히 말해서, 한반은 당과 국가가 운영하는 국제 교육기관이다."[27]

2011년, 중국의 영자 기관지 〈차이나 데일리〉가 공자 아카데미를 알리려는 목적에서, "외국인 학습자의 요구를 만족시키고 다문화주의 발전을 위해 최선을 다하고 있다"는 광고를 〈뉴욕 타임스〉 두 면에 걸쳐 실었다. "공자 아카데미는 문화와 소통 프로그램에 중점을 두고 있으며 이데올로기적인 내용을 지양한다"고 광고한다.[28] 이것은 사실이 아니다.

마운트홀리요크대학 중문학과 교수 조녀선 리프먼이 경고했듯이, "공자 아카데미는 소위 중국어 공부라는 우리가 원하는 상품의 판매를 통해, 효과적인 방식으로 미국 대학가에 중국 정부를 들여오고 있다."[29] 마이애미대학의 한 교수도 중국의 관대함에는 조건이 따른다고 말했다. "달라이 라마에 관해 논의하거나 그를 캠퍼스에 초대해서는 안 된다는 말을 듣게 되죠. 티베트, 타이완, 중국의 군비 증강, 중국 지도부의 권력투쟁, 이 모든 것들이 금지 구역입니다."[30] 〈블룸버그 통신〉의 보도에 따르면, "중국 정부와 밀접한 관계가 있는 베이징의 한 단체가 중국어, 중국 문화와 교육을 가르치는 공자 아카데미에 자금을 지원하기 위해 스탠퍼드대학에 4백만 달러를 제공했는데, 다음과 같은 조건이 붙었다. 교수는 티베트와 같은 민감한 문제를 언급해서는 안 된다."[31] 호주에서 매우 배타적인 교육기관으로 알려진 시드니대학은 중국과의 관계에 영향을 미쳐서 공자 아카데미를 통한 지원이 중단될지도 모른다는 우려 때문에 예정되어 있던 달라이 라마의 방문을 취소해서 비난을 받았다.[32]

워싱턴에 있는 공자 아카데미를 방문했을 때, 나는 오경(五經) 가운데 다섯 번째 경서이자 춘추시대 5국의 흥망성쇠를 기술한《춘추》가 커리큘럼에 포함된 것을 보고 놀랐다. 테리 러셀 교수는 "이것은 대학의 합법적인 틀 내에서 펼쳐지는 선전 활동이자 공식적인 홍보 행사에 지나지 않는다"고 말했는데,[33] 그가 속한 대학은 대학 내에 연구소를 설립하는 데 자금을 지원하겠다는 중국 측 제안을 거절했다.

많은 협상이 비밀리에 진행되기 때문에, 공자 아카데미가 대학에 어떤 요구를 하는지 정확히 알기는 어렵다. 〈네이션〉의 기자가 입수했다고 밝힌 계약서에 적힌 내용은 다음과 같다. "양측은 본 합의의 비밀을 유지할 것이며, 계약의 어느 일방이 계약에 따른 의무를 수행하기 위해 홍보, 공개하거나 공표하는 경우를 제외하고, 다른 일방의 서면 동의 없이 다른 일방으로부터 입수하거나 알게 된 자료나 정보를 홍보, 공개하거나 공표해서는 안 되며, 다른 누군가로 하여금 홍보, 공개하거나 공표하도록 해서도 안 된다."[34]

비평가들은 공자 아카데미가 학문적인 검열 이외에도 "산업 및 군사적 간첩 행위, 중국의 해외 감시 및 타이완의 영향력을 약화시키는 행위"의 방패막이 될 수 있다고 경고한다.[35] 스웨덴에서는 스톡홀름대학의 몇몇 교수가 "스톡홀름 주재 중국 대사관이 공자 아카데미를 이용해 정치적 감시와 교묘한 선전 활동을 하면서, 파룬궁과 같은 민감한 분야에 대한 연구를 막고 있다"고 주장하며, 대학 측에 공자 아카데미와의 관계를 단절할 것을 요구했다.[36] 캐나다 매니토바대학의 한 교수는 공자 아카데미가 "이곳에서 공부하는 학생의 활동을 모니터"하는 데 중국어 교원을 이용한다며 우려를 표했다.[37]

중국 정부는 공자 아카데미의 확장을 중국이 미국과 대등하게 성장하고 있다고 자부할 만한 사례로 선전하고 있다. 2011년에 〈인민일보〉는 "중국이 오늘날 이토록 많은 관심을 받고 있는 이유가 무엇일까? 그것은 무한히 확대되고 있는 중국의 영향력 때문이다. … 오늘날 우리는 서방세계와 다른 관계를 설정하고 있다. 우리는 더 이상 그들의 자비를 기다리지 않는다. 대신에 우리는 서서히 부상하고 있으며 그들과 대등해지고 있다"며 자부심을 드러냈다.[38] 중국 지도자들은 서방의 비판에 직면할 때 흔히 그러듯이, 공자 아카데미를 향한 비판을 호전적이라거나 시대착오라며 일축한다. "공자 아카데미의 빠른 성장을 불편하게 지켜보는 사람이 있다. 그들은 시대착오적인 '냉전적' 사고에 집착하고 있다."[39] 2012년 영국 주재 중국 대사가 한 말이다.

전 세계 대학 캠퍼스에서 성공을 거두자 이제 공자 아카데미는 동일한 방식으로 전 세계의 중·고등학교와 초등학교로 확장하고 있다. 호주에서는 중국의 "언어와 문화"를 진작시키기 위해 20만 달러가 넘는 자금을 지역 학교에 제공했다. 그 돈은 한 가지 조건과 함께 전달되었다―학생들이 천안문 사태나 인권과 같은 주제들을 논하지 않는 것이 "좋다."[40] 학생들은 중국에 관해 '모두와의 평화를 추구하는 나라'라는 허락된 시각만을 배우게 된다.

중국 비평가에 대한 응징

다른 한쪽 극단(極端)에는 중국에 회의적이거나 심지어 공공연히 적대감을 드러내는 서양인이 있다. 현재 많은 의회 의원, 다양한 분야의 전문가, 인권 단체, 노동조합 그리고 여러 사람이 이 부류에 속한다. 리처드 기어 같은 인권 옹호론자와 낸시 펠로시 같은 대중국 강경 노선을 지향하는 의원도 있다. 그리고 도널드 트럼프 같은 보호주의

무역 지지자와 미국 국방부 강경파가 있다. 이들은 중국 정부로부터 '열외' 취급을 받고 있으며 가능한 모든 곳에서 배제당한다. 중국 비자를 거부당하는 이도 있다. 또한 중국 관련 정보에 대한 접근이나 중국 관리와 접촉이 차단된다. 영어와 중국어로 보도되는 기사와 블로그가 이들의 학술 발표나 견해를 폄하한다. 중국의 미국 정치 전문가가 나에게 자주 미국 내 좌우익 중국 회의론자 간의 "대(大) 제휴"는 악몽의 시나리오이며, 이 다양한 그룹은 중국의 장기적 전략에 대한 우려 이상으로 서로를 싫어하는 것으로 알고 있다는 말을 했다.

중국학자들 사이에서는 오래전부터 중국에게 입국 비자를 거부당한 학자, 언론인 그리고 작가가 실상은 중국에 관해 가장 신뢰할 만한 말을 하는 사람들이라고 인식된다. 나머지 사람들은 중국과 접촉을 유지하기 위해 의식적으로든 무의식적으로든 타협한다고 여긴다. 그들은 달라이 라마를 칭송하거나 베이징을 불쾌하게 만들 어조로 타이완 문제를 언급하지 않는다. "중국이 거부 이유나 어떤 종류의 학문적 지식이 부적격하다고 판정하는지 설명하지 않기 때문에 정량화는 불가능하지만, 일종의 자기 검열, 악영향을 미칠 연구 주제의 축소라는 결과가 나타나고 있다"고 2013년에 〈워싱턴 포스트〉가 보도했다.[41]

미국에서 존경받는 중국 전문가인 페리 링크는 중국이 원하는 방향으로 글을 쓰는 것을 거절했다는 이유로 18년 동안 중국 입국을 거부당했다. "미국 국민에게 미치는 손실이 심각하며 제대로 평가되지 않고 있다. … 중국학자 사이에서 코드나 기만적인 표현을 사용함으로써 베이징의 요구를 교묘히 피하는 것이 정상으로 여겨지고 있다. 예를 들어 학자들은 '타이완의 독립'이라는 표현을 사용하지 않는다. 대신에 '양안 관계'라고 표현한다. 학자들은 수감된 상태로 노벨 평화상을 받은 류샤오보를 언급하지 않는다. … 심지어 1949년을 지칭할 때 '해방'이라는 단어가 당연한 것으로 받아들여진다."[42] 학자들은 코드로 이해하지만, "대중들 앞에서 이런 코드를 쓰고 말하면, 대중들은 1949가 실제로 해방이고, 타이완의 독립이 사실은 그렇게 중요한 문제가 아니며, 수감된 노벨 평화상 수상자를 언급할 만한 가치가 없는 존재로 이해한다"고 그는 말한다.[43]

나는 학자를 향한 당근과 채찍을 이용한 접근법을 알고 있다. 1980년대와 90년대에 내가 중국에 대한 무기 판매를 적극적으로 주장하고 미-중 관계 개선을 강력하게 지지했던 시기에, 나는 중국에서 따뜻한 환영을 받았다. 중국의 싱크탱크, 학자, 군부 지도자, 정부 관리와 얼마든지 접촉할 수 있었다. 학자에게 허용되는 비자로 중국 입국이 허용되었다. 2006년 9월, 상황이 바뀌었다. 정부 내에서 중국 회의론을 주장하기 시작하면서 나는 〈월스트리트 저널〉에 자주 등장하는 인물이 되었다. 기사는 이렇게 시작되었다. "유력한 펜타곤의 조언자이자 과거에 중국을 사랑했던 마이클 필스버리는 이제 대부분의 미국인이 중국을 완전히 잘못 이해하고 있다고 생각한다. 중국을 경제를 발전시키고 싶어 하는 본질적으로 온순한 나라로 생각한다는 것이다. 그는 국무부의 하급 관리, CIA, 대부분의 미국 투자자와 미국 내 중국 전문가를 '판다 허거스(panda huggers, 친중파-옮긴이)'라고 일축한다. 그는 국방부가 똑같은 함정에 빠지지 않도록 만드는 것이 자신의 임무라고 말한다."[44]

나는 "베이징은 미국을 피할 수 없는 적으로 인식하고 있으며, 그에 맞춰 계획을 추진하고 있다"고 기사에서 적었다. "이 점을 고려하지 않는다면, 이것은 태만이다." 이외에도 나는 "우리가 적어도 중국의 사고를 이해할 준비가 되어 있지 않다는 점을 인식하는 것부터 시작해야 한다. 그리고 우리가 역사상 가장 거대한 도전이 될 중국과 직면하고 있다는 점을 인식해야 한다"고 적었다.[45] 두말할 필요도 없이, 이것은 베이징이 좋아할 만한 말이 아니었다. 거의 즉각적으로, 나는 베이징의 미움을 샀다. 중국의 장군이나 학자와의 접촉도 완전히 거부되었다. 후에 나는 미국 내 중국 지지자—내가 기사에서 "판다 허거스"라고 불렀던 사람들—가 나와 접촉하지 말 것을 중국 정부에 촉구했다는 사실을 알았다. 늘 받아들여졌던 나의 학자 비자 신청이 거부되었다. 중국에 들어가려면 미국 정부의 공식 외교 각서가 필요했다. 나의 활동이 이전보다 더 신중한 감시를 받았다. 중국 내 나의 '친구들'은 더 이상 내게 말을 걸지 않았다. 미국에서 중국의 의도에 관한 나의 학술적 견해와 경고를 차단하려는 다양한 시도가 있었다.

몇 년 동안 나는 이런 상황에 처해 있었다. 그런데 2013년에 예사롭지 않은 일이 일어났다. 받아들여지리라 기대하지 않았지만 나는 다시 학자 비자를 신청했다. 그런데 6년 만에 처음으로 받아들여졌다. 게다가 인민 해방군의 여러 장군들이 점심과 저녁식사에 초대했다. 남중국해에서 '윈-윈' 시나리오를 만들기 위한 전문가 회의의 공동 의장을 맡아달라는 요청도 받았다. 회의가 열리는 동안, 몇 년 동안 만날 수 없었던 많은 중국 관리가 내게 다가와 인사를 건넸다. 인민 해방군의 두 장군이 내게 "1970년대와 80년대에 당신은 중국에 큰 기여를 해주었으며 다시 그렇게 해주기를 희망한다"고 말했다.

"놀라웠습니다." 나는 미국으로 돌아온 후 중국 망명자이자 나와 친구가 된 인물에게 말했다. "그 이유가 뭐라고 생각해요?"

"물어볼 게 있어요." 그가 대답했다. "혹시 이메일로 당신의 책(이 책을 말한다)에 관해 말했나요?"

"네." 나는 생각을 떠올리며 대답했다.

"이유가 그거였군요." 그가 말했다.

중국의 선전 활동에서, 난공불락 내지는 되돌릴 수 없다고 여겨지는 미국인은 없다. 나쁜 놈도 압력과 유인을 통해서 다시 좋은 놈으로 바뀔 수 있다. 내게 친절하게 대하고 더 많은 접근을 허용하면, 자신들에 대해 훨씬 부드럽게 기술할 것이라고 생각했던 것 같다.

중국 지도부는 자신의 이미지를 관리하기 위해 공격적인 방법을 동원하는 데 전혀 주저하지 않는다. 중국의 공격성을 말해줄 마지막 남은 정보 제공자 중 하나인 티베트의 승려는 지금 일상적으로 중국 관리의 감시를 받고 그들의 사원은 공격 위협을 받고 있다.[46] 마찬가지로 광범위한 활동이 해외로 파견된 기자에 의해 벌어지고 있다. 일부 분석가들은 오늘날 미국에서 활동하고 있는 중국 언론인이 7백 명이 넘을 것으로 추정한다. 그들 중 많은 이들이 중국이 원하는 관점을 확산하는 '선전가' 내지는 미국 내 반(反)중국 인사로 여겨지는 인물을 감시하는 요원일 것으로 추정된다.[47] 국제미디어 지원센터의 최근 연구에 의하면, "중국의 언론 제약이 국제기구에 관한 현지 보고와 활동에 심각한 영향을 미치기 시작했다."[48] 특히, 이 보고서는 서방 언론에 영향을 미치거나 조종하는 네 가지 주요 전략을 언급했다. 〈비즈니스 인사이더〉가 2013년 11월 5일에 보도한 바에 의하면, 다음과 같다.

- 중국 외교관, 지방 관리, 국가안보기관 그리고 각종 규제에 의

한 중국 국내외에서의 직접적인 행동. 구체적인 수단을 이용한 취재 방해, 부정적인 내용을 담은 서적 출판 금지, 말을 듣지 않는 해외 언론 응징 등이 있다.

- 중국 본토 밖에 있는 언론사 소유주와 지역 방송사에게 자가 검열을 하도록 유도하는 경제적 당근과 채찍.

- 광고주, 위성 사업자, 외국 정부를 포함한 제3자를 통해서 베이징에 비판적인 내용을 담은 서적의 출판을 금지하거나 처벌하도록 하는 간접적인 압력 행사.

- 정부기관이 추적당하지 않으면서도 당(黨)의 목적을 수행해주는 사이버 공격과 물리적 공격.[49]

중국에 있는 많은 외신 기자는 자신의 말과 글, 전화 통화와 이메일 등 모든 것이 중국 당국에 감시받고 있다고 생각한다. 〈뉴욕 타임스〉는 중국 정부를 불쾌하게 하는 보도 기사를 낸 후, 〈월스트리트 저널〉과 〈CNN〉이 당했던 것처럼 사이버 공격의 목표가 되었다. 2013년 2월, 트위터는 〈뉴욕 타임스〉를 공격했던 것과 유사한 방식으로 약 25만 개의 계정이 중국에게 사이버 공격을 받았다고 발표했다.[50] 2013년, 중국에 주재하는 외국 기자 중 10퍼센트가 자신의 보도 혹은 전임자의 보도로 인해 보도 허가를 받는 데 어려움을 겪은 것으로 보고되었다.[51] 중국은 2009년부터 〈워싱턴 포스트〉 베이징 지국장 앤드류 히긴스의 비자 발급을 거부하고 있다. 히긴스는 중국 반체제 인사를 다룬 보도가 나가도록 승인한 후 1991년에 중국에서 추방되어 다시 중국으로 파견될 수 없었다.[52] 〈크리스천 사이언스 모니터〉는 2011년, 소위 재스민 혁명 기간에 있었던 중국 정부의 압력을 보도했다.

중국 정부가 외신 기자에게 폭동에 관해 보도하지 말라는 연락을 했다. 공안이 기자의 집으로 찾아와서 경고하는 경우도 있었다. 폭동을 보도하면, 그들의 비자가 즉각 거부될 것이라고 했다. 폴 무니 기자에 의하면, 그것은 중국에서 자신의 지위가 영향을 받을지 모른다는 생각에 보도를 하지 않기로 결심한 유일한 순간이었다고 말한다.[53]

18년간 중국 특파원으로 일한 폴 무니도 중국으로 재입국이 거부되었다. 부패, 환경오염 그리고 암과 에이즈 마을을 다룬 그의 보도가 중국 관리를 격노케 한 것이 틀림없었다.[54] 그도 앤드류 히긴스와 멜리사 첸처럼 중국 정부를 불쾌하게 했을 보도를 했다는 이유로 중국을 떠나거나 입국이 금지된 외신 기자가 되었다.[55] 〈알 자지라〉 영자지 기자였던 첸의 추방은 중국이 14년 만에 처음으로 외신 기자를 추방한 사례였다. 〈워싱턴 포스트〉의 보도에 따르면, 그 외에 많은 기자가 "폭파 위협을 받거나 비자 승인이 장기간 지연되는 일을 겪었다."[56]

〈블룸버그〉 기자들은 자신의 상사가 유사한 상황을 당할 수 있다는 두려움 때문에 중국 관련 보도를 승인하지 않았다며 비난했다.[57] 〈블룸버그〉 기자들은 이 상황을 "나치 독일 시절에 언론이 독일 기관에 출입하기 위해 자가 검열"을 했던 것에 비유했다.[58] 중국에서 인터넷 검열은 널리 알려진 사실이다. 어떤 의미에서 프랑스의 AFP 통신사가 말한 것처럼, "중국 정부는 세계에서 가장 거대한 디지털 제국 가운데 하나를 운영하고 있다."(59) 차이나 텔레콤, 차이나 유니콤, 차이나 모바일로 이루어진 이동통신망은 모두 정부가 관리하고 있다. 중국 정부가 설치한 인터넷 통제 툴은 "중국의 만리방화벽(만리장성에 빗댄 말-옮긴이)"으로 알려져 있다.(60) 중국 당국은 암호화를 이용해 중국 국민의 통신을 차단할 수 있다. "소셜 네트워크, 채팅 서비스, 인터넷 전화에도 감시 기능이 깔려 있다."(61) 위반한 블로거들은 일상적으로 괴롭힘을 당하고, 경우에 따라서는 당국에 체포되거나 서방 기자에게 정보와 메시지를 보낼 기회를 박탈당한다.

중국은 또한 서양 기업에게 자체 검열 활동을 강화하도록 압박한다. 2006년, 도요타, 애플, 노키아 등 중국에서 활동하는 2백여 다국적 기업을 회원사로 둔 중국 우수브랜드 보호위원회가 중국 직원이 방화벽을 우회해 국외의 자사와 통신을 시도하고 있으며 공안이 방문할 수도 있다는 내용의 경고성 이메일을 회원사들에게 발송했다.(62) 애플은 반(反)중국 콘텐츠를 수용하는 방송국과 해외 서점 간의 연결 응용프로그램을 제거해달라는 중국 정부의 요구를 순순히 받아들였다. 아이폰 공급 계약을 맺기 위해 애플이 여러 해 동안 차이나 모바일에 공을 들이던 때였다. 프랑스의 위성통신 공급 업체 유틀스태트는 반(反)정부 성향의 중국 방송사 NTD TV와 일을 해왔는데, 2005년 무렵에 중국 정부 산하기관을 고객사로 확보하려고 협력을 중단했다.(63) 나스닥도 중국의 압력을 묵인했다. 한 보고서는 이렇게 적고 있다.

2007년 1월, 이 기업의 중국 지사 대표이자 미국 시민인 그는 국가보안국에 소환되어 뉴욕 사무실에서 온 NTD TV 직원 보고서에 관해 조사를 받았다. 당일 풀려났지만, 압력에 의해 "더 이상 NTD TV가 자사 통신망을 이용해 보도하도록 허가해주지 않겠다고 나스닥이 중국 기관에 약속했을 것"이다. 2007년 2월부터, 1년 넘게 매일 이곳에서 보도를 내보냈던 NTD TV 기자들은 갑자기 출입이 금지되었다. 예기치 못한 일을 당한 방송국은 중국의 압력이 있었을 것이라고 의심했지만, 2012년에 유출된 케이블이 발견되기 전까지 무슨 일이 있었는지 알지 못했다. 이 일이 있은 직후, 나스닥은 중국에서 처음으로 대표 사무소 개설 허가를 받았다.[64]

"애플과 폭스바겐이 중국에서 겪고 있는 최근의 어려움은 다국적 기업의 위험부담이 점증하고 있음을 보여주며, 급속하게 성장하는 중국 경제에 의존하는 다국적 기업이 베이징의 변덕스러운 바람에 노출되어 있다"고 〈월스트리트 저널〉이 2013년에 보도했다. "외국 기업은 관영 매체의 악의적 보도에 시달리는가 하면, 어떤 경우에는 과도한 선물을 금지하는 중국 정부의 반부패 정책을 어기기도 한다."[65]

"모든 미국 대기업은 우리와 관련되고 싶어 하지 않습니다. 재단들조차도 베이징에 사무소를 둔 경우에는 마찬가지죠." 중국의 인권 침해를 수시로 보도하는 중국 뉴스 사이트 〈보쉰(博迅)〉 설립자 메이춘웽이 말했다. "중국은 자신들이 못마땅해하는 해외 방송국에 돈을 대주는 게 누군지 추적합니다. 그리고 전화를 하죠."[66]

여론을 조작하고, 유리한 메시지를 전파하는 사람에게 보상을 제공하고, 불협화음을 내는 목소리를 응징하는 이 모든 전술이 전국시대적 사고에 기초하고 있다. 전국시대에, 기존의 패자(霸者)를 무너뜨리기 위해 책사가 자신의 주군에게 했던 조언은 대부분 경쟁국 내의 매와 비둘기를 다루는 방법과 관련되어 있다. 당연히 이것들은 어디에서나 획일적으로 적용되는 접근법이 아니다. 하지만 목표는 언제나 상대의 계획을 무산시키는 것이다. 상대가 지정학적 상황을 제대로 보지 못하도록 만드는 것이다. 바둑에서, 상대가 세(勢)를 먼저 본다면 자신의 집을 만들 수 없다.[67]

제7장

살수간
(殺手鐗)

"드러나지 않음은 어둠처럼 하고,

움직임은 우레처럼 하라(難知如陰, 動如雷震)."

- 손자병법

"장관님," 해군 장교가 말했다. "장관님 차례입니다." 흰색 제복을 입은 장교가 거대한 아태 지역 지도 위에 서 있었다. 육각형 모양으로 구분된 지도가 검은색과 흰색 타일 바닥을 가득 채우고 있었다. 사람들의 시선이 일제히 지도 위 특정한 지점에 고정되었다―베트남, 긴 해안선과 역사를 가졌으며 미국의 군사(軍史)상 최고의 작전을 좌절시켰고 이젠 중국의 침략을 받은 나라.

"장관님께서 네 개 항공모함 전투단에게 전속력으로 남중국해로 항진하라고 지시하실 수 있습니다." 해군 장교가 말했다 "그러면 적어도 우리가 하와이를 유지할 수 있을 것입니다."

가상의 해 2030년, 국방장관과 이야기를 나누고 있는 장교는 로드 아일랜드 뉴포트에 있는 해군전쟁대학에서 전략 게임에 참가하고 있는 팀의 일원이었다. 70여 년 동안, 많은 유사한 전략 게임이 이 방에서 행해져 왔다. 일부는 평화 시의 외교력을 시험하는 게임을 진행했다. 또 다른 곳에서는 군사 침략, 해상봉쇄 그리고 세계적 규모의 전쟁 모의실험이 진행되었다. 일본의 진주만 공격을 예측했던 것도 지금은 아름다운 돌과 제2차 세계대전 수집품이 진열되어 있는 이 방에서였지만, 결과적으로 현실에서 그 예측은 묵살되었다. 방에 들어서면 마치 신탁을 받은 사제가 위대한 아테네의 입법자 솔론에게 세계 최초의 법전을 만드는 것에 관한 계시를 주었고, 알렉산드로스 대왕에게 '무적(無敵)'의 인물이 될 것이라고 예언했던 델포이 신전으로 들어서는 것 같았다.

이날, 나는 전쟁 게임을 참관하는 데 그치지 않고 직접 게임에 참가했다. 내가 지휘하는 '레드 팀'은 중국을 대표했다. 나는 중국의 군사 지도자처럼 사고하고 행동하며, 그간에 연구해온 중국의 비대칭 전략을 충실하게 구사하는 역할을 맡았다. 나는 해군 역사상 가장 강력한 함대를 맞이해 작전을 펼쳐야 했다.

전쟁 게임이 종료되기 세 시간 전이었지만, 최후의 작전이 시작되자 미국은 마치 체스 판에서 외통수에 걸린 왕처럼 바닥에 펼쳐진 지도 위에서 완전히 포위되었다. 펜타곤이 진행하는 모의 전쟁 게임에서 처음으로 미국이 패배했다. 나는 이 게임에서 승리하기 위해 내가 이해하는 모든 중국의 전략과 전술을 구사했다. 내가 취한 무기와 군사전략은 고대 중국의 전쟁에 뿌리를 두고 있었는데, 인민 해방군은 그 현대적 버전을 나날이 개발하고 있다. 그것은 '살수간(殺手鐧)'[1]이라고 불린다—더 강력한 적을 이기기 위해 사용된 고대 중국의 무기.

그 이후 수년 동안 펜타곤은 스무 차례의 유사한 전쟁 게임을 실시했다. 중국 팀이 전통적인 전술과 전략을 사용하는 경우에는 미국이 매번 승리했다. 하지만, 중국이 살수간 전술을 동원하면, 중국이 승리했다.[(2)] 이 모의실험에서 얻은 결과가 오바마 행정부의 '아시아 회귀(Pivot to Asia)' 전략의 숨겨진 배경이다.[(3)]

큰 틀에서 볼 때 중국의 전략은 중국 자신이 품은 두려움에서 비롯되었다는 것을—나 자신을 포함해—많은 미국 관리가 알지 못했고, 지금도 마찬가지다. 더 나쁜 것은 우리가 중국이 가진 두려움의 뿌리를 제대로 이해하지 못하고 있다는 사실이다. 중요한 증거들이 쌓여갔지만—특히 미시즈 리로부터 나온 증거—우리 가운데 아무도 얼마나 잘못되어 있는지 제대로 알지 못했다.

미국과 서방이 중국을 '봉쇄'하려고 한다는 뿌리 깊은, 심지어 편집증적인 불안감을 가지고 있기는 하지만 중국이 의도적으로 미국을 상대로 전쟁을 도발하려 한다는 증거는 거의 없다. 사실 마라톤 전략에서, 군사적 충돌은 경제·지정학적으로 패권 국가로 도약하려는 중국의 오랜 인내와 주도면밀한 노력을 무위로 만들어버릴 수 있는 큰 위협이다. 중국 지도부는 미군의 재래식 군사작전 능력—항공모함, 전투기, 탱크 그리고 군대(비록 중국이 230만 명의 대군을 보유하고 있기는 하지만)—에 맞설 수 있는 군사력을 키우는 것이 서방국가의 경계심을 불러일으켜 군비경쟁을 촉발할 수 있다는 것을 안다. 그들은 소리 없이 대응 능력을 키우며 재래식 작전 능력을 점진적으로 향상시키는 장기적인 게임을 하고 있다.

고대 중국의 민간에서 자신보다 강력한 적과 맞선 전설적인 영웅에 관한 이야기가 전해져 온다. 상대는 당시로서는 가장 값비싸고 기술적으로 앞선 무기로 무장했기 때문에 모두에게 두려움의 대상이었다. 하지만 영웅은 이 거대한 적 앞에서 물러서지 않고 죽음을 무릅쓰고 맞섰는데, 그에게는 비밀 무기가 있었다. 그는 널따란 소매 속에 칼이나 두개골을 두 동강이 내버릴 수 있는 쇠못이 박힌 작은 철퇴를 숨기고 있었다. 철퇴 자체가 위협적인 무기는 아니지만, 영웅의 손에 들리면 그것은 단 한 방으로 적을 제압할 수 있는 무기로 변했다. 여러 해 동안, 영웅은 이 독특한 무기가 가진 놀라운 힘을 사용하는 법을 수련해왔고 적의 약점이 무엇인지 알고 있었다. 결국, 그는 자신보다 강력한 적을 단숨에 끝장냈다.

이 전설은 성경에 나오는 다윗과 골리앗의 이야기와 비슷하지만, 하나님이 다윗을 지켜준 성경의 이야기와 달리 중국의 영웅을 지켜준 것은 살수간(殺手鐧)이라고 불리는 비밀 무기였다. 이 무기는 영어로 '암살자의 철퇴'라고 번역되었다.

살수간은 강력한 상대를 확실히 이길 수 있는 비장의 카드를 뜻한다. 이 말의 기원은 전국시대로 거슬러 올라가는데, 고대의 치국(治國) 서적, 무협 소설 그리고 오늘날 중국의 군사 신문에도 등장한다. 중국인은 다양한 맥락에서 '살수간'이란 말을 사용한다. 남녀 간 연애에서, 살수간을 가진 남자라고 하면 아무리 아름다운 여인도 저항할 수 없는 매력을 가진 남자라는 의미다. 비즈니스에서, 살수간을 가진 사업가라는 말은 수많은 경쟁자를 능가하는 탁월한 능력을 가졌다는 의미다. 축구 경기에서, 살수간을 가진 팀이라는 말은 막강한 골잡이가 있다는 의미다.

살수간을 만들기 위해 중국은 비대칭 작전 능력을 키우는 데 막대한 투자를 하고 있다. 1990년대와 2000년대 초에 중국 망명자들은 중국이 "타이완을 제압하는 데" 사용할 새로운 군사기술을 개발하고 있다는 말을 했다. 이것은 미국 전략가들이 상정하는 시나리오가 가장 가능성 높은 사태가 아닐 수도 있다는 것을 의미했다. 특히 한 망명자는 이 획기적인 무기 프로그램을 설명하면서 살수간이라는 말을 언급했다. 그에 따르면, 중국이 타이완을 침공하면 미국이 개입할 경우에 대비한 '접근 억제 전략(antiaccess strategies)' 개발을 포함해 타이완 관련 시나리오가 집중적으로 논의되었다고 했다.[4]

중국군 내에서, 살수간 기술은 "강자를 이기는 약자"라는 말로도 표현되는 군사정책이다. 중국은 이 정책이 성공하면 상대를 안심시켜 자만에 빠지도록 만들거나 자신에게 유리한 방식으로 행동하도록 유인할 수 있다고 예측한다. 상대에 관한 고급 정보도 지극히 중요한데, 특히 상대의 행동을 예상하고, 속이고, 상대 진영을 교란시키고, 은밀히 진영을 구축하고, 상대의 세(勢)를 무너뜨릴 수 있는 적기(適期)가 왔을 때 상황을 역전시키기 위해서는 더욱 그렇다. 이것은 적시(適時)에 상대의 혈을 정확히 공격해 더 강한 상대를 꼼짝 못하게 만드는 것과 같다.

나는 1995년 중국의 뛰어난 군사 전략가 세 명이 쓴 〈해전(海戰) 중의 군사혁명〉이라는 문건을 읽다가 '살수간'을 처음으로 알게 되었다. 저자들은 우주 공간에서의 군사적 우위를 해군 작전의 성공과 연관 지어 분석했다. "우주 공간은 해상 전투를 내려다볼 수 있는 고지(高地)가 될 것이라는 점에서 우주 공간의 지배가 해전 승리의 전제 조건이 될 것이다. … 전자기전(戰)에서 우위를 점하는 쪽이 해전의 승리를 위한 살수간을 효과적으로 이용하게 될 것이다." 그들은 중국이 전술 레이저 무기와 같은 "살수간 무기"의 선두 주자가 되어야 하며, 이 무기들이 대함미사일 방어 체계와 항모 및 크루즈 미사일에 적용되는 스텔스

기술에 우선적으로 이용될 수 있다고 주장했다. "전광석화 같은 공격과 강력한 선제 타격이 더욱 광범위하게 응용될 것이다"라고 그들은 말했다.[5] 더욱이, 저자들은 스마트 무기가 배치된 레이더 기지 공격, 전자기전을 통한 적의 통신 시설 마비, 통신 센터 시설 및 지휘 함대 공격, 전자기펄스 무기를 탑재한 전자 시스템 파괴, 컴퓨터 바이러스를 이용한 컴퓨터 소프트웨어 파괴, 그리고 고에너지 빔 무기 개발 등 미국 같은 초강대국과 맞서기 위한 핵심적인 전술 목록을 열거했다.

추가 조사를 통해, 나는 군사적 맥락에서 살수간이란 힘이 약한 쪽이 자신보다 강한 적의 약점을 공격함으로써 상대를 이길 수 있는 비대칭 무기를 뜻한다는 것을 알게 되었다. 나는 처음에는 반복해서 출현하는 이 용어가 단지 야심찬 기술과 목표라고 생각했다. 또한 이 말은 그저 '첨단' 혹은 '미래의' 무기를 모호하게 지칭하는 것일 수도 있다고 생각했다. 하지만 나는 좀 더 면밀한 조사를 하는 과정에서 살수간이란 말이 반복해서 사용된 문건을 검토해달라고 정보 분석가들에게 요청했다.

손자(孫子)를 비롯한 고대 중국의 사상가가 전쟁을 정보, 경제 그리고 법보다 광범위한 전략적 그림 속에서 이해했던 것과 달리, 미국은 군사적 수단이라는 렌즈를 통해서만 전쟁을 이해했다. "그것은 엄밀하게 전쟁의 개념을 확대하는 데 이용하는 수단의 다양성이다." 1999년에 발표해 논란을 일으켰던 책《무제한전(戰)》에서 차오량과 왕샹쑤이는 이렇게 적었다. "전쟁터가 지척에 있으며 네트워크 속에 적이 있다. 화약 냄새나 피 냄새는 없다. … 전쟁은 군인과 군대를 파견하고, 군사(軍事)를 처리하는 과정이지만, 또한 그것은 점차 정치인, 과학자, 심지어 은행가의 문제가 되고 있다." 9·11 테러 공격이 발생하고 이

틀 후, 두 사람은 공산당 기관지와의 인터뷰에서, 이 공격이 "중국에게 좋은 일이 될 수 있으며" 미국이 비전통적인 수단을 이용한 공격에 취약하다는 것을 보여주는 증거라고 말했다.(6)

2000년, 나는 살수간 프로그램에 관한 보고서를 CIA에 제출했다. 1년 후, 나는 랭글리(CIA 본부가 있는 곳-옮긴이)로부터 전화 한 통을 받았다. CIA 분석가가 대통령과 국가안보회의에 올린 일일 보고에서 딕 체니 부통령과 그의 수석 보좌관이 살수간이라는 말을 보고, 살수간의 배경과 이 말의 의미를 알고 싶어 한다고 했다. 부통령의 보좌관은 내가 쓴 보고서에 놀란 것 같았다. 나는 중국의 위험 무기 수출이 감소할 것이며 살수간 개념은 단지 희망 사항에 불과하다고 예상했다. 그들이 실제로 그렇게 하지도 그렇게 할 시기도 아니라고 생각했다. 체니는 중국이 실제로 위성 공격 프로그램, 스텔스 요격 프로그램 또는 항공모함 킬러 미사일을 가지고 있는지 알아보라는 지시를 내렸다. 우리는 머잖아 대답을 얻었다.

지금 나는 살수간이 백년의 마라톤에서 중국 군사전략의 핵심이라는 것을 알고 있다. 이 기술의 개발은 중국군이 언젠가 갖기를 바라는 희망 사항도 엉뚱한 개념도 아니다. 그들은 지금 실제로 그렇게 하고 있다. 군사력 분야에서 주요 서방국가의 재래식 군사력을 능가할 수 있는 획기적인 도약을 위해 수십만 달러를 투입하고 있다. 서방국가가 놀라지 않도록 조금씩 진행하고 있을 뿐이다. 첨단기술을 확보해 영향력을 확대하려는 중국 정부의 야심은 첨단 무기 체계를 갖추는 것에만 머물지 않는다. 1986년 3월에 중국이 가동한 국가 첨단기술 프로그램(863프로그램으로도 알려져 있다)은 과학기술을 통해 국가안보의 취약점을 극복하려는 노력의 일환이었다. 현재도 추진 중인 863프로그램은 생명공학, 레이저 기술 그리고 신소재를 포함해 민용과 군용으로 모두 이용 가능한 기술 개발을 포괄하고 있다. 또한 이 프로그램은 중국의 "독자적인 혁신" 전략의 토대를 구축하는 것을 목표로 2006년 과학기술 분야 국가 중장기 계획(MLP)에도 들어가 있다. 중국의 독자적인 혁신 전략은 해외 R&D 투자, 기술 이전, 외국의 기업과 연구기관에서 일하는 중국의 기술 인력과 과학자들을 통해서 특정 기술—군용과 민용으로 모두 이용 가능한 기술—을 정의하고, 이해하며, 재개발 및 응용하려는 국가적 노력을 망라하고 있다.

최근 몇 년간, 중국 정부는 863프로그램에 대한 재정 지원과 범주를 큰 폭으로 확대했다. 사실상, 2006 MLP는 중국 역사상 가장 야심찬 국가 과학기술 계획이다. "우선순위 중의 우선순위"로 여겨지는 MLP 내 16개의 "초대형 프로젝트"는 통신, 항공우주 그리고 다른 분야 세 가지 영역으로 분류되어 있다. 2006 MLP와 863프로그램하에서 민군 겸용 기술 개발이 추진되고 있다는 것은 중국의 장기적인 군사 프로그램이 점차 민용 과학기술의 근간으로 자리 잡고 있다는 것을 뜻한다.[7]

미국에서 대중국 강경파로 불리는 많은 인사가 해군력 증강, 신형 스텔스 전투기, 탄도미사일 개발 등 중국의 군사력 증강 위협에 목소리를 높이고 있다. 그들은 중국과의 전쟁이 목전에 닥쳤으며 하늘과 바다에서 벌어질 것이라고 말한다.[8] 하지만 중국의 움직임은 오히려 이들의 주장이 잘못되었다는 것을 보여주었다. 중국은 자신이 히틀러나 스탈린처럼 이웃 국가를 지배할 수 있는 공격력을 가질 것이라는 주장이 근거가 없다는 것을 입증했다. 미국의 군사력 개발 체제에는 대륙간탄도미사일(ICBM)과 군사기지, 공중급유 능력, 핵탄두 탑재 전투기 그리고 장거리 군 수송 능력과 같은 요소들이 포함되어 있다. 선불리 패권국을 도발하는 것은 전국시대의 교훈을 위배하는 것이라 판단한 중국은 소련과 달리 미국식 군사력 개발 체제를 좇지 않기로 결정했다. 중국 지도부는 소련의 군사력 증강이 미국을 얼마나 아연실색하게 만들었고, 익히 알려져 있듯이 이로 인해 미국이 스탈린과의 전시(戰時) 협력에 종지부를 찍고 냉전을 시작했으며, 소련에 대대적인 금수 조치를 단행했다는 사실을 잘 알고 있었다. 베이징은 모스크바의 전철을 밟지 않기로 결심했다. 그렇지 않으면 마라톤의 종식이 올 수도 있다고 생각했다.

중국은 미국과 경쟁하기 위해 군사력 확대를 꾀하지 않았고, 장거리 폭격기, 대규모 지상군, 핵탄두 탑재 대륙간탄도미사일과 같은 군사력 수단에 거의, 아니 전혀 투자하지 않았다. 실제로, 중국은 군사력 투사 능력을 현저하게 축소했다. 이에 비해 첨단 무기에 대한 지출은 지난 10년 동안 획기적으로 증가했다. 2002년, 미국 국방부의 중국 군비 지출에 관한 연간 보고서는 중국의 국방 예산이 중국 정부가 주장하는 금액의 두 배에 이르는 것으로 추정했다.

왜 중국은 실제 군비 지출을 이렇게까지 왜곡하는 것일까? 의심할 여지없이, 중국 지도부는 전략적인 목적으로 이를 왜곡하고 있으며, 이는 고대 중국의 역사에서 비롯된 사고에 기초한다. 중국 정부는 "평화적인 부상"이라는 이미지를 유지하기 위해 군비 지출과 첨단 군사력에 대한 투자를 소리 없이 진행해야 하며, 자칫하면 서방 국가 특히 미국이라는 '바'의 경계심을 불러일으켜 군비경쟁을 촉발시킬 수 있다는 것을 알고 있다.

랜드 연구소가 펜타곤의 의뢰를 받아 진행한 연구에 의하면, 지금부터 2030년까지 중국은 해군과 공군 신형 무기에 1조 달러 이상을 투입할 것이다.(9) 미국은 이와 반대로 움직이고 있다는 점을 고려할 때 (예를 들어, 미 해군은 2050년까지 함대를 2백 척 이하로 감축하고 연안 전투 함대 위주로 재편될 것이며, 미 공군은 여전히 1970년대에 개발한 기술에 의존하고 있는 상황이다), 금세기 중엽이 되면 중국의 군사력이 확연한 우위까지는 아니더라도 거의 대등한 수준에 이를 것이다. 미래의 군사력 균형점이 미국 우위에서 점차 대등해지다가 마침내 중국 우위로 바뀔 것이다. 새 군함을 건조하는 데 드는 비용은 늘어나고 있지만, 2013년 12월 의회 증언에서 밝혀진 바에 의하면 미국 해군 군함 건조 예산이 향후 30년 동안 매년 150억 달러씩 삭감될 예정이다.(10) 미국이 유일하게 우위를 유지할 분야가 첨단기술과 살수간 프로그램의 대응 전략인 '공해 전투(AirSea Battle)'인데, 이는 해군력과 공군력을 결합해 항행(航行)의 자유를 제약하는 데 초점을 맞춰 적을 타격하는 전략이다.(11)

미국에서 활동한 간첩 조직이 중국의 살수간 프로그램에 중요한 역할을 했다. 2005년, FBI가 의혹을 갖고 추적하던 타이왕막과 그의 아내가 LA에서 홍콩으로 가는 캐세이퍼시픽 여객기에 탑승하기 9일 전에, 타이왕막이 중국에 있는 정보 요원으로 알려진 인물에게 전화를 걸어서 "북미의 붉은 꽃과 함께 있다"고 한 말을 FBI 요원이 감청했다. 이 말은 중국 정보 프로토콜과 일치하는 암호명이었다. FBI는 타이왕막의 동생 집 쓰레기통에서 발견한 찢어진 서류를 통해, 그의 동생인 치막이 붉은 꽃이라는 것을 밝혀냈다. 붉은 꽃은 잠수함용 저소음 추진 시스템, 선박통신 시스템 그리고 첨단 구축함 기능과 같은 미 해군의 최첨단 기술에 관한 정보를 수집하는 임무를 부여받고 활동했다.[12] 만약 치막이 성공했다면, 살수간 프로그램에 큰 도움이 되었을 것이다.

중국이 군사력을 발전시키는 데 미국 정부도 일조했다. 1980년대에 내가 무기 판매와 기술 이전을 하도록 워싱턴을 설득했던 것은 냉전 시대라는 나름의 이유가 있었지만, 이 가운데 많은 것이 오늘날에도 계속되고 있다.

미국이라는 '바'를 자만하게 만들고 자극하지 않는 것 외에도, 미국이 초래할 것으로 추정되는 다양한 유형의 위협에 대응하는 것도 중국의 전략이다. 나를 포함한 많은 미국 관리는 중국 지도부가 미국의 "위협"을 어느 정도 심각하게 여기고 있는지 뒤늦게야 인식했다. 증거가 쌓여가면서, 우리 가운데 많은 사람이 다른 시각으로 중국을 바라보게 되었다. 중국은 재래식 군사력 투사보다는 미국의 위협에 대응하는 것을 훨씬 중요시했다. 살수간은 이러한 시각의 핵심적인 내용이다.

나는 펜타곤으로부터 중국의 위협 인식을 연구하라는 임무를 부여받았다. 그때나 지금이나, 사람들은 내가 발견한 많은 사실을 믿으려 하지 않았다. 하지만 내가 조사한 두려움에 관한 논문은 여론을 형성할 목적으로 쓴 것이 아니었기 때문에, 중국의 위협 인식은 중국의 군사 및 정치 지도부의 기본적인 태도를 반영하고 있다. 나는 이것을 중국의 '일곱 가지 두려움'이라고 부른다. 이 일곱 가지 두려움은 중국군이 내부적으로 가진 인식이며, 여론에 영향을 미치려는 선전이 아니다.

중국 지도부의 시각에서 보면, 미국은 적어도 에이브러햄 링컨 이후로 지속적으로 중국을 제압하고자 노력해왔다. 나는 그동안 중국 인사에게 소위 거대한 미국의 음모라고 알려진 것을 뒷받침할 만한 증거를 보여달라고 한 적이 있었다. 몇몇 중국군 간부와 민간의 정책 자문가 여러 서적과 글을 건네주었다. 나는 2001년부터 2012년까지 중국을 여섯 차례 방문해서 진행했던 중국 측 인사와의 인터뷰와 그들이 건네준 자료를 통해, 중국 지도부가 미국을 전국시대의 패권국과 유사한 개념으로 인식한다는 사실을 알게 되었다. 존 타일러부터 빌 클린턴에 이르는 미국의 역대 대통령이 전국시대의 치국 사상에 담긴 비밀스러운 개념들을 배워서, 이를 중국의 발전을 견제하는 데 적용해왔다는 인식은 터무니없다 못해 기상천외하다는 생각마저 들었다. 이것은 사실과 근본적으로 배치된다. 실제로, 미국은 중국의 독립적 지위를 지지하고, 중국의 경제 발전을 촉진하고, 국제사회에서 중국이 입지를 다질 수 있도록 노력해왔다.[13]

이전에 나를 비롯한 많은 사람이 최고위급 중국 망명자에게 얻었지만 믿기 어렵다고 묵살해버렸던 정보가 실제로 사실이었다는 보고서를 내가 작성하게 될 줄은 몰랐다. 중국 외교부에서 일하다가 망명한 천유웨이는 베이징 정책 결정권자 내부에 존재하는 몇 가지 병증(病症)을 다음과 같이 말했다. 적의 행동에 따른 최악의 경우를 상정한 해석, 이데올로기적 경직성 그리고 사실과의 괴리.[14] 이상하게도 중국은 미국의 전쟁 계획 중심에 중국이 있다고 생각했다.

중국의 일곱 가지 두려움은 아래와 같다.

중국을 봉쇄하는 것이 미국의 전쟁 계획이다. 가장 전략적이어야 할 정책 결정권자의 행동이 감정, 문화, 두려움 같은 심리적 요인의 영항을 받고 있다. 그들은 긴 해안선이 봉쇄당할까봐 두려워하며, 해안에서 멀리 떨어진 도서(島嶼)가 공격에 취약하다고 생각하는 것 같다.[15] 많은 중국군 인사는 일본에서 필리핀으로 이어지는 제1섬 연결(the first island chain)이 방어에 취약한 해안 지리적 특징을 갖고 있어서 외국 군대가 쉽게 봉쇄할 수 있다고 두려워한다.[16] 이 섬들을 자국이 공해로 잠입하는 데 방해가 되는 지리적 장애물이라고 여긴다.[17] 실제로, 전직 일본 해군참모총장은 중국의 잠수함이 미국과 일본의 대잠 부대의 추적을 받지 않고 오키나와 섬, 타이완의 북쪽이나 남쪽 해역 혹은 필리핀의 바시 해협(루손 섬)을 통과해서 태평양 심해로 잠입할 수는 없다고 장담한 적이 있다.[18] 중국군의 정책 입안자들은 도서 봉쇄를 돌파하기 위한 군사작전과 군사훈련의 필요성을 자주 언급한다.[19] 한 작전 연구 분석에서는 중국 잠수함이 봉쇄를 돌파하기 위해 극복해야 할 적의 일곱 가지 능력을 기술하고 있다.[20] 미국이 대잠 봉쇄망, 수중 음파 시스템, 수중 기뢰, 해상 함정, 대잠 초계기, 잠수함 그리고 정찰위성을 구축해놓았을 것으로 추정하고 있다.[21]

미국이 중국 해양자원의 약탈을 지지한다. 중국의 정책 입안자들은 해군력의 취약성 때문에 자국의 해양 영토 경계선 내에 있는 다양한 자원이 외국 세력에 약탈당하고 있으며, 이것이 미래 중국의 발전을 위협할 것이라고 주장한다. 이에 대해 다양한 제안들이 제시되고 있다. 전직 국가안전부 싱크탱크의 일원이었던 장원무(張文木)는 "해군은 중국의 해양 능력과 직결되고, 해양 능력은 중국의 미래 발전과 직결된다. 나는 해양 능력이 부족한 국가는 미래가 없다고 생각한다"고 말했다.(22) 2005년에 발행된 중국 군사 간행물 〈군사경제 연구〉에는 중국이 대외적으로 직면하고 있는 경제, 대외무역 그리고 해외시장, 이 모든 것들은 강력한 군사력이 뒷받침되어야 가능하다는 글이 게재되었다.(23)

미국이 중국의 해상 교통로를 차단할 수도 있다. 중국의 해상 교통로, 특히 말라카 해협의 원유 수송로가 공격에 취약하다는 주장이 많다. 대양 함대 창설 주창자들은 중국의 에너지 수입 통로의 불안정성을 언급한다.(24) 중국의 한 평론가는 미국, 일본 그리고 인도 함대가 함께 "중국의 원유 공급을 강하게 압박하고 있다"(25)고 말하는가 하면, 또 다른 연구는 "미국만이 중국의 원유 수입로를 차단할 힘과 대담성을 가졌다"고 결론 내린다.(26) 또한, 중국 국방대학의 교수들이 2002년에 쓴 교재《군사작전론 연구 지침》은 해상 교통로 차단과 방어에 관한 몇 가지 잠정 시나리오를 제시했다.(27) 이 대학이 펴낸 중요한 교재인《전투 과학》은 해상 교통로의 방어를 논했다.(28) 어떤 학자는 "해상봉쇄나 송유관 차단… 이 문제에 대해서… 중국은 '비가 오기 전에 집을 수리해야 한다'"며 다급한 어조로 말한다.(29) 이런 주장을 펴는 사람은 해군력의 중심을 잠수함에서 항공모함으로 재편하고 싶어 하는 것 같다.

미국은 중국의 영토 분할을 추구한다. 중국은 내부 열람용으로 작성된 훈련 매뉴얼 속에 다양한 침공 시나리오에 대비한 군사작전 계획을 기술해놓았다.(30) 2005년, 중국 국방대학, 군사과학원 그리고 최고위 전략가들이 진행한 연구는 가능성 있는 다양한 침공 경로를 시험하고 7군구(軍區) 각각의 취약성을 평가했다.(31) 심지어 이웃 국가를 잠재적인 침략국으로 상정하고 각 군구의 군사 지리와 역사적으로 외국 군대의 침공을 받은 빈도를 기초로 미래의 침략을 예측했다. 최근 중국군의 구조 변화는 영토가 침공당할 경우를 대비한 것으로 보인다.(32)

미국이 중국 내부의 반정부 세력을 지원할 가능성이 있다. 2005년 작성된 〈중국 전구(戰區) 군사 지리 연구〉는 베이징 군구를 포함해 러시아와 국경을 접한 북쪽 지역에 주둔하고 있는 세 군구가 무장 공격과 공수부대 침투에 취약하다고 기술했다.(33) 2005년에 내몽고에서 실시된 '북방의 검' 훈련에 두 기갑사단이 참가했다. 외국 군대의 지원을 받는 테러분자 타격을 가상해, 기갑부대와 2천 킬로미터가 넘는 공군 수송 작전, 2,800대가 넘는 탱크와 군용차량이 동원된 사상 최대 규모의 야외 기동훈련이었다. 중국군 대변인은 이 훈련 시나리오가 외국의 지원을 받는 국내 테러분자를 겨냥한 것이라고 말하며, 미국을 특정해 언급하지는 않았다.(34)

미국이 중국 국내에서 폭동, 내전 혹은 테러 활동을 선동할 가능성이 있다. 타이완, 티베트 그리고 신장의 "분리주의자"에 대한 외국의 지지를 단호히 반대한다, 이것은 중국이 늘 입에 달고 있는 과장된 화법처럼 들리지만 영토 완정성에 대한 중국의 깊은 우려를 드러내는 말이다.(35) 중앙당 국제연락부의 한 연구자는 분리주의자와 파룬궁으로 인한 내부 위협을 미국의 패권주의에 의한 위협과 동일한 수준으로 인식했다.(36)

미국이 항공모함으로 위협하고 있다. 적어도 10년 전부터 중국 군사 전략가들이 미군 항공모함의 위협을 평가하고 이에 맞설 가장 효과적인 대응 전략을 분석해왔다.[37] 이런 분석을 통해 중국군이 미군 항공모함의 취약점을 어떻게 이용할 것인가,[38] 그리고 중국이 어떤 무기 체계를 개발해야 할 것인지를 제안했다.[39] 중국의 대항모 미사일은 항공모함 공격에 대한 두려움에서 비롯한 대응책이다.

중국군의 자료와 문건을 검토하면서 내가 발견한 또 한 가지 중요한 차이는 중국이 세(勢)를 확장해 자신이 원하는 방향으로 상황을 유도하는 소위 "경고 타격"을 활용할 준비를 하고 있다는 것이었다. 중국군이 사용하는 군사 교재에 타격증세(打擊增勢)라는 말이 나오는데, "세(勢)를 확장하기 위해 무력을 사용한다"는 의미다. 역사적으로 중국이 무력을 사용한 것은 영토를 정복하기 위해서라기보다는 다양한 정치적 동기 때문이었다. 심리적 충격을 가하기 위해서, 혹은 위기 상황을 역전시키거나 상황을 기정사실화하기 위해서였다.[40] 1950년에 한국전쟁에 개입해 미군 및 연합군과 전쟁을 한 것이나[41] 인접국인 인도(1962년), 소련(1969년), 그리고 베트남(1979년)에 대한 공격에서 볼 수 있듯이, 중국군 지도부는 선제타격이 군사적 충돌의 결과를 결정짓는 데 중요한 차이를 만들어낼 수 있으며 (영토 분쟁과 같은)정치적 대립에서 유리한 조건을 창출할 수 있다고 믿는다. 한국전이 발발했던 1950년에는 미국이 압도적인 군사적 우위를 점하고 있었기 때문에 중국이 한국전에 개입할 여건이 전혀 아니었다. 당시에 미국은 핵 독점국이었고, 압록강을 건너 북쪽으로 진격할 수 있는 수십만 명의 미군이 들어와 있었으며, 항공모함이 사정거리 내에서 운항 중이었다. 1950년에 중국 지도부의 계산법은 전통적인 군사력 균형에 맞춰져 있지 않았다. 오늘날 만약 미국과 중국 사이에 군사적 충돌이 발생한다면, 선제타격이 확전으로 이어지지는 않을 것이라는 당시와 유사한 중국의 오해 혹은 계산에서 비롯될 가능성이 가장 크다.

공개적으로 언급된 적은 거의 없지만, 미국 정책 입안자와 중국 관련 국방 전문가 사이에는 중국 지도부의 뿌리 깊은 의심 때문에 어느 쪽도 원치 않는 전쟁이 일어날 수도 있다는 인식이 존재한다. 1997년부터 2000년까지 미국 국무부 동아시아·태평양 담당 차관보를 지낸 수전 셔크는 "발전하고 번영할수록 더 불안해하고 위협받는다고 느낀다는 점을 고려할 때, 우리는 부상하고 있는 중국과의 피할 수 없는 충돌이라는 매우 실제적인 가능성에 직면해 있다"고 경고했다.[42] 또한 부상하는 중국을 향한 미국의 접근법이 "중국의 책임 의식을 한층 강화할 수도 있고, 감정적인 성격을 더욱 부채질할 수도 있다"고 주장했다.[43] 다른 중국 전문가도 비슷한 견해를 가지고 있다. 오랫동안 CIA 분석가로 일해온 로버트 수팅어도 중국의 고위 정책결정 시스템이 "불투명하고, 비(非)소통적이며, 의혹스럽고, 매우 관료적이고 독단적이며, 지도부가 듣고 싶어 하는 말을 하는 경향이 있다"라고 말했다.[44]

경고성 타격을 실행하기 위해 중국군은 살수간이 필요하다. 중국 관리는 중국군이 암살자의 철퇴를 개발하고 있다는 사실에 대해 이야기하는 것을 매우 꺼린다. 내가 중국군의 한 고위 인사에게 이에 대해 물은 적이 있는데, 그는 이것이 결코 논의할 수 없는 용어라고 대답했다. 하지만 나는 암살자의 철퇴에 관해 기술한 세 권의 군사 서적과 중국의 현대 군사 전략가들이 쓴 스무 편의 글을 읽은 후, 중국이 논의 중이며 또한 개발 중에 있는 무기에 관한 퍼즐 조각을 맞출 수가 있었다.

비용으로만 따지면, 암살자의 철퇴 무기는 그것이 파괴하려는 무기에 비해 턱없이 저렴하고 최대한 극비리에 개발되고 있다. 전시(戰時)에 상대가 채 준비할 여지도 없이 결정적인 순간에 사용될 것이다. 이를 통해 노리는 효과는 적에게 혼란, 충격, 공포를 야기하고 제압당하고 있다는 압박감을 느끼도록 만드는 것이다. 국방부가 2002년에 미국 의회에 제출한 중국 군사력에 관한 보고서는 중국의 전략적 핵심이 "초기 단계에서 적의 작전을 방해하고 지연시키는 작전, 가장 위협적인 적의 첨단 무기의 종류와 위치를 식별하는 데 초점을 맞춘 작전, 그리고 적의 첨단 무기를 동원한 작전 수행력을 마비시키는 작전이다"라고 기술했다.[45]

고대 전설에 등장하는 암살자의 철퇴는 단일 무기였지만, 오늘날 암살자의 철퇴는 모든 비대칭 무기를 포함한다. 중국 공군 대령 양즈보는 "살수간을 개발하기 위해 중국은 먼저 개발 프로그램을 완성해야 한다"고 말했다. 그것은 어렵고 체계적인 과정이며, 한두 가지 첨단 무기 개발이 아니다. 그것은 모든 경우를 염두에 둔 시스템이다. 육해공 모든 작전에서, 어느 위치에서나 사용 가능한 시스템이다.[46]

전 중국 국가주석 장쩌민은 암살자의 철퇴 전략의 강력한 지지자였으며, 중국이 이 프로그램을 추진한 것도 1990년대 그의 집권하에서였다. 1999년 군 지도부가 참석한 회의에서 그는 "국가의 주권과 안전을 수호하기 위해 가능한 조속히 새로운 살수간을 개발할 필요가 있다"고 말했다.[47] 그해 말, 그는 다시 "중국이 국가 주권과 안전을 수호하기 위해 몇 가지 새로운 살수간을 개발해야 한다"고 강조했다.[48] 2000년에는 "대국으로서 중국은 세계 패권국에 대응하는 과정에서 몇 가지 새로운 살수간을 완성해야 한다"고 거듭 밝혔다.[49] 그리고 같은 해, 타이완과의 충돌 가능성을 논의하면서, "몇 가지 살수간 무기를 적극 개발할 필요가 있다"고도 말했다.[50] 이듬해, 그는 또 한번 "국가의 주권과 안전을 수호하기 위해 새로운 살수간이 요구된다"고 강조했다.[51] 한 미국 전문가는 이 일을 추진하는 기구가 베이징에 존재한다고 결론 내렸다.

그렇다면 한 가지 질문을 던지게 된다. 중국의 주권을 수호하기 위해 살수간이 필요하다고 한 장쩌민의 말은 어느 나라를 염두에 두고 한 말일까? "세계 패권국에 대응하기 위해서"라고 한 그의 말에서 알 수 있듯이, 그것은 미국이다. 현대 군사적 맥락으로 볼 때, 살수간의 전반적인 개념은 미국의 약점을 찾아내고 미국의 강점을 무력화할 방법을 찾아내는 것에 초점이 맞춰져 있다. 중국 국방대학교 외국 군대 연구 책임자인 리즈윈(李植雲) 소장이 미국의 군사적 취약점을 주요 내용으로 하는 64명의 군사 전략가의 글을 묶어서 책으로 펴낸 이유도 이런 맥락에서다.[52] 살수간 전략으로 미국을 패배시킬 수 있다는 것이 이 책의 주제다.

미국의 취약점 가운데 한 가지로 지목된 것이 첨단 정보시스템에 대한 의존성이다. 미국의 핵심적인 군사, 경제, 정보 그리고 사회 간접자본 시설과 관련한 컴퓨터 시스템의 취약점을 알아내려고 중국만큼 적극적으로 움직이는 나라는 없다. 미-중 경제안보 검토위원회 전문위원이었던 래리 워츨 박사에 의하면, "중국 정부가 미국에 대규모 사이버 간첩 활동을 지휘, 수행하고 있다는 강력한 증거가 드러났다."[53] 중국은 이러한 비난을 거듭 부인하고 있지만, 중국군은 "사이버 침투, 사이버 간첩 행위, 그리고 전자전을 위한" 16개의 스파이 조직을 운영하고 있다.[54]

21세기로 접어든 첫 해에, 이 스파이 조직—그리고 중국의 사이버 전사—이 무서운 능력을 가진 집단이라는 사실이 밝혀졌다. 미 공군의 윌리엄 로드 소장은 중국의 행위를 "민족국가적 위협"이라고 규정짓고 "중국이 펜타곤 컴퓨터 네트워크에서 10에서 20테라바이트의 정보를 다운로드했다"고 밝혔다.[55] 2013년 〈워싱턴 포스트〉는 국방과학위원회가 비밀리에 수행한 연구에서 "패트리어트 미사일 시스템, 이지스 미사일 방어 시스템, F/A-18 전투기, V-22 오스프리 다목적 전투기, 그리고 연안 전투함"을 포함해 24개의 미국 무기 체계를 겨냥한 사이버 침입이 있었다는 사실이 드러났다고 보도했다.[56] 신문은 또한 "이를 알고 있는 군과 산업계의 고위급 인사는 사이버 침입의 대부분이 미국의 방위산업체와 정보기관을 겨냥한 중국의 광범위한 간첩 행위"라고 말했다고 덧붙였다.[57]

2003년과 2005년 사이에 미군, 미국 정부와 방위산업체의 웹 사이트를 겨냥한 대담한 사이버 공격이 있었다. "타이탄 레인"이라고 불리는 이 침투에서 미국 정부의 컴퓨터 수백 대가 공격을 당했다. 미국 관리는 여전히 이 공격에 관해 개괄적이고 공개된 내용만을 언급하고 있지만, 〈타임〉은 이 침입의 개시 지점이 중국 남부 광둥 성에 있는 세 개의 라우터와 연결된 지역 네트워크라고 보도했다.[58] 위즐에 의하면, 타이탄 레인 이후 몇 년 동안 중국군의 싱글 유닛—유닛 61398—이 기업, 국제기구, 외국 정부기관을 포함해 적어도 141곳의 네트워크에 침투했다.[59] 이외에, 중국에 근거지를 둔 히든 링크스라는 해커 집단이 가장 악명 높은 중국발(發) 사이버 공격과 관련이 있다. 히든 링크스의 해커들이 구글과 어도브 같은 첨단 기업, 금융 서비스 제공자, 방위산업체, 정부기관을 공격했다.[60] 미국의 한 사이버 보안업체 관계자는 "해커는 끈질기고 집요한 정보 사냥꾼이며, '워터링 홀(watering hole, 표적 공격-옮긴이)' 기술의 선구자라고 할 수 있다. 목표물로 정한 공급자망에 있는 컴퓨터를 감염시킨 후, 감염된 컴퓨터가 본부와 접속하기를 기다린다"고 말했다.[61] 이와 관련된 상황으로, 미국의 전직 정보안전 관리자 폴 스트라스먼에 따르면, 73만 개 이상의 미국 컴퓨터가 중국의 "좀비들"—컴퓨터를 감염시켜서 데이터양을 엄청나게 증가시킴으로써 네트워크나 웹 사이트를 마비시키는 사이버 공격을 감행할 수 있도록 '노예' 컴퓨터로 만드는 악성 소프트웨어 패키지—에 감염되었다.[62]

중국 군사과학원의 쑨바이린(孫柏林) 소장은 미국이 "정보 고속도로"에 지나치게 의존하기 때문에, 발전소, 민간항공 시스템, 물류 네트워크, 항구, TV 방송국, 이동통신, 컴퓨터 센터, 공장 그리고 사업체를 교란하거나 파괴할 수 있는 "전자 무력화 시스템" 공격에 취약하다고 기술했다.[63] 베이징 시스템 엔지니어링 연구소의 수석 연구원을 지낸 창멍슝(常夢熊)은 《21세기의 무기》라는 책에서, "위성에 대한 공격과 방어, 공중 조기 경보와 전자전을 수행할 수 있는 전투기 그리고 지상 지휘 센터가 향후에 중요한 전투 형태가 될 것이다"라고 적었다.[64]

중국의 살수간 무기 개발은 감시 시스템, 지상에 있는 전자 인프라 혹은 미국의 항공모함을 마비시키려는 의도에서 시작되었다. 여기에는 핵폭발로 생긴 고농도의 전자 방사를 이용해 광범위한 지역의 전자 기기를 무용지물로 만들어버리는 전자기펄스(EMP)도 포함되어 있다. 최근 몇 년 동안, 중국은 실험용 흰쥐, 쥐, 토끼, 개 그리고 원숭이를 대상으로 EMP 무기를 실험했다. 또한 창명슝에 따르면 "적의 전자 장비를 파괴하는 데" 목적을 둔 고출력 마이크로파 무기도 연구하고 있다.[65] 미국의 컴퓨터, 이동전화, 항공관제센터, 전투기 관제 시스템, 지상 전투를 위한 스마트 폭탄이 EMP와 고출력 마이크로파를 발산하는 컴퓨터 바이러스와 무기들에 마비된 상태에서 제3차 세계대전을 해야 한다고 상상해보라. 인민 해방군 신문에 다음과 같은 주장이 게재되었다.

> 정보화 시대에는 "진주만 공격"과 유사한 공격은 일어나지 않을 것이라고 생각할지도 모른다. 하지만 전자기파 무기를 이용한 기습 공격으로 적의 명령, 통제, 소통과 관련한 주요 정보시스템을 파괴하는 21세기형 "진주만 공격"이 있을 수 있다. … 핵미사일과 강력한 군대를 보유한 미국 같은 초강대국도 이로부터 자유롭다고 자신할 수 없다. … 그들의 표현을 빌자면, 미국처럼 고도로 컴퓨터화된 개방사회는 전(全)방위적인 전자 공격에 매우 취약하다. 은행에서 통신시스템에 이르기까지 그리고 발전소에서 제철 공장에 이르기까지 미국 경제가 컴퓨터 네트워크에 전적으로 의존하고 있기 때문이다. … 국가가 경제·기술적으로 강력해지면 강력해질수록 현대 정보시스템에 대한 의존도가 점점 커진다. … 미국은 세계 어느 나라보다도 공격에 취약하다.[66]

중국은 미국의 인공위성에 대한 의존 역시 또 하나의 명확한 취약점이라고 생각한다. 인공위성은 적의 위치를 촬영하고 무선통신을 감시함으로써 부분적인 정보를 수집한다. 인공위성은 또한 무인비행기, 크루즈 미사일, 유도폭탄을 유도하는 역할도 수행한다. 중동 지역에서 미군의 작전을 책임지는 중부 사령부가 플로리다 주 탬파에 위치할 수 있는 것도, 호놀룰루에 있는 태평양 사령부가 1억 5백만 제곱마일에 걸쳐 있는 함대나 군대와 교신할 수 있는 것도 인공위성 때문이다. 2004년에 미국이 무력시위를 목적으로 중국 인근 해역에 12개 항공모함 가운데 7개 항공모함을 파견했는데, 만약 우주에서 비행하고 있는 통신위성과 정보위성이 없었다면 항공모함 간 통신은 불가능했을 것이다.

20년 전부터, 중국은 이 위성을 파괴하거나 무력화할 목적으로 지상에 기반을 둔 레이저를 포함한 살수간 무기를 개발해왔다. 또한 "기생(寄生) 마이크로 위성" 개발도 시작했다. 이름에서 알 수 있듯이, 이 소형 장치들은 미국의 인공위성에 부착되어 위성이 수집하는 정보를 차단하거나 가로채는 역할을 담당할 것이다. 기타 중국의 마이크로 위성은 전자 교란, EMP 발산 혹은 위성이 궤도를 이탈하도록 만들어서 미국의 위성을 무력화할 수가 있다.[67]

이외에도 중국은 아예 공중에서 위성을 폭파해버리는 지상에 기반을 둔 위성 공격용 미사일을 개발하고 있다. 2007년에 성공적으로 실험을 마친 중국은 용도가 다한 기상위성을 파괴하는 데 이 무기를 사용했다. 펜타곤 보고서는 "많은 나라가 이 실험에 관심을 보였으며, 실험으로 발생한 파편 구름이 모든 위성 보유국의 자산을 위험에 빠뜨리고 인간의 우주비행에 위험을 야기했다"고 분석했다.[68] 미국 해군대학의 조앤 존스 프리즈 교수는 중국의 실험으로 발생한 "3천여 조각의 파편이 운동 효과에 의해 수십 년 동안 저(低)지구 궤도(보통 지상 144~900km의 원(圓)궤도-옮긴이)를 위험하게 떠돌 것이다"라고 강

조했다.(69)

무엇보다 중국의 위성 공격 목적의 실험이 내포한 큰 문제는 투명하지 않다는 사실이다. 이 실험이 있은 후, 국가안보회의 대변인이 "중국은 이 무기 실험의 목적을 설명하지 않았으며, 앞으로의 실험 계획 여부도 언급하지 않았다"고 지적했다. 그는 이 실험이 "우주 공간의 군사화에 반대하는 중국의 공식 입장과 어떻게 양립할 수 있는가"에 대해 중국은 어떠한 설명도 하지 않았다고 덧붙였다.(70)

무엇보다도 이 실험이 남긴 우려스러운 점은 아마도 미국의 인공위성 업체가 이 사실을 예측하지 못했다는 사실이다. 펜타곤이 의회에 제출한 인민 해방군에 관한 세 차례 연차 보고에서, 국방장관은 중국이 "단 하나의" 핵무기만으로 위성을 파괴할 수 있다고 말했다.(71) 〈워싱턴 타임스〉는 이 실험이 "심각한 전략적 취약점을 드러냈다는 점에서 경종을 울렸다"고 보도했으며, 몇몇 미국 국방부 관리는 "정보와 미사일 유도뿐 아니라 군사 통신의 90%를 담당하는 미국 위성을 파괴하거나 무력화할 수 있는, 중국이 보유하고 있거나 현재 개발 중인 우주무기와 능력에 관해 미국이 가진 정보에 중요한 공백이 존재한다"고 말했다.(72)

미국 관리의 말에 의하면 중국은 2007년 실험에 이어 2013년에도 공중폭발용 로켓으로 가장한 지상 발사 위성 공격용 미사일 실험 등 일련의 중요한 실험을 진행했다.(73) 그 후, 중국은 미국 위성에 대한 공격 능력을 가진 세 개의 위성을 발사했는데, 한 미국 관리는 이것을 "미국의 국방에 실제적인 문제를 야기할 중국판 '스타워즈'"라고 불렀다.(74) 중국군은 또한 레이저, 극초단파 무기, 입자 빔 무기, 그리고 EMP 무기를 포함해 위성 통신을 교란하거나 제거할 수 있는 일련

의 무기와 방해전파를 개발했다.(75)

위성에 대한 의존도 외에도, 미군이 가진 또 하나의 취약점은 탄약, 연료 그리고 전쟁을 수행하는 데 필요한 기타 주요 물자의 보급선이 길다는 점이다. 제1차 걸프전에서, 미국 해군은 하루에 1천9백만 갤런의 석유를 소모했으며, 한국전쟁에서 사용한 것보다 20배가 넘는 탄약을 사용했다. 이 가운데 어느 것도 공해 수송로가 없었다면 불가능했을 것이다. 이는 미국이 잠수함, 기뢰, 어뢰 그리고 항공모함 킬러 미사일에 취약하다는 것을 뜻하며, 중국은 이미 이 모든 무기를 보유하고 있다. 중국 해군 연구소는 미군의 해상 보급로에 위협을 가할 수 있다는 점에서 잠수함을 21세기에 가장 핵심적인 전함으로 인식하고 있다.

또한 중국은 미국의 제공권 우위를 상쇄할 수 있는 살수간을 개발하고 있다. 미군 전투기에 장착된 레이더 파괴용 공대지 미사일 AGM-88(HARM)은 적의 레이더 기지에서 발사한 전파를 역추적해 적의 방어 시스템을 파괴할 수 있다. 미국의 제공권 우위는 주로 HARM 덕분이지만, 중국은 이미 HARM이 지대공 미사일을 추적하기 위해 사용하는 주파수에 1만 개의 신호를 보낼 수 있는 수천 개의 마이크로 발신기가 장착된 블랙박스를 개발했다. 중국은 아직 이 기술을 완벽하게 구현하지 못한 듯 보이지만, 만약 그렇게 되면 이 블랙박스는 HARM에 1만 1개―1만 개의 유인용 신호와 1개의 추적이 거의 불가능한 진짜 신호―의 미사일이 날아드는 듯한 신호를 보낼 수 있게 된다.

살수간은 크고 기술적으로 더 앞선 미국 해군에 대응할 수 있는 중국이 가진 최선의 수단이기 때문에, 타이완과 충돌이 발생하는 경우에 중요한 역할을 할 것이다. 미군 함대를 격퇴하기 위해 중국은 해안에 미사일 기지와 전투기를 배치했는데, 〈해군대학 리뷰〉에 게재된 글에 의하면 이것들은 "기술적인 제약을 안고 있는 개도국이 재래식 전투에서 자신의 질적인 열등 상태를 극복할 수 있는 비대칭 수단으로 여겨진다." 중국의 DF 21s/CSS-5 탄도미사일은 해안에서 1,500마일 이상 떨어진 항공모함을 타격할 수 있으며, 중국의 초음속 정밀 유도 크루즈 미사일은 180마일 이상 떨어져 있는 목표물을 명중시킬 수 있다. "이들은 재래식이나 대(對)레이더용으로도 가능하며, 열방사나 전자기 펄스 탄두, 심지어 핵탄두를 장착할 수 있다. 미국의 이지스 미사일 시스템은 이 초음속 크루즈 미사일에 효과적이지 않다"고 〈해군대학 리뷰〉는 분석했다.[76] 펜타곤은 중국이 "정확도가 높은 치명적인 탄도미사일과 원거리 타격 전투기의 규모를 대폭 확대했으며" 현재 이미 미국 항공모함의 전투기를 모두 격추하기에 충분한 미사일을 보유하고 있다고 보고했다.[77]

중국의 살수간 무기고에는 원격제어 자살 폭탄으로 변신할 수 있는 수천 기의 구식 전투기와 항공모함을 파괴하도록 설계된 로켓 추진 기뢰도 있다. 베이징은 또한 대함미사일 방어 시스템을 무력화할 수 있기 때문에 "마법의 무기"로 불리는 전술 레이저 무기를 개발 중이며, 쉬크발 로켓 어뢰를 장착한 잠수함이 점점 늘어나고 있다. 7,500야드의 사거리와 시속 230마일의 속도를 가진 쉬크발은 전투 비행단을 수장해버릴 수 있는 능력이 있다. 미국은 이 어뢰에 대응하기 위한 "알려지지 않은 방어 수단을" 가지고 있다.[78] 2001년, 중국의 군사 저널 〈군사문적〉에 기고된 글에는 "기뢰 설치, 시간적 정밀도가 높은 전자기 교란, 잠수함 매복을 활용한 기습 공격 방법, 그리고 미국의 항공모함을 파괴할 수 있는 기타 기습 방법"이 기술되어 있다.[79]

펜타곤 보고서에 의하면, 육군, 해군 혹은 공군, 어떤 형태의 전투든 중국의 "작전 이론"은 적의 지휘 시스템을 파괴하는 것에 초점이 맞춰져 있다—적의 정보시스템 마비, 적의 첨단 무기 시스템 무력화, 적의 보급 시스템 차단, 기술적 우위로 인한 시너지 효과 차단.[80] 중국인의 비유적인 표현을 빌자면, 자신보다 덩치가 큰 상대를 쓰러뜨릴 수 있는 신체 중요 부위를 정확히 알고 있는 권투 선수처럼 되는 것이 베이징의 전략이다. 미국은 그리스 신화에 나오는 한 가지 약점을 가진 천하무적의 전사와 같다. 지난 20년 동안, 중국은 한 가지 목표물—미국의 아킬레스건—을 찾아내도록 고안된 화살을 만들어왔다.

2013년에 베이징에서 만난 몇몇 강경파가 내게 오바마 대통령의 소위 "재균형"과 "아시아 회귀"에 미국 정부가 얼마나 진지한지 명확히 파악할 수 없다는 말을 했다.[81] 그들은 중국의 계산이 빗나갈까봐, 미국이 중국의 살수간 프로그램에 대한 과잉 반응으로 더욱 강력한 무기를 개발하는 것은 아닌지 우려하는 듯 보였다. 그들은 만약 미국이 향후 10년에 걸쳐 국방 예산을 1조 달러 감축하는 계획을 고수한다면, "재균형" 전략에 필요한 재원을 마련하기 어려울 것이라는 말도 했다. 나는 사실대로 대답했다. 중국과 맞서기 위해 미국의 국방 지출이 늘어날 것으로 보기는 어렵다.

제8장

자본가 흉내 내기

"손에 잡히는 대로
양을 끌고 간다(順手牽羊)."
– 36계

2005년에 중국에서 망명한 그녀(미시즈 탕이라 부르기로 하자)가 중국의 마라톤 전략의 경제적 목표는 미국을 추월해 세계적인 경제 강국이 되는 것이라고 말했다. 그녀는 최소 차관급 이상의 고위 관리들이 베이징 시내에 있는 중앙당교의 비밀 프로그램을 통해 전략을 연구하고 있다고 했다. 차세대 중국군 지도자들도 여기에 포함되어 있는데, 이 프로그램을 이수하는 것이 승진의 필수 요건이었다. 커리큘럼에는 고대 역사의 교훈을 연구하는 과정도 있었다. 주목할 만한 점은, 어떻게 미국이 2세기라는 긴 세월 동안 최강의 경제 대국으로서의 지위를 유지할 수 있었는지, 그리고 어떻게 하면 중국이 가능한 빨리 미국을 추격할 수 있을 것인지에 관한 내용이 담긴 여섯 권의 번역서가 교재라는 사실이었다.(1)

그녀에 따르면 찰스 다윈의 학설이 교육의 핵심 근간이며, 교육은

1840년과 제1차 세계대전 기간에 미국 정부가 자국 기업이 독일과 영국의 기업을 추월할 수 있도록 지원했던 방법과 관련되어 있었다. 이 강좌들은 미국이 패권국이 될 수 있었던 방법, 그리고 중국이 미국을 추월하려면 어떻게 해야 하는지에 관한 중요한 내용들을 교육했다. 다양한 산업부문에서 미국 기업의 발전 과정에서 무엇을 배우고, 미국 정부가 했던 전략적 역할을 어떻게 응용할 것인지에 관해 약 20개의 사례 연구가 강좌에서 시험 과제로 제시되었다.

미국의 내수 시장 보호, 자국 기업에 대한 재정 지원 그리고 수출 촉진책 등이 시험 과제로 출제되었다. 미국이 경쟁력을 강화하기 위해 반독점 정책을 실제로 적용한 방법에 관한 연구도 진행되었는데, 이것은 중국이 좋은 또 다른 미국의 사례였다. 미국의 증권시장 시스템은 많은 투자자를 끌어들임으로써 미국을 세계에서 가장 거대하고 효율적인 금융시장의 중심으로 만들었다. 그녀는 무엇보다 중요한 것은 정부의 산업 육성 전략을 통해 미국 시장의 전체적인 외연이 확장되었다는 사실이라고 덧붙였다. 19세기에서 20세기 초까지, 미국은 내수 시장을 활성화하기 위해서 보조금 정책으로 대기업을 육성했다. 또한 강좌에서는 미국이 대량의 밀과 귀리를 밀가루와 시리얼로 가공하는 자동화 기술을 유럽에서 훔쳐왔다고 가르쳤다. 유럽에서 훔쳐온 이 기술을 바탕으로 세워진 첫 번째 기업이 필스버리 컴퍼니라고 말하며 그녀가 나를 보고 웃었다.[2] 앤하이저부시를 비롯한 양조 회사, 코카콜라를 비롯한 음료 회사, 그리고 해외 공장 건설에 이르기까지 미국 정부는 많은 자국 기업을 도와주었다고 알려져 있다. 나는 이 가운데 일부는 사실이라고 알고 있다. 1900년에 정부의 지원을 받은 인수합병으로 미국 기업이 새로운 기술을 확보하고 그때까지 제지 산업의 주도권을 쥐고 있던 독일 기업을 앞질렀다. 철강 산업에서도 미국 정부는 앤드류 카네기가 1879년에 독점적 지위를 차지할 수 있도록 해주었다. 뒤이어 미국이 유럽의 기술을 손에 넣음으로써 구리와 알루미늄 생산의 주도권을 장악했다. 1880년대에는 고무와 석유산업을 장악했다.[3] 굿리치는 미국 정부의 지원하에 세계적 선두 기업이 되었다.

제1차 세계대전이 발발하기 전, 미국은 유럽으로부터 주도권을 가져오려던 전략적 목표를 이미 거의 달성했다. 1890년대 중반, 제너럴 일렉트릭의 탄생도 지멘스와 AEG 같은 독일 기업을 추월하기 위한 미국 정부의 지원과 무관치 않았다. 제너럴 일렉트릭은 지멘스와 AEG에서 훔친 아이디어를 바탕으로 신용 회사를 설립하고, 자사의 제품을 사용하는 많은 공기업에게 주식을 대금으로 지불받았다.

두 번째 단계는 1914년부터 1950년에 이르는 시기로, 그녀는 이 시기를 "제2의 물결"이라고 불렀다. 미국이 세계의 자동차, 전자 그리고 제약 산업 발전을 주도한 시기였다. 미국 정부는 특히 제너럴 모터스가 디젤기관을 개발하도록 지원했고, 이로 인해 유럽에서 사용하던 증기기관이 무용지물이 되었다. 또한 석유 회사 5곳이 정부의 지원하에 해외 석유 비축에서 브리티시 페트롤리엄과 로열 더치 쉘을 추월했다. 또한 이 교육 강좌에서는 아스피린, 항생제, 노보카인을 생산하는 독일 제약사들이 가진 제약기술 특허를 미국이 어떻게 이용했는지도 가르쳤다.

제2차 세계대전 후, 자국의 거대 기업에 대한 미국 정부의 "세 번째" 지원의 핵심은 항공우주 산업과 석유화학 산업이었다. 듀폰이 영국 ICI 그룹에서 고분자 화합물 관련 특허권을 빼앗다시피 가져왔다.[4] 그녀는 또한 1942년에 머크가 최초로 아스피린을 대량생산했던 것을 포함해 신약 개발에서 미국 정부가 맡은 역할을 말했다. 나는 그 과정에서 "마라톤"이라는 말이 사용된 적이 있는지 물었다. 그녀가 있다고 말하며, 중앙당교 서점에서《혁신 마라톤: 첨단기술에서 배우는 교훈》이라는 번역서를 찾아보라고 말했다. 마리안느 글리멕과 클라우디아 버드 스쿠노버가 공동 저술하고 옥스퍼드대학 출판부가 1990년에 출간한 책이었다. 그녀는 마라톤이라는 개념을 거론한 또 다른 책으로 찰스 R. 모리스와 찰스 H. 퍼거슨이 공동 저술한《컴퓨터 전쟁: 어떻게 서양이 포스트-IBM 세계에서 승리할 것인가》라는 책을 언급했다.[5] 그렇다면 중국의 소련식 국영기업들에 대한 지원 방식도 미국의 사례에서 배운 것이었느냐고 내가 물었다. 그녀는 그렇지 않다고 대답했다. 테네시 강 유역 개발 공사를 제외하면 미국에는 그런 기업이 없다. 그녀는 중국의 모든 전략적 아이디어는 세계은행에서 왔다고 했다. 간단한 대화로 시작한 우리의 만남은 한 시간 넘게 이어졌고, 나는 공책을 빼곡하게 채우며 메모했다. 베이징에 있는 세계은행 사무실에서 일하는 경제학자들을 만날 차례였다.

지난 20여 년 동안 중국 지도부는 중국이 사유재산권과 시장의 자유를 충분히 보장하는 경제 자유화를 향해 꾸준히 나아가고 있다며 세계를 설득해왔다. 〈타임〉과 〈뉴스위크〉는 중국이 "자본주의의 길"을 가고 있으며 이어서 서구식 민주주의로 나아갈 것이라며 요란을 떨었다. 1978년 이후부터 세계은행과 서방(西方) 기구들에게 받은 지원에 힘입어 중국의 현대화 과정은 놀라운 성공을 거두었다. 30년 이상 지속적인 경제의 고도 성장기를 누렸다. 비록 그 과정에서 약간의 파장이 있었지만, 중국 경제가 세계 평균의 세 배 가까이 성장했다. 2001년 이후, 중국의 연평균 성장률이 10.1%를 유지했다. 1980년, 중국의 명목 GDP는 7백억 달러였다. 2011년에는 7조 달러를 넘어섰다.[6] 1980년에 경제 후진국이었던 중국은 이제 세계에서 미국 다음으로 큰 경제 대국이 되었다. 2014년에 95개 중국 기업이 포춘 글로벌 500대 기업 명단에 이름을 올렸다.[7] 이 가운데 5개 기업이 50위 안에 들었다.[8] 2000년에는 한 기업도 들지 못했었다. 중국은 이제 세계에서 가장 큰 자동차 생산국이고 가장 큰 에너지 소비국이며 가장 큰 이산화탄소 배출국이다.[9] 인구 증가를 억제하기 위한 상당한 노력에도 불구하고, 중국은 13억 5천만 명의 인구를 가진 세계 최대의 인구 대국이다.[10]

　이것은 가히 경제 기적이라 할 만하며, 미국을 포함한 서방국가가 이를 가능케 했다. 언론과 정치 평론가는 중국이 자본주의, 자유시장 경제를 향해 나아가고 있다며 환호했다—실제로는 결코 그렇지 않았음에도 불구하고. 자본주의의 신화가 도래한 후 수십 년이 지난 2014년까지도, 중국 경제의 절반이 여전히 정부의 손에 있다. 대부분의 서방 전문가에 의하면 값싼 인건비, 저렴한 제조원가 그리고 서구 제품의 저가 공급이 가능한 것은 적절한 수준의 개혁과 인위적인 저(低)물가 유지에 기인한다.[11] 하지만 무엇보다도 중국의 성장을 가속화한 것은 개혁이 아니라, 국유기업에 대한 적극적인 지원이며, 이들은 여전히 중국 GDP의 40%를 차지하고 있다.[12] 이 국유기업은 백년의 마라톤의 핵심 요소이다. 비효율성에도 불구하고 이들은 서방의 경쟁 상대를 물리치고 중국 경제 발전의 불쏘시개 역할을 담당한다.[13] 이 냉혹한 중상주의는 중국의 고대로 거슬러 올라가는데, 전국시대에 서로 패권을 다투었던 나라들은 국가가 통제하는 경제를 전쟁의 연장선상으로 삼았다.

여전히 중국 경제는 정확히 이해되지 못한 채로 있다. 세계적인 경제학자들은 중국 경제가 실제로 어떻게 작동하는지 정확히 알 수가 없다고 토로한다. 그동안 중국이 세심한 관찰을 피하며 경제의 자유를 향해 나아가고 있다고 주장할 수 있었던 것은 바로 이 때문이다. 노벨 경제학상을 수상한 로널드 코스와 닝왕이 2013년에 "우리는 중국의 시장 개혁에 관해 모르고 있는 것이 여전히 많다. 더욱이 이를 다룬 많은 보도가 실제로 사실이 아니다"라고 경고했다.[14] 이들은 중국 정부가 자신의 전략을 숨긴 채 외국 지도자들에게 실제보다 더 사적이고 자유로운 시장 접근법을 추구하고 있다고 말해온 사례를 예로 들었다.[15] 또 다른 학자들은 중국이 어떤 방식으로 "자본주의로 나아가고 있다"는 희망적 기대를 양산할 수 있었는가에 대해 언급했다.

1990년대 초에 중국은 이미 2020년경이 되면 자국의 GDP가 미국을 앞지를 것이라는 내부적인 연구를 마치고, 여러 회의에서 경제성장 예상치를 오히려 낮추어 언급했다. 왜 중국은 30년간 성공적으로 추진해온 경제 전략을 감추고 싶어 했을까? 자유시장경제로 나아가고 있다며 과대 포장한 이유가 무엇일까? 대답은 간단하다. 고대의 치국 원리에서 비롯한 근본적인 개념에 따라, 자신에 관해 의혹을 야기할 수 있는 정보를 숨기고 메시지를 완화함으로써 상대가 자기만족에 빠지게 만들려고 한 것이다. 만약 중국이 2020년경에 미국을 앞지를 것이라는 내부 평가를 자랑스레 떠든다면, 자칫 미국에게 경각심을 불러일으키고 중국을 견제하도록 만들 수 있다. 따라서 지금 많은 난관에 봉착했다거나 앞으로 전망이 밝지 않다는 식으로 말한 것이다.

최근 몇 년 전부터, 일부 서방 분석가가 중국의 이런 방식에 의혹을 제기하기 시작했다.[16] 이들은 중국이 핵심 산업에 보조금을 지급하는 등 노골적인 중상주의를 추구하고, 전 세계적으로 원유와 천연가스 생산량이 감소할 것이라는 강박관념에 가까운 생각을 가지고 있으며, 해외에서 천연자원과 비축 에너지를 확보하기 위해 정부 차원의 노력을 기울이고 있다는 것을 알게 되었다. 중국 지도부는 향후 수십년 동안 천연자원을 둘러싼 전쟁을 피할 수 없다고 판단하고, 다른 나라에 희소 자원을 공급하기를 거부하면서 반대로 해외에서는 자원을 확보해 비축하기 위한 정부 차원의 노력을 기울인다.[17]

많은 중국의 전략가들은 "피크 오일"에 집착한다: 에너지 공급이 조만간 감소하고 가격이 지속적으로 상승할 것이라는 견해. 이 관점에 따르면, 세계는 거대한 바둑판과 같으며, 구리, 원유, 리튬 같은 자원을 경쟁자에게 넘겨주어서는 안 된다. 이들은 중국이 처한 지정학적 도전을 분석하고, 널리 팽배해 있는 우려를 앵무새처럼 반복한다. 중국 사회과학원의 한 분석가는 "세계적인 에너지 공급 부족이라는 도전에 직면해, (특히 원유 문제에 있어) 미래에 미국과의 갈등과 충돌을 피할 수 없다"라고 말했다.[18] 왕샹린(王祥林)은 "전문적인 분석으로 볼 때, 중국은 2015년에 오일 피크에 직면할 것이며, 원유 생산이 정점에 이르렀다가 하락하기 시작할 것이다. 오일 피크를 거친 후, 중국은 심각한 문제에 직면할 것이다: 석유와 천연가스 부족이 심화할 것이며 석유 소비가 점차 수입에 의존하게 될 것이다"라고 적었다.[19] 아무도 중국에게 이것이 틀린 메시지라고 말하지 않았다. 오히려 중국의 잘못된 이야기가 전반적으로 받아들여졌다. 과거에 참새를 전부 잡아 죽이라고 명령했던 마오쩌둥의 명령 체계가 무너지고, 이제 국제적인 규칙을 준수하는 자유로운 기업 활동과 무역정책을 수용했다고 믿었다. 중국 지도부는 자신들의 과시적인 태도 때문에 소련과 멀어지게 되었고, 결국 모스크바가 모든 지원을 중단했다는 것을 알았다. 그들은 "참새 잡기 운동"을 해서는 안 된다는 것을 배웠듯이, 서방에 동일한 실수를 되풀이해서는 안 된다는 것을 배웠다. 대신에 서구 사회처럼 되기를 원하는 중국의 모습으로 서방 지도자들을 설득하려고 했다. 이 가면놀이는 생각만큼 어렵지 않았다.

마오쩌둥은 쥐, 파리, 모기와 더불어 참새를 중국의 위생과 경제발전을 위협하는 네 가지 "유해동물"이라고 생각했다. 1958년 대약진 운동의 일환으로 진행된 "참새와의 전쟁"은 21세기형 농업경제를 만들고자 했던 강렬한 열망의 발로였다. 중국 인민을 먹여 살리고 서방과 대등한 경제를 구축하기 위한 산업화에 연료로 쓰일 수천 톤의 곡식을 참새가 먹어치운다는 것이 마오쩌둥과 그의 조언자들이 든 이유였다. 전국적으로 들녘에서 참새 둥지와 알을 파괴하는 운동이 전개되었고, 농민들은 취사도구를 휘두르며 참새 떼를 쫓아다녔다. 이 운동은 재앙적인 결과를 가져왔다. 1959년, 중국에서 참새가 자취를 감추다시피 했다.

하지만 그들은 곡식뿐 아니라 곤충도 참새들의 먹이라는 사실을 알지 못했다. 그 후 몇 년 동안, 포식자 참새가 사라진 들녘은 메뚜기 떼의 습격을 받았고 엎친 데 덮친 격으로 심각한 가뭄이 닥쳤다. 1958년부터 1961년 사이에, 3천만 명이 넘는 사람이 기아로 목숨을 잃었다. 경제적으로 서방과 경쟁 관계를 구축하고자 했던 중국의 첫 번째 야심찬 실험은 실패로 끝났다.

1978년에 중국 "최고 지도자"가 된 덩샤오핑은 마오쩌둥 집권하에서 국가 경제가 퇴보했다고 결론짓고 다른 경제정책을 추구했다.[20] 덩샤오핑은 활기찬 민간경제 없이는 고도로 경쟁력을 갖춘 글로벌 국가가 될 수 없다는 것을 알았다. 대대적인 개혁을 단행했고 전통적인 마르크스-레닌주의와 점차 멀어졌다. "4가지 현대화"로 요약되는 이 개혁은 농업, 공업, 과학기술 그리고 군사 분야가 핵심이었다. 이 가운데 가장 중요한 것은 "중국 특색의 사회주의"를 건설하기 위해 시장의 역량을 국가계획과 통합하는 것이었다. 국제적인 규범을 준수하는 자유로운 기업 활동과 무역정책을 받아들이기 시작하면서 마오쩌둥의 명령 체계가 무너지게 되었다는 것이 오늘날 중국을 바라보는 대부분의 시각이다. 국제금융 전문가, 학자, 싱크탱크 전문가들이 대부분 쉽게 속아 넘어가 준 덕에, 중국이 서구 사회처럼 되고 싶어 한다는 메시지를 더욱 효과적으로 활용해올 수 있었다. 하지만 중국 경제를 조금만 더 가까이 들여다보면 전혀 새로운 모습이 드러난다.

2001년 10월, 펜타곤이 내게 두 번째 직책을 주었는데, 이에 따라 나는 새로 설립된 미-중 의회위원회에 최초의 "상임 자문관"으로 합류했다. 이 위원회는 미국 상원에서 중국의 세계무역기구 가입에 필요한 법을 제정하는 데 필요한 표를 확보하려는 노력의 일환으로 설립되었다. 이 위원회의 설립 목표는 중국의 경제정책이 미국의 국가 안전에 미치는 영향을 평가하는 것이었다. 민주당은 중국이 세계무역기구 회원국이 되고자 하는 의도, 그리고 무역이 필연적으로 중국에게 민주주의를 가져올 것이라는 자유시장주의자들의 주장에 회의적이었다. 이 위원회의 위원장과 나는 CIA에서 두 가지 요점의 브리핑을 받았는데, 후에 이 둘 모두 틀렸음이 판명되었다. 첫째는 중국이 자유시장경제의 길을 가고 있으며 앞으로 거대 국영기업들을 모두 매각할 것이다. 두 번째는 중국이 경제적으로 미국을 앞지를 가능성은 전혀 없으며,

설령 그렇게 된다 하더라도 2100년쯤에나 가능하고 그때가 되면 중국은 자유시장, 평화 지향적인 민주주의 국가가 되어 있을 것이라는 예상이었다―〈뉴욕 타임스〉 칼럼니스트 토머스 프리드먼이 주창해 당시에 큰 호응을 얻었던 "갈등 예방의 황금 아치 이론"에 의하면 적어도 그랬다. 이것은 프리드먼이 《렉서스와 올리브 나무》라는 책에 소개한 이론으로, 한 나라의 경제가 맥도널드 햄버거 체인점이 들어갈 정도로 발전하게 되면 더 이상 전쟁을 원하지 않게 된다고 보는 이론이다.[21]

그 후에 우리는 중국 관리를 만나러 베이징으로 날아갔다. 우리가 탑승한 보잉747 여객기는 거의 빈자리였다. 탑승객들은 눈에 띄게 긴장한 듯 보였다―9·11 테러가 발생한 지 한 달이 채 안 된 시기였다. 미국인의 불안이 이유가 없지는 않았지만 그것은 공연한 걱정이었다. 걱정을 하려면 오히려 자신들이 지금 향하고 있는 나라에 대해 걱정해야 했다.

1950년대에 중국은 세계에서 가장 가난한 나라 중 하나였다. 1인당 GDP가 유럽과 미국이 막 산업화에 접어들었던 1820년대 수준에도 미치지 못했다. 1975년까지도 중국은 1인당 평균소득이 세계에서 가장 낮은 국가에 속해 있었다.[22] 그런데 불과 수십 년 만에 중국 경제는 극적으로 발전했다. 중국의 경제성장률이 미국의 5배까지 급증했다.

2001년에는 중국 경제가 두 자리 성장세를 유지할 수 없다는 생각이 지배적이었다. 우리가 CIA에서 받은 비밀 브리핑에서도 대부분의 경제학자가 동일하게 평가하고 있었다. 미국 내에서 중국 경제를 바라보는 거의 대부분의 예측이 비관적이었다. 그들은 중국을 가난하고 교육받지 못한 노동자로 가득한 나라라고 말했다. 중국은 인구는 많았지만 고유의 천연자원은 거의 없는 나라였다. 시대착오적인 마르크스-레닌주의 이데올로기에 경도되어 있었다. 수십 년 동안, 공산당 치하에서 기업가가 거의 존재하지 않았다. 현대적인 기업 경영이나 건전한 경제 관리를 전혀 모르는 정치 관료들이 경제를 관장했다. 10%가 넘는 경제성장률이 수십 년간 지속될 수가 없다고들 생각했다. 지금까지 어떤 서방국가도 그렇게 높은 경제성장률을 이룩한 적이 없었고, 미국이 산업화의 전성기를 구가하던 시기에도 마찬가지였다. 연평균 성장률의 하락을 피할 수 없을 것이라고들 생각했다.

후에 한 CIA 경제학자가 내게 "우리의 모델이 틀렸습니다"라고 사과하듯 말했다. 오늘날, 중국의 부상을 다룬 가설들은 완전히 달라져 있다. 장기적으로 중국의 경제 규모가 미국에 못 미칠 것이라고 예상하는 경제 연구기관은 한 군데도 없다. 많은 중국 관련 책들이 보편적으로 제시하는 견해에 의하면, 중국의 성장은 덩샤오핑이 외국 지도자들에게 자주 말했던 속담, "돌다리도 두드려보고 건넌" 신중함에 기인했다.[23] 이것은 비록 종합적인 전략 계획이 부족했지만 실천하는 과정에서 방법을 모색하고 또한 운이 좋게도 효과적인 전략을 발견했다는 뜻으로 한 말이었다. 중국 지도부는 기적과도 같은 경제성장을 설명하는 데 이 속담을 자주 인용했다.[24]

하지만, 이런 즉흥적인 묘사는 일부분만 사실이었다. 실제로는 비판을 피하고 경제 전략의 진정한 목적을 숨기기 위해 중국은 주도면밀하게 계획을 세웠다. 세계적인 경제 패권을 장악하기 위해, 덩샤오핑은 고대 도교의 원리인 무위(無爲)―글자 그대로의 의미는 "아무 일도 하지 않음" 혹은 "애쓰지 않음"이라는 뜻―사상을 끌어와서, 이 말을 타인의 강점에 편승해 많은 것을 얻는다는 조작적인 의미로 정의했다. 현실적이었던 덩샤오핑은 제2차 세계대전 이후의 세계경제 질서가 1944년 브레턴우즈 협정을 바탕으로 한다는 사실과 마르크스-레닌주의만으로는 안 된다는 것을 잘 인식하고 있었다. 미국과 다른 선진국들을 따라잡기 위해서는 세계무역기구에 가입하고, 서방의 정치, 경제 엘리트가 주도하는 IMF와 세계은행에서 차관을 받아야만 했다.

공산국가인 중국이 세계무역기구 회원국이 되기 위한 여러 요건들을 충족시키겠다고 말하는 것에 대해 당연히 미국 정부 내에서 회의적인 시각을 가진 사람들이 많을 수밖에 없었다: 결과적으로, 중국이 세계무역기구에 가입하기까지 15년이 걸렸고 새로 가입한 어떤 나라보다도 세밀한 협상이 요구되었다. 그보다 몇 년 전에 가입한 인도에는 훨씬 덜 까다로운 요건들이 적용되었던 것과는 매우 대조적이었다. 중국은 세계무역기구에 가입하면 경제적으로 수혜를 입을 것임을 알고 있었다. 하지만 미국이 중국을 받아들이고 싶었을까? 2001년에 세계무역기구에 가입할 때 중국은 직접적이든 간접적이든 국영기업의 상업적 결정에 정부가 영향을 미쳐서는 안 된다는 규정을 준수하겠다고 동의했다.[25] 하지만, 중국은 이 약속을 지키지 않았다. 모든 중국의 국영기업은 시장의 힘이 아닌 국가의 목적에 부합하기 위해 활동하고 있으며, 공산당은 국영기업의 투자에 노골적으로 간여하고 있다. 만약 중국의 정치 영역을 확장하기 위해 아프가니스탄이나 앙골라에서 광산 개발을 해야 한다면, 중국의 국영 광산 기업은 비록 손실이 발생한다 해도 광산 개발에 투자한다.[26]

내가 미시즈 리라고 명명한 중국 망명자가 비밀회의에 참석해서 구체적인 사례를 조금씩 제공해주었는데, 이것은 중국이 1995년에서 2000년까지 영구적 정상 무역 관계(PNTR)를 부여받고 세계무역기구

가입을 허용하도록 설득하기 위해서 어떤 식으로 거짓 주장을 했는지에 관한 내용이었다. 그녀의 폭로에 의하면, 중국 정부는 찬성표를 던질 국가를 지원하는 한편 중국의 중상주의 경제 전략에 관한 정보가 유포되는 것을 막기 위해 수단 방법을 가리지 않았다. 가시적인 미래에 자유시장이 현실화되지 않을 것이라는 사실을 미국 의회가 안다면 통과되지 못할 것이기 때문이었다. 중국은 미국 정보기관의 누구도 의심하지 않을 만큼 주도면밀한 선전과 스파이 프로그램을 가동했다. 그녀는 또한 중국이 1930년대부터 마오쩌둥이 정치적 견해차를 분석하는 방법에 관해 썼던 평론을 지침으로, 어떻게 미국의 외교 라인 내에 분열을 야기하고 미국의 정치적 단층을 분석했는지 상세하게 설명했다.(27) 그 당시에 중국이 보낸 중요한 메시지에는 국유기업이 머잖아 자취를 감출 것이며, 자유시장 정책이 실시될 것이며, 인위적으로 중국의 통화를 조정하지 않을 것이며, 과도한 무역 흑자를 축적하지 않을 것이며 그리고 미국의 지식재산권이 당연히 보호받을 것이라는 내용이 들어있었다. 세계무역기구 회원국이 되기 위해서는 이 모든 요건을 만족해야 한다. 중국의 세계무역기구 가입을 두고 논쟁이 벌어졌지만, 2, 3천 명에 이르는 중국 정치범의 운명에 영향을 미칠 조건을 협상에 포함시키도록 클린턴 대통령을 설득하는 데 실패했다.

하원은 2000년 3월 24일 237 대 197로 무역 정상화 법안을 통과시켰다.(28) 그해 9월 19일 상원은 83 대 15로 이를 비준했다.(29)

중국은 서방에서 주식 및 자본시장, 뮤추얼 펀드, 연기금, 국부 펀드, 환율 시장, 외자 기업 참여, 중앙은행, 가계 대출 및 신용카드, 자동차 산업을 육성하기 위한 선진적인 금융기술을 도입했다―세계은행 같은 국제기구와 골드만 삭스를 비롯한 민간 기관에게 직접 도움을 받았다. 이는 상대의 역량을 가져와 자신에게 유리하게 이용하는 무위(無爲)와 세(勢)의 전형적인 사례이다. 이와 함께, 중국 정부는 서방의 기술과 지식재산권을 훔치는 대담한 비밀 프로그램을 허가하고 공공연히 유도했다. 가짜 상품의 비중이 중국 GDP의 8%에 이르렀다.[30]

2008년에 세계은행 수석 경제 고문이 된 중국 경제학 권위자 저스틴 린은 저술과 강연을 통해서 중국의 경제 전략 수립에 핵심적인 영향을 미친 인물이었다.[31] 나는 그의 명성을 이미 알고 있었다. 내가 1971년에 타이완 국립대학교에서 2년간 공부하던 시기에 그가 학생 회장으로 선출되었기 때문에 그의 이름을 기억하고 있었다. 10년 후, 그는 중국 대륙으로 건너가서 베이징대학에서 정치경제학 석사 학위를 받고 다시 시카고대학에서 경제학 박사 학위를 받았다. 그 후, 소련식 국유기업의 구조조정 방안에 대한 자문을 하기 위해서 중국으로 돌아갔다.[32]

중국의 경제 발전에 대한 린의 설명은 놀라웠다: 덩샤오핑은 오랫동안 시장경제가 경쟁력을 확보하기 위한 계획의 핵심이라는 말로 중국의 전략적 구상을 과도하게 단순화했다. 린은 중국의 경제 전략에 관해 매우 솔직하게 기술한 세 권의 책을 썼는데, 그가 주장하듯이 이 책들은 중국의 고대 역사와 세계은행이라는 두 가지 요소를 중심으로 기술한 책이다.[33] 이 책의 핵심 관점이 또 한 명의 망명자에 의해서도 확인되었다. 그는 세계은행이 했던 역할을, 그리고 역설적이게도 중국이 중상주의적 접근법을 공고히 하기 위해 적용했던 교훈을 미국의 자유시장 옹호론자들이 제공했다며 상세하게 설명했다. 중국이 거대한 전략을 가지고 있다는 린의 견해는 중국 내에서 가장 권위 있는 미국 전문가로 알려져 있고 베이징에 있는 유명 연구소의 책임자인 왕지쓰

(王緝思)의 견해와 배치되었다. 그는 덩샤오핑과 마찬가지로 중국은 어떤 거대한 전략도 가지고 있지 않으며 지난 30년 동안 혼란기를 거쳐 왔다고 말해온 인물이다. 그는 2011년 〈포린 어페어스〉에 기고한 "거대한 전략을 찾고 있는 중국"이라는 글에서 중국이 거대한 전략을 가지고 있다는 주장은 잘못된 것이며, 이런 주장을 하는 사람은 이면에 반(反)중국적인 동기를 가진 인물일 가능성이 있다고 적었다.[34] 덩샤오핑도 1997년에 사망하기 전까지 중국을 방문하는 외국 지도자들에게 중국은 경제 전략에 관한 큰 그림을 가지고 있지 않다고 말했다.[35]

1983년, A. W. 클로센 세계은행 총재가 덩샤오핑을 만나기 위해 중국을 방문했다. 두 사람은 세계은행 경제학자로 구성된 팀을 만들어 20년 후의 중국 경제를 연구하고, 경제적으로 미국을 따라잡을 방안을 제시한다는 내용에 합의했다. 이 기간 동안, 세계은행은 중국이 자유시장경제를 향해 나아갈 필요성을 알리려는 취지가 엿보이는 몇 편의 보고서를 발표했다.[36] 세계은행의 경제학자들은 비공식적으로 중국이 미국을 따라잡을 방법에 관해 각자의 견해를 제시했다. 세계은행이 전체적인 구상을 숨기려고 하지는 않았지만, 중국이 자본주의를 향해 가고 있는 것처럼 보이도록 만들었다는 점은 확실하다. 이것은 기존의 패권국이 현상에 안주하도록 만들어야 한다는 전국시대의 원리에 입각한 중국의 결정이었다. 1985년, 세계은행 연구팀은 2050년경이 되면 중국이 미국을 따라잡을 것이라는 의견을 내놓았다. 이렇게 되려면 최소한 5.5%라는 높은 연평균 성장률을 유지해야 했다. 중국과 비슷한 경제적 후진 상태를 극복하고 미국과 다른 선진국을 따라잡은 나라는 일본뿐이었다. 세계은행 연구팀은 이를 위해 중국이 어떤 전략을 추진해야 하는지 조언했다. 이를 시도한 나라는 없었지만 부분적으로 이런 실험을 한 나라는 있었다.⁽³⁷⁾ 중국의 저축률이 현저히 높다는 것을 지적하며, 만약 중국이 인구 증가와 관련해 생산성을 높일 수 있다면, 특히 과학기술을 통한 생산성 향상을 꾀할 수 있다면 이 야심찬 목표가 실현 가능하다고 말했다. 세계은행은 외부에 드러나지 않는 비공식적인 방식으로 여섯 가지 제안을 내놓았는데, 이렇게 세계은행이 자신의 존재를 드러내지 않은 것은, 중국의 사회주의적 접근법을 용인하는 정치적으로 민감한 결정을 했으며, 또한 진정한 시장경제를 위한 어떠한 진지한 노력도 하지 않았기 때문이었다. 첫 번째 제안은 1985년부터 20년 동안 제조업, 특히 첨단 기술 제품의 비중을 점진적으로 높이기 위해 수출구조를 바꿔야 한다는 것이었다. 두 번째는 과도한 해외 차입에 의존해서는 안 된다는 경고였다. 세 번째는 첨단기술과 현대적인 관리 기술 분야에 외국인 직접 투자를 유도하라는 것이었다. 네 번째 제안은 경제특구에서 다른 지방까지 외국인 투자와 합작 투자를 확대하라는 것이었다. 다섯 번째는 해외 종합상사를 단계적으로 폐지하고 모든 국유기업이 대외무역 관리 체계를 확립하도록 해야 한다는 것이었다. 그리고 마지막으로 전체적이고 장기적인 관점에서 경제구조를 정기적으로 조정하라는 것이었다.⁽³⁸⁾

　1990년까지 세계은행 직원의 가장 중요한 업무가 베이징 관련 업무였다. 세계은행이 막후에서 하는 역할을 외부에 드러내지 않은 가운데, 중국 지도부는 이 국제기구가 하는 거의 모든 조언을 수용했다. 피터 해럴드가 세계은행 수석 경제 고문이 되었고 1984년 연구에 깊숙이 관여했던 E. C. 화가 그의 조력자가 되었다. 후에 중국의 한 부부장(차관)이 내게 한 말에 의하면, 화는 중국 밖에서는 잘 알려지지 않았지만 중국 경제의 기초를 놓은 중국 경제의 아버지 중 한 명이다. 내가 아는 누구도 그에 대해 들어본 적이 없었다.

소련이 붕괴한 후 몇 년에 걸쳐, 중국의 경제학자 간에 가격 자유화, 그리고 국영기업을 신속하게 민영화한 러시아와 동유럽의 사례를 좇을 것인가 말 것인가를 둘러싸고 논쟁이 벌어졌다. 당시에 미국 관리들은 이에 대해 모르고 있었지만, 일부 개혁 성향의 중국 정치인은 러시아의 민영화 모델을 따르고자 했다. 중국이 또 한 번 기로에 선 것이었다. 미국 내 중국 전문가들은 천안문 사태가 발생하기 전에 몇 년간 벌어졌던 이 논쟁을 감지하지도 못한 채, 진정한 개혁주의자였던 두 명의 공산당 지도자가 축출되는 것을 방관했다. 당시 미국은 파리에 있는 중국 망명자를 돕지 않기로 결정했다. 클린턴 대통령은 중국이 자유시장과 민영화를 향해 나아가야 할 것인가, 아니면 기술을 훔치고, 가짜 상품을 만들고, 미국과 경쟁하는 데 필요한 정보를 수집할 국영기업들을 육성해야 할 것인가를 놓고 벌어진 이 논쟁을 전혀 몰랐다.

우리가 이 사실을 알았더라면 진정으로 자유화의 길을 가고자 했던 인물을 지원했을 테지만, 후에 인민은행 총재가 된 저우샤오촨(周小川) 같은 강경한 목소리를 내는 인물들이 승리했다. 그는 중국의 마라톤 전략을 적극적으로 도와준 세계은행과 일찌감치 일종의 동맹을 형성했다. 소련이 1991년에 붕괴된 후에 우리는 비로소 몇몇 영향력 있는 중국 정치인이 러시아의 개혁 모델을 따르고자 했다는 사실을 알았다. 그렇지 않았다면 개혁론자를 지원하고 저우샤오촨과 같은 인물에 반대했을 것이다. 하지만 우리는 그 비밀 논쟁을 알지 못했다. 저우샤오촨은 민영화와 정치 개혁을 반대했다. 그와 세계은행 내 동맹자들은 국영기업에 대한 정부의 지배력을 계속 유지해야 한다고 제안했다. 저우샤오촨은 서구식 시장 지향적인 경제, 러시아와 동유럽의 개혁이 가진 긍정적인 경험을 배우길 거부하고, 자신의 주장을 상세히 기술한 비밀 보고서를 세계은행에 제출했다. 대신에 그와 세계은행의 중국 사무 책임자였던 피터 해럴드는 비효율적으로 운영되던 국영기업들을 개혁할 새로운 전략을 설계했다. 국영기업은 거대한 적자를 내면서도 정부가 관리하는 금융기관에서 직접적인 신용보증을 받고 있었다.(39) 이는 거대 공룡을 구출해서 국가대표 기업으로 만들려는, 그 전까지 한 번도 없었던 시도였다.

중국 연구팀과 세계은행 경제학자들은 주도면밀한 연구를 거쳐 민영화와 정치 개혁에 반대하기로 결정했다. 안정적인 경제성장을 위해서 사회주의 경제정책과 공산당의 정치적 독점을 유지해야 한다고 결론 내렸다. 그들이 민영화를 반대한 논리는 국영기업의 자산 가치가 2조 위안에 달하는 데 반해 전체 인구의 저축액 규모는 1조 위안에 불과하며, 따라서 중국 국민이 국영기업에 투자하고 주주가 될 가능성이 없다는 것이었다. 이렇게 중국은 소련식 민영화의 길을 가지 않게 되었다. 농촌 지역의 사유재산도 존재하지 않게 되었다. 2014년이 되어서도 6억에 달하는 중국 농민은 여전히 자신의 땅을 소유하고 있지 않았다. 마오위스(茅於軾)가 2012년에 카토 연구소가 수여하는 밀턴 프리드먼 상을 받았을 때, 이 논쟁이 부분이나마 세상에 알려졌다.(40) 만약 미국 정부가 자유시장경제를 옹호하는 온건파와 반대하는 강경파 사이에 벌어진 이 논쟁을 알았더라면, 어쩌면 워싱턴이 다른 결정을 내렸을 것이다.

1990년대 초까지 만해도 회사 내에서 재무 업무를 맡은 서양인이 들어봤을 중국 기업은 칭다오 맥주뿐이었다. 오늘날, 세계적인 기업들 가운데 시노펙, 중국은행, 차이나 텔레콤, 차이나 모바일, 화웨이 같은 국영기업들이 있다. 국영기업이 있는 나라들은 많지만, 국영기업의 설립 목적은 대개 시장경제에만 의존하면 국가 경제에서 중요한 산업 분야의 적절한 수급을 보장하기 어렵다는 판단하에, 이들이 적절히 유지될 수 있도록 경제 자원을 동원하는 데 있다. 중국은 여기에서 몇 걸음 더 나아가 한국의 재벌, 일본의 기업집단 모델 개념을 도입했다. 중국에서는 공산당이 국영기업을 만들고 그 전략적 목적을 설정한다. 국영기업은 국가의 이익에 부합해야 하며, 특히 4개 현대화 가운데 적어도 한 가지 목표에 부합해야 한다. 중국 공산당 중앙위원회가 모든 핵심 국영기업 관리자를 임명하며, 이들 중 상당수가 국가 정보 기관이나 군 출신으로 국영기업의 향후 경영에 지속적으로 개입한다. 중국의 국영은행은 민간기업보다 국영기업을 더 선호한다. 대규모 자금 지원을 등에 업고 국영기업은 해외의 기술과 천연자원을 확보하는 데 앞장선다. 비효율성과 연이은 부패 사건에도 불구하고, 정부의 지속적인 지원하에서 서구 기업에 맞서서 경쟁 우위를 유지한다.[41] 포춘 글로벌 500대 기업 목록에 든 100여 개의 중국 기업 가운데 거의 대부분이 국영기업이다. 역설적이게도, 통상적으로 민간 부문을 중시하는 세계은행과 국제통화기금이 각종 규제를 통해 국영기업이 중국 정부의 이익을 대변하고 있다는 사실을 인정했다. 이것은 중국이 처음에 한 약속을 위반한 것이다. 실제로, 세계은행이 1993년에 작성한 비밀 보고서는 국영기업이 경영 개선을 통해 이윤을 내는 데 실패하면 중국의 다른 개혁도 실패할 것이라고 경고했다.[42] 그들은 국영기업을 "법인화"하는 개념을 제시했는데, 이것은 정부의 통제를 완화함으로써 일부 국영기업을 도산시키거나 해체하고, 경영 손실을 내고 있는 나머지 기업을 정리해서 이윤 창출이 가능한 몇 개의 기업집단으로 재편해야 한다는 것이었다. 이것이 10년 후 "국가대표 기업"으로 알려지게 된 시스템의 시작이었다.

이외에도 세계은행은 중국에 훨씬 많은 조언을 했고, 중국은 이에 따랐다. 자유시장경제의 뮤추얼 펀드와 유사한 지주회사를 만들 것을 조언했다. 무엇보다도 획기적인 조언은 주식시장에서 국영기업의 주식을 거래할 수 있도록 해야 한다는 것이었다. (일반적으로 주식시장은 민간 기업을 위한 것이지 정부 기관을 위한 시장이 아니다.) 완곡하게 표현하자면 이것은 부분적인 사유화라고 할 수 있었다. 중국은 이번에도 세계은행이 은밀히 제시한 청사진을 수용했다. 천안문 사태의 여파로 미국, 유럽 그리고 일본이 중국에 제재를 가하고 있던 상황에서 세계은행은 조용히 중국을 돕고 있었다. 중국은 세계은행의 조언을 따르면서 미국의 연방준비제도에 상응하는 기관을 설립했다.[43]

2003년으로 접어들면서, 중국 관리들이 국가대표 기업이라는 말을 입에 올리기 시작했는데, 이것은 50개 기업을 선정, 육성해서 2010년까지 포춘 글로벌 500대 기업 안에 진입시키겠다는 비밀 계획을 의미했다. 그들은 이 목표를 이루었다. 군사 장비, 전력 발전, 에너지, 정보기술, 민간항공, 조선을 포함한 전략산업 분야의 국가대표 기업들은 토지 이용, 에너지 사용, 세수, 국유은행의 저리 대출 등 정부의 지원을 받고 있다.[44]

현재 중국 정부의 소유 혹은 통제하에 있는 경제의 비중이 매우 크다. 통계에 의하면, 국유기업 및 국유기업의 직접적인 통제를 받는 경제 부문이 차지하는 비중이 비(非)농업 분야 GDP의 40%가 넘는다.

간접적인 통제하에 있는 기업, 도심의 집단 기업, 그리고 농촌의 공공기업을 포함하면, 정부의 소유 혹은 통제하에 있는 부문이 중국 전체 GDP에서 차지하는 비중은 50%가 넘는다. 기존의 패권국으로 하여금 자신이 자본주의의 길을 가고 있으며 조만간 중산층이 민주주의를 요구할 것이라고 믿도록 만들고 싶다면, 이것은 불편한 진실이다.

중국의 5대 은행이 전체 예금의 50%를 보유하고 있다. 인구가 13억 5천만 명에 이르는 나라에서, 중앙정부와 지방정부 소유 은행 29곳, 특별행정구역 소유 은행 34곳 그리고 2개의 민영 은행이 전부다.[45] 65개라는 은행 숫자는 미국에서 민영 은행이 약 9천 개에 이르는 것과 확연히 대조된다.[46] 2013년 말을 기준으로, 중국 인민은행이 보유한 외환 보유고가 약 3조 6,600만 달러에 달했다.[47] 이 어마어마한 금액은 중국 전체 GDP의 40%에 해당한다.[48]

국유기업의 장기적인 경영 상황을 보여주는 증거를 보면 종잡기가 어렵다.[49] 대부분의 경제학자는 국유기업이 시장의 요구가 아닌 정치적 명령에 따라 움직이는 경향이 있다는 점에 동의한다. 그리고 재화와 서비스의 변화하는 요구에 부응하지 못하고 민영 부문 경쟁자에 비해 효율성이 떨어지는 경향이 있다. 이것은 대개 정실 인사의 결과다. 기업의 경영 구조의 투명성도 찾아보기 힘들다.

중국 정부의 경영 간섭이 국유기업의 비효율을 낳고 있다. 서방의 도움이 없었다면, 국유기업은 일찌감치 활력을 잃고 중국의 민간 부문에게 도태되고 말았을 것이다.[50] 그럼에도 불구하고 국유기업들은 서방의 지원에 힘입어 여전히 건재하다. 골드만 삭스와 모건 스탠리 같은 서방 기관이 국유기업 구조조정을 도와주고, 국유기업 경영진에게 국제금융과 회계기준을 만족시키는 방법을 가르쳐주었다.[51] 결과적으로, 국유기업들은 런던에서 뉴욕에 이르기까지 글로벌 주식시장에서 기업공개를 할 수 있게 되었고, 상하이, 선전(深圳) 그리고 홍콩에서 2차 상장을 했다.

중국에서 가장 널리 알려진 국유기업 가운데 몇 개의 기업들은 서방 투자은행에 의해 탄생했다. 예를 들어, 차이나 모바일은 경영 부실에 빠진 성(省)급 통신사들을 통합해서 이를 국제 펀드 매니저에게 되팔려던 과정에서 탄생한 국유기업이다. 1997년에 두 곳에서 상장해 45억 달러가 넘는 자금을 모집하면서[52] 오늘날 세계에서 가장 큰 이동통신 회사로 성장할 수 있는 기반을 마련했다. 애플이 차이나 모바일을 통해 아이폰을 판매하겠다고 발표한 후 애플 주식이 거의 4% 가까이 상승할 만큼 이제 큰 회사가 되었다.[53]

서방은 중국의 기업가와 투자자의 교육에도 중요한 역할을 해왔다. 예를 들어, 중국은 미국과 유럽의 경영대학 MBA 과정을 지원하는 방식으로 유수한 경영대학 전문가를 영입했다. 런던대학 경영대학원과 에라스뮈스대학 로테르담 경영대학원 학장을 지낸 인물들이 지금 중국유럽 국제경영대학원(CEIBS)에 재직하고 있으며, 듀크대학과 하버드대학 경영대학원들이 중국에서 경영자 과정 교육을 담당하고 있다.[54] 스탠퍼드와 와튼에서 MBA 과정을 마친 중국인들이 미국의 벤처 투자사와 사모 펀드 회사에서 일하다가 중국으로 옮겨 적절한 투자 기회를 발굴하는 데 일조하고 있다. 중국 정부는 서방국가의 비판을 의식하면서도 적어도 몇 가지 이유 때문에 당분간 국유기업에 의존할 것이다. 첫째, 국유기업은 지금까지 경제적인 성공을 거두어왔다. 다시 말해서, 중국은 단 1세기 만에 무일푼에서 경제 대국으로 성장했다. 둘째, 중국의 국유기업은 공산당의 당위성과 정치적 우위를 유지하는 데 필요한 역할을 해주고 있다. "중국 특색의 사회주의"는 중국이 대중을 결집시키는 기치가 되고 있다. 셋째, 중국 지도부는 국가 경제와 안전에 중요한 산업 분야를 정부 통제하에 두어야만―정부가 주된 소유권을 유지해야만―올바른 방향으로 발전할 수 있다고 믿는다. 넷째, 국유기업은 당(黨)을 옹호하고 합법성을 부여함으로써 공산당의 국가 지배를 유지하는 주된 기재가 되고 있다. 다섯째, 국유기업이 중국 내에서 자주적인 기술혁신을 유도해 해외 기술에 대한 의존도를 줄이는 역할을 한다. 그리고 마지막으로, 구(舊)소련이 경험한 최악의 상황―국영기업을 헐값에 외국에 팔아넘기고, 결국 천문학적인 부를 소유한 소수의 재벌이 국제경쟁력을 상실한 기업을 차지하는 상황―을 피하기 위해 중국 지도부가 느리게나마 변화하려고 한다는 점이다.

최근에 발표한 중국의 5개년 계획에 전략적 첨단 신형 산업을 국가대표 산업으로 육성하기 위한 전략이 포함되어 있다.(55) 중국은 자신이 만든 정교한 기술을 들고 글로벌 시장에 진입하기 시작했다. 이는 국유기업의 경제적 역량에 대한 우려를 능가하는 더 큰 우려를 낳고 있다. 예를 들어, 세계에서 가장 큰 전자 회사 가운데 하나인 화웨이는 중국의 정보기관과 밀접한 연관을 맺고 있다.(56) 장기적으로 볼 때, 미국의 기업, 정부 기관, 그리고 군사 정보기관의 통신회선을 포함해 세계의 통신회선이 화웨이의 네트워크를 이용하게 될 수 있다. 나날이 글로벌화되는 세계에서 이런 위험성은 분명히 존재한다. 중국 정보기관이 특정 통신회선을 감시하거나 재설정한다면? 그들이 이 통신망을 이용해 정보를 수집한다면? 유사시에 중요한 국제 통신망을 차단하기 위해 "킬 버튼"을 만든다면?(57) 이런 이유 때문에, 미국과 영국 그리고 몇몇 국가들은 화웨이의 장비가 자국에서 판매되는 것을 금지하고 있다.

중국은 또한 국유기업의 영향력을 확대하기 위해서 자본을 해외에 투자하고 있다. 심지어 경제 무역의 국제화를 뜻하는 구호를 홍보하고 있다: "쩌우추취(走出去, 해외 진출 전략)". 중국은 달러화를 대신해 위안화를 글로벌 기축통화로 만들려는 시도를 해왔다.[58] "쩌우추취" 전략의 일환으로, 중국 기업이 외국 기업을 헐값에 사들이기 시작했다.[59] 국유은행에서 대량의 자금을 지원받으면서도 투자 수익성을 걱정할 필요가 없는 국유기업에게 이것은 경쟁 상대를 손에 넣을 수 있는 더없이 좋은 기회다.

중국 경제정책의 중심에는 국가발전 개혁위원회(NDRC)가 있다. 이 기관이 전략산업 관련 국가정책을 결정하고 국유기업의 인수 합병은 물론 대형 투자 프로젝트를 승인한다. 국가발전 개혁위원회는 위스키 병에서 석유에 이르기까지 모든 소비재의 가격을 결정하는 광범위한 재량권을 가진다. 또한 중국 경제 전략의 신경중추의 역할을 담당한다.[60]

중국이 글로벌 시장에 깊숙이 진입하면서, 중국의 경쟁자가 예상할 수 있게 된 한 가지 사실이 있다: 그들은 규정을 지키는 플레이를 하지 않는다. 최근에 발표된 미국 정부의 보고서에 따르면, 중국이 자국 산업을 외국의 경쟁자로부터 보호하기 위해 비관세 장벽을 지속적으로 높이고 있다. 비관세 장벽에는 "국영 무역, 과도한 보조금, 원자재 사재기, 차별적 세수, 반덤핑 관세 남발, 미국 농산품에 대한 검역 지연" 등이 포함된다.[61] 이 모든 것이 세계무역기구 규정에 위반된다.

중국은 규정을 지키지 않는 플레이로 성공을 거두고 있다. 한 연구에 의하면, 중국의 철강, 자동차 부품, 유리 제조업, 제지 산업 등 네

241

가지 핵심 산업부문이 노동력, 보조금, 세수 우대, 저렴한 토지 이용료, 기술을 바탕으로 글로벌 시장 점유율을 확대해가고 있으며, 이 부문들은 중국이 경쟁 우위를 지닌 분야가 아니라고 분석했다.[62] 전통적인 자유시장경제의 관점에서 보자면, 이것은 왜곡되고 비효율적이며 지나치게 높은 비용을 소모하는 것으로 여겨질 상황이다. 하지만 그 결과는 정반대였다. 10년 만에 중국은 미국을 추월해 세계 최대의 제지 생산국이 되었다. 중국은 세계 유리 생산 시장의 30% 이상을 차지했으며, 국내 소비보다는 대부분 수출되고 있다. 2000년에 철강 순수입국에서 세계에서 가장 큰 철강 생산국이자 수출국으로 바뀌었으며, 세계 철강 시장의 40%를 점유하고 있다. 2001년에는 세계 최대의 자동차 부품 생산국이자 수출국 가운데 하나가 되었다. 이는 전체 원가에서 10%도 차지하지 않는 저렴한 인건비 때문도, 저평가된 통화 때문도 아니었다. 당연히 중국은 이 인상적인 시장 점유율 확대에 관심을 보이지도, 이를 공개적으로 설명하지도 않았다.

또한 중국은 대규모로 외국 제품 베끼기에 나서고 있다. 여기에는 불법으로 제품을 생산 유통하고, 디자인이나 핵심 기술을 도용하는 행위가 포함된다. 2002년 ABC 뉴스는 중국의 가짜 상품으로 인한 외국 기업의 손실이 매년 200억 달러에 달한다고 추정했다.[63] 일부에서는 이보다 훨씬 더 많을 것으로 추정하기도 한다.[64] 베이징 주재 미국 대사관에서 참사관으로 재직했던 토머스 보엄이 전미제조자협회에서 한 최근 연설에서, 중국 GDP의 10~30%가 가짜 상품 제조에 기인한다고 추정했다.[65] 또 다른 통계에 의하면, 서양 제품을 베낀 위조품이 중국 내 소매 판매의 15~20%에 달한다. 일부 지방에서는 이 비중이 90%에 이른다.

미국 국가방첩본부가 정부에 제출한 최근 보고서는 중국을 "세계에서 가장 활발하고 지속적으로 산업스파이 활동을 하는 나라"로 기술했다.[66] 중국은 자국 산업을 지원하기 위해 민감한 산업 정보(무역 기밀, 특허 신청, 사업 계획, 첨단 기술 그리고 수출 통제 상품에 관한 정보)를 수집한다. 전통적인 정보 수집 방법과 사이버 기반 방법을 동원하고 있다. 후자가 세계적으로 가장 활발하게 동원되고 있는 방법으로 보인다.

사이버 공간의 중요성이 날로 커짐에 따라 2000년 이후부터 이 방법을 이용한 활동이 현저히 증가했다. 중국은 사이버 기술을 교묘하게 활용해 외국의 기업, 정부, 학술 기관, 연구 기관 그리고 기타 목표물이 된 기관에서 민감한 산업 정보를 훔쳐서 자국의 산업을 지원한다. 추적을 피하기 위해서 악의적인 소프트웨어, 사이버 툴 공유, 해킹, 서너 개의 국가를 경유하는 라우팅 방법 등 나날이 진화된 수단을 이용하고 있다.

미국의 산업 및 사이버 보안 전문가들이 중국발(發) 사이버 공격에 관한 보고서를 발표하고 있지만, 불행히도 미국 정보기관은 정확한 책임 소재를 밝혀내지 못하고 있다.[67] 이런 사이버 공격이 초래하는 손실 규모에 대해 신뢰할 만한 통계는 없지만, 그 손실 규모를 부분적으로 추정해볼 수는 있다. 미국 기업 내에서 B-1 폭격기, 우주선 그리고 기타 프로젝트에 참여했던 연구원 충둥판(鐘東蕃)이 2010년에 중국의 우주산업을 위해 산업스파이 활동을 한 것이 밝혀져 유죄판결을 받았다. 그가 체포되었을 때, 그의 집에서 25만 페이지에 달하는 민감한 서류들이 발견되었다. 그가 1979년에서 2006년 사이에 중국 관리들에게 넘겨준 정보량이 모두 얼마나 되는지는 알려지지 않았다. 하지만 오늘날에는 25만 페이지에 달하는 정보를 1달러도 안 되는 CD 한 장에 간단하게 저장할 수 있다.**(68)**

중국의 마라톤 전략에 들어 있는 경제 관련 내용은 2005년에 망명한 두 사람에 의해 밝혀졌다. 미스터 화이트나 미시즈 그린과 달리, 두 사람의 설명이 완벽하게 일치했다. 중국의 경제 전략은 자유시장이나 자본주의가 아닌, 베이징 주재 세계은행 관계자의 설계와 경제의 역사에 대한 미국의 왜곡된 시각이 낳은 산물이었다. 세계은행 소속 설계자들은 시장 지향적 경제정책 개혁을 지지하는 인물을 축출한, 반(反)자유시장을 지지하는 중국 지도부와 손을 잡았다. 그들은 혼합적인 중상주의 전략을 설계하고, 지난 30년 동안 이를 은폐했다. 다시 강경파가 승리한 것이다. 우리는 또다시 누가 누구인지를 분간하지 못했기 때문에 그 논쟁에 영향을 줄 수 있는 실제적인 기회조차도 갖지 못했다.

제9장

2049년, 중국이 주도하는 세계 질서

"손님이 도리어 주인 노릇을 한다(反客爲主)."

- 36계

20여 년 동안, 미국은 세계 유일의 강대국이었다. 미국의 경제력과 마찬가지로 미국의 군사력은 지금도 필적할 나라가 없다. 세계가 미국 영화를 보고, 미국 팝 음악을 부르며, 미국 음료수를 마시고, 미국에 본사가 있는 체인 레스토랑에서 식사를 하고, 미국 대학에서 공부를 하며 미국의 대통령 선거에 주목한다. 전 세계 70억이 넘는 사람에게 미국의 문화, 군사, 경제가 자신의 수많은 일상에 영향을 미치지 않는 세계는 상상할 수도 없다. 마찬가지로, 대부분의 미국인에게 자신의 나라가 세계를 주도하는 강대국이 아닌 세계는 상상할 수 없다.

이제 그런 세계를 상상해야 할 시간이 오고 있다. 2050년이면, 중국 경제가 미국을 넘어설 것이며―일부에서는 세 배가 될 것이라고도 예상한다[1]―중국이 유일 초강대국이 되는 단극 세계가 될 수도 있다. 또 다른 시나리오에 의하면 중국과 미국이 양대 슈퍼파워가 될

것이라고도 하고,[2] 또 일각에서는 중국, 인도 그리고 미국의 삼극 세계를 예측하기도 한다.[3]

이 모든 시나리오의 공통분모는 중국이 경제 분야에서 주도국이 된다는 것이다. 미국 달러화가 더 이상 주도적인 통화가 아닌, 달러화, 유로화 그리고 위안화의 멀티 통화제도에 자리를 내줄 것이다.[4] 군사 분야에서 중국이 미국을 앞지를 것이다. 미국이 주변국과 동맹국에게 지난 수십 년 동안 발휘했던 영향력을 중국이 발휘할 것이다. 그리고 적어도 어느 정도까지는 세계를 자신이 원하는 이미지로 만들 것이다.

그 세계는 어떠할까? 억압받는 사람들이 독재정치를 벗어나기가 더 용이해질까 아니면 더 어려울까? 우리가 숨 쉬는 공기가 더 깨끗해질까 아니면 더 유독해질까? 무역을 보호하고 자유를 지향하는 기관의 영향력이 더 강해질까 아니면 약해질까?

물론 이 가운데는 대답할 수 없는 질문도 있다. 하지만 한 가지는 분명하다. 만약 중국이 현재의 주도권을 유지하고 동일한 전략을 추진하며 마오쩌둥 시대 이후부터 고수한 가치관에 집착한다면, 중국이 원하는 이미지에 따라 만들어진 세계는 오늘날 우리가 알고 있는 세계와는 사뭇 다를 것이다.

중국의 강경파가 정책을 결정한다면, 2049년 중국이 주도하는 세계는 더 나빠질 것이다. 서방국가의 지원으로 온건파와 진정한 개혁파가 부상하게 된다면, 세계적 우위를 점한 중국이 위협적이지 않을 것이다. 강경파와 온건파 사이에서 중국이 할 선택에 우리가 얼마나 영향을 미칠 수 있는지는 마지막 장에서 기술할 것이다. 중요한 것은 우리가 진정한 개혁파가 힘을 얻도록 만들지 못하면 세계는 이렇게 바뀔 것이라는 점이다.

중국의 가치관이 미국의 가치관을 대체한다

미국 사회는 고도로 개인주의화된 사회이다. 토머스 제퍼슨과 벤저민 프랭클린 같은 개인주의자들, 그리고 대영제국의 일부가 되기를 거부했던 반란자들이 미국을 세웠다. 미국은 그들을 존경한다. 미국의 권리장전은 모든 미국인이 원하는 대로 말하고, 원하는 대로 기도하고, 법 집행 과정에서 부당한 조사를 받지 않고 안전하게 살 권리를 규정한다. 모든 미국인에게 자신의 삶의 과정을 선택할 권리는 신성불가침의 권리다.

하지만 중국에서, 미국인이 생각하는 개인의 권리는 존재하지 않는다. 인문학자 리디아 류에 의하면, 미국인 선교사 마틴은 1860년대에 〈국제법〉을 최초로 중국어로 번역할 때 중국어에 권리라는 말이 존재하지 않아서 오늘날 사용하고 있는 '권리'라는 어휘를 새로 만들었다.[5] 중국 공산당이 이룩하려는 사회는 1949년 이전의 문화적 실제, 집산주의 사회다. "중국에서, 인간으로 산다는 것은 더 거대한 인류의 부속품이 되는 것이다."[6] 이것은 중국을 집중적으로 연구한 두 경영 전략가가 한 말이다. 중국 헌법에 언론의 자유, 결사의 자유, 종교의 자유에 관한 조항이 많지만, 실제로 이 권리는 거의 보호받지 못한다.[7]

수십 년 동안, 중국 정부는 개인의 자유를 부정해왔다. 중국이 더 강대해지면서, 심지어 국경 밖에 있는 중국인의 권리까지 간섭하기 시작했다. 뉴욕에 거주하는 중국 인권 운동가 원윈차오(温云超)가 유엔에서 연설한 후, 그의 휴대전화, 이메일, 트위터 계정이 중국의 지원을 받은 것으로 보이는 해킹 공격을 받았다.[8] 미국 의회 청문회에서 상원 의원 세로드 브라운이 원윈차오에게 그가 다른 중국의 반대자들처럼 수감되지 않은 이유가 무엇이냐고 물어보자, 그는 자신이 중국에 있지 않기 때문이라고 대답했다.[9] 더욱이 2009년에 중국은 65억 8천만 달러의 예산을 투입해 소위 "해외 선전 공작"을 시작했다.[10] 그때나 지금이나 목표는 중국에 우호적인 나라들 내에서 중국의 이미지를 확립하는 데 필요한 해외 네트워크를 구축하는 것이다.

외국의 인권 단체를 향한 공격이 일상적으로 이루어진다.[11] 국립민주주의기금(NED)의 루이사 그리브 국장이 증언했듯이, 중국은 일상적으로 인권 단체와 NGO의 컴퓨터 시스템을 해킹한다.[12] 이런 공격의 목적은 "반체제 인사 사이의 신뢰를 훼손하고, … 비용을 상승시키고, 두려움을 조장하는 것이다."[13] 그리브의 결론에 따르면, 그런 행동은 "독재국가가 쓰는 억압적 전술의 놀라운 역외 확장이다."[14]

문제는 이런 억압적 전술이 간헐적으로 행해질 것인가, 아니면 점차 대담해진 중국이 이런 행동을 규범화할 것인가 하는 점이다. 일단 경제적으로나 군사적으로 미국이나 그 동맹국과 대립할 만큼 강력해지면, 중국은 거슬리는 말을 하는 사람에게 사이버 공격을 가할 것이다. 아시아에서 북미에 이르기까지 중국 밖에 살고 있는 많은 사람들이 자신이 하는 말을 조심해야 하고 처벌받을까봐 걱정해야 할 것이다.

중국이 인터넷상의 반대 의견과 "조화"를 이룬다

중국이 언론의 자유에 맞서기 위해 사용하는 무기 가운데 하나가 인터넷 검열이다. 중국에서 인터넷 검열과 관련된 일에 종사하는 사람은 백만 명이 넘는다.[15] 세계 인터넷 사용자의 대부분이 중국인이지만, 중국 정부가 인권 단체, 해외 신문 그리고 수많은 정치 및 문화 관련 웹 사이트를 검열하고 차단하고 있기 때문에, 중국 네티즌들은 우리와 동일한 인터넷에 접속할 수 없다. "조화"라는 말은 '검열'이라는 말의 또 다른 표현이다.[16]

중국 정부는 천안문 광장에서 일어난 학살에 대한 기억을 지우기 위해 엄청난 노력을 기울이고 있다. 이 무력 진압이 벌어진 지 23주년이 되던 2012년 6월에, 중국 검열 기관은 국내 인터넷에서 이와 관련한 모든 표현을 차단했다. 세 명의 활동가가 기념 행진 허가를 신청했다가 곧바로 구금되었다.[17] 네티즌들이 지금은 천안문 사태의 상징이 된 늘어선 탱크들 앞에 서 있는 학생의 사진에 "노란색 대형 오리(big yellow ducks)"라는 표현을 삽입하는 방식으로 검열을 피하려고 했지만, 중국 정부가 차단했다.[18] 6월 4일(천안문 시위 기념일)이 되면 인터넷 검열이 특히 광범위하게 전개되기 때문에, 이 날은 "인터넷 유지 보수의 날"로 풍자되어서 불린다.[19]

정보 차단 이외에도, 중국 정부는 친(親)정부 블로그를 동원해 자신들의 관점을 전파하고, 반대자를 음해하고, 거짓 정보를 유포한다.[20] 이런 거짓 정보 때문에 네티즌은 진실과 정부의 선전을 구분해야 하는 어려움에 놓인다.[21]

지난 수천 년 동안 존재했던 억압적인 정권은 하나같이 정보를 통제했다. 중국이 과거에 국내에서 행했던 검열과 2050년에 전 세계적으로 진행할 검열 사이에 중요한 차이는, 자국민이 보는 것뿐만 아니라 다른 나라의 국민이 보는 것까지 검열할 수 있을 정도로 중국의 검열 능력이 강화되고 있다는 점이다. 지금까지는 중국의 약탈적인 인터넷 관행이 중국에 한정되어 있었지만, 점차 국제적으로 적용되고 있다. 중국의 혁신적인 인터넷 통제 기술이 최소한 11개국에 이미 도입되어 있다.[22]

물론, 중국이 〈뉴욕 타임스〉와 〈월스트리트 저널〉이 자신에 대해 사실 그대로 보도하지 못하도록 막을 수는 없을 것이다. 하지만 중국의 영향력이 증대하면서, 협력 관계에 있는 수많은 나라의 국민이 이 웹 사이트를 보지 못하는 상황이 날로 많아질 것이다. 예를 들어, 중국의 글로벌 기업 화웨이와 ZTE는 중앙아시아, 동남아시아, 동유럽 그리고 아프리카 국가에게 인터넷 및 통신 장비를 공급하는 대표적인 기업이다.[23] 카자흐스탄, 베트남, 벨라루스, 에티오피아, 잠비아 같은 나라들이 정치 및 기술 분야에서 중국의 강력한 통제 방식을 인터넷 통제 모델로 삼아서 중국에서 관련 기술을 도입할 수도 있다.[24]

앞으로도 중국은 민주화에 반대한다

중국 관리들은 더 독재화되고 덜 민주화된 세계를 원한다. 1955년부터, 베이징은 줄곧 타국의 국내 사무에 간섭을 금지하는 5개 원칙을 공언해왔다. 중국의 영향력이 계속 확대되면서 친(親)중국적인 독재 정부를 비호하고 대의정치를 훼손하는 능력도 현저하게 증대할 것이다. 마라톤 전략을 추진하기 위해 기울이는 다른 많은 노력과 마찬가지로, 이것도 뉴스와 정보를 조작하는 것부터 시작되었다. 독재적인 정부 형태를 옹호하는 것은 중국이 65억 8천만 달러를 투입해 추진 중인 "해외 선전 공작"의 일환이다.[25] 베이징은 짐바브웨의 로버트 무가베 대통령을 공식적으로 지지했으며, 헤이그 법정에 송환될까 봐 해외에 나가는 것조차 두려워하는 전쟁범죄자 오마르 알바시르 수단 대통령을 공공연히 지원했다.

중국이 독재 정권을 지원하는 또 다른 방식은 전략적인 차관 공여와 투자다.[26] 2009년과 2010년에 중국이 개도국 정부와 기업에 제공한 차관이 세계은행의 대출 규모보다도 많았다.[27] 중국은 글로벌 정치 어젠다를 주도하기 위해 경제적 수단을 이용한다. 아프리카에서 반(反)서구 어젠다를 주도하기 위해서 2조 달러에 달하는 차관을 공여했다.[28] 프리덤 하우스(전 세계의 민주주의 확산과 인권 신장 및 언론 감시 활동을 펼치고 있는 비영리 인권 단체-옮긴이)에 따르면, "인권과 재정 안전성의 문제가 빠진 이런 무조건적인 자금이 … 개도국의 무책임하고 부패한 정권 쪽으로 흘러들어 가고 있다."[29] 케임브리지대학의 스테판 핼퍼 교수에 따르면, 짐바브웨는 차이나 이펙트를 보여주는 "가장 생생하고 가장 잘 알려진 아프리카의 사례"이다.[30] 중국은 무가베에게 철권통치를 유지하는 데 필요한 수단을 제공했는데, 처음에는 무기를 공급하고 후에 인터넷 감시 장비와 짐바브웨 국민을 통제하는 기술을 제공해주었다. 또한 유엔의 무가베 제재안에 반대표를 던졌다.[31]

중국의 전략은 아프리카 국가와 불간섭 원칙에 기초한 "누이 좋고 매부 좋은 관계"를 구축하는 것이다. 중국 정부는 후진타오 전 주석이 말한 "어떠한 정치적 조건도 없는 비즈니스"라는 정책에 따라 중국의 비즈니스 파트너가 아프리카 주민에게 가하는 학대를 묵인하고 있다.[32] 국제적 기준을 무시함으로써,[33] 아프리카에서 민주주의를 약화시키고 독재정치를 강화하고 있는 것이다.

중국은 아시아, 아프리카, 남아메리카에서 짐바브웨 모델을 적용하고 있다. 시리아, 우즈베키스탄, 앙골라, 중앙아프리카공화국, 캄보디아, 수단, 미얀마, 베네수엘라, 이란에서 독재 정부를 지원하고 있다.(34) 중국 경제의 규모가 미국의 세 배가 되면, 갈등을 해결하고 올바른 정치 활동을 진작하려는 노력을 억압하려는 중국의 행동이 훨씬 강력해질 것이다.(35)

물론 지금부터 2049년까지, 중국이 독재정치와 결별하고 국내외적으로 민주주의를 포용할 수도 있다. 하지만 이를 낙관적으로 예측할 근거가 지극히 희박하다. 수십 년 동안, 많은 서방의 학자는 중국이 대략적으로 자유민주주의를 향해 긴 여정을 시작했다고 예측해왔다. 일부는 여전히 이 희망을 부여잡고 있지만, 이들 중 많은 학자가 민주주의가 중국에 도래하고 있다며 자신이 했던 장밋빛 예측에 당혹스러워하고 있다. 결국, 그 본질적인 특성상 희망 사항은 흔히 반박하기가 어렵다.

중국이 미국의 적들과 손잡는다

중국이 미국을 글로벌 경쟁—자신의 승리를 확신하고 있는 경쟁—의 경쟁자로 보고 있다는 것은 분명한 사실이다. 미국의 힘을 조금씩 약화시키려는 노력의 일환으로 중국이 미국의 적, 특히 대테러 전쟁에서 미국의 적을 돕는 이유가 여기에 있다. 2001년, 중국이 오사마 빈 라덴의 조직원들을 숨겨줌으로써 탈레반을 도왔다는 사실을 미국 정보기관이 밝혀냈다. 특히, 중국의 양대 통신사가 탈레반이 카불에 전화 시스템을 만드는 것을 도와주었으며, 이것은 9·11 테러 이후에도 지속되었다.(36) 아프가니스탄 통신 계약서에 관한 보도가 나오자, 중국은 다른 모든 독재 정권의 교사자가 압박에 직면했을 때 하는 전형적인 행동을 취했다: 보도에 언급된 민간 기업의 활동에 대해서 아는 바 없다. 하지만 그 회사들은 전혀 민간 기업이 아니었고 베이징이 '아는 바' 없을 수가 없었다. 이 중 한 회사는 중국군의 고위급 인사가 설립했고, 중국군의 통신 네트워크를 건설하는 데 참여했었다.(37)

중국과 탈레반의 관계는 통신시스템을 만드는 것에 그치지 않았다. 1998년, 탈레반은 중국 정부에서 추가로 지원을 받았다. 이는 탈레반이 클린턴 정부 시절에 아프가니스탄 알 카에다 은신처를 파괴하기 위해 발사했지만 불발탄이 된 토마호크 크루즈 미사일을 비밀리에 베이징에 제공한 데 따른 대가였을 것이다―이는 중국에게 뜻밖의 횡재였다. 3년 후, 9·11 테러 공격이 발생한 당일, 카불에 있던 중국 관리들은 탈레반과 또다시 경제 및 기술적 지원을 포함한 협상을 맺었다. 이는 중국이 탈레반과 맺은 많은 협상 가운데 두 가지 사례에 불과하다.

알 카에다 테러 조직과 중국의 협력이 간접적으로만 이루어진 것은 아니었다. 2001년 12월 펜타곤이 입수한 정보 보고에 의하면, 중국은 9·11 테러 공격 이후에 알 카에다에 무기를 공급했다. 9·11 테러 공격이 발생한 후 일주일 만에 탈레반과 알 카에다 조직원이 은닉해 뒀던 전투기가 중국산 지대공 미사일을 수송했으며, 2002년 5월, 미군 특수부대가 이 미사일 가운데 서른 발을 찾아냈다. 한 탈레반 사령관이 파키스탄에서 발행되는 우르두어(語) 신문에 "중국이 탈레반 정부에 대한 지원과 협력을 확대하고 있다"고 밝히며 공개적으로 중국의 지원에 감사를 표했다.(38)

또한 중국은 이라크의 사담 후세인 정권에 대한 지원도 확대했다. 탈레반과 협력했던 중국 통신사 가운데 한 회사가 이라크에 대한 유엔의 제재를 위반하는 행위를 했다. 1999년 5월, 이 회사는 유엔 석유 식량 프로그램을 통해 이라크에 광섬유 통신시스템을 판매할 수 있도록 허가해달라고 요청했다. 유엔이 이 요청을 거부하자, 이 회사는 이를 어기고 장비들을 수송했다.(39)

제2차 이라크 전쟁이 발발한 시기에 나는 펜타곤에서 일하고 있었는데, 미국 국방부의 고위 인사가 내게 "중국이 이라크가 방공 시스템을 효과적으로 통합할 수 있는 광섬유 통신 네트워크를 건설할 수 있도록 도왔다. 악천후나 공습 같은 다양한 상황에서 그들을 보호해줄 광케이블을 매립했다"고 확인해주었다.(40) 이 군사적 지원에 관한 보고서가 나오자, 조지 W. 부시 대통령은 이 보고서의 내용이 충격적이라고 인정했다. "우리는 이라크에서 중국의 존재에 대해 우려하고 있고, 우리 정부는 중국에 적절하게 대응하고 있습니다." 그가 기자들에게 말했다. "네, 중국이 우리 조종사를 위험에 빠뜨릴 수 있는 시스템을 만들도록 이라크를 돕고 있다는 것은 문제입니다."(41)

이에 중국은 다시 부인했다. "그것은 소문입니다. 미국과 영국의 이라크 폭격을 변명하려는 것입니다." 선궈팡(沈國放) 유엔 주재 중국 대사가 이렇게 말했다. "군사든 민간 부문이든 이라크에서 일하는 중국인은 한 명도 없습니다."(42) 하지만, 중국 회사가 이라크에 사무실을 운영하고 있었고, 이라크 관리들이 중국 남부에 있는 이라크 사무실을 방문했다. 2000년부터 2001년까지 이라크가 발주를 했으며, 2002년에 이라크가 1만 2천 페이지에 달하는 금지 무기 프로그램에 관한 보고서를 유엔에 제출하면서 이 불법 관계가 사실이라는 것이 확인되었다. 중국 기업 세 곳이 이라크 방공 네트워크에 필요한 광섬유 통신 스위칭 장비를 제공했다는 내용이 보고서에 포함되어 있었다.

　2003년 말, 전직 이라크 방공부대 지휘관이 그해 3월 미국 주도의 공격이 있기까지 수개월 동안 중국 통신 전문가뿐 아니라 중국군 인사들이 이라크의 군사력을 지원하는 데 중요한 역할을 했다는 사실을 시인했다. "그들은 2002년 봄에 도착했습니다." 그가 말했다. "그들은 개인적으로 사담 후세인과 인사를 나누었습니다. 그들 중 두 사람은 우리와 비슷하게 보이려고 수염을 기르고, 카피예(아랍 남자들이 머리에 쓰는 사각형 천)를 쓰고 있었습니다." 이 전직 이라크군 장교의 말에 의하면, 그 중국인들이 미국과 연합군의 전투기가 떨어뜨린 유도폭탄의 방향을 전환하는 첨단 장비를 개발했으며, 이로 인해 폭탄이 목표물을 비껴가는 일이 잦았다. "중국인들이 만든 장치는 25달러밖에 들지 않았지만, 매우 성공적이었습니다."(43)

　중국의 노링코(NORINCO) 방산 기업도 악명 높은 불량 국가들의 친구다. 2002년, 이 회사는 미사일 프로그램에 필요한 특수강을 이라크에 판매하고 이듬해에 경제 제재를 받았다. 미국 국무부 검증준수실행국 폴라 드서터 차관보는 미-중 경제안보 검토위원회에서 행한 증언에서, "중국 정부는 노링코의 행위를 저지하려는 어떤 행동도 하지 않았습니다"라고 증언했다. "중국 정부는 미사일 확산에 반대하며, 중국 기업과 기관이 미국과의 약속을 어기고 확산에 개입하는 것을 금지한다고 주장해왔습니다. 하지만 불행하게도, 현실은 아주 다릅니다." 그녀는 중국이 파키스탄 같은 국가에 미사일과 위험한 물품을 수출하지 않겠다고 약속한 목록을 열거했는데, 이는 중국이 얼마나 기만적으로 행동하고 있는지 보여준 것이다.(44)

또한 드서터는 대량살상무기를 만들 수 있는 기술을 판매한 중국의 무책임한 행동에 관해 증언했다. 핵확산 금지조약(NPT)에 서명했음에도 불구하고 "중국이 파키스탄과 이란의 핵 프로그램에 기여하고 있다는 것은 명백합니다"라고 그녀가 말했다. 이외에도, 중국은 이란을 포함한 불량 국가의 독가스 및 화학무기 프로그램에도 기여했다. 그리고 드서터에 의하면, "생물무기 금지협약 회원국이 되었음에도 불구하고, 중국은 의무 조항을 어기고 (생화학 무기) 프로그램을 유지하고 있습니다." 중국이 자신의 프로그램을 두고 세계를 향해 주장해온, 생화학 무기를 연구하지도, 생산하지도, 소유하지도 않는다는 말은 "전혀 사실이 아니다."[45]

중국은 에어포칼립스(대기오염으로 인한 대재앙-옮긴이)를 가져온다

2013년 1월, "악취가 나는 스모그"가 베이징을 뒤덮었다. "냄새를 맡으면 숨이 막힐 것 같은 대기오염, 에어포칼립스"가 수 주간 지속되었다.[46] 지구 대부분을 오염시킬 정도로 파괴력을 갖게 되었다는 점에서 오늘날 중국의 부상이 가져온 파괴는 예전의 산업혁명을 능가하고 있다. 실제로, 중국은 이미 이렇게 하기 시작했다.

중국이 조만간 미국의 두 배가 되는 것은 GDP뿐만이 아니다. 2015년에 배출한 유독 물질도 미국의 두 배에 이른다.[47] 〈이코노미스트〉에 의하면, "1990년부터 2050년 사이에 중국의 에너지 사용에 따른 이산화탄소 누적 배출량이 5천억 톤에 달할 것이며, 이는 대략 산업혁명부터 1970년까지 전 세계가 배출한 양과 맞먹는다."[48]

이러한 오염이 해마다 수천 명의 사람에게 치명적인 결과를 가져올 것이다. OECD는 "교통과 산업 생산이 가져온 대기오염으로 인해, 전 세계적으로 대기오염과 관련한 조기 사망자 수가 두 배 증가해 한 해 360만 명에 이를 것이며, 대부분은 중국과 인도에서 발생할 것으로 예상된다"고 밝혔다.[49] 중국발(發) 스모그와 매연 오염이 일본의 일부 지역을 며칠간 뒤덮었다. 심지어 태평양을 건너와서 캘리포니아 미세먼지 오염의 29%를 차지했다.[50] 당연히, 지구온난화는 국가 간 경계를 상관하지 않는다.

대기오염의 주된 원인은 중국에서 최대의 공기 오염원으로 꼽히는 석탄 사용량 때문이다. 미국 에너지 정보국에 따르면, 중국은 다른 모든 나라의 석탄 사용량을 합친 것에 상당하는 석탄을 사용하고 있다.[51] 비록 중국이 환경 지수를 개선시키기 위한 조처를 취하고는 있지만, 관련 통계는 이 문제가 지속적으로 악화될 것임을 보여줄 뿐이다. 중국은 지금도 석탄 소비 보조금을 지급하는 몇 안 되는 나라들 가운데 하나이다. 중국 전체 상업용 건물의 에너지 소비의 75%가 화석 연료이며, 당분간 석탄이 중국의 주된 에너지원이 될 것이다.[52] 중국의 석탄 소비가 2011년에 9% 이상 증가했으며, 이는 전 세계 석탄 사용량의 87%에 해당한다.[53]

중국 경제가 성장함에 따라, 오염 문제도 악화될 것이다. 배출량을 줄이려면, 다른 모든 정책 목표 중에서 결코 타협할 수 없는 목표인 경제성장률을 과감히 조정해야 한다. 2049년, 세계는 중국의 성공을 "냄새 맡고, 맛보고, 숨 막혀 해야" 하는 상황에 처할 것이다.

중국의 성장 전략은 심각한 파괴와 오염을 동반한다

지속적인 집권을 위해서 빠른 경제성장이 필요하다는 것을 중국 지도부는 알고 있다. 현재와 같은 상황이 30년간 지속된다면, 그 결과는 경악스러울 것이다. 1980년대 이후부터 중국은 양쯔 강과 황허 강을 따라 수만 개의 화학 공장과 수천 개의 발전소를 건립했다.[54] 공장들이 우후죽순으로 지어지고, 환경보호보다는 발전을 우선순위에 둔 중국의 선택으로 하천의 40%가 심각하게 오염되었고, 이 가운데 20%는 마시는 것은 고사하고 피부에 닿는 것도 두려울 만큼 독성을 띤 물로 변했다.[55] 최소한 55%의 지하수가—중국에는 이제 지하수 수량도 많지 않다—식수로 부적합하다. 실제로, 공장이 강으로 배출하는 폐수 때문에 매년 6만 명의 조기 사망자가 발생한다.[56] 물론, 정부의 정보 통제와 광범위한 감시망으로, 많은 중국인은 자신이 마시고 있는 물 때문에 사망할 수도 있다는 사실조차 모르고 있다.[57]

중국의 주변국들은 이미 무분별한 개발의 여파를 체감하고 있다. 수질 오염 때문에 중국 수산업의 중심이 상당 부분 동중국해, 남중국해 그리고 태평양 수역으로 이전했다.[58] 2011년 한 해 동안에, 한국의 해양경찰이 자국 수역에 불법 진입한 중국 어선 470척을 송환했다.[59] 중국과 베트남, 필리핀, 일본 사이에 이와 유사한 충돌이 수시로 발생하고 있다. 이는 향후 실제 무력 충돌의 가능성을 내포한다.

중국의 주변국이 중국의 활발한 댐 건설을 우려하는 것은 당연하다. 중국은 2020년까지 수력 발전량을 세 배로 확충할 계획인데, 이는 많은 하천을 수량이 적은 개천으로 만들어버릴 수 있다. 중국이 수리권의 공유 개념에 대한 인식이 없고 수자원 사용에 관한 정보를 공유하지 않기 때문에, 중국의 이웃 국가는 수자원 고갈을 받아들이든 아니면 매우 위험하고 불안정해질 수 있는 방식으로 중국에 대응해야 할 것이다.[60]

중국의 수자원 관리가 아시아뿐만 아니라 전 세계에 영향을 미칠 것이다. 과학자들은 2050년이 되면 세계 인구가 90억 명이 넘을 것이며, 이 가운데 70%는 도시 지역에서 거주할 것이라고 예측한다. 이는 쓰레기와 물 관리에 심각한 영향을 가져올 것이다.[61] 중국에게만 해당하는 일처럼 들리겠지만, 중국이 미국보다 세 배 강해지면 이것은 전 세계적인 문제가 된다. 오늘날, 많은 사람이 중국에 더욱 강력한 환경보호 운동을 요구하고 있다. 하지만 기대하는 변화는 일어나지 않고 있다.

암(癌) 마을들

대기오염과 수질오염으로 인간이 치르고 있는 대가는, 무엇보다도 공장 주변에서 발생하는 수많은 중국의 "암 마을"에서 볼 수 있다. 공장들이 쏟아내는 폐기물, 유독성 화학물질 그리고 미심쩍은 물질이 야생동물의 죽음, 썩어가는 강물, 출생률 하락, 심지어 조기 사망을 초래하고 있다. 중국의 환경오염 기준이 선진국에 비해 턱없이 낮기 때문에—국제 기준의 40%에 불과하다[62]—지난 수십 년간 중국에서는 나머지 전 세계 국가들의 것보다 더 많은 암 다발 지역이 생겨났다.[63]

그 위험성은 강 주변 마을에만 국한되지 않는다. 암은 이제 베이징에서 가장 주된 사망 원인이며, 심각한 오염이 주된 이유다.[64] 중국의 암 발병률이 아직 미국보다 낮지만, 현재의 상황이 지속된다면 오래가지 못할 것이다.

중국은 툭하면 선진국들이 과거에 산업화하는 과정에서 야기한 오염 문제에 대한 책임이 있다고 주장한다. 하지만 적어도 두 가지 점에서 다르다. 첫째, 중국의 산업혁명은 더 광범위하며, 따라서 전례가 없는 실제적인 위험과 잠재적 위험을 내포하고 있다. 중국은 머잖아 세계에서 가장 큰 경제체가 될 것이며, 이로 인해 화석연료, 유독성 화학물질, 기타 오염원에 대한 수요가 극대화될 것이다.

둘째, 중국에는 급격한 경제성장으로 발생한 발암물질과 독성 물질에 노출된 사람들의 이해관계를 대변할 강력하고 건설적인 시민사회가 없다. 암 마을에 살다가 남편과 아들을 암으로 잃은 한 여성은 "저는 깨끗한 공기를 마시고, 안전한 물을 마시고, 오염되지 않은 땅을 원할 뿐입니다. … 하지만 내가 너무 많은 것을 요구하는 것인지도 모르겠습니다"라고 말했다.[65] 셰로드 브라운 상원 의원이 말했듯이 "문제를 공개적으로 알릴 언론의 자유가 없으며," 그리고 설령 진실이 드러난다고 해도 "장기적으로 주장을 관철시킬 만한 자유로운 시민사회가 존재하지 않는다."[66]

중국의 국제무역이 증대함에 따라서, 농업과 식품 가공업에도 세계적으로 심각한 영향을 미치고 있다. 생산량을 늘리기 위해 위험하거나 금지된 농약을 사용하고, 가축과 물고기의 성장을 촉진하기 위해 안전하지 않은 항생제와 호르몬을 먹이고, 반가공품의 시장성을 높이기 위해 금지된 방부제를 사용한다.[67] 이로 인해 동아시아, 유럽연합, 미국 등의 지역은 중국 식품 수입 금지 조치를 취하고 있다.[68]

속이는 자가 이긴다 ─
중국이 국가대표 기업들을 배출한다

무역과 경제 분야에서 미국은 중국에게 지고 있으며, 이유는 간단하다. 중국은 속인다. 기술을 훔치고, 중국 기업의 독점을 유도하며, 국유기업이 외국 기업과의 경쟁에서 이길 수 있도록 불공정한 방법으로 지원한다. 현대로 접어든 후 수십 년간, 중국은 다른 나라가 국경을 넘어 무역을 하고 자국 내에서 외국 기업이 투자할 수 있도록 만드는 과정에서 준수해야 할 규칙을 어겨왔다. 자신이 만든 규칙에 따라 경기를 해왔으며, 그 영향력이 커지면서 앞으로 갈수록 많은 나라들이 새로운 규칙에 따르도록 강요받을 것이다.

중국의 성공적인 성장 전략의 핵심은 불법 수단을 통해서라도 외국의 과학기술을 확보하는 것이다. 1만 명에서 1만 5천 명에 이르는 사람이 고용된 짝퉁 공장들이 있다.[69] 국가 산업 정책의 목표가 지식재산권 침해를 부추기는 결과를 초래하고 있으며, 수많은 중국 기업과 정부기관이 이런 행위에 가담하고 있다.[70] 지식재산권 침해가 일반화되어 있기 때문에, 어느 소프트웨어 회사는 중국에서 프로그램 하나를 판매한 후에 3천만 회에 달하는 업데이트를 해야 했다.

중국은 지식재산권 침해의 최전선에 있으며, 수시로 외국 기업을 해킹해 그들의 IP를 자국 기업에 넘기는 세계 최대의 지식재산권 약탈자다.[71] 이 때문에 중국은 기술 사다리를 올라가는 과정을 속일 수밖에 없다.[72] 이런 지식재산권 침해가 미국에서만도 매년 1천7억 달러의 매출 손실과[73] 210만 개의 일자리 감소를 가져왔다.[74] 앞으로 중국 경제가 훨씬 더 커지고 이런 행위가 더욱 광범위하게 벌어지면, 그

가치를 쉽게 도용당하는 환경에서 지식재산권 창출에 투자하는 혁신적 사고를 가진 사람들이 설 자리가 없어질 것이다.

불법적인 기술 이전 외에도, 중국은 자국 국유기업에 유리한 경기장을 조성하고 있다.[75] 이들이 많은 경제 부문을 장악하고 7개의 전략 부문에서 선두 주자로 군림하고 있다: 국방, 전력 발전, 석유 및 천연가스, 통신, 석탄, 항공 그리고 조선.[76]

중국은 막대한 외환 보유고를 국유기업에 곧바로 지급할 수가 있으며, 따라서 해외시장 공략이 훨씬 보편화될 것이다. 1985년부터 2005년까지, 대형 국유기업 지원에 3천억 달러를 썼다.[77] 널리 알려져 있듯이 저리의 자금과 막대한 물량 투자 방식은 그들의 경쟁자에게는 이용할 수 없는 방식이며,[78] 그들은 공격적으로 해외투자를 확대한다. 시장 확장에 나서고, 천연자원을 확보하고, 더 선진적인 기술을 개발하고 있다.[79]

중국은 자국 시장 진입에 매우 불평등하고 다양한 제한을 두고 있다.[80] OECD에 따르면, 중국의 외국인 투자법이 세계 20대 국가 중에서 가장 많은 제한을 두고 있다.[81] 중국의 독과점 금지 정책이 대표적인 예이다. 중국은 2007년에 독점금지법을 제정했지만, 국유기업은 이 법의 적용을 받지 않는다.[82] 오히려, 이 법은 중국으로 진입하고자 하는 외국 기업을 주로 겨냥하고 있다.[83] 게다가, 독점금지법에 따라 '조사'가 진행되는 과정에서 해당 기업에 변호사를 선임하지 말라고 경고한다든가, 독점금지법을 어기고 반(反)경쟁 행위를 했다는 사실을 인정하라고 압박하는 등 의심스러운 수단을 동원한다. 중국 정부가 외국 기업의 시장 진입을 억제하는 또 한 가지 수단은 외국 투자에 대한 국가안보 심사이다. 미국의 외국인투자위원회와 달리, 중국은 외국인 투자자의 시장 진입을 차단할 목적으로 "경제 안보"와 "사회 안정"이라는 명목을 규정 목록에 포함시켰다.[84] 중국에 있는 외국 기업은 노골적인 금지, 외국인 소유권에 대한 비난의 시각, 고용과 관련한 제약들, 반복적인 조사, 정부 승인을 받기까지 복잡한 절차 등 여러 문제에 직면한다.[85] 결과적으로, 중국은 세계무역기구에서 최혜국 대우를 누리면서도, 외국 기업이 머잖아 세계 최대의 경제 대국이 될 자신의 시장으로 들어오는 것을 제약하고 있다.

중국이 유엔과 세계무역기구의 권위를 차츰 훼손한다

유엔은 결코 완벽하다고 할 수는 없지만 가장 보편적인 회원국을 가진 유일한 국제정치기구다. 또한 회원국이라면 어느 나라와도 보건, 노동, 통신, 재정, 안보, 무역에 관해 논의할 수 있는 유일한 세계적인 토론장이다. 이 협력적인 관계망이 국제정치 질서를 지탱하고 있지만, 중국이 주도하는 세계에서는 이 독특한 장점―보편적인 회원 자격―이 유지되기 어려울 것이다.

2001년, 중국과 몇몇 아시아 국가가 향후에 나토에 필적할 만한 기구로 발전시키려는 의도를 가지고 상하이협력기구(SCO)를 설립했다. 중국, 카자흐스탄, 키르기스스탄, 러시아, 타지키스탄 그리고 우즈베키스탄이 회원국이다.[86] 나토와 마찬가지로 SCO도 헌장과 사무총장이 있고, 회원국의 수도에 현안별로 센터를 두고 있으며, 매년 정상회담을 개최한다. 하지만 나토가 북대서양 지역의 안보 협력에만 국한된 기구인 데 반해 SCO는 무역, 재정 그리고 법률적 문제에 관한 협력 메커니즘을 가지고 있다.

SCO와 나토의 가장 큰 차이점은 회원국 정부의 본질적인 성격이다. 나토는 28개 민주주의 국가의 협력체다. SCO는 독재국가의 협력체다. 민주주의 국가인 인도를 포함한 SCO의 옵서버들이 언젠가 정식 회원국이 되어 민주적인 가치를 도입할 가능성이 있지만, 가장 큰 경제 대국이자 군사 대국인 중국의 지위를 볼 때 SCO는 앞으로 중국이 주도할 가능성이 크다.

베이징이 이미 SCO에서의 역할을 확대하고 있다. 예를 들어, 중국이 SCO 기업 협회와 개발 기금을 통해서 회원국에게 수십억 달러의 신용 대출을 해주었다.[87] 또한 교육, 보건, 문화 그리고 사법 및 입법 문제를 연구하기 위해 국제금융협회와 학계 전문가로 구성된 포럼을 발족했다. 중국 외교부장은 SCO를 "베이징의 '새로운 안보 개념'의 성공적인 사례"라고 말했다.[88] SCO 회원국들은 정기적으로 합동 군사훈련을 실시하며, 중국 관영 뉴스에서 자주 집중 보도되고 있다.

만약 인도가 옵서버 자격에서 정식 회원국이 되는 경우, SCO는 2050년경이 되면 세계 3대 경제 대국을 회원으로 가진 조직이 될 것이다. 단순히 다른 국제기구에 회원국으로 참여하지 않거나 혹은 그 결정을 준수하지 않는 방식으로 다른 국제기구의 위상을 훼손시킬 수 있는 경제적 영향력을 갖게 된다. 이렇게 중국과 SCO 회원국이 세계 GDP에서 차지하는 비중이 점점 확대되는 상황에서, SCO 회원국이 유엔에서 빠진다면 미국이 빠진 국제연맹과 비슷한 상황이 초래될 것이다. 심지어 일부 전문가는 SCO 회원국의 통화만을 사용하는 거래 시스템을 만들 것을 제안했다.[89]

유엔과 마찬가지로, 세계무역기구도 영향력이 점차 감소할 위협에 직면해 있다. 자유무역과 더욱 자유로운 시장을 만들기 위해 설립한 국제기구가 신흥국가들이 만든 그물망에 갇혀 있다. 중국은 세계무역기구 가입 때 한 약속을 차일피일 미루는 한편 자국 시장에 대한 진입을 까다롭게 함으로써 세계무역기구의 입지를 약화시켰다. 이런 전술을 구사하면서도 중국은 여전히 무역 협상에서 선진국에 더 많은 양보를 요구한다.

앞으로 수십 년 동안, 미국과 다른 서방국가는 표준과 자유무역의 원칙을 만든 세계 최대의 경제블록이라는 이점을 더 이상 누릴 수 없을 것이다. 서방국가가 이 원칙을 수용하도록 중국을 설득하지 못한다면, 이러한 힘의 이동이 개방된 시장과 자유무역의 큰 퇴보를 가져올 것이며, 세계무역기구를 비롯해서 다자간 무역을 촉진하기 위한 많은 노력을 어렵게 만들 것이다.

만약 유엔과 세계무역기구를 약화시키는 데 성공한다면, 중국은 기존의 세계 질서를 밀쳐내고 새로운 세계 질서 확립이라는 목표를 향해 나아갈 것이다. 전국시대의 신흥 강자는 기존의 패자에 대한 예를 무시하는 방식으로 기존의 패자를 모욕했다. 기존의 패자를 모욕하고 그가 통치의 정당성을 상실했다는 것을 드러내 보임으로써, 다른 나라들이 기존의 패자를 버리고 새로운 강자인 자신 편에 서도록 만들려는 것이다. 이것은 수십 년의 시간을 두고 집요하게 진행된 과정이었다. 마찬가지로 오늘날, 신흥 강자가 성공하기 위해서는 기존의 패자가 물러나도록 만들어야 한다. 이는 서방국가들이 만든 유엔과 세계무역기구같은 국제기구의 입지를 약화시켜야 한다는 것을 의미한다. 현재의 질서가 궁극적으로 쇠퇴할 수밖에 없다는 인식을 심어줌으로써, 새로운 강자가 자신이 원하는 수정된 모델에 맞는 시스템을 만들

수가 있기 때문이다.[90]

중국은 이익을 위해 무기를 확산시킨다

수년간, 중국은 대량살상무기(WMD)를 개발하고, 이웃 국가를 도발하고, 테러범에게 무기를 제공하고, 자국 국민을 억압하는 불량국가에게 미사일 기술을 판매했다. 이란, 리비아, 시리아가 주요 고객이 되었다. 미사일 기술 통제 체제(MTCR)는 이런 국가들이 미사일 관련 기술과 무기를 손에 넣지 못하도록 하기 위해 체결한 국제 협정이다. 1998년에 미국은 비밀 거래를 중국에 제안할 준비를 했는데, 나는 받아들여질 것으로 확신했다. (다른 동료들과 마찬가지로 나도 순진했다.) 효과적인 미사일 확산 금지에 참여하는 대가로, 미국은 "중국과 상업 및 과학연구 분야 우주 협력을 확대"하고, "중국이 향후 상업용 위성 발사에 필요한 재원을 마련할 수 있도록 천안문 사태로 가해진 제재를 해제"하고,[91] 중국이 만든 추진 로켓을 이용해 발사하는 미국의 위성 수를 늘리겠다는 내용이었다.[92]

미국의 제안은 몇 개의 채찍과 더불어 상당히 많은 당근이 포함되어 있었다. 외부로 유출된 국가안보회의(NSC)의 게리 새모어가 작성한 메모에 따르면, MTCR에 가입하면 중국은 "정치적 신망과 향후 MTCR의 결정에 참여할 수 있는 자격을 부여받고, 향후 미국의 미사일 제재에서 안전할 수 있으며, MTCR의 통제 대상 품목을 중국으로 수출하는 문제를 고려할 가능성을 열어둘 수가 있다." 채찍에 대해서는, "실질적인 문제로서, 미사일 협상에 진전이 없으면 발사 수량을 늘리기가 어렵고, 기존의 (위성 발사) 수량마저 위태로울 수 있다는 점을 중국에 분명히 할 것"이라고 메모에 적혀 있었다.[93]

이 제안에 대한 중국의 반응은 그들의 우선순위와 의도가 무엇인지 명확히 보여주었다: 일언지하에 미국의 제안을 거절했다. 중국의 관심은 기술적 협력과 정치적 신망이 아니라 불량 국가에게 무기를 수출하는 것이었다.

또한 중국이 주도하는 세계가 어떠할지에 관해 많은 것을 시사해주었다. 점점 더 강력해진 중국이 대량살상무기의 확산을 막는 것이 아니라 더욱 촉진할 것이며, 불량 국가를 고립시키는 것이 아니라 그들에게 더 많은 힘을 부여할 것이다. 또한 미국이나 미국의 동맹국과 협력하기보다는 기회가 있을 때마다, 자신의 안보와 관련되는 경우에는 특히 서방국가의 힘을 약화시키려고 들 것이다.

설령 중국이 MTCR에 가입한다 하더라도, 자신만의 규칙에 따라 움직이는 것은 아닌지 의심해야 한다. 군축과 관련해 중국의 이중성에 대해 밝힌 통렬한 보고서에서, 제시 헬름스 상원 의원은 "지난 20년 동안, 중국은 공식적으로 15개의 비확산 약속을 했는데, 핵 기술 비확산과 관련해 7개, 미사일 기술 이전과 관련해 6개, 그리고 중국이 1997년에 생물무기 금지협약에 가입할 때 한 약속 2개이다. 이 약속은 하나도 지켜지지 않았다"고 말했다. 또한 그의 보좌관들이 중국이 약속을 어기거나 규정을 위반함으로써 미국의 국가안보를 약화시키는 결과를 가져온 행동을 시기별로 정리한 차트를 작성했다. 여기에는 파키스탄, 이라크, 시리아, 이란, 리비아 그리고 북한에 탄도미사일을 판매한 것뿐 아니라 파키스탄과 이란에게 핵무기 부품을 판매한 내용이 포함되어 있었다.[94]

2001년 11월, 중국이 무기 확산과 훨씬 더 광범위하게 연관되어 있다는 매우 강력한 증거가 나왔다. 리비아 정부가 서방 관리에게 제공한 문건에 중국어로 상세하게 기록된 교육용 매뉴얼이 포함되어 있었는데, 핵분열성 물질을 감싸고 있다가 핵폭발을 유도하는 재래식 폭발물 수천 파운드를 제조하는 방법에 관한 내용이었다. 언론이 이 서류는 중국의 핵무기 전문가들이 파키스탄과 리비아에 설계 정보를 제공한 후에도 수년간 계속 파키스탄 핵 과학자들과 협력했다는 것을 보여주는 것이라고 보도했다.[95] 베이징은 왜 불량 국가에 무기와 미사일 수출을 멈추지 않는 것일까? 폴라 드서터 미국 국무부 차관보는 2006년 중국 정부가 무기 확산에 맞설 능력이 없거나 아니면 그렇게 할 의지가 없는 것이라고 말했다.[96] 후자일 가능성이 훨씬 더 크다. 중국의 목표는 독재 정부와 반(反)서방 정부에게 무기를 공급함으로써 미국을 비롯한 서방국가의 영향력을 약화시키는 것이다.

중국이 꿈꾸는 세계 질서에 관해 공개된 발표는 전혀 없지만, 과거 20년 동안 두 명의 중국 지도자가 그 의도를 내비친 적이 있다. 2005년 9월, 후진타오 주석이 "지속적인 평화와 공동 번영의 조화로운 세계 건설"이라는 주제로 유엔 총회에서 연설을 했는데,[97] 이 연설에서 그는 "조화로운 세계"에 대한 견해를 밝혔다.[98] 그리고 "함께 손잡고 지속적인 평화와 번영의 조화로운 세계를 건설하기 위해 협력하자"[99]라고 모호하게 언급했다. 8년 후 그의 뒤를 이어 국가주석에 취임한 시진핑은 기조연설에서 "발전이 무엇보다 중요하다"라는 짧은 말로 미래 세계에 대한 중요한 단서를 제시하고, "우리는 중국의 꿈을 실현하기 위해 물질·문화적 기반을 다져야 한다"라고 덧붙였다.[100]

그는 중국의 가치에 부합하는 조화로운 세계 건설이라는 목표를 계획하고 있었던 것이다.

적절한 문맥 없이 보면 두 중국 지도자의 말에 별다른 저의가 느껴지지 않는다. 하지만 1장에서 기술했듯이 중국이 지정학적 분야에서 말하는 "조화로운"이라는 말의 개념은 단극적 우위를 의미하며, 2장에서 적은 것처럼 "중국의 꿈"은 중국이 경제적, 군사적, 문화적으로 경쟁 상대가 없는 세계의 유일한 초강대국이 되는 것을 뜻한다.

2049년, 중국의 꿈이 현실이 되면, 중국 중심의 세계가 독재국가를 양산할 것이며, 인터넷에는 서구의 역사를 폄하하고 중국 역사를 미화하는 수정된 역사 기술이 넘쳐날 것이며, 많은 개도국이 식품 안전과 환경 기준을 대가로 지불한 '선(先) 성장 후(後) 환경보호'라는 중국식 모델을 채택함으로써 대기오염이 악화될 것이다. 환경 파괴가 가속화되고, 동식물이 멸종 위기에 놓일 것이며, 해수면이 상승하고 암 발병률이 높아질 것이다. 몇몇 국제기구는 오늘날처럼 활발하게 활동할 수 없을 것이다. 중국의 국유기업과 중국이 지배하는 경제동맹이 글로벌 시장을 차지할 것이며, 세계에서 가장 강력한 군사동맹 가운데 하나가 베이징의 입김으로 움직일 것이며, 군사 연구, 군대 수준 그리고 무기 시스템에서 어렵잖게 미국을 앞지를 것이다.

이것은 결코 기대할 만한 미래가 아니다. 하지만 중국의 전략이 가져올 장기적인 결과를 이해하려고 노력조차 하지 않는 많은 사람은 그렇게 하고 있다. 중국이 변화하도록 압박할 가능성이 날로 희박해지고 있다. 불행하게도, 우리가 사용할 수 있는 지렛대 일부는 제대로 사용해보기도 전에 기울어져 버렸다. 금세기 중반, 중국이 변화하지 않은 채로 패권국이 되면 이 잠재적 '악몽'은 현실이 될 것이다. 전국시대의 역사를 보면, 기존의 패자를 위협하는 신흥 강자가 군사력을 키우려다가 결국 종말을 맞았다. 중국이 고대의 교훈을 따른다면, 살수간 프로그램에서 더 나가거나 혹은 미국의 군사력에 정면으로 도전하는 행동을 자제해야 한다. 해군력 증강, 해외 군사기지 건설, 공군력 확장, 이 가운데 어떤 것이든 그것은 지나치게 빨리 황제의 구정(九鼎)의 무게를 묻는 것이 될 것이다. 이는 구(舊)소련이 했던 치명적인 실수였다. 베이징의 택시 기사도 이 이야기를 알고 있다.

제10장

경고사격

"백문이 불여일견(百聞不如一見)."

- 중국 속담

2013년 초에 상영된 영화 〈그래비티〉에서, 산드라 블록과 조지 클루니가 연기한 우주인들이 휴스턴 우주비행 관제센터에서 메시지를 송신하는 데 어려움을 겪는 장면이 나온다. 러시아가 이미 수명을 다한 자국 위성에 미사일을 발사해서 폭파시켰는데, 그 폭발로 생성된 잔해물들이 우주유영을 하던 미국 우주인들을 덮치는 위험한 상황이 발생한다. 허블 우주 망원경을 수리하는 일상적인 임무가 생존을 위한 사투로 변해버리고 만다. 결국, 주인공 산드라 블록은 중국 우주정거장의 지원을 받아 지구로 귀환할 수 있게 된다. 수많은 영화 후기 가운데, 이 영화가 현실성이 없다고 불평하는 글이 간혹 있었다. 그 가운데, 표면장력으로 인해서 그녀가 흘린 눈물이 영화에서처럼 얼굴 위로 떠다닐 수 없다는 댓글도 있고, 그녀가 다른 궤도를 돌고 있던 국제 우주정거장에서 연료를 공급받아 허블 우주 망원경에서 중국 우주정거장까지 가는 것은 불가능할 것이라는 댓글도 있었다. 과학적 오류로 가장 많이 지적된 내용은 산드라 블록이 입었던 몸에 꼭 맞는 속옷이었다. 실제로 우주에서는 성인용 기저귀 같은 속옷을 입고 있어야 한다는 것이다. 하지만 이 영화에 우리가 잠시 생각해봐야 할 몇 가지 내용이 포함되어 있다. 백년의 마라톤과 관련이 있는 내용들이다.

첫째, 영화에서처럼 산드라 블록이 혼자 중국의 우주정거장에 진입해서 장치를 조종하도록 결코 허용되지 않을 것이라는 점이다. 중국 과학자들이 설계한 시스템은 미국의 시스템과 접속할 수 없도록 정교하게 설계되었을 가능성이 크다.[1] 중국은 우주에서 미국과 협력하는 것을 원치 않는다.

둘째, 러시아는 영화처럼 자국 위성에 미사일을 발사한 적이 없다. 하지만 중국은 2007년에 이렇게 했다. 중국이 지상의 위성 요격 무기를 사용해(언젠가 미국의 위성들을 공격하는 데 사용할 수도 있다), 수명이 다한 자국 기상위성을 폭파시켰다. 펜타곤 보고서에 의하면, 중국의 실험이 "많은 나라들 사이에 우려를 낳았으며, 폭발로 발생한 파편 구름이 모든 국가의 우주 자산을 위험에 빠뜨리고 인류의 우주비행에 위험을 야기했다."[2] 미국 정보기관은 중국에게 미사일 발사에 관한 어떤 설명도 듣지 못했으며, 그간에 중국은 위성 요격 프로그램을 갖고 있지 않다고 거듭 공언해왔다. 실제로 역사상 가장 거대하고 가장 위험한 우주 파편을 만든 나라는 중국이었지만, 영화에서는 러시아가 비난을 받았다. 이렇듯 현실을 와전해, 〈그래비티〉는 러시아를 악당으로, 중국을 마치 영웅처럼 그렸다. 실제로 우주에서 일어났던 사실과 우주에서 충분히 일어날 가능성이 있는 사실을 왜곡한 것이다. 하지만 놀라운 일은 이뿐만이 아니다: 중국의 거대한 인구는 미국 영화에 엄청난 잠재적 관객이며, 따라서 이 영화는 중국을 그럴싸하게 묘사했다. 그렇지 않았더라면 중국에서 상영이 금지되었을지도 모른다.(3)

근시안적인 생각 내지는 이기적인 관점 때문에 서양의 엘리트와 여론을 주도하는 역할을 하는 사람들은 대중이 장밋빛 안경을 끼고 중국을 바라보게 만들었다. 물론, 이것은 중국이 의도했던 바이기도 하다.

2007년 중국의 기상위성 폭파는 대부분의 국가가 간과했거나 몰랐거나 혹은 이해하려고 하지 않았던, 이후에 일어날 일련의 상황에 대한 경고사격이었다. 중국의 의도적인 도발과 적대 행위는 미국과 미국의 동맹국 그리고 국제적 규범이 용인할 수 있는 경계선이 어디까지인지 시험할 의도였을 것이다. 2007년 이후부터 더욱 대담해진 일련의 사건이 일어났다. 결과적으로 동아시아의 긴장이 제2차 세계대전 이후 최고조에 이르게 되었다.

중국의 위성 요격 실험 이후, 미국과 미국의 신임 대통령 버락 오바마를 향한 중국의 기조에 현저한 변화가 일어났다. 2009년 12월, 오바마 대통령이 코펜하겐을 방문했다. 192개국 정상들이 기후변화에 대응하기 위한 새로운 국제 정책을 비준하기 위해 그곳에 모였다. 이 정상 회의에 참석한 중국 관리의 공식적인 태도가 확연히 달랐다. 서방국가의 외교관이 발언하는 도중에 몇 번이나 끼어들어 토론에 별 도움도 되지 않는 말을 하는 등 이전과 달리 무례한 태도를 보였다.(4) 원자바오 총리는 대부분의 협상에 불참함으로써 다른 국가의 정상을 홀대했다. 중국은 다른 개도국들과 별도의 합의를 함으로써, 합의서에 포함되리라고 기정사실처럼 여겨진 내용들이 기후변화 합의서 초안에 포함되지 못하도록 막았다. 이런 행동은 옵서버들을 놀라게 했고, 회의의 목표를 효과적으로 좌초시켰다.[5] 미국 정부 고위 관리의 말에 의하면, 중국은 미국이 주도하지 못하도록 하려고 오바마 대통령을 배제한 채 회담을 주최했다: 오바마 대통령과 클린턴 국무장관이 예고 없이 그 회의장에 나타나면서 그들의 계획이 드러났다.[6]

타이완이 오랫동안 미국과 중국 사이에 긴장을 야기하는 원인이 되어왔지만, 2010년 1월 말—이 시기에 오바마 행정부는 타이완에 64억 달러의 무기 판매를 승인했다—중국이 다시 타이완에 대한 무기 판매에 강한 불만을 표시했다. 이로 인해 미국-타이완의 관계, 타이완에 대한 무기 판매에 회의적인 분위기가 조성되었다. 중국은 이 무기 거래를 "중국의 내정에 대한 전면적인 개입"이라고 표현하면서, 예전에 비해 훨씬 민감하게 반응했다. 중국은 미국과 군사 분야 접촉을 잠정 중단하고 타이완에 군수물자를 판매한 미국 기업에 제재를 가했다.[7] 미국 정부는 이 압력에 굴복해 첨단 F-16 전투기를 타이완에 판매하지 않기로 결정했고, 의회 의원들은 정부가 중국에게 제대로 대응하지 못한다며 비난했다.[8] 그 후, 오바마 정부는 중국과의 군사적 접촉을 확대했다.[9]

중국이 점차 목소리를 높이는 것은 세(勢)가 결정적으로 중국에 유리하게 기울었으며, 미국의 상대적 약세가 자신들의 예상보다 빠르게 진행되고 있다는 중국 지도부의 인식과 무관하지 않다. 이러한 인식은 중국이 부분적으로 다양한 척도로 국력을 평가한 결과다.[10] 월스트리트에서 시작된 2008년과 2009년 글로벌 금융 위기는 베이징에게는 올 것이 왔다는 신호로 받아들여졌다. 중국의 전략가들은 미국 경제가 회복되겠지만 예전 같지는 않을 것이라고 생각했다. 향후에 세계의 경제 주도권이 결국 더욱 분화되고 미국 달러화에 대한 의존이 감소할 것이라고 판단했다.[11] 중국은 더욱 공세적인 대외 행보를 하기에 앞서 먼저 세(勢)가 중국에게 유리하게 움직일 때를 기다렸다. 이는 비록 수십 년이 걸리는 인내가 될지라도 때가 오기를 기다리는 중국의 전략을 잘 보여준다.

이러한 중국의 계산법을 뒷받침하는 한 가지 단서가 2010년에 나타났다. 그것은 중앙위원회의 외교 문제 전문가들이 중국의 관리에게 전달한 4쪽짜리 비밀 브리핑 자료였다. 이 자료는 "앞으로 10년 동안 중국이 직면할 가장 중요한 외교정책상의 도전이 무엇인가?"라는 질문에 대한 대답으로 구성되어 있었다. 미국 정부가 입수한 자료에 따르면, 전문가들의 대답은 "미국의 쇠락에 어떻게 대응할 것인가?"로 요약되었다. 또한 목표를 성취하기 위해 이용 가능한 몇 가지 전술에 관해 논했다. 만약 추측이 정확하다면, 이들은 중국이 10년 안에 미국 경제를 추월할 것이라고 전제하고 있었다.

미국의 쇠락을 보여주는 또 하나의 징후가 2012년에 나타났다. 군사력의 균형이 중국으로 기울었다는 내용이 기술된, 2011년에 데이비드 C. 곰퍼트와 필립 C. 손더스가 저술하고 미국 국방대학교가 출판한 《힘의 패러독스: 취약성의 시대 중-미의 전략적 자제》라는 책에 대한 중국의 반응이었다. 중국은 책에 기술된 자제(自制)와 관련한 정책 제안을 받아들이지는 않았지만, 이 책이 핵무기 능력, 사이버 공격 그리고 우주무기 분야에서 미국의 쇠퇴와 부상하는 중국의 힘에 관해 솔직하게 인정했다고 평가하며 번역 출간했다.[12] 중국 관리들이 내게 이 책의 결론은 일종의 폭로라고 말했다. 미국 정부가 자신에게 더 유리한 쪽으로 해석하기는 했지만, 중국이 지역 군사력의 균형을 변화시키는 데 성공했다는 사실을 미국 정부가 인정한 것이라고 말했다. 실제로 중국이 얼마나 강력해졌는가에 대한 미국의 평가에 많은 중국 정계와 군부의 인사가 놀라워했다. 2012년과 2013년에 내가 베이징에서 들었던 언급에 기초해 볼 때, 이 책이 의도치 않게 군사력 균형의 새로운 기울기를 모색해야 할 때가 도래했느냐를 놓고 논쟁을 벌이던 중국 지도부에게 유리한 증거를 제공한 격이 되었다.

중국 정부와 군부의 인사들은 "중국의 부상을 좌절시키거나, 동맹국과 함께 중국을 봉쇄하거나 혹은 중-미 냉전을 촉발할 만한 용기가 미국에게 없다"는(13) 이 책의 주장을 믿지 않는다고 말했다. 이것은 사실이라 믿기에 지나치게 솔깃하며, 기분 좋은 말로 중국을 속이려는 국제적 의도일 가능성이 크다는 것이었다. 그러면서도 그들은 군사력의 균형이 중국으로 이동했다는 저자의 평가를 인정했다. 그리고 미국 정부가 왜 자신의 쇠락의 증거를 드러내는지 그리고 미국이 세(勢)를 어느 정도나 비관적으로 평가하는지 궁금해 했다. 그들은 두 저자의 주장은 개인적인 견해일 뿐이라는 내 말을 일축했다.

심지어 몇 차례 회의에서 만난 중국군 장교와 학자들은 그것은 두 저자의 개인적인 주장이며 미국 정부의 공식적인 견해가 아니라는 내 말에 비웃었다. 그들은 두 저자 중 한 명이 이반 메데이로스 백악관 국가안보회의(NSC) 중국 담당관과 가까운 친구이자 공동으로 여러 저서를 함께 썼다는 것을 알고 있다며 웃었다. 또 다른 저자도 미 태평양함대 사령관을 지낸 국가정보국 국장 데니스 블레어의 보좌관으로 일한 적이 있다는 점에서, 중국인들의 눈에는 예사롭지 않은 인물이었다. 그들은 이것을 힘의 균형이 중국으로 기울었으며 세(勢)의 이동이 일어났다는 메시지, 신호라고 확신했다. 그리고 그들은 중국의 핵 보복능력 향상 때문에 중국의 타이완 공격을 억제하려는 미국의 핵 확산 위협은 "이미 경미해졌으며 앞으로 위축될 것"이라는 이 책의 결론에 동의했다.[14] 하지만 그들은 미국이 왜 그런 불리한 결론을 공개했는지 의아해했다.

미국과 중국이 힘의 균형을 어떻게 해석할 것인가를 두고 의견이 다를 수 있다. 결국, 양국은 상이한 전략적 환경에서 상이한 위협에 직면해 있으며, 따라서 국력을 평가함에 있어 동일한 요소에 주안점을 두지 않을 수 있다.[15] 앤드류 마셜 펜타곤 총괄평가국 국장은 1982년에 초강대국 소련과 미국의 전략적 균형에 대한 평가의 차이에 관해 이렇게 적었다.

> 전략적 균형의 적절성 평가의 주된 요소는 소련식 전략적 균형 평가에 대한 최적 근사치여야 한다. 미묘한 차이가 나는 가정으로 이루어진 일반적인 미국의 추정이어서는 안 된다. … 가능하다면, 그것은 소련이 가장 가능성이 크다고 보는 시나리오들, 표준 그리고 결과를 측정하는 방식들을 사용해, 소련이 구성하는 방식대로 된 평가여야 한다. … 소련의 계산법은 시나리오와 목적, 다양한 중요 변수를 다르게 평가할 것이며, … 다른 계산을 하고, 다른 효과의 측정 방식을 사용하고, 다른 평가 과정과 방법들을 사용할 것이다. 결과적으로 소련의 평가는 미국의 평가와 본질적으로 다를 수 있다.[16]

둘째, 대개 주관적인 해석의 산물이라는 점은 차치하고라도, 세력 관계의 균형에서 각국이 속한 상대적인 위치는 뒤늦게야 전체적으로 이해될 수 있다. 영국의 위대한 정치가 볼링브로크 경(卿)이 언젠가 이런 말을 한 적이 있다.

힘의 크기가 바뀌는 정확한 지점은 … 일반적인 관찰로는 볼 수 없다. …
증가하는 쪽에 있는 사람은 자신의 힘을 곧바로 느끼지 못하며, 성공적
인 경험이 향후에 가져다줄 자신감도 측정하지 못한다. 이런 균형의 변
화를 가장 우려하며 지켜보는 사람들은 흔히 똑같은 태도와 똑같은 편
견으로 인해 그릇되게 판단한다. 그들은 더 이상 자신을 해칠 수 없는 힘
을 계속 두려워하거나, 아니면 나날이 강력해지는 힘을 전혀 두려워하
지 않는다.[17]

일부 미국 학자는 힘의 균형에 대한 평가가 주관적 성격을 지녔다
는 이유를 들어, 균형이 기울었다거나 혹은 중국 쪽으로 기울어질 것
이라는 주장을 반박한다. 터프츠대학의 마이클 베클리 교수는 2011년
에 "미국은 쇠락하지 않았으며, 사실 지금 미국은 1991년보다 더 부
유하고 더 혁신적이며, 중국에 비해 군사적으로 더 강력하다"고[18] 말
하며, "중국이 부상하고 있지만, 따라잡지는 못하고 있다"고 주장했
다.[19] 물론 이 둘 모두 중국과 미국이 자신의 힘과 상대의 힘을 평가
한 것과 관련이 있다.[20]

게다가, 상황에 따라 힘의 균형이 다르게 평가되기 때문에, 베이
징은 미국이 인정하기 훨씬 전부터 자신이 앞서고 있다고 믿기 시작
할 수도 있다. 이것은 마라톤의 마지막 수십 년 동안, 상호 오해를 유
발해 전쟁으로 이어질 가능성이 얼마든지 있다.[21]

마라톤이 성공의 문턱에 도달해 있는 지금, 중국이 여전히 더 큰
야망을 억누르고 있기는 하지만 이전보다 더 공세적이 될 가능성이

있다. 그들에게 더 긴박한 우선순위는 주변 지역이다. 남쪽으로는 베트남, 필리핀, 말레이시아, 브루나이 그리고 동쪽으로는 일본과 주변의 해역에 긴장이 감돌고 있다.

2010년부터, 중국은 확장적인 영토 주장을 정당화하기 위해 수세기 전의 고지도를 꺼내들고 동중국해와 남중국해에 있는 섬들과 역사적 관련성을 증명하려 하고 있다. 2010년 5월 미-중 정상회담에서 남중국해가 쟁점이 되었는데, 중국이 난사군도(南沙群島, Spratly Islands)에 대한 권리를 주장하며 풍부한 에너지와 어족 자원을 가진 수만 마일의 바다를 자신의 배타적 경제수역에 포함시키고 영해를 거의 베트남과 필리핀 해안선까지 확장시켰다.[22]

힐러리 클린턴 국무장관이 중국과 남쪽 이웃 국가 사이의 논쟁을 중재하려는 의사를 표출하자 중국이 불쾌한 반응을 드러냈다. 그 후 수개월 동안 베트남과 필리핀 선박에 대한 괴롭힘이 이어졌다.[23] 필리핀의 아키노 대통령은 이 상황을 1938년에 체코슬로바키아가 직면한 상황에 비유했다: "어느 시점에서 '이제 더 이상은 안 된다'라고 말하겠습니까? 세계는 이 말을 해야 합니다. 제2차 세계대전을 막기 위해 히틀러를 달래려고 체코의 수데텐란트를 넘겨주었던 것을 기억하십시오."[24] 중국은 아키노의 말을 "언어도단"이라고 받아쳤다.[25]

하지만 중국과 가장 긴장이 고조되고 있는 나라는 일본이다. 일부 중국 전략가는 일본을 "혼혈족", 아시아에서 미국의 대변인이라고 부른다. 제2차 세계대전 중에 일본의 잔인한 중국 침략에 대한 분노도 여전히 남아 있다. 일본 열도의 서쪽인 동중국해에 펼쳐져 있는 작은 섬들은 본격적인 해전으로 확대될지도 모를 소규모 충돌의 현장이 되고 있다.

2010년 9월 7일, 양국 간 영토 분쟁의 대상이 된 중국명 댜오위다오(釣魚島)/일본명 센카쿠(尖閣)로 알려진 섬 근해에서 중국 어선이 일본 경비정과 충돌했다. 중국 정부의 강력한 반대에도 불구하고, 일본 경비대가 중국 어선의 선장과 선원들을 일본으로 이송했다.[26] 이에 대한 대응으로, 중국은 일본에 대한 희토류 수출을 차단하고, 출입 금지된 자국 군사 지역에 침입한 것으로 추정된다는 이유를 들어 네 명의 일본인을 체포했다.[27]

2년 후, 나는 중국의 순시선 6척이 일본 경비정의 추격을 따돌리고 댜오위다오/센카쿠에 진입했다는 소식을 듣고 깜짝 놀랐다.[28] 중국이 이 섬이 속한 해역을 포함해 영해를 확장한다고 발표한 후에 일어난 일이었다.[29] 이 사건이 그 후 수개월에 걸쳐 섬 주변 지역에 대한 중국의 순시 활동이 증가하는 신호탄이 되었다는 사실에도 놀랐다. 어떤 경우에는 수 주 동안 순시 활동을 했고 섬 주변 14마일 이내로 접근하는 일이 잦았다.[30] 일본 정부가 댜오위다오/센카쿠 인근에 있는 개인 소유의 섬들을 사들였다는 소식이 전해지자 반일 시위가 중국 전역에서 일어났다.[31] 수천 명의 시위대가 베이징에 있는 일본 대사관을 에워싸고, 10여 개 도시에서 시위가 벌어졌다.[32] 중국 정부는 "일본이 중국의 권리를 침해했으며 여러분이 견해를 표출하는 것은 당연하다"는 발표를 함으로써 시위를 부추겼다.[33]

2013년 11월 23일, 중국 국방부가 동중국해에서 방공식별구역(ADIZ)을 선포했을 때, 우리는 무언가 행동을 취할 필요가 있었다. 과거에 일본과 미국을 포함한 다른 나라들이 방공식별구역을 선포했을 때처럼 중국은 이 지역을 지나는 비행기의 국적과 비행 계획을 제공하는 것뿐 아니라 중국의 방공식별구역 관리 기관과 교신을 유지해야 한다는 등 엄격한 요구 사항을 주장했다.(34) 베이징의 발표가 있은 후 곧바로 척 헤이글 미국 국방장관이 미국은 베이징의 요구를 수용하지 않을 것이라는 메시지를 전하기 위해 B-52 폭격기 두 대에 방공식별구역 상공 비행을 명령했다는 사실을 알고 나는 기뻤다. 나는 그에게 중국이 아무 대응도 하지 않을 것이라고 조언했다.

일본 정부가 항의하자, 중국 외교부는 "일본 측은 중국에 무책임한 행동과 악의적인 비난을 할 자격이 없다. 우리는 일본 측이 중국의 영토주권을 훼손하는 모든 행동을 중단할 것을 요구한다"고 발표했다.(35) 2014년 1월, 스위스 다보스에서 열린 세계경제포럼에서 아베 일본 총리가 동중국해의 섬들을 둘러싼 중국과 일본 간의 긴장을 제1차 세계대전 발발 전 독일과 영국의 관계와 연관 짓는 발언을 해서 논란을 불러일으켰다. 양국 모두 경제적으로 서로 밀접한 관계가 있음에도 불구하고 1914년에 전쟁을 했었다는 사실을 염두에 두지 않았다―오늘날 중국과 일본이 그렇듯이.(36)

일본이 자국의 서쪽 해역에서 점증하고 있는 공세에 어떻게 대응하느냐가 중국의 마라톤 전략의 유효성을 시험할 수 있는 주요한 잣대가 될 것이다. 적어도 지난 20년 동안, 베이징은 경쟁국―이 경우에는 일본―강경파의 입지를 약화시키는 전국시대적 개념을 추구해왔다. 중국은 아시아 전역에서 일본을 악마화하는 반(反)일본 프로그램을 가동했다. 메시지는 변화지 않았다: 일본의 강경파가 암암리에 1930년대식 군국주의로 회귀하려고 하며, 따라서 그들을 찾아내서 정치적으로 무력화시켜야 한다.

일본을 악마화하기 위해, 중국은 일본의 부(富)와 아시아에서 미국의 주요 동맹국으로서의 위치는 제2차 세계대전에서 얻은 부당한 수혜라는 메시지를 보냈다. 런던정경대학의 안 웨스타드 교수는 이 현상을 "국가적으로 용인된 반(反)일본 민족주의의 새로운 악의적 형태"라고 부른다.(37)

문명적으로 "공자 권역"에 있는 나라들은 옛 제국을 부활시키려 하거나 미국과 같은 외래 헤게모니에 동조하지 않고, 중국의 자연스러운 리더십을 수용하도록 되어 있다.(38) 2013년 8월, 중국과 일본의 국민을 대상으로 실시한 상대국에 대한 인식을 묻는 설문 조사가 이 문제들에 대한 이해의 실마리를 제공했다.(39) 〈차이나 데일리〉와 일본의 싱크탱크인 겐론NPO(言論NPO)가 진행한 이 설문 조사에서, 일본인과 중국인 각각 1,805명과 1,540명에게 상대국을 어떻게 생각하는지 물었다. 설문에 응한 90% 이상의 중국인이 일본에 비호감인 것으로 나타났는데, 1년 전의 62%에서 큰 폭으로 증가했다. 마찬가지로, 90%의 일본인 응답자들이 중국에 비호감이었는데, 1년 전의 84.3%와 비교할 때 비호감이 증가한 것으로 나타났다. 이전에 해마다 실시한 9차례의 설문 조사 가운데 증오감이 최고치를 기록했다. 전체적으로 중-일 간 증오감이 현저하게 증가한 이유가 무엇이라고 생각하느냐는 질문에 많은 응답자들이 댜오위다오/센카쿠 문제가 이유라고 대답했다. 중국인 응답자의 77.6%와 일본인 응답자의 53.2%가 도서(島嶼) 분쟁을 증오감의 주된 원인으로 꼽았다.

그 다음으로 나타난 이유가 역사 문제였다. 63.8%의 중국인이 "일본이 진정성 있는 사과와 중국을 침략한 역사에 대한 반성 부족"을 자신이 일본에 부정적인 시각을 가지고 있는 이유 가운데 하나라고 응답했다. 무엇보다 불길한 응답은 52.7%의 중국인 응답자와 23.7%의 일본인 응답자가 앞으로 언젠가 중국과 일본 간에 군사 충돌이 있을 것이라고 생각한다고 말했다.

일본에 대한 중국의 공세적인 대응이 마라톤에서 승리하고자 하는 중국의 장기적인 목표에 역효과를 가져올 가능성이 있다. 어쨌든 신중하고 전략적인 중국 지도부가 미국이라는 헤게모니를 여전히 두려워한다면, 이 지역에서 미국의 가장 가까운 동맹국을 도발하지는 않을 것이다. 어떤 면에서, 일본에 대한 중국의 공세는 미국과 벌이는 경쟁의 대리전일 수도 있다―일본을 약화시키면 쇠락하는 헤게모니를 더욱 약화시킬 수 있다는 생각이다.

중국의 괴롭힘이 점증하는 상황에 대응하기 위해, 2013년에 미국과 일본이 안보 동맹을 확대한다는 데 합의했다. 이것은 미국이 이 지역에서 주전 선수로서의 역할을 지속할 것이라는 의지를 보여주려는 노력의 일환이다. 합의에 따라 미국 해군 정찰기들이 센카쿠와 모든 분쟁 도서 주변 해역을 정찰하는 임무를 수행할 수 있게 되었다. 존 케리 국무장관과 척 헤이글 국방장관이 이 협정에 조인하기 위해 도쿄로 향했다. 미국은 영해 분쟁에서 어느 한쪽의 손을 들어주지는 않았지만, 헤이글 장관이 미-일 안보 조약에 이 섬들이 포함된다는, 즉 일본이 공격을 받으면 미국은 일본의 방위를 도울 의무가 있다는 오바마 행정부의 보장을 재확인했다.

일본 지도부는 국제분쟁을 해결하기 위한 무력 사용을 금지하고 국가를 수호하기 위한 최소한의 군대만을 허용하는 일본의 평화헌법 개정을 공개적으로 언급했다. 대체로 신중한 일본이 중국과의 전략 경쟁과 이 지역에서 지속되고 있는 중국의 공세적인 행동의 위험성을 직설적으로 말하고 있다. 일본의 군비 증강 가능성과 제1차 세계대전

이전 영국과 독일 간의 해군력 경쟁과 유사한 상황이 재현될 가능성에 중국이 날카롭게 반응했다. 일본의 군비 증강에 중국이 언제나 부정적이지는 않았다는 점에 주목해야 한다. 실제로 1970년대에 중국은 일본이 군비 지출을 GNP의 1%에서 3%로 늘릴 것을 권했다. 1978년, 덩샤오핑은 일본 대표단을 만난 자리에서, "일본의 자위대 증강을 지지한다"고 말했다.[40] 소련에 맞서줄 새로운 동맹자를 물색하고 있었던 것이다.[41] 하지만 10년 후 세(勢)에 대한 평가가 바뀌자, 1988년 덩샤오핑의 국가안보 자문 환샹(宦郷)이 일본을 강하게 비난했다.[42]

일본의 민주주의의 안정성에 대한 의구심이 중국 내부에 깊이 자리 잡고 있다. 오늘날 많은 중국 학자들이 일본의 권리와 관련해 "옛 제국의 체제를 부활시키기 위해 헌법을 개정하고 싶어 하는" 사람이 많다고 생각한다. 중국의 분석가들은 제2차 세계대전 전범들의 숫자, 그리고 일본 정치인들이 1867년부터 1951년까지 전사자들을 합사한 야스쿠니 신사를 참배하는 일을 자주 언급한다. 이 분석가들은 이런 참배가 "중국에 대한 공세를 더욱 확대하기 위한 정신적 동원"으로 이용되고 있다고 기술한다.[43] 많은 중국의 전략가는 일본의 군사력 증강이 "통제 불능"이 될 가능성이 크다고 믿는다.[44]

중국은 미래에 일본이 군국주의화할 것이라고 우려하고 있다. 중국에서 가장 잘 알려진 강력한 민족주의 전략가이자 리펑 총리의 고문이었던 허신(何新)은 1988년에 자원에 대한 일본의 약탈적 필요성이 중국을 "식민지화"하려는 시도를 불러올 것이라고 예측했다. "19세기 이후," 그는 덧붙였다. "일본은 자신의 장기적인 글로벌 전략 목표를 포기한 적이 없다. … 동시에 전체적인 전략 구도에 있어, 철저하게 중국을 분리시키고 고립시키려 할 것이다."[45]

1995년 11월, 중국이 오키나와 미군 기지의 폐쇄를 요구하며, 포스트 냉전 시대에 미-일 상호방위조약의 필요성에 의문을 제기했다.[46] 중국 국방전략 연구소의 루광예 연구원은 더 나아가 "나토 진영과 미-일 군사동맹은 폭군이 악한 짓을 하도록 돕는 두 개의 검은 손이 되었다"고 경고했다.[47]

오랫동안 공산당의 싱크탱크 역할을 해온 중국 국제관계 연구소의 루종웨이(陸忠偉) 부소장은 "아시아의 외교 역사에서, 강한 중국과 강한 일본이 공존했던 선례가 없다"고 지적한다.[48] 중국 사회과학원의 가오헝(高恒)도 미국의 점령이 일본에서 군국주의의 소멸을 가져오지 않았다고 생각한다. 게다가, 미국이 소련, 북한 그리고 중국에 대응하기 위해 일본을 이용하려고 했기 때문에, "(이름만 바뀌었을 뿐) 일본의 전체적인 국가 시스템과 전쟁 시스템이 보존되었다"고 주장한다.[49] 중국의 학자들은 일본이 "중국의 영토 정책을 강요하고 난사군도와 댜오위다오에 대한 중국의 주권에 간섭하고 있다"고 말했다.[50] 유럽 안보협력회의를 모델로 아시아의 안보 문제를 논의하기 위한 지역 포럼을 결성하려 했던 소위 미야자와 독트린에 대해, 중국 전문가들은 중국을 견제하려는 얇은 베일 속에 감춰진 시도라고 비판했다. 1993년 〈뉴욕 타임스〉 보도에 따르면, 중국 관리들이 일본의 군사력에 대응하기 위해 5개년 계획에서 국방 예산을 추가로 요청했다.[51] 중국에게 무엇보다 큰 우려는 일본이 미국과 대(對)탄도미사일 방어체제를 구축한 것이다. 중국에서 나온 구체적인 설명도 핵무기와 항공모함을 확보하려는 일본의 목표를 강조했다.[52] 또한 중국의 분석가들은 일본이 이미 "항공모함의 기능을 가진" 수송선을 확보하고 있다고 주장한다.[53] 핵무기 문제에 대해, 심지어 일부 중국의 분석가는 일본이 인도처럼 핵보유국이 될 것이라고 예측한다. "일본이 핵폭탄을 제조할 수 있는 능력을 가지고 있다는 것은 의심의 여지가 없다. … 일본은 국제 감시를 피해 핵무기 비밀 연구를 진행할 수 있는 수단을 가지고 있다." 딩방취안(丁邦全)은 중국 군사과학원 간행물 〈외국 군사 학술〉에 발표한 기고문에서 이렇게 기술했다.[54]

2009년, 나와 동료들은 여전히 미국이 생각하는 방식대로 중국도 생각한다는 잘못된 확신을 가지고 있었다. 우리가 했던 기존의 추정과 부합하지 않았기 때문에, 그리고 중국과의 접촉은 우리가 점증하는 중국의 공세적 태도를 드러내는 일련의 사건들을 거대한 계획의 일부가 아니라고 믿도록 만들었기 때문에, 우리는 미국과 미국의 동맹국을 향한 중국의 공세성을 보여주는 증거를 제대로 이해하지 못했다. 중국의 미심쩍은 면을 선의로 해석한 사람은 나 혼자만이 아니었다. 결국, 나는 마라톤 전략이 결승선을 목전에 둔 코앞에 닥친 일은 아니라고 이해했다. 중국의 공세적 태도를 엿보게 하는 개별 사건이 미국에서 논쟁의 대상이 되었다. 중국의 메시지 속에는 이런 개별적인 사건을 연결하는 주요한 패턴—전략—이 없었다. 이는 중국이 거대한 전략을 가지고 있지 않다는 초기의 메시지와 맞아떨어졌다. 실제로 미국통으로 알려진 왕지쓰는 〈포린 어페어스〉에 발표한 기고문에서 이 효과에 관해 기술했다.[55]

나와 동료들은 중국이 어떤 대가를 치르고서라도 미국이라는 헤게모니를 도발하는 선택은 하지 않을 것이며, 중국 경제와 군사력이 미국을 압도하려면 적어도 20년은 걸린다고 당연하게 생각했다. 중국이 이웃 국가와 미국에 공세적으로 행동함으로써 자멸의 길로 가지는 않을 것이라는 의미였다. 하지만 2014년으로 접어들자, 의회에 출석한 정부 관리들이 새로운 공세 패턴이 존재한다고 말했다. 이것을 파악하는 데 왜 그토록 오랜 시간이 걸렸을까? 미국 정보기관과 내가 중국의 점증하는 공세적 징후를 놓친 한 가지 이유는 타이완에 대한 중국의 유화적인 태도를 총체적으로 잘못 해석했기 때문이었다. 2000년대 후진타오 지도부를 시작으로, 중국은 타이완에 무력 위협을 가하지 않았다. 대신에 타이완 정부에 영향을 미칠 수 있는 한층 유화적이고 간접적인 방식에 주력했는데, 대개는 경제적인 수단이었다.[56] 이런 방식으로, 중국은 타이완의 여당과 야당, 기업가, 언론 그리고 대중 속으로 효과적으로 침투했다. 후진타오는 측근들에게 타이완을 정복하는 것보다 "사들이는 것"이 더 손쉽고 저렴하다고 자주 말했다.[57] 2009년에 중국과 타이완은 양안의 경제 관계 정상화를 위한 경제협력기본협정을 체결했고, 2013년 기준으로 타이완을 방문하는 중국인이 280만 명에 달하고, 매주 항공기가 700여 회 운항되고 있다. 게다가, 베이징은 타이완의 재계 인사를 효과적으로 끌어들임으로써, 그들을 양안 간 화해의 적극적인 지지자로 만들었다. 친(親)중국 성향의 기업이 타이완의 신문과 TV 방송국을 사들이고, 베이징이 자금 지원을 통해 언론 매체에 영향력을 행사할 수 있게 되었다.[58]

　내가 우리의 생각이 얼마나 잘못되어 있으며, 미국이 점차 쇠락하고 있다고 판단하기가 무섭게 중국이 이를 어떤 식으로 이용할 것인지 깨달은 것은 2013년 가을 베이징을 방문했을 때였다. 베이징의 날씨는 상쾌하고 시원했지만, 아침 교통 상황은 예전보다 더 나빠져 있었다. 한 주 내내 내리던 비가 그치고 맑은 날씨가 찾아와서인지 백만 명이 넘는 사람들이 도시를 빠져나갔다. 나는 미국 대사관에서 서쪽으로 7마일 거리에 있는 프레지덴셜 호텔에서 이틀간 열리는 회의에 늦고 싶지 않았다. 다섯 명의 중국군 장성과 여섯 명의 안보 전문가가 참석하기로 되어 있었다. 나는 한 시간 일찍 출발해 천안문 광장을 거쳐 정치국 비밀회의 센터를 지나가는 길을 택했다. 하지만 완전히 잘못된 선택이었다. 톈펑 대로를 따라 늘어선 차들이 족히 1마일은 될 듯 보였다. 운전기사가 한숨을 내쉬었고, 나는 그에게 자금성의 붉은 담벼락을 따라 우회전해서 곧바로 북쪽 지름길로 가달라고 부탁했다.

나는 현재의 군사력 균형에 관해 중국어로 진행되는 토론에서 발표할 자료를 살펴보았다. 나의 토론 상대는 중국에서 유명한 군부 강경파로 꼽히는 주청후(朱成虎) 소장이었는데, 그는 2005년에 미국의 핵 공격을 겨냥한 중국의 핵전쟁 시나리오를 발표해 전 세계 언론의 머리기사를 장식한 인물이었다.[59] 시의적절하게도, 이번 회의의 주제 하나가 미래의 핵 균형과 군축 전망이었다. 그리고 《전략학》의 저자이자 강경파인 펑광첸(彭光謙) 소장이 세력균형을 어떻게 평가할 것인가에 관해, 중국의 법학 교수들은 남중국해에 대한 베이징 정부의 주장을 발표할 예정이었다.

차가 제시간에 도착했고, 나는 "국방부 장관실의 허가를 받아 공개함"이라는 문구가 찍힌 영어와 중국어로 된 나의 발표 자료 복사본을 배포했다. 나의 발표 내용은 이틀간 회의에서 상대의 반응을 유도할 목적으로 작성된 것이었는데, 이는 앞서 있었던 세 차례 군사 관련 회의에서 내가 취했던 작전이기도 했다.

'돌을 던져 옥을 얻는다(抛磚引玉)'는 작전이라고 할 수 있었다. 이 회의는 향후 35년 동안 마라톤이 어떻게 전개될 것인가에 관해 권위 있는 중국 전문가에게 견해를 들을 수 있는 드문 기회였다. 이전에 중국의 한 망명자가 내게 백년의 마라톤을 바둑에 비유해서 설명해준 적이 있었는데, 그는 전국시대의 승리는 긴 시간이 필요하고 다양한 국면을 고려해야 하는 바둑과 같다고 말했다. 최후의 패자(霸者)가 되기까지 7명의 왕이 집권할 만큼의 세월이 걸렸다.[60] 평균적으로 바둑은 약 3백 개의 수로 구성되며, 이는 초반, 중반, 후반 3단계로 나뉜다. 그 망명자의 말에 의하면, 2014년에 베이징은 아직 중반전에 들어와 있다고 믿고 있었다. 이것은 GDP에서 미국을 앞서고 있지만 종합 국력에서는 그렇지 못한 시기라는 뜻이었다.

나는 워싱턴으로부터 어떤 준비가 진행 중인지 알아보라는 임무를 부여받고 베이징을 방문한 것이었는데, 우리를 추월하려는 중국의 마라톤 전략에 맞선 대응 방안을 찾아야 하기 때문이었다. 중국군과 정부 연구소의 전문가들은 마라톤이 어떤 역할을 할 것으로 기대하고 있는가? 이틀간 회의에서 나의 대화는 이 질문의 답을 구하기 위한 조사였다.

결론적으로, '때를 기다리며, 자중하는' 자세로 2049년에 접근한다는 나의 생각은 잘못이었다. 나는 중국이 염두에 두고 있는 것은 글로벌 리더십, 결정타, 그리고 글로벌 거버넌스일 것이라고 추정했다. 힘의 균형이 미국과 반대 방향으로 조금씩 기울어지는 정도에 따른 단계적 접근법일 것이라고는 예상하지 못했다. 그래서 나는 새로운 시나리오가 등장하고 있다는 것을 깨달았다: 미국과의 힘의 균형에 변화가 발생했다는 계산 결과가 나올 때마다 베이징의 공세가 더 노골화될 것이었다.

내가 단계적 접근법을 늦게야 인식하게 된 또 다른 이유는 이 거대한 전략이 변하지 않는 고정된 전략이라는 중국의 주장을 곧이곧대로 믿었고, 그 전략은 상대가 자기만족에 빠지도록 교묘하게 설계되어 있었기 때문이었다. 나는 중국의 학자와 관리들의 관심이 향후 20년 동안 전략적 인내심을 시험하는 데 있다고 생각했다. 미국에 온 많은 중국의 학자가 내게 힘의 균형이 앞으로 수년간 중국 쪽으로 기울 것이라고는 생각하지 않는다고 말했다. 중국은 적극적으로 이런 인식을 고취했다. 2009년 중반부터, 공산당교와 중국 국제관계 연구소의 싱크탱크들이 잇따라 내부 회의를 열고 미국의 상대적인 쇠락이 중국에 미치는 영향을 논의하기 시작했다. 하버드대학의 앨러스테어 이언 존슨 교수는 이 회의에 관해 "보다 온건한 목소리—중요한 세력 이동이 없었다고 믿었던 사람들—가 이 일련의 논쟁에서 분명히 수세에 놓여 있지 않았다. 다시 말해서 이번에 미국이 상대적인 쇠락으로 접어들었는지 아닌지, 그리고 만약 그렇다면 그것이 어느 정도인지에 대한 질문의 답을 얻지 못했"고 말했다. 그는 또한 "더욱이, 이 시기에 핵심적인 외교정책 결정 라인이 힘의 분포에 중요한 이동이 일어났다거나, 혹은 중국에 유리한 쪽으로 기회가 왔다는 주장을 받아들였다는 증거가 없다"고 덧붙였다.[61]

하지만 일부 중국 지도부 인사는 백년의 마라톤이 예상보다 빠르게 진행되고 있다는 결론을 내렸다. 중국의 학자와 정보기관의 관리들이 적어도 10년, 심지어 20년 앞당겨질 것이라는 말을 하기 시작했다.[62] 중국 지도부는 마라톤 전략의 전술적인 변화, 이를테면 결승선을 향해 돌진해야 할 것인지를 논의했다.

그럼에도 불구하고, 중국의 행동은 자신의 큰 전략적 목표에 대해 패자(霸者)의 경계심을 유발하지 않도록 신중함의 경계를 넘지 않았다. 이 각각의 사건이 중국에게는 외교정책의 '성공'이었는데, 예를 들면 중국이 공세적인 행동을 통해 중요한 정치적 이득을 이끌어냈다. 그리고 미국과 이웃 국가가 불만을 표출하기는 했지만, 본질적으로 중국은 자신이 한 행동에 어떤 대가도 지불하지 않았다. 2장에서 기술한 것처럼, 이 사건들은 백년의 마라톤의 9가지 요소 가운데 한 가지 혹은 그 이상을 적용한 결과물이다.

1. 적을 안심시켜 경계심을 풀도록 만들어라.

2. 적의 전략가들을 조종해 내 편으로 이용하라.

3. 승리하기 위해 수십 년이든 아니면 그 이상이라도 인내하라.

4. 전략적 목표를 위해 상대의 생각과 기술을 훔쳐라.

5. 군사력은 장기적인 경쟁에서의 승리를 위한 핵심적인 요인이 아니다.

6. 패자(霸者)는 자신의 우월한 위치를 지키기 위해 극단적인, 심지어 부주의한 행동을 하기 쉽다는 점을 기억하라.

7. '세(勢)'를 기억하라.

8. 다른 도전자들과 비교해 상대적으로 자신의 상태를 가늠할 수 있는 지표를 만들어라.

9. 상대방에게 포위되거나 속임을 당하지 않도록 경계를 늦추지 마라.

앞으로, 미국은 점증하는 중국의 공세가 새로운 국면을 야기할 것이라는 점을 예상해야 한다. 베이징은 오늘날 실행 불가능하거나 수용 불가능한 외교적 요구를 밀어붙일 것이며, 중국의 압력에 굴복하는 나라가 있을 것이다. 중국이 다른 나라에 경제적 불이익을 줄 수 있는 능력이 커지고 있다는 사실을 감안할 때, 군사적 정복을 통해서뿐만 아니라 이웃 국가들로 하여금 양보하는 것이 더 이익이라고 느끼게 만듦으로써 목적을 달성하려고 할 것이다. 예를 들어, 중국은 인도에게 다람살라에 있는 달라이 라마 망명정부를 폐쇄하도록 요구할지도 모른다. 또한 인도, 유럽연합 그리고 미국이 1959년부터 제공해온 티베트 망명자에 대한 재정 지원을 중단하도록 압력을 가할지도 모른다. 오랫동안 자신의 신경을 건드렸던 타이완에 대한 무기 판매를 중단하도록 미국에 압력을 가할 수도 있다. 대담해진 중국이 더 이상 용납하지 않을 가능성이 크다. 지난 수십 년간 중국을 불쾌하게 했던 또 한 가지 문제가 천연자원이 매장된 주변 해역에 대한 영해 주장이었다.

중국이 미국에게 아시아 국가들과 체결한 안보 관련 조약을 철회하도록 강요할 가능성도 있다. 1990년대 이후부터, 베이징은 이 협정들과 이에 따른 미국의 무기 판매를 "냉전의 유물"이라며 거듭 비난해왔다.[63] 패자(霸者)가 된 중국은 이 조치를 단순히 비난하는 것 이상의 행동을 할 것이다. 중국의 힘과 공세가 증대하면서 아베와 아키노처럼 중국의 점증하는 공세에 반대하는 목소리가 커질 것이고, 힘겨운 상황에 놓이게 될 것이다. 불행하게도, 미국은 이런 도전에 직면하려는 의욕은 고사하고 인식조차 결여되어 있다.

제11장

전국시대처럼
사고하라

"끓는 솥 밑의 장작을 꺼내다(釜底抽薪)."

- 36계

경주가 시작되었다는 사실을 아는 사람이 나 혼자뿐이라면 경주에서 이기기가 쉽다. 중국은 이렇게 해서 글로벌 헤게모니 미국을 밀어내고, 결과적으로 다른 세계를 만드는 길을 가고 있다. 하지만 이렇게 끝이 나지는 않을 것이다. 중국이 미국에게 역사상 가장 심각하고 전략적으로 가장 대담한 도전을 해올 테지만, 이것이 전부가 아니다.

그리 멀지 않은 과거에, 미국은 글로벌 우위를 차지하려는 또 하나의 중요한 위협을 물리쳤다. 초당적 지원을 받은 다양한 프로그램과 전술을 통해 냉전에서 승리했다. 중국의 거대한 야망을 꺾거나 적어도 억제하기 위해서, 비슷한 접근법이 핵심 전략이 될 수 있다. 우선 이렇게 하기 위해서는 중국이 자신의 지혜와 전략을 가지고 이룬 성취를 미국의 정책 입안자가 인식해야 한다. 고대 중국의 치국 책략은 강자와 대적하는 약자에게 가장 적합한 전략이었지만, 중국의 전략 문화 속에는 이것을 국가 간 관계에 폭넓게 적용할 수 있는 통찰력이 내재되어 있다. 독일인이 아니어도 전장(戰場)에서 클라우제비츠(독일의 군인이자 군사 평론가. 저서《전쟁론》은 전술(戰術) 연구의 고전으로 평가받고 있다-옮긴이)의 사고를 적용할 수가 있듯이, 미국은 게임에서 중국을 이기기 위해 중국의 고대 전국시대의 몇 가지 개념을 응용할 수가 있다.

1단계 — 문제를 인식하라

베이징이 보여주고 싶어 하는 중국은 중국의 실제가 아니다. 미국의 정치 지도자와 오피니언 리더들은 중국이 보내는 "메시지"와 그 기저에 깔려 있는 실제를 구분해야 한다. 손자(孫子)와 공자는 외양이 아닌 실제에 대한 통찰력을 강조했다. 그 자신이 누구보다도 기만술의 주창자였지만, 손자는 교활한 상대에게 속임수를 당하지 않도록 주의하라고 경고했다. 공자는 무엇보다 사람이나 사물이 그 자신다워야 함을 강조했는데, 그는 이것을 올바른 전략의 기초로서 정명(正名)이라고 불렀다. 간단히 말해서, 상대방이 자신의 본질에 관해 심어주려고 하는 의도가 무엇인지를 알고, 눈에 보이는 대로 받아들여서는 안 된다는 것이다. 자유무역을 지지하고, 지식재산권 침해를 단속하고, 인위적 환율 정책을 시행하지 않을 것이라는 베이징의 반복된 말을 어리석게도 믿었던 것처럼, 경제성장의 과정에서 큰 장애에 직면했다는 중국의 말을 액면 그대로 믿은 결과, 우리는 1997년부터 2007년에 이르는 동안 중국 경제가 세 배 성장하는 결과를 지켜보아야 했다.[1] 또한, 북한과 이란을 향한 지원에 반대한다는 베이징의 약속을 어리석게도 믿었지만 실제로 베이징은 두 정권에 지속적인 지원을 해주었던 것처럼, 미국과 협력 관계를 구축하기 원한다는 중국 지도부의 거듭된 발언을 어리석게도 믿은 결과, 베이징이 미국을 악마화하는 상황이 간과되고 있다.

미국이 마라톤에서 경쟁하려고 한다면, 중국에 대한 사고를 근본적으로 바꿔야 한다. 이것은 중국이 지원해야 할 상대가 아니라 경쟁해야 할 상대라는 것을 인식해야 한다는 의미다. 세(勢), 전국시대, 그리고 헤게모니를 전복시키기 위한 전략에 대한 연구를 통해 중국 지도부가 어떤 식으로 사고하는지 배우는 것을 의미한다. 이것은 또한 중국 정부가 이 사고를 어떻게 행동으로 전환하는지 이해하는 것을 의미한다. 우리가 연구해야 할 정책과 전략 목록이 길다.

2단계 — 상대방에게 준 선물을 기록하라

매년 미국 국민이 낸 세금의 일부가 중국의 부상을 돕는 데 쓰이고 있다. 이런 지원이 대개 주목을 받지 못하고 있고 언론과 대중이 모르고 있다. 이는 의도적인 것이다.

2005년 의회 청문회에서, 한 국무부 관계자가 알려지지 않았던 미국의 중국에 대한 지원 방법을 증언했다. 그의 증언에 의하면, 미국 정부가 중국의 노동생산성 향상을 위해 많은 노동부 전문가를 중국에 파견했다. 재무부와 통화국 전문가들이 금융 업무 개선 방안을 중국에 제공했다. 연방항공국이 중국 항공기 제조업체를 지원했다. 그 외에 여러 정부기관이 중국에서 수백 개의 과학 지원 프로그램을 도와주었다.

청문회가 끝난 후, 그가 나를 한쪽으로 이끌었다. 의회 내에서 나의 위치와 중-미 관계에 대한 나의 과거 입장에 대해 알고 있던 그가 물었다. "해마다 하는 출석요구를 안 하도록 해주실 수 있습니까?" 나는 그가 왜 이후의 증언을 면제받고 싶어 하는지 의아했다. "이렇게 나오면 나올수록 더 많은 것이 알려질 테고, 의회의 비판이 커져서 중국에 대한 지원을 끊게 만들 것입니다." 그가 말했다. "그렇게 끊어버리면 중국과의 관계가 30년 전으로 퇴보할 겁니다." 미국 정부가 중국에 지원하는 자금에 관해 참고할 만한 통계가 아직까지 없다. 미국은 자신의 주요 경쟁자에게 돈을 제공하는 것은 물론이고 얼마나 많은 돈을 주고 있는지 기록조차 하지 않고 있다.

마라톤에서 경쟁하기 위해 모든 정부기관과 부처가 중국에 대한 지원을 매년 보고하도록 의회가 법을 제정해야 한다. 그런 프로그램이 확인되고 알려지면, 다음과 같은 세 가지 장점이 있다. 첫째, 미-중 관계에 대한 보다 신중한 접근이 가능해지고, 이로써 베이징에 더 많은 지원과 지지를 해줄 것을 요구해온 학계, 분석가, 정부 주요 인사들에 관한 정보를 파악할 수 있다. 둘째, 미국이 중국에 지원하고 있는 분야를 파악함으로써, 정책 입안자들이 우리의 어떤 지렛대가 베이징의 행동에 효과를 발휘할 수 있는지 알 수 있다. 마지막으로 존 타일러 이후부터 미국의 역대 대통령이 줄곧 중국을 견제하고 해악을 끼치려 했다는 중국 역사 교과서의 기술(5장에 기술되어 있다)을 반박하는 데 이 목록을 활용할 수 있다.

3단계 — 경쟁력을 측정하라

전국시대의 고사(故事)에 따르면, 전략을 선택하기에 앞서 먼저 힘의 균형을 신중하게 측정해야 한다. "개선하려면 평가하라"는 미국의 고전적인 경영 원칙과 동일한 개념이다. 그 원리는 간단하지만 심오하다. 무엇을 개선해야 하는지 모르면 개선할 수 없다. 자신이 어떤 점에서 뒤떨어져 있는지 모른다면 경쟁에서 앞설 수 없다. 해마다 중국은 미국과 비교해 자신의 경쟁력을 분석한다. 미국은 왜 이렇게 하지 못하는가?

1986년에 설립된 경쟁력강화위원회가 경제 분야에서 미국의 글로벌 경쟁력을 강화하기 위한 방안을 연구하고 있다. 이 기구는 기업 경영자, 대학 총장, 국가노동기구의 책임자, 유명한 연구기관으로 구성되어 있다. 이 위원회가 발행하는 간행물들의 상세한 분석에 따르면, 제조업에 대한 강력한 투자 등 요인에 힘입어 중국이 여전히 1위를 고수하는 데 반해, 적어도 2017년이 되면 미국의 제조업 경쟁력이 하락할 것으로 예측된다.[2]

정부가 주도적으로 미국의 경쟁력을 이렇게—하지만 더 철저하게—평가해야 한다. 백악관이 주요 경쟁국과 비교해 미국이 어떻게 하고 있는지, 동향과 예측이 포함된 연차 보고서를 의회에 제공해야 한다. 정보기관을 포함해 여러 부처가 여기에 참여해야 한다. 모든 국정 부문이 여기에 포함될 필요는 없으며, 중국과 비교해 상위 10개 분야면 된다.

4단계 — 경쟁력 전략을 개발해라

전국시대의 책략은 지도자가 경쟁 상대보다 더 신속하게 힘을 키우기 위해 어떤 "개혁 정책"을 채택했는가를 설명한다. 언제 전략을 바꿔야 하는지를 알고 행동으로 옮기며, 원하는 결과를 얻기 위해 새로운 전술을 활용할 줄 아는 열린 마음 자세를 가지는 것이 무엇보다 중요했다.

우드로윌슨 센터의 미국 및 글로벌 경제 프로그램 책임자이자 경쟁력강화위원회 위원장을 지낸 켄트 휴즈는 중국의 기술력 증강으로 인한 도전을 1957년 소련의 스푸트니크 위성 발사에 비유한다. 그는 소련의 위성 발사가 미국의 기술 및 군사적 우위에 맞선 도전으로 간주되었고, 미국이 과학기술 교육과 민간 부문 혁신을 위한 투자에 박차를 가하도록 만들었다고 말한다. 중국의 부상이 아직까지 그때와 유사한 강력한 반응을 유발하지는 않고 있다. 그는 경쟁력을 유지하기 위한 다양한 정책 대안을 제시했다. 경쟁력을 강화하기 위해 민간 부문과 공공 부문 간 결합도 그 속에 포함되어 있다: 재정 및 통화개혁, 기술혁신, 평생학습 문화의 확립,(3) 그리고 민간 부문 R&D 강화.(4) 이와 마찬가지로, 뉴욕대학 교수이자 IBM 부사장을 지낸 랠프 고모리는 "미국에서 진정한 제조업 르네상스"를 추진함으로써 중국의 저금리 대출을 포함해 토지, 에너지, 기술에 대한 적극적인 정부 지원"에 대응할 것을 주문한다.(5) 중국위원회의 패트릭 멀로이도 "전체적인 상황이 미국의 경제적 우위, 심지어 국가 안전에 장기적인 위협을 가져오고 있기 때문에" 새로운 국가 경쟁력 전략의 필요성을 주장한다.(6)

공공 정책 분석가 로버트 앳킨슨과 스티븐 이젤은 미국의 경쟁력을 강화하기 위한 다기관 프로그램을 제안하면서, 당파적인 정치적 고려 때문에 이 제안이 좌절되거나 배제될까봐 우려한다. 그들은 보수파를 향해 "우파는 군사력 부문에서 선두인 미국의 입지가 상대적으로 위축되는 것에는 과민하게 반응하면서, 미국의 경제적 입지의 쇠퇴가 국가 안전, 특히 국방 능력에 미칠 유해한 영향에는 이상할 정도로 간과하고 있다"고 경고한다. 좌파에 대해서도, "만약 미국이 글로벌 혁신 경쟁에서 뒤진다면, 사회정의를 증진해야 할 그들의 임무도 효과적으로 수행할 수 없게 된다는 사실을 알아야 한다"고 경고한다.[7]

5단계 ― 내부적으로 타협점을 찾아라

전국시대 지도자는 동맹국과 긴밀한 관계를 유지하려고 노력했으며, 공동의 목표를 넘어 변화 지향적인 연대를 구축했다. 분열은 위험했다. 미국 정부 안팎에 대중국 정책의 개혁을 주장하는 사람들이 많지만 이들은 대개 서로를 협력자로 보기보다는 파벌로 갈라져 있다. 최소한 1995년부터, 베이징의 학자가 내게 미국에서 대중국 정책을 비판하는 인물들이 정치적 입장 차이 때문에 협력하지 못하는 상황을 흡족한 듯이 말하곤 했다.

중국의 변화를 추구해온 우리가 이미 오래전에 손을 잡았어야 했다. 중국에 변화를 가져오고 베이징의 개혁을 촉진하려고 한 구시대적인 무익한 접근 방식을 바꿔야 할 공동의 임무를 위해서 대연합이 이루어져야 한다. 이것은 달라이 라마를 옹호하는 미국인이 공해 전투(AirSea Battle) 프로그램을 추진하는 국방부의 전문가와 손을 잡아야 한다는 것을 의미한다. 인권 운동가가 지식재산권 보호를 요구하는 경제계와 협력하는 것을 의미한다. '한 자녀 정책'의 수정을 요구하는 낙태 반대자가 의회에서 만든 민주주의 발전 기관과 제휴하는 것을 의미한다.

6단계 — 국가 간 수직적 연합을 구축하라

중국이 남중국해에 주권을 주장하고, 필리핀의 어선을 괴롭히고, 베트남의 지진 조사 선박의 케이블을 절단하고 그리고 최근에는 동중국해에서 방공식별구역을 선포한 데는 한 가지 이유가 있다. 이 지역의 풍부한 천연자원에 대한 접근을 확정짓고 이웃 국가들이 단합해서 자신의 야망에 반대하지 못하도록 으름장을 놓으려는 것이다.

바둑을 둘 줄 알든 모르든, 반대자의 무리에 포위당하는 것은 위험하다. 중국은 이웃 국가들이 연합하는 것을 태생적으로 두려워한다. 미국이 몽골, 한국, 일본 그리고 필리핀을 포함한 여러 나라와 해야 할 일이 바로 이것이다. 연합의 위협만으로도—그 방향으로 나아가는 것만으로도—베이징의 공세를 주춤하게 만들거나 완화시킬 수 있을 것이다. 미국과 미국의 동맹국이 연합해 소련을 견제했다는 사실을 중국은 알고 있다. 미국이 중국의 이웃 국가들이 협력하도록 지원하면, 중국의 강경파는 중국이 지역에서 고립되는 형국을 만들었다는 비난을 받을 것이다.

7단계 — 반체제 인사를 보호하라

냉전 시대의 최전선에는 검열, 선전, 종교 탄압, 경제적 착취라는 희망이 없는 미래에 굴복하기를 거부했던 소련과 동유럽의 반체제 인사가 있었다. 바츨라프 하벨, 레흐 바웬사, 알렉산드르 솔제니친 같은 인물은 작전 사령관이나 다름없었다. 그리고 용기, 열정, 원칙을 지켰던 그들이 소련과 철의 장막을 끌어내렸다. 하지만 그들이 혼자 힘으로 이렇게 한 것이 아니었다. 트루먼에서 레이건에 이르는 대통령들이 그들의 대의명분을 지지했다. 그들이 수감되었을 때, 미국 대통령이 그들의 석방을 요구했다. 그들에게 자금이 필요했을 때, 미국은 자금을 보냈다. 그들의 정권이 거부한 언론의 자유를 위한 장(場)이 필요했을 때, 미국은 인쇄기를 보내주었고 자유유럽방송을 통해서 그들의 투쟁과 신념을 수백만 가정에 전파할 수 있게 해주었다.

최근에 중국이 티베트 불교와 이슬람교에 대한 박해를 강화했다. 티베트에서 통행금지를 실시하고, 시위대를 체포하고, 무고한 시민들을 죽였으며, 최근에 달라이 라마가 했던 말대로 이 지역을 "지상의 지옥"으로 만들었다.[8] 신장에서는 인터넷과 전화가 일상적으로 차단되고, 이주 정책 때문에 티베트와 신장에서 한족의 비중이 급격히 증가했다.[9]

또한 중국은 기독교를 박해하고 있다. 외국인이 중국에서 예배에 참여하기 위해 여권을 제시해야 하는 것은 흔한 광경이다. 왜 이러는 것일까? 중국은 무신론을 주장하는 공산당이 통치하고 있고, 자국 국민이 비(非)국영 교회에 가지 않기를 바라기 때문이다. 전문가들의 추정에 따르면, 중국에 기독교인이 6천만 명에서 1억 명에 이르고 해마다 증가하고 있다.(10) 차이나 에이드(China Aid) 설립자이자 총재인 밥 푸는 중국 국민의 신앙의 자유를 위해 노력하고 있다. 법과 제도 개혁을 추진하고, 중국 내 '가정 교회'를 지원하고, 투옥된 기독교인을 돕는 것이 이 기구의 설립 목적이다. 그는 한 자녀 정책으로 벌어지는 폭력에 관심을 가지고 중국 내 인권 운동가도 돕고 있다. 최근에는 시각 장애인 인권 운동가 천광청(陳光誠)이 가택 연금에서 벗어나 안전하게 미국으로 올 수 있도록 도왔다.(11)

1989년 천안문 광장 학살에서 생존한 반체제 인사 양젠리(楊建利)는 중국 정부의 책임 있는 행동을 촉구하며 25년간 싸워오고 있다. 그는 전 세계 인권 운동가와 함께 중국 내 친(親)민주주의 그룹과 연계하기 위해 '중국을 위한 새로운 계획(Initiatives for China)'을 설립했다.(12) 이 활동으로 중국에서 5년간 투옥되었지만, 그의 석방을 요구하는 미국 상·하원의 만장일치 가결, 유엔 결의안 그리고 비영리단체의 활동에 힘입어 석방되었다. 그의 석방은 반체제 인사에 대한 외부의 지원이 큰 차이를 만들어낼 수 있다는 것을 보여준다. 만약 미국 정부가 양젠리의 석방을 위해 노력했던 것처럼 다른 많은 반체제 인사에게도 지원을 확대했더라면 그들에게 얼마나 큰 차이를 가져왔을지 생각해보라.

낸시 펠로시 민주당 원내 대표가 변함없이 달라이 라마를 지지한 것처럼, 조지 W. 부시 대통령은 중국에서 종교의 자유를 촉진하려는 푸의 노력을 지지했다. 유감스럽게도, 오바마 대통령은 도와달라는 요청에 침묵으로 대응했다.(13) 오바마 대통령은 무역 관계를 포함해 베이징이 관심을 가지고 있는 안건과 중국의 인권 운동을 연계하지 않았다. 심지어 2009년 4월에 오바마 대통령과 후진타오 주석의 합의로 설립된 전략·경제 대화에 인권을 포함시키지도 않았다.

미국 정부는 백년의 마라톤에 대응하는 데 가장 효과적인 동맹자가 되어줄 이들의 노력을 외면해서는 안 된다.

8단계 — 반미적인 경쟁 행위에 단호히 맞서라

중국은 미국에 대한 사이버 간첩 행위의 단순한 근원지가 아닌 주요한 근원지이다. 일부 통계에 따르면, 미국에 대한 사이버 간첩 사건의 90%가 중국에 근원을 두고 있다.[14] 중국의 해커들은 정기적으로 미국의 기업과 정부기관에 침투한다. 구글, 부즈앨런해밀턴, AT&T, 미국 상공회의소, 비자, 마스터카드, 국방부, 국무부, 국토안보국, 에너지국이 피해자 목록에 포함되어 있다. 해킹은 중국이 자신이 발명할 수 없는 기술과 창출할 수 없는 지식재산권을 훔치기 위해 수십 년간 해온 핵심 활동이다. 국가 정보기관 책임자였던 데니스 블레어와 주중 미국 대사를 지낸 존 헌츠먼이 주도한 미국 지식재산 침해 위원회의 보고에 따르면, 지식재산권 침해가 미국 경제에 매년 3천억 달러가 넘는 피해를 끼치고 있다.[15]

버지니아 주 대표 프랭크 울프 의원은 중국으로부터 미국의 기술 자산을 보호하고 중국의 인권 신장을 위해 일했다. 개방성과 정보를 기꺼이 나누려는 미국의 의지를 중국이 어떻게 이용하는지 알게 된 후, 그는 이 자산을 보호할 최소한의 안전장치를 마련하는 일에 참여했다. 그는 2011년에 나사(NASA)와 백악관 과학 및 기술 정책부가 중국과의 과학 교류 활동에 개입하는 것을 금지하는 조항을 연방 예산에 삽입했다.[16]

중국이 미국의 전문 과학 지식에 접근하지 못하도록 노력했지만, 이러한 노력에서 그는 자신의 이름처럼 외로운 늑대였다. 2011년 이후에는 유사한 법안을 통과시킬 수가 없었다. 그리고 중국 언론사 기자가 미국의 우주왕복선 인데버 호 발사 현장에 들어오는 것을 금지한 '울프 조항'을 통과시키고, 톰 랜토스 인권 위원회를 통해 중국의 인권 신장을 위해 일했다는 이유로 그 자신이 중국의 사이버 공격의 피해자가 되었다.[17]

민감한 기술, 군사기밀, 지식재산권에 대한 도용과 침해를 향한 관심이 절실해지고 있지만, 2014년에 그가 정계 은퇴를 선언했다. 만약 미국이 백년의 마라톤에서 중국과 경쟁할 수 있다는 희망이 남아 있다면, 울프 의원의 제안들을 되살려서 이를 현실화할 방법을 강구해야 한다.

9단계 ― 오염 유발 국가들에게 부끄러움을 가르쳐라

미국과 유럽이 매년 6천 톤의 온실가스를 감축하는 데 반해, 중국은 매년 5억 톤 이상 배출량을 늘리고 있다. 중국 환경문제의 가장 강렬한 표출이―적어도 지금까지는―2013년 1월 베이징을 비롯한 중국 주요 도시의 대기오염이 세계보건기구(WHO) 안전기준치의 40배에 달했던 "에어포칼립스"일 것이다. 하지만 에어포칼립스도 중국의 환경 기조를 바꾸지 못했다. 중국 정부는 환경적으로 책임질 수 있고 지속 가능한 성장에 우선순위를 둘 것을 요구하는 어떤 국제 협약도 준수하기를 거부하고 있다.

중국의 환경을 보호할 효과적인 접근법 하나가 선보였는데, 헌츠먼 대사가 주중 미국 대사관 트위터에 베이징의 오염 수치를 올리도록 한 것이다.[18] 이와 유사하게, 중국 내 환경 감시 활동을 이끌고 있는 공공환경 연구센터 마쥔(馬軍) 소장이 중국의 수질, 공기, 토양오염에 관한 온라인 지도를 만들었다.[19]

하지만 우리가 최선을 다해서 경각심을 불러일으키고 있는가? 역대 정부가 동원하려고 했던 것보다 훨씬 많은 수단을 동원하는 일이 되더라도, 미국은 중국에게 환경문제에 책임 있는 방식으로 행동하도록 계속 요구해야 한다. 그렇지 않으면, 중국이 경제적인 이득을 본다―워싱턴이 환경보호를 위한 노력의 일환으로 자국의 생산 활동을 억제하는 동안에 중국은 위험하리만치 빠른 속도로 제품과 오염원을 여전히 수출하고 있다.

10단계 ― 부패와 검열을 폭로하라

중국 정부가 가장 두려워하는 것 중 하나가 언론의 자유다. 햇빛이 부패의 살균제라는 말이 있듯이, 국민들이 중국 지도부의 부패, 폭력성 그리고 미국과 미국의 동맹국에 관한 거짓말의 역사를 알게 된다면 어떤 일이 일어날지 두려워하는 것이다. 미국이 왜 중국에서 벌어지는 검열과 자국 국민을 향한 공세적인 선동에 대응하지 않는지 납득할 수가 없다.

중국의 주요 언론 매체는 국가 소유이다. 부패를 폭로할 책임이 대개 중국에 주재하는 외신 기자들에게 지워져 있다. 서구의 언론 매체는 도전하면서 성장했다―횡령, 부패 공무원의 협박, 국영기업의 관리 부실, 세금 탈루, 성 추문, 외국 기업에 대한 표적 공격, 뇌물 수수 등을 밝혀내는 일. 예를 들어, 2013년에 단 수개월 만에 앤드류 제이컵스 기자가 중국 기자의 의문스러운 체포 사건을 보도했는데, 죄목은 쓰촨 성에서 "시비를 걸며 난동을 부리다가"[20] 비무장 상태의 티베트인들을 살해했다는 것이다.[21] 마찬가지로, 〈뉴욕 타임스〉 상하이 특파원 데이비드 바르보자가 2012년 10월에 원자바오 전임 총리 일가가 의심스러운 방법으로 27억 달러에 달하는 재산을 마련했다고 보도했다.[22]

하지만 베이징 정부는 그런 정보가 자국 국민의 귀에 들어가지 않도록 다양한 수단을 동원한다. 2012년, 〈블룸버그 통신〉이 시진핑 일가의 재산에 관해 보도한 이후 중국 정부에 의해 차단되었다.[23] 중국에서 작동하는 암묵적인 타협은 대략 이런 식이다: 중국의 환상적인 성장은 보도해도 되지만, 공산당이나 최고위급 관리를 비판하면 곧바로 추방을 당한다.

또한 중국 정부는 미국의 기술 기업에게 웹 사이트를 검열하도록 압박한다. 중국에서 활동하려는 인터넷 서비스 제공 업체와 소셜 미디어 업체는 현실적인 문제에 직면한다: 중국 정부의 검열에 협력하든지 아니면 웹 사이트를 차단당하고 중국 시장에서 철수하든지.

위키피디아 설립자 지미 웨일스의 경우에는 선택이 쉬웠다. 위키피디아는 정보를 제한하라는 중국 정부의 요구를 거절했다.[24] 소위 "중국의 만리 방화벽"이 다양한 경로로 위키피디아를 차단했다.[25] 웨일스는 "위키피디아는 정보의 자유를 위해 존재합니다. 그리고 우리가 타협을 하면, … '당신이 뭘 알아? 우린 포기하지 않을 거야'라고 기꺼이 말할 수 있는 사람이 이 지구 상에 한 사람도 남지 않게 될 거라는 아주 잘못된 신호를 보내게 될 겁니다"라고 말한다.[26]

미국 정부는 왜 이 싸움에서 위키피디아를 지지하지 않았는가? 위키피디아, 야후, 페이스북 그리고 언론 매체를 포함해 미국 기업을 괴롭히는 행위를 중단하도록 중국 정부에 압력을 가해야 한다. 또한 자유아시아방송을 통해 중국 국민과 중국어로 소통하려는 노력을 배가해야 한다. 냉전 시대에 자유유럽방송이 소련의 검열과 선동이라는 사막에서 반체제 인사를 위한 오아시스가 되어주었다. 자유아시아방송이 백년의 마라톤에서 유사한 목적을 수행하지 못할 이유가 없지만, 이를 위해 세 배의 예산이 필요하다.

11단계 — 친(親)민주 개혁가를 지원하라

미국의 냉전 시대 전략 중 많은 것이 현재에는 적절하지 않다—적어도 아직은. 미국의 위협을 과장하려는 중국 강경파 사이에서 신(新)냉전 주장이 나오고 있다. 전 지구적인 이데올로기 대립도 없고, 부상하는 중국을 견제하기 위해 나토와 유사한 반(反)중국 동맹을 결성하려는 움직임도 없다. 하지만 미국이 주목해야 할 냉전이 준 한 가지 교훈이 있다. 그것은 중국의 민주 시민 그룹에 대한 지원을 되살리는 것이다. 중국이 신(新)냉전이라는 말을 하는 것은, 미국이 신념의 힘을 이용해 소련을 내부부터 파괴했던 냉전 시대의 프로그램을 재가동할 것이라는 우려 때문이다.[27] 대부분의 중국 강경파는 1947년에 미국이 소련에게 했던 것처럼 중국의 민주주의를 파괴하려는 계획을 이미 가

동했다고 믿는다. 중국에서 나온 적어도 두 권의 책이 CIA가 이 계획을 주도하고 있다고 주장한다.[28]

전임 국방장관 로버트 게이츠는 1975년 헬싱키 협정이 소련 내의 친민주 그룹을 활성화시켜 "냉전에서 승리하는 데 핵심적인 역할"을 했다고 말했다.[29] 중국의 강경파도 그의 견해를 알고 있는지, 미국이 감수성이 예민한 미래의 중국 민간 지도자들이 민주적 다당제 선거와 자유시장을 지향하도록 만드는 프로그램을 가동했다는 우려를 자주 표출한다.[30] 2013년 10월, 중국 강경파는 또 다른 우려를 드러냈다―미국이 일당 체제를 종식시킬 중국의 고르바초프를 찾고 있다는 것이다. 2013년 10월에 발표된 90분짜리 영상 〈조용한 경쟁〉에서 중국의 민간 지도자들에 대한 강경파의 불신을 엿볼 수 있다.[31] 그들은 중국의 민간 지도자들이 다당제와 민주 선거를 지향하는 서구의 영향을 받기 쉽다고 우려한다. 온라인 인터뷰에서, 뤄위안(羅援) 소장은 CIA 프로그램이 중국 군사 매체를 감시하고 원로 민간 지도자들이 '강경파'의 이름을 주목하도록 만들어서, 이들의 계급을 강등시키거나 처벌을 받게 만들려 한다고 설명했다. 뤄위안 소장은 인터뷰에서 이 프로그램이 언제 진행되었는지를 보여주는 세 가지 사례를 들고, 심지어 이런 활동에 기뻐하는 인물이 있다면서 내 이름을 언급했다. 그가 나에 관해 뭐라고 하든 상관없지만 그런 프로그램은 없다.[32]

사실 미국을 비롯한 서방국가에 중국의 공산당 체제를 전복하려는 프로그램 같은 것은 없다. 중국 내 민주주의를 지원하는 프로그램들에 대한 연간 지출이 5천만 달러도 안 된다.[33] 미국 정부 내에 몇 가지 민간 사회 프로그램이 있지만, CIA의 책략에 의한 것이 아니다. 그리고 실제로 필요한 것보다 소규모이며 자금 부족을 겪고 있다. 냉전 시대에 시작된 최소한 6개의 프로그램이 있는데, 정부 기금, 산업별 노동조합(AFL-CIO), 상공회의소 그리고 주요 정당을 포함해 다양한 기관에서 자금 지원을 받고 있다. 이들이 추방당한 단체뿐 아니라 중국 내 여러 단체에 자금을 제공하고 있다.[34]

미국 국무부가 중국 내에서 법적 및 기술적 지원, 형법 개정, 판결, 선거로 뽑힌 마을 대표에 대한 훈련, 사법부의 독립을 포함해 법치와 시민사회의 발달을 촉진하기 위해 더 많은 프로젝트에 자금을 지원해야 한다.[35] 늘어난 자금이 선거 감시단의 활동과 지방선거 규정을 만들기 위한 기술적 지원 그리고 예산집행과 정부의 결정에 대한 감시 활동 등에 쓰일 것이다. 또한 독립적인 비정부기구의 역량을 키우기 위한 프로젝트가 필요하다.[36]

친(親)민주적 활동을 주도하는 것 외에도, 미국은 중국이 경제를 개방할 수밖에 없다고 추정할 것이 아니라, 자유시장 개혁 촉진에 신중해야 한다. 예를 들어, 민주주의를 위한 국가 기금과 국제 민영기업 센터를 통해 지원되는 의회의 기금이 베이징에 있는 톈쩌(天則) 경제 연구소에 제공되고 있는데,[37] 이 연구소는 양자 간 투자 보장 협정을 지지했다.[38] 이 협정으로 "국가대표 기업"을 포함해 중국 국유기업의 우위를 완화할 수 있게 되었다. 또한 중국 내에서 일어나는 노동 착취도 중국의 비정부기구와 미국의 자금 지원을 받는 활동가들의 주목을 받았다.[39]

미국 정부가 중국의 내부 논쟁에 언제나 수동적이거나 간과한 것은 아니었다. 1980년대에 조지 슐츠 국무장관은 핵 확산을 막기 위한 국제 규범을 준수할 것을 중국에 촉구했다.[40] 중국에서 조직 설립과 인력 훈련을 돕는 방법을 통해, 핵확산 금지조약에 가입하기를 꺼리는 중국 정부의 태도를 뒤바꿨다.[41] 조셉 바이든 상원 의원은 중국을 "국제사회에서 갑작스레 사나운 코끼리로 변하고 있는" 나라로 묘사하고,[42] 중국이 비확산 관련 정책과 관행을 바꾸지 않는다면 중국에 대한 최혜국 대우를 철회할 것을 요구했다. 중국의 무기 규제 능력을 확립하는 데 필요한 자금계획을 마련하기 위해서, 미국 정부는 맥아더 재단과 포드 재단[43] 등 비정부기구와 공동으로 교환 프로그램을 진행했다.[44] 외국의 압력과 자금 지원을 통해, 기업이 금지된 기술을 수출하는 것을 감시하고 방지하기 위한 중국 최초의 수출 통제 시스템이 설립될 수 있었다.[45]

그런데, 비교적 최근에 미국이 관망적으로 바뀌었다. 시진핑 주석의 "새장 속 권력"이라는 말이 중국 내에서 헌법 준수에 관한 희망적인 논쟁에 불을 지폈다. 법학 교수 장첸판(張千颿)이 초안한 청원서에 72명의 학자가 서명했다. 중국 헌법은 "어떠한 조직이나 개인도 헌법과 법 위에 특권을 누릴 수 없다"고 규정한다고 그는 지적했다. 이 짧은 한 문장을 실행에 옮기려면 현재 공산당의 독점적인 역할을 엄격히 제한해야 한다. 이 논쟁이 계속되고 있는 동안, 헌법 제정 32주년을 맞아서 시진핑 주석이 "헌법은 인민이 자신의 권리를 지키기 위한 법적 무기가 되어야 한다"고 말했다.[46] 〈뉴욕 타임스〉는 2013년 2월 3일 자 보도에서, 당과 국가기관의 분리, 더 많은 시장 개혁이 필요하다는 말과 함께, "헌법 집행의 필요성을 강조한 연설을 포함해 최근 시진핑 주석의 연설이 변화를 요구하는 사람들 사이에 희망을 지폈다"고 평가했다.[47] 이것은 베이징의 강경파가 두려워하는 뉴스다. 이 때문에 미국은 방관자가 아니라 참여자가 되어야 한다.

12단계 — 중국의 강경파와 개혁파 간 논쟁에 주목하고 영향력을 발휘하라

오늘날, 중국은 미국을 겨냥한 자신의 냉전 전략을 추구하면서, 워싱턴 내의 다양한 파벌을 예의 주시하고 있다—베이징의 지지자, 회의적인 시각을 가진 인물, 조종할 수 있는 인물 그리고 마라톤 전략을 알고 있는 인물. 미국도 한때 이런 일에 아주 능했다. 냉전 시대에 미국은 소련 정치국의 다양한 인사—미국과의 유화적인 관계를 지지하는 사람과 미국을 추월해야 할 위험한 경쟁자로 보는 사람—의 활동을 구분하기 위해 시간, 기술, 인력을 투입했다. 하지만 소련에 그랬던 것과 달리, 중국에 대해서는 전혀 그렇지 못하다.

베이징의 민감한 내부 논쟁에 참여하는 다양한 행위자를 이해하는 것은 미국에게 매우 중요하다. 비록 마라톤 전략을 발 빠르게 추진하고 있지만, 중국 정부의 사고는 획일적이지 않다. 강경 노선 지지자가 다수를 차지하고 있는 것은 확실하지만, 그 주변에는 여전히 중국이 미국식 모델에 더 가까이 다가가기를 원하는, 개혁과 자유를 진심으로 지지하는 사람이 있다. 그들이 존재하고 있으며, 그들을 식별하고 지지해야 한다. 문제는 누가 진정한 개혁주의자인지 구분하기 위해—개혁적 주장을 오도하는 많은 중국의 지도부 인사와 차별화하기 위해—미국 정보기관이 자원을 투자하지 않고 있다는 것이다. 이것이 여전히 심각한 정보 과제로 남아 있다.[48]

이 과제는 여전히 지속되고 있다. 1980년 카터 정부 시절, 마이클 옥센버그는 자신이 국가안보 고문 즈비그뉴 브레진스키에게 보냈던 기밀 메모에 관해 논의하기 위해 열린 국가안보회의에 나를 초청했다.[49] 그 메모는 중국에 관한 정보 초안이 너무 빈약해서 "이란에 대해 경험한 것과 같은—1979년에 팔레비 국왕이 권좌에서 축출되었다—심각한 정보 실패를 초래하기 쉽다"고 경고하는 내용이었다. 그 후 몇 년 동안 약간의 개선이 있었지만 충분하지는 않았다. 1996년 의회 청문회에서 전임 주중 대사이자 27년간 CIA에서 일한 베테랑 제임스 릴리가 정보의 규모에 관해 증언했다. "2천5백 년 전 손자(孫子) 이후 중국이 줄곧 해온 말이 있다. 적이 강할 때는 피하라(强而避之). 그들은 예산, 소련에게 받은 원조, 기술 이전, 세력 투사, 이 모든 것을 우리에게 숨기고 있다. 우리가 그것을 손에 넣을 수 있는 유일한 방법은 비밀리에 정보를 수집하는 것과 기술 수단을 통해서뿐이다. 하지만 언제나 근본적인 차이를 만들어낸 것은 인간의 노력이었다."[50] 천안문 사태가 발생한 후 12년이 지난 2001년 8월, 릴리는 의회위원회에서 자신에게 가장 후회스러운 일은 중국 정부가 민주주의와 얼마나 멀리 있고 그 시위가 공산당 정부를 제거하는 일에 얼마나 가까이 다가가 있었는지 보여주는 중국의 내부 문건을 10년이 지나서야 알게 된 것이라고 말했다. 그때 사실을 알았더라면, 자신은 베이징 지도부에게 속아서 그들의 편에 서는 것이 아니라 진정한 개혁주의자의 편에 서서 단호하게 개입하도록 조지 H. W. 부시 대통령에게 촉구했을 것이라고 말했다.[51]

중국 내 강경파와 개혁주의자는 자신의 이웃 국가에 대한 미국의 의도를 바라보는 관점이 확연히 다르다. 강경파는 미국의 모든 행동을 중국을 포위하고 중국의 위협을 무력화하려는 목적을 가지고 두는 바둑으로 이해한다. 최근 몇 년 동안 일어난 일 가운데, 그들은 오바마 대통령이 2012년 11월에 미얀마를 방문하고, 그 이듬해 봄에 미얀마 지도자들이 답방을 한 것을 무엇보다 중요한 움직임으로 보고 있다. 사실, 미얀마는 아시아 지역에서 미국과 중국이 경쟁하는 중심지가 되었다. 그해 초에 〈뉴욕 타임스〉가 보도했듯이, "미국이 아시아에서 자신의 존재를 다시 각인시키고, 대담해진 중국이 전에 없이 군사·경제적 힘을 과시하고 있는 상황에서 두 나라는 경제적 어려움을 겪고 있고 전략적으로 중요한 위치에 있는 미얀마의 호감을 얻기 위해 자신이 할 수 있는 모든 것을 다하고 있다."(52)

2013년, 나는 친구이자 얼마 전 미얀마 주재 미국 대사로 임명된 데릭 미첼을 만나려고 양곤에 있는 미국 대사관에 갔는데, 미국이 미얀마에 대사를 파견한 것은 20여 년 만에 처음이었다.(53) 미첼과 나는 1996년에 국방부에서 같이 근무하면서 처음 알게 되었다. 그때 그가 처음이자 유일한 펜타곤의 '동아시아 전략 검토서' 초안을 작성했다. 비교적 최근에는 오바마 대통령의 아시아 회귀 전략 수립에 참여한 전략가이기도 했다. 그는 펜타곤을 떠나서 이 전략적인 핵심 국가의 대사를 자원했고, 이곳에서 그는 인권 신장에 특별한 관심을 가지고 있었다.

그와 만났을 때, 나는 중국 정치국 내의 시각 차이에 대한 그의 견해를 들을 수 있었다. 중국 내 강경파는 미국-미얀마 관계를 명백하고 현존하는 위험으로 보는 데 반해, 개혁주의자는 미국이 미얀마에 개방적인 태도를 견지하는 것에 안도하고 있으며 미얀마 경제 발전에도 관심을 가지고 있다는 점에 우리는 동의했다. 예를 들어, 중국은 에너지 분야 투자, 특히 이라와디 강 댐 건설을 위해 안정된 미얀마를 원했다. 이 입장은 미국이 바둑을 두고 있다고 보는 강경파의 시각과 대비된다―그리고 미국 정부가 이해하고 고무해야 할 입장이기도 하다.

나는 미얀마 지도자들이 중국의 장기 전략을 어떻게 보는지 궁금했다. 많은 서방 지도자처럼, 그들도 중국을 자본주의 국가가 되고 싶어 하고 국제사회에서 평화적 부상을 원하는 나라로 인식할까?

미첼은 미얀마 지식인들이 89세의 전임 싱가포르 총리이자 아시아에서 존경받는 지도자인 리콴유가 쓴 책을 읽고 있다고 말했다. 싱가포르 기적의 아버지로 추앙받는 그는 서구 세계에서 널리 칭송을 받았다. 리처드 닉슨은 그를 처칠, 디즈레일리 그리고 글래드스턴에 비교했고,[54] 빌 클린턴과 조지 H. W. 부시는 그를 비전을 가진 지도자로 칭송했다. 하지만 이상하게도 서방의 많은 지도자들이 중국에 대한 그의 견해만은 간과했다.

한 미얀마 관리가 내게 양곤의 스탠드 호텔에서 판매하던 리콴유의 새 책을 알려주었는데, 영국의 식민 지배 시기에 지어진 빅토리아식 구조로 된 이 호텔은 지금은 기울어가는 서구 제국의 유물처럼 서 있다.

"리 총리가 중국의 부상에 관해 외부의 다른 어느 관찰자나 분석가보다도 더 잘 알고 있다는 사실은 의심의 여지가 없다." 이 책의 편집자들, 그리고 하버드대학 교수 그레이엄 앨리슨과 로버트 블랙윌은 이렇게 적었다.[55] 그 책을 읽고 나는 그가 오래전부터 수십 년 동안 면밀히 관찰해온 중국의 장기적인 전략을 서방에 있는 우리 대부분보다 훨씬 잘 이해하고 있었다는 것을 알았다.

"중국의 목적은 세계에서 가장 위대한 나라가 되는 것이다." 그는 직설적으로 말한다. "그리고 서방의 명예 회원이 아닌, 중국으로 받아들여지는 것이다. … 그들 사고의 핵심에는 식민 지배와 착취와 굴욕의 과거 세계가 있다." 그는 또한 베이징은 자국 국민의 열망—1989년 천안문 시위 이후 자신들의 위치가 확연히 달라진 경험—을 훌륭하게 활용했다고 덧붙였다. "만약 중국에서 일종의 민주주의 혁명이 일어날 것이라고 믿고 있다면, 그것은 틀린 생각이다. … 중국 국민은 부활한 중국을 원한다." 그 책에 관한 인터뷰에서 중국이 어떻게 넘버원이 될 것이라고 생각하느냐는 질문을 받자, 그는 "그들의 강점은 군사적 영향력이 아니라 경제적 영향력입니다. … 그들의 영향력이 미국의 능력을 뛰어넘어 계속 증대할 것입니다"라고 대답했다.(56)

비록 중국이 우위를 점하는 시대가 아직 수십 년 먼 미래일 것이라고 보기는 했지만, 그는 마라톤 전략의 핵심을 분명히 알았던 것 같다. "중국인은 '평화적 부상'을 고수하며 경제적 · 기술적으로 1위 자리를 놓고 다툰다면 패하지 않을 것이라는 사실을 알고 있습니다." 그는 말한다. "미국처럼 강하고 기술적으로 우월한 힘에 직접 도전한다면, 그것은 그들의 평화적 부상을 도중하차하도록 만들 수 있습니다. 중국은 공산당이 제작한 TV 시리즈 〈대국굴기(大國崛起)〉와 동일한 접근법을 따르고 있습니다. … 군비에서 미국과 경쟁하면 패한다는 것을 중국 지도부가 알고 있다고 생각합니다. 파산할 것이라는 겁니다. 그래서 피하는 거지요, 고개를 숙이고 40년이든 50년이든 웃고 있는 겁니다."(57) 나조차도 이보다 더 정확하게 말할 수는 없다. 적어도 내게 동지 한 명이 있었던 것이다.

리콴유는 초당파적인, 심지어 전 세계적인 갈채를 받았음에도 불구하고, 중국에 대한 그의 냉철한 예측은 서방에 있는 중국 전문가들의 반대에 부딪혔다. 이렇게 그의 예측이 배제된 한 가지 이유는 중국이 언젠가 붕괴하거나 아니면 서구식 민주주의 국가로 바뀔 것이라는 희망적 사고와 잘못된 추측 때문이었다. 두 번째 이유는 애써 저자세를 취하거나 성장 전망치에 전혀 신경 쓰지 않는 듯 보이는 중국의 태도다. 세 번째는 단기적인 중국의 위협에 관한 너무 많은 잘못된 정보들이다. 리콴유 총리처럼, 나는 2049년이 되면 중국이 얼마나 강력해질 것인가에 관해 말하고 있다. 장기적이라는 말에 강조점을 두는 것은 내가 제시한 12개의 단계를 좇을 충분한 시간이 있다는 것을 의미한다.

너무나 자주, 중국에 대한 논의가 중국이 머잖아 세계를 장악할 것이라든가 군사적 우위를 점할 것이라는 과장된 경고의 형태를 띠고 있다―이 둘 중 어느 것도 가까운 미래의 가능성이 아니다. 하버드대학 정치학 교수 조지프 나이는 "우리에게 가장 큰 위험은 중국을 과대평가하고 있다는 것과 중국이 스스로를 과대평가하고 있다는 것이다. 중국은 결코 미국에 근접해 있지 않다. 따라서 미국에게는 두려움을, 중국에게는 오만을 유발하는 중국에 대한 과장이 우리가 직면한 가장 큰 위험이다"라고 정확하게 경고한다.[58]

이웃 국가를 도발함으로써 그들의 결속을 돕는 오만하고 공세적인 중국이 장기적으로는 미국에 유리하다. 나폴레옹 보나파르트가 했던 유명한 말처럼 "적이 실수를 할 때 말리지 말라." 하지만 이 말은 아무것도 하지 말아야 한다는 의미가 아니다.

베이징과 장기적으로 경쟁한다는 것은, 그들의 야망을 볼 줄 아는 냉철한 눈을 가지고 그들이 국제적으로 용인되는 국제 규범의 경계선을 넘어섰을 때 그런 행동을 비판하는 것을 의미한다. 나는 중국의 전국시대 개념을 차용함으로써 이렇게 할 것을 주장한다. 이것은 내가 중국의 전략적 사고의 질과 독창성을 인정한다는 의미이기도 하다. 내가 이 장에 기술한 12개의 단계는 틀림없이 중국과 마찰을 유발할 것이다. 나의 동료들은 다루기 힘든 중국을 비판하는 것에 대해 자주 경고한다. 하지만 그런 자세는 "비판은 우리가 아무 말도 하지 않고, 아무것도 하지 않고, 그리고 아무것도 아닌 존재가 됨으로써 피할 수 있는 무엇이다"라는 아리스토텔레스의 충고를 간과하는 것이다.

우세한 지정학적 힘을 가진 미국을 대체하려는 베이징의 전략은 미국의 선의와 지원이 필요하다. 이 전략에서 미국은 과거 자신이 점진적으로 부상하고 대영제국이 쇠퇴하는 시기에 영국이 했던 것처럼 행동해야 한다. 이것은 미국이 이 사실을 인식하도록 만들려고 중국이 그토록 노력하는 이유이기도 하다.《중국의 꿈》에서 류밍푸는 중국에 대한 미국의 인식을 정립하기 위해 중국이 노력해야 한다고 주장했다. 그는 중국이 미국을 "사탄이 아니라 천사가 되도록" 만들어야 한다고 말했다. 그의 접근법은 네 명의 강경파가 쓴《신(新) 전국시대》라는 책과 유사하다.[59] 중국의 강경파는 미래의 수십 년이 전쟁과 영토 정복이 아닌 경제, 무역, 통화, 자원 그리고 지정학적 배치를 놓고 벌이는 대립의 시대가 될 것이라고 주장한다.

문제의 본질을 인식하지 못하도록 만드는, 우리가 빠질 수 있는 최소한 세 가지 인식의 함정이 있다. 첫째는 중국의 위협에 대한 조급한 두려움이다. 마틴 제이컵스가 2012년에 쓴 책에서 주장하듯이, 중국은 "세계를 지배"하려는 것이 아니다.[60] 중국은 미국식 세력 투사 능력을 갖기 위해 세계적 범주의 군사기지 체제를 구축하는 방향으로 나아가지 않았다. 중국의 통화는 달러화를 대신해 기축통화가 될 채비가 아직 갖춰져 있지 않다.[61] 조지워싱턴대학 교수 데이비드 샴보의 주장처럼, 중국은 "불완전한 강대국"일 뿐이다.[62] 펜타곤은 이미 전략계획에 있어 중국에 중요한 대답을 했고,[63] "누가 중국과 전쟁할 준비를 위임받았는가?"라는 식의 제목을 단 비판을 유발했다.[64]

중국에 대한 비판의 두 번째 함정은 미국을 대신하려는 중국의 전략을 오인하는 것이다. 이 전략이 비밀이기는 하지만, 우리에게는 이것이 비밀이 아니라는 것을 알려주는 충분한 증거가 있다. 중국의 저명 학자들은 누구도 히틀러나 스탈린 혹은 도조 히데키처럼 정복적인 방법을 지지하지 않는다. 강경파 전략가 누구도 영토 확장이나 글로벌 이데올로기 지배를 주장하지 않는다. 오히려 중국 강경파는 워린 짐머먼의 《최초의 위대한 승리: 5인의 미국인은 어떻게 미국을 세계적 강대국으로 만들었는가》와 같은 미국이 세계적 강대국으로 부상한 이유를 다룬 책에 더 심취한 것 같다.[65] 앞에서 기술했듯이, 공산당교는 미국이 무역과 산업 정책을 통해 영국과 독일을 추월했다고 가르치고 있으며, 강경파의 교재 《위대한 전략에 관하여》는 미국이 제2차 세계대전을 이용해 유럽을 제치고 1945년에 현재의 세계 질서를 확립한 교활함을 칭송한다.[66]

전국시대의 교훈은 중국의 강경파가 미국의 부상에서 배운 교훈과도 잘 맞아떨어졌다. 8장에서 기술했듯이 미국의 부상에 관한 책들 외에도, 공산당교는 신흥 강자가 어떻게 성공적으로 평화롭게 기존의 헤게모니를 굴복하도록 만들었는지 기술한 3권의 책을 교재로 삼고 있다: 앤 오드의 《대영제국의 쇠퇴》, 에런 프리드버그의 《지친 타이탄》, 그리고 샹란신(相藍新)의 《극동 제국을 다시 쓰다》.[67] 심지어 중국의 한 저명한 학자는 미국이 대영제국을 제치고 주도적인 강대국이 되기 위해 어떤 방법으로 영국을 달래고 안심시켰는지 알기 위해서, 1880년부터 1914년까지 미국 외교사의 결정적 순간들을 연구했다. 그는 미국이 영리하고 신중한 전략을 통해 전쟁에 지쳐 있고 아무것도 모르는 영국을 안심시켰다며 감탄한다.[68]

그들은 대개 미국이 세(勢)와 무위(無爲)의 활용, 그리고 다른 사람의 힘을 빌려오는 전략과 같은 중국의 전략적 개념을 활용하고 있다고 생각한다. 중국은 오늘날 미국도 이 개념을 적용한 마라톤 전략을 추구한다고 생각한다.

중국의 전략은 역사적으로 서방국가의 성공적 경험과 고대 중국의 제국이 어떻게 흥망(興亡)했는가에 대한 연구를 기초로 한다. 중국의 전략은 경직된 로드맵이나 시간표 혹은 청사진이 아니다. 언제든 필요하면 기회를 포착할 준비가 되어 있다.

세 번째 인식의 함정은 미국 정부 관리들과 관련이 있다. 미국 국민은 지난 40년 동안 워싱턴과 베이징의 은밀한 협력이 어느 정도였는지 모른다. 중국이 미국의 은밀한 활동을 지지한 긴 역사가 있지만, 이것은 많은 미국 관리가 중국을 현재의 협력자이자 미래의 협력자로 보도록 만들었다. 은밀한 협력의 역사는 많은 미국의 정책 입안자가 중국 강경파 쪽으로 기울어지도록 만들었고, 이들이 이 은밀한 프로그램들을 추진할 책임을 맡았다.

첫 번째 단계는 마라톤의 존재를 인식하는 것이다. 인정하기가 어렵겠지만 무엇보다 중요하다. 미국이 문제를 인식하지 못할 수 있다. 경제적으로 미국을 추월하는 것에 그치지 않고 두 배 세 배로 성장하려는 중국의 장기적 시나리오를 직시하지 못할 수도 있다. 그렇게 되면 중국이 승리할 것이다. 부전승으로.

| 감사의 글 |

이 책은 50년에 걸친 기록이다. 만약 내게 35인의 '학자이자 장군들'과 토론하고 논쟁할 수 있는 특별한 기회가 주어지지 않았다면 불가능했을 것이다. 그들 대부분이 중국의 전략에 관한 저술과 논문을 발표했다. 몇몇은 나와 20년 넘게 교류했다. 누구도 국가의 기밀을 보호하고 당의 노선을 지키겠다는 자신의 맹세를 어긴 적이 없다. 하지만, 그들은 활력 넘치는 지성과 '먼 곳에서 온 친구들'인 우리를 깨우쳐주고자 하는 열망에 차 있다. 비록 그들이 내가 내린 모든 결론에 동의하지 않지만, 그들의 통찰력은 유익함이 입증되었다. 헨리 키신저는 중국이 제시한 사고의 맥락을 이해할 수 있도록 직간접적으로 도와주었다.

대부분의 장군은 줄곧 유명 군사과학원에서 복무해왔다. 천저우, 가오뤼, 황쉬펑, 리지쥔, 리칭산, 류징쑹, 류팅화, 류위안, 뤄위안, 미전

위, 판쥔핑, 펑광첸, 왕푸핑, 우춘추, 우루쌍, 야오유즈, 야오원주, 장스펑, 자오샤오쥐 그리고 정민샤가 그들이다. 또한 모두 전직 무관(武官)이자, 조언과 출판물을 제공해준 군 정보 본부의 7인의 학자이자 장군들에게도 감사한다: 천샤오궁, 궁셴푸, 왕나이청, 장퉤성, 장우탕, 자오닝 그리고 전즈야. 많은 제안과 전문 서적들을 제공해준 베이징 국방대학교의 8인의 학자이자 장군들에게 도움을 받았다: 류밍푸, 류야저우, 판정창, 왕중춘, 양이, 위궈화, 장자오중, 그리고 주청후. 난징 군사학원 원장인 자이위추 소장(少將)의 고대 전략에 관한 세 권의 저술에서 사고적 도움을 받았다. 오늘날 난징에 있는 장군들을 가르친 국무원 자문 스인훙 교수에게 많은 빚을 지고 있다. 그는 중국 전략에 관해 많은 저서를 발표한 진솔한 저술가로서 인습 타파적인 역할을 기꺼이 떠맡지만, 외국인을 대할 때 당과 군의 원칙의 범주를 절대 넘지 않는다.

나는 다른 몇몇 자료 제공자의 신분을 보호하기 위해 익명이나 가명을 사용했다.

또한 중국의 세(勢) 개념의 열쇠를 푸는 데 중요한 조언을 해준 로저 에임스, 프랑수아 줄리앙 두 중국 철학자에게도 빚을 지고 있다. 더욱이 중국의 전략을 연구하고 역대 정부에 대한 통찰력을 공유해준 국방부 총괄평가국의 전설적인 인물 앤디 마셜 국장의 결정적인 역할에 감사드린다.

중국의 전략적 사고 분야의 많은 서방 전문가가 이 책을 위해 인식의 도움을 주었는데, 그들이 모두 나의 해석에 동의하는 것은 아닐 것이며 또한 그들 간에도 분명 일치된 견해를 가지고 있지는 않다. 로저 에임스, 데니스 블라스코, 단 블루먼솔, 앤 마리 브래디, 리처드 부시, 딘 청, 토머스 크리스텐슨, 워런 코헨, 존 컬버, 로버트 데일리, 다니엘 드 모츠, 데이비드 도먼, 엘리자베스 이코노미, 앤드류 에릭슨, 에번 페이근바움, 데이비드 핑클스테인, 릭 피셔, 로즈마리 풋, 크리스토퍼 포드, 애런 프리드버그, 배닝 게럿, 존 가버, 보니 글레이저, 폴 고드윈, 캐럴 햄린, 폴 히어, 데이비드 헬비, 찰스 호너, 이언 존스턴, 프랑수아 줄리앙, 로버트 카간, 로이 캠포젠, 헨리 키신저, 스테파니 알브란트, 데이비드 라이, 마이클 램턴, 리처드 로리스, 데보라 레어, 청리, 케네스 리버설, 토머스 매켄, 마크 맨콜, 제임스 만, 에번 메데로이스, 앨리스 밀러, 프랭크 밀러, 제임스 멀베논, 앤드류 네이선, 더글러스 팔, 로버트 로스, 길버트 로즈만, 필 손더스, 랠프 소여, 앤드류 스코벨, 데이비드 샴보, 제임스 신, 랜디 시라이버, 아브람 슐스키, 마크 스톡스, 마이클 스웨인, 제이 테일러, 애슐리 텔리스, 티모시 토머스, 드류 톰슨, 존 타식, 피터 톰센, 크리스토퍼 투메이, 얀 반 톨, 아서 월드론, 토머스 웰치, 앨런 와이팅, 데니스 와일더, 래리 워츨, 란신샹, 마이클 야후다, 마오춘위 그리고 샤오밍장이 그들이다.

실제로 가능할 것이라고 생각했던 것 이상을 산출할 수 있도록 작가들을 고무하고, 격려하고 설득했던 위대한 편집자 맥스웰 퍼킨스처럼, 감탄스러우리만치 자신의 역할을 다해준 편집자 폴 골롭의 비범함이 없었다면 이 책이 존재하지 못했을 것이다. 처음부터 이 작업을 같이하며 도와준 뛰어난 나의 에이전트 키스 어반과 매트 라티머에게도 감사한다. 뛰어난 두 대학원생 닉 벨로미와 애슐리 프로바인이 조사와 편집을 도와주었다. 초안을 쓰는 데 도움을 준 대학원생 존 마이클 러그레이와 마크 핸슨에게도 감사한다. 헨리 홀트 출판사의 제작 편집자 크리스 오코넬이 최종 원고를 쓰는 데 도움을 주었다.

허드슨 연구소 설립자인 존경하는 허먼 칸 선생이 비판적이고 전략적으로 사고하는 법과 오늘날의 일반 통념 너머를 볼 수 있도록 가르침을 주었다. 허드슨 연구소 켄 와인스타인 소장이 쓴 2006년도 저술 속에 들어있는 칸 소장의 글을 읽고 큰 도움을 받았다. 그가 "역사는 직선과 곡선으로 진행된다"는 조언을 해주었다.

무엇보다도 나의 아내 수전 필스버리에게 영원한 감사를 전한다. 그녀는 나와 결혼하기 전에 여덟 차례 중국을 방문했던 경험을 바탕으로 이 책에 구체적인 생각을 보태주었다. 우리는 런던에서 지인의 소개로 만났는데, 그때 나는 1989년 4월 천안문 광장 시위 학생들을 인터뷰하기 위해 베이징으로 가던 길이었다. 당시에 그녀는 베이징의 지도부가 민주주의, 자유무역 그리고 인권에 대한 우리의 희망 섞인 생각에 부응하지 않을 것이라고 예상했다. 언제나처럼 그녀는 지혜와 선견지명이 있음을 입증했다.

주석

서론

1 2012년 12월 3일에 새클러 박물관에서 〈Women's Wear Daily〉가 수전 워터스와 진행한 인터뷰 'No Longer a Party Divided at Sackler Museum'과 미구엘 베나비데스의 〈Studio International〉 2012년 11월 기사 'Arthur M. Sackler Gallery Celebrates 25th Anniversary'를 보라.

2 '검은 크리스마스트리' 영상. http://www.youtube.com/watch?v=UeZyGnxTWKY에서 볼 수 있다.

3 마우라 저드키스의 2012년 11월 29일 〈워싱턴 포스트〉 인터뷰 'Sackler to Celebrate Anniversary with a Daytime Fireworks Display'를 보라.

4 같은 글.

5 2012년 11월 30일, 클린턴 국무장관의 'Art in Embassies' 5주년 기념 오찬 연설. http://m.state.gov/md201314.htm에서 확인할 수 있다.

6 2012년 11월 30일, 미 국무부가 게재한 'Medal of Arts Conversation'을 보라. http://art. state.gov/Anniversary.aspx?tab=images&tid=106996에서 확인할 수 있다.

7 이와 유사한 견해로는, 야웨이류와 저스틴 정런의 《An Emerging Consensus on the US Threat: The United States According to PLA Officers》(2014) 255 - 274쪽을 보라. 강경파의 역할에 관한 좀 더 회의적인 시각에 관해서는 앤드류 처브의 〈southseaconversations〉 블로그 2013년 12월 5일 포스트 'Are China's Hawks Really the PLA Elite After All?'을 보라. 처브는 "내가 생각하기에, 흔히 '강경파'가 중국 인민 해방군(PLA)의 생각을 대변하지만, 그들은 용인이 될 때만 그렇게 한다"라고 말한다.

8 윌리엄 캘러핸, 〈Patriotic Cosmopolitanism: China's Non-official Intellectuals Dream of the Future〉(British Inter-University China Centre (BICC) Working Paper Series 13, October 2009).

9 같은 글.

10 같은 글. 캘러핸은 이 글의 8-9쪽에서 두 중국군 대령이 미국을 공격하는 방법으로 테러를 포함해 비대칭전(戰)을 활용할 것을 정부에 요구했다고 말한다. 차오량과 왕샹후이의 《Unrestricted Warfare: War and Strategy in the Globalization Era》(Beijing: Social Science Press, 2005[1999])를 보라.

11 《36계》의 영어 번역은 http://wengu.tartarie.com/wg/wengu.php?l=36ji에서 볼 수 있다.

12 'Medal of Arts Conversation'(2012)을 보라.

13 리디아 류, 《Translingual Practice: Literature, National Culture, and Translated Modernity-

China, 1900 - 1937》(Stanford, CA: Stanford University Press, 1995).

14 중국 강경파의 영향력에 관해 더 상세한 논의는 앤드류 처브의 〈아시아 타임스 온라인〉 2013년 7월 29일 기사 'PLA Hawks, Part One: Good Cop, Bad Cop with China's Generals' 를 보라.

15 자크 드릴, 〈Pressing Engagement: Uneven Human Rights Progress in China, Modest Successes of American Policy, and the Absence of Better Options〉(Washington, DC: Carnegie Endowment, 2008)와 샤론 홈의 〈Has U.S. Engagement with China Produced a Significant Improvement in Human Rights?〉(Framing China Policy: The Carnegie Debate, 2007. 3. 5.)를 보라.

16 2002년 1월 19일, 〈워싱턴 포스트〉 'Text of President Bush's 2002 State of the Union Address' 보도를 보라.

17 애런 L. 프리드버그의 《A Contest for Supremacy: China, America, and the Struggle for Mastery in Asia》(New York: W. W. Norton, 2011) 187 - 188쪽과 데이비드 샴보의 《China's Communist Party: Atrophy and Adaptation》(Washington, DC: Woodrow Wilson Center Press, 2008) 180쪽을 보라. 샴보는 "변화를 위한 역량이 이미 중국에 존재하며, 시간이 지남에 따라 더 강력해질 것이다. 이것은 정치 발전의 '법칙'이며, 한 나라가 개도국에서 신흥공업국으로 전환할 때 국가에 대한 사회적 압박이 효과적으로 유발된다. 일단 이 과정이 시작되면 집권당은 기본으로 선택할 수 있는 것이 두 가지뿐이다: 요구를 억누르고 억압하든지 요구를 조정할 수 있는 통로를 개방하는 것이다"라고 기술하고 있다.

18 제임스 만의 《The China Fantasy: Why Capitalism Will Not Bring Democracy to China》 (New York: Viking, 2007), 켈리 S. 차이의 《Capitalism without Democracy: The Private Sector in Contemporary China》(Ithaca, NY: Cornell University Press, 2007)를 보라. 차이는 "중국의 기업가들은 민주주의에 찬성하지 않는다. 일부 사람이 한 자녀의 교육을 위해 저축하거나 중국을 떠날 계획을 하는 동안, 대부분의 사람은 18시간 동안 일을 하고 있다. 많은 사람이 공산당원이다. 전국적으로 수백 명의 민영 기업가를 대상으로 진행한 인터뷰와 조사 결과에 비춰볼 때, 민주주의가 배제된 자본주의가 경제적 자유와 정치적 자유의 관계에 관한 사회적 통념을 탐색하고 있다"고 기술한다.

19 존 팍스 & 프랑수아 고드망의 《A Power Audit of EU-China Relations》(London: European Council on Foreign Relations, 2009)를 보라.

20 스티븐 리빙스턴의 2010년 5월 30일 〈워싱턴 포스트〉 기사 'China's Authoritarian Capitalism Undermines Western Values, Argue Three New Books'.

21 앤드류 J. 네이선의 〈China's Changing of the Guard: Authoritarian Resilience〉(Journal of Democracy 14, no. 1, January 2003) 6-17쪽을 보라. 그리고 스테파니 알브란과 앤드류 스몰의 〈China's New Dictatorship Diplomacy〉(Foreign Affairs 87, no. 1, January/February 2008)도 보라.

22 제프 A. 디어, 《The Contest of the Century: The New Era of Competition with China—and How America Can Win》(New York: Alfred A. Knopf, 2014).

23 2003년 7월 〈코멘터리〉 보도, 아서 월드런, 〈The China Sickness〉

24 고든 창, 《The Coming Collapse of China》(New York: Random House, 2001).

25 안나 유카나노프의 2014년 1월 21일 〈로이터〉 기사 'IMF Sees Higher Global Growth, Warns of Deflation Risks', 〈United Nations Department of Economic and Social Affairs〉2013년 12월 18일 보고서 'World Economic Situation and Prospects 2014: Global Economic Outlook (chapter 1)'.

26 창, 《Coming Collapse of China》.

27 원본 연구는 루스 번젤의 《Explorations in Chinese Culture》로, 'Contemporary Cultures, Margaret Mead Papers, Division of Special Collections, Library of Congress'에서 찾을 수 있다. 루스 번젤 〈Themes in Chinese Culture〉(Margaret Mead Papers, Library of Congress, March 18, 1948, G 23, vol. 8, chapter 686)를 보라. 워너 뮌스터버거 〈Some Notes on Chinese Stories〉(June 1, 1948, Margaret Mead Papers, G 23, vol. 7, chapter 348), 마거릿 미드 〈Minutes of the Chinese Political Character Group〉(Margaret Mead Papers, Division of Special Collections, Library of Congress, G63, January 16, 1951)를 보라. 대니얼 레너와 해럴드 라스웰이 엮은 《The Policy Sciences: Recent Developments in Scope and Method》 (Stanford, CA: Stanford University Press, 1951) 70-85쪽에서 미드는 연구의 배경을 제공한다. 웨스턴 라 바레의 《Some Observations on Character Structure in the Orient: The Chinese, Part Two》(Psychiatry 19, no. 4, 1946, 375-395쪽)를 보라.

28 루시안 피에 & 네이션 레이츠, 〈Nuances in Chinese Political Culture〉(RAND Corporation, 1970, Document Number P-4504).

29 도어 레비 〈Ideal and Actual in the Story of the Stone〉(New York: Columbia University Press, 1999), 앤드류 플락스 《Archetype and Allegory in the Dream of the Red Chamber》 (Princeton, NJ: Princeton University Press, 1976), 프레더릭 모트 《The Intellectual Foundations of China》(New York: Alfred A. Knopf, 1989), 피터 볼 《This Culture of Ours: Intellectual Transitions in T'ang and Sung China》(Stanford, CA: Stanford University Press, 1992), 사라 앨런 《The Heir and the Sage: Dynastic Legend in Early China》(Asian Library Series, no. 24, San Francisco: Chinese Materials Center, 1981), 존 핸더슨 《Scripture, Canon, and Commentary: A Comparison of Confucian and Western Exegesis》(Princeton, NJ: Princeton University Press, 1991), 스티븐 오언 《Readings in Chinese Literary Thought》 (Cambridge, MA: Harvard University Press, 1996), 데이비드 로스턴 《Chinese Fiction and Fiction Commentary: Reading and Writing Between the Lines》(Stanford, CA: Stanford University Press, 1997), 빅터 마이어 《The Columbia History of Chinese Literature》 (New York: Columbia University Press, 2001)를 보라.

30 1968년에 컬럼비아대학에서 루스 번젤 교수의 강의를 통해 미 공군과 해군에 의해 이루어진 비공개 연구와 지원에 관해 배웠다.

31 다이빙궈의 〈차이나 데일리〉 2010년 12월 13일 기사 'Stick to the Path of Peaceful Development'.

32 에드워드 첸, 〈In the Aftermath of the U.S.-China S & E D and New Military Relations〉 (Center for Security Studies in Taiwan, April 17, 2012).

33 이 책에서 말하는 '서구'와 '서방'은 일반적으로 받아들여지는 의미와 한국, 일본 그리고
    타이완 등 아시아에 있는 서방 동맹국들을 포함하는 개념이다.

34 존 케네디의 〈사우스 차이나 모닝 포스트〉 2012년 8월 16일 기사 'Diaoyu Dispute Unites
    Liberals and Nationalists Online'.

35 마이클 필스버리, 《Chinese Views of Future Warfare》 (Washington, DC: National Defense
    University Press, 2002).

36 마이클 필스버리, 《China Debates the Future Security Environment》(Washington, DC:
    National Defense University Press, 2000).

37 두 번째 저서가 2003년에 신화출판사에서 중국어로 출간되었다.

38 예를 들어, 최근에 〈Journal of Contemporary China〉에 발표한 마이클 야후다의
    'China's New Assertiveness in the South China Sea'(2013), 야웨이류와 저스틴 정런의
    'An Emerging Consensus of the U.S. Threat: The United States According to PLA
    Officers'(2014), 쑤이성자오의 'Foreign Policy Implications of Chinese Nationalism
    Revisited: The Strident Turn'(2013), 젠웨이왕과 샤오제왕의 'Media and Chinese Foreign
    Policy'(2014), 제임스 릴리의 'A Wave to Worry About? Public Opinion, Foreign Policy and
    China's Anti-Japan Protests'(2014), 그리고 홍펑 애니 니에의 'Gaming, Nationalism, and
    Ideological Work in Contemporary China: Online Games Based on the War of Resistance
    Against Japan'(2013) 6편의 논문이 있다.

39 세계은행, 《China—Long-Term Development Issues and Options》(Washington,
    DC: World Bank, October 31, 1985).

1장

1   중국 여행 가이드 홈페이지에 '인민 영웅 기념비'에 관한 소개란이 있다.
    http://www.travelchinaguide.com/attraction/beijing/tiananmen-square/people-heroes-
    monument.htm.에서 볼 수 있다.

2   제임스 리브스 푸시의 《China and Charles Darwin》(Cambridge, MA: Harvard University
    Press, 1983) 6장을 보라. 《Quarterly Journal of Speech 81, no. 1》(1995)에서
    샤오쑤이샤오의 〈China Encounters Darwinism: A Case of Intercultural Rhetoric〉을 보라.

3   궈치쉬, 《Olympic Dreams: China and Sports, 1895–2008》 (Cambridge, MA: Harvard
    University Press, 2008)에서 인용.

4   푸시는 《China and Charles Darwin》(1983) 190-191쪽, 209쪽에서 "중국 최초의 그리고
    가장 중요한 혁명에 대한 '과학적' 정당화가 … 다윈의 중요한 문장 중 하나의
    오역에 근거를 두고 있었다. 누구의 책임인지는 불분명한 채로 남았다"라고 적고 있다.

5   리아자트 버트의 〈가디언〉 2009년 11월 16일 기사 'Darwinism, Through a Chinese Lens'.

6   푸시, 《China and Charles Darwin》(1983) 208쪽.

7   오빌 쉘 외, 《Wealth and Power: China's Long March to the Twenty-First Century》

(London: Little, Brown, 2013)를 보라. 존슨의 《Race and Racism in the Chinas: Chinese Racial Attitudes Toward Africans and African-Americans》(Bloomington, IN: Author House, 2007), 헝의 〈Racial Superiority and Inferiority Complex〉(China Critic, January 9, 1930), 크리스토프의 1989년 1월 4일 〈뉴욕 타임스〉 기사 'China's Racial Unrest Spreads to Beijing Campus', 디코터의 《The Discourse of Race in Modern China》(Stanford, CA: Stanford University Press, 1992)와 《Imperfect Conceptions: Medical Knowledge, Birth Defects, and Eugenics in China》(New York: Columbia University Press, 1998)는 인종에 관한 중국인의 이해를 구체적으로 다룬다.

8 푸시, 《China and Charles Darwin》(1983) 208쪽

9 볼은 《This Culture of Ours: Intellectual Transitions in Tang and Song China》(Stanford, CA: Stanford University Press, 1992) 233-246쪽에서 《자치통감》의 일부 내용을 발췌해 번역했다. 예를 들어, 오랑캐(夷)와의 외교 관계에 대해, "그들의 치(治)는 (인간과) 다른 부류이며, 그들이 손실보다는 이윤을 죽음보다는 생을 선택한다는 점은 인간과 동일하다. 만약 그들을 다스릴 수 있는 도(道)를 얻는다면 그들이 조화하고 복종할 것이다. 만약 도(道)를 잃으면, 그들이 반항하고 침입할 것이다"라는 내용이 있다.

10 카린 데푸르트, 《The Pheasant Cap Master (He Guan Zi): A Rhetorical Reading》(New York: State University of New York Press, 1996) 206쪽.

11 솔즈베리의 《The New Emperors: China in the Era of Mao and Deng》(New York: Harper Perennial, 1993)를 보라. 솔즈베리는 마오쩌둥의 비서이자 전기 작가였던 리뤼를 인터뷰하는 과정에서 중국의 전략적 사고를 이해하는 중요한 단서를 알게 되었다고 말한다. 그는 "1973년에 한 방문객이 덩샤오핑을 만났다. 그는 덩샤오핑이 《자치통감》을 숙독하고 있는 것을 알게 되었다(325쪽)"고 말한다. 솔즈베리도 마오쩌둥이 1949년에 중국을 접수하기 위해 베이징에 진입했을 때 《자치통감》을 지니고 있었다고 말한다. "제국을 통치하려면 고대 제국의 지혜를 따라야 했던 것이다(9쪽). 마오쩌둥의 모든 생존자가, 군주들이 왕국을 얻고 잃은 역사를 마오쩌둥이 폭넓게 읽었다고 믿은 것은 아니었다.(53쪽)"고 솔즈베리는 말한다.

12 버트, 〈Darwinism, Through a Chinese Lens〉(2009).

13 쉬젠추 외, 〈Official and Vernacular Identifications in the Making of the Modern World: Case Study in Yunnan, S.W. China〉(Center for Biodiversity and Indigenous Knowledge (CBIK), October 2001, 4.)

14 잔느 브터포일이 골리친과 동행했다. 산드라 그라임스와 잔드 브터포일의 《Circle of Treason: A CIA Account of Traitor Aldrich Ames and the Men He Betrayed》(Annapolis, MD: Naval Institute Press, 2013), 섀넌의 〈타임〉 2001년 1월 24일 기사 'Death of the Perfect Spy', 배글리의 《Spymaster: Startling Cold War Revelations of a Soviet KGB Chief》(New York: Skyhorse Publishing, 2013)를 보라.

15 부차, 《And Reality Be Damned…. Undoing America: What Media Didn't Tell You About the End of the Cold War and the Fall of Communism in Europe》(Durham, CT: Eloquent Books, 2010).

16 리몬드 하트, 《The CIA's Russians》(Annapolis, MD: Naval Institute Press, 2003).

17 이언 플레밍의 암호명들과 코드네임 '007'에 관해 더 상세한 내용은 맥코믹의《17F: The Life of Ian Fleming》(London: Peter Owen Publishers, 1994), 랭킨의《Ian Fleming's Commandos: The Story of the Legendary 30 Assault Unit》(New York: Oxford University Press, 2011), 피어슨의《The Life of Ian Fleming》(New York: Bloomsbury, 2013), 그리고 카벨의《Ian Fleming's Secret War》(Barnsley, UK: Pen and Sword, 2008) 등 역사 연구서들을 보라.

18 할 포드, 〈Soviet Thinking about the Danger of a Sino-US Rapprochement〉(CIA Intelligence Report, Directorate of Intelligence, Reference Title: ESAU LI, Feb. 1971).

19 홀드먼의《The Ends of Power》(New York: Dell, 1978) 91쪽, 1969년 11월 18일에 키신저에게 보낸 로저 모리스의 제안서〈Subject: NSSM 63, Sino-Soviet Rivalry—A Dissenting View〉, 그리고 1969년 8월 19일 소넨펠트의 제안서를 보라. 닉슨 도서관에서 볼 수 있다. 홀드먼과 키신저의 관계는 로버트 달렉의《Nixon and Kissinger: Partners in Power》(New York: HarperCollins, 2007) 11장을 보라.

20 배런의《Operation Solo: The FBI's Man in the Kremlin》(Washington, DC: Regnery History, 1997)을 보라. 작전명 솔로(SOLO)는 모리스 차일즈와 그의 형제 잭이 1983년에 레이건 대통령에게 자유의 메달을 수여받은 후에, 두 요원이 작전에 참가하고 있다는 사실을 숨기기 위해 고안된 이름이었다. 중국에 대한 소련의 시각과 관련해 1965년에 모스크바에서 빼내온 한 보고서는 CIA 내에서 "지금까지 소련 쪽으로부터 나온 가장 중요한 정보(125쪽)"로 불렸으며, 결국 FBI는 1958년으로 되돌아가서 중국에 관한 모든 솔로 보고서를 재구성하기로 결정했다고 적고 있다. 1971년에 배런은 미하일 수슬로프 소련 공산당 제2서기가 "닉슨과 중국이 합의에 이르든 이르지 않든, 우리는 미국과 계속 협상할 것이다(183쪽)"라고 단언했다는 사실을 솔로 보고서에서 확인할 수 있다고 기술한다.

21 쿠토보이는 2010년에 모스크바 외교 아카데미에서 이 모든 것을 다시 진술했다. 그는 "난 45년 전에도 당신들에게 이렇게 말했습니다"라고 말했다.

22 아서 코헨, 〈Soviet Thinking about the Danger of a Sino-US Rapprochement〉(CIA Directorate of Intelligence, Intelligence Report, February 1971), 〈Signs of Life in Chinese Foreign Policy〉(CIA Directorate of Intelligence, April 11, 1970, no. 0501/70), 〈Factionalism in the Central Committee: Mao's Opposition Since 1949 (Reference Title: POLO XXVIII)〉 (September 19, 1968, RSS no. 0031/68). 1949년 문건은 2007년 5월에 기밀 해제되었다.

23 10월 22일, 키신저에게 보낸 메모에서, 프레드 이클레 군비관리 군축국 국장이 소련의 위험에 관한 정보를 중국에게 제공할 것을 제안했다. 리처드 솔로몬이 키신저에게 이클레의 메모를 전달했다. 미국 국립문서기록관리청, RG 59, Policy Planning Staff (S/P), Director's Files (Winston Lord) 1969–1977)

24 CIA에 제출한 핑크니의 보고서〈GNP Data for the USSR, Communist China, North Korea, and North Vietnam〉(1971, 1998년에 기밀 해제)과 2013년 12월 6일에 업데이트된 미국의 GNP 동향 통계(http://www.forecast-chart.com/chart-us-gnp.html.)

25 《36계》에 관해 강경파가 저술한 광대한 문헌들이 있다. 고사에 삽화를 첨부한 간단한 형태의 책이 인기가 있다. 고사를 상세하게 영어로 설명한 책으로는 1991년에 외국어 출판사가

출판한 쑨하이천의 《The Wiles of War: 36 Military Strategies from Ancient China》와 1999년에 같은 출판사가 출간한 청화탕의 《A Treasury of China's Wisdom》 두 권이 있다. 그리고 1999년에 페르스타펜이 쓴 《The Thirty-Six Stratagies of Ancient China》도 있다.

26 제러미 페이지는 2013년 3월 13일 〈월스트리트 저널〉 기사 'For Xi, a 'China Dream' of Military Power'에서, "시진핑 주석은 국내적으로 강한 군사 지도자, 그리고 금세기 중엽이 되면 미국이 쇠퇴하고 중국이 아시아에서 군사 우위를 점하게 될 것이라고 생각하는 장군들의 장기적 관점에 기초를 둔 매파적인 세계관을 수용하는 모습을 부각시키고 있다"고 말한다.

27 같은 글.

28 같은 글.

29 서양의 많은 중국 포용론자와 마찬가지로, 헨리 키신저는 《On China》 (New York: Penguin Press, 2011) 505쪽에서 류밍푸 대령 같은 인물을 후진타오 주석과 "대별되는", 주변부의 민족주의자일 뿐이라고 부른다.

30 에리히 폴라트의 2010년 2월 23일 〈ABC 뉴스〉 보도 'China: Troublemaker on the World Stage?', 치토 로마나의 2009년 4월 1일 〈ABC 뉴스〉 보도 'China: 'White Knight' or 'Angry Outsider' '를 보라.

31 치토 로마나의 2010년 3월 2일 〈ABC 뉴스〉 보도 'Does China Want to Be Top Superpower?'에서 인용.

32 윌리엄 캘러핸, 《China Dreams: 20 Visions of the Future》(New York: Oxford University Press, 2013) 58-62쪽.

33 윌리엄 캘러핸, 《China Across the Divide: The Domestic and Global in Politics and Society, ed. Rosemary Foot》(New York: Oxford University Press, 2013).

34 페이지, 〈For Xi, a 'China Dream'of Military Power〉(2013).

35 자오팅양, 〈A Political World Philosophy in Terms of All-under-heaven(Tian-xia)〉 (Diogenes 56, no. 1, February 2009). 캘러핸의 《China Dreams: 20 Visions of the Future》 (2013) 52쪽에 인용되어 있다.

36 윌리엄 캘러핸, 〈Chinese Visions of World Order: Post-hegemonic or a New Hegemony?〉 (International Studies Review 10(2008): 749 – 761쪽, 757쪽).

37 캘러핸의 《China Dreams》(2013)에 의하면, 후진타오는 세계를 동등한 문명들 간 교류에 관대한 것으로 본다. 하지만 자오팅양의 천하(天下)는 모든 사람들이 조화를 이루고 있는 하나의 단일한 세계 문명으로, 전체적이고 계층적이다. 마찬가지로 류밍푸의 《중국의 꿈》은 중국을 문명들 간 경쟁을 거쳐 탄생한 단일한 통치자로 본다.

2장

1 헨리 키신저, 《Does America Need a Foreign Policy?》(New York: Simon & Schuster, 2001) 137쪽.

2   이 책에서 말하는 전국시대는 춘추시대로 알려진 초기 시대를 전국시대로 보는 일부 중국
     학자들의 정의보다 더 광범위한 개념이다. BC 771년부터 BC 221년까지 5세기에 이르는
     시기를 반으로 양분하지 않고, 500년 동안 국가 간에 벌어진 대립과 투쟁의 시기 전체를
     전국시대로 정의한다. 이 시기는 주나라가 몰락하면서 시작되었다. 주나라의 유왕은 BC
     771년 제후들과 유목 민족에게 죽었다. 주나라의 역사는 BC 1000년까지 거슬러 올라간다.
     BC 771년에 수도를 옮겼지만, 이후 주나라는 사실상 통치력을 상실했다. 최초의 황제라고
     불리는 진시황이 BC 221년에 전국들을 통일할 때까지, 국가 간 경쟁과 전쟁으로 얼룩진
     시기가 지속되었다. 대부분의 중국 학자는 BC 771년에서 BC 221년에 이르는 시기를
     두 시기로 양분한다. 모두 자신들의 의지를 관철하기에 너무 허약했던 허울뿐인 왕들이
     다스렸다. 가끔 국가 간 회의에 참석하거나 사신을 파견하는 정도였다. 소위 패권국이
     대부분의 권력을 장악하고 통치했다. 전국 7웅이 서로 제휴하고 대립했으며, 단일 패권국은
     존재하지 않았다. BC 475년에서 BC 221년에 이르는 이 시기를 일반적으로 전국시대라고
     한다. 이 구분은 다소 인위적이다. 당시부터 두 시대의 구분이 있었던 것은 아닌 듯 보이며,
     후에 역사가들에 의해 이루어진 구분이다. 전국시대에 대한 자세한 내용은 랠프 소여
     《The Tao of Deception: Unorthodox Warfare in Historic and Modern China》(New York:
     Basic Books, 2007)의 2장 '춘추시대의 선구자'와 4장 '전국시대의 통치자'를 보라. 소여는
     "전국시대의 역사에 관해 영어로 기술되어야 할 부분이 남아있다"고 말한다. 소여의 다른 책
     《The Tao of Spycraft : Intelligence Theory and Practice in Traditional China》(Boulder, CO:
     Westview Press, 2004)의 3장 '전국시대'도 보라. 제임스 크럼프 《Legends of the Warring
     States: Persuasions, Romances, and Stories from Chan-kuo Ts'e》(Ann Arbor, MI: Center
     for Chinese Studies, 1998), 윌리엄 모트 외 《The Philosophy of Chinese Military Culture:
     Shih vs. Li》(New York: Palgrave Macmillan, 2006), 유리 파인스 《Envisioning Eternal
     Empire: Chinese Political Thought of the Warring States Period》(Honolulu: University of
     Hawaii Press, 2009) 그리고 윌리엄 캘러핸 외 《China Orders the World: Normative Soft
     Power and Foreign Policy》(Baltimore, MD: The Johns Hopkins University Press, 2012)를
     보라.
3   라이어널 젠슨의 《Manufacturing Confucianism: Chinese Traditions and Universal
     Civilization》(Durham, NC: Duke University Press, 1997)은 이 누락된 부분을 발견한
     뛰어난 저작이다.
4   필스버리 《China Debates the Future Security Environment》(2000) 서문에 인용.
5   솔즈베리 《New Emperors》와 로스 테릴 《The New Chinese Empire:
     And What It Means for the United States》(New York: Basic Books, 2003)를 보라.
6   키신저 《On China》(2011), 211쪽.
7   우춘추 《On Grand Strategy》(Beijing: Current Affairs Press, 2000).
8   중국군의 민간 전략 부문 관여에 대한 더 상세한 내용은 에번 페이근바움
     《China's Techno-Warriors: National Security and Strategic Competition from the Nuclear
     to the Information Age》(Stanford: Stanford University Press, 2003)을 보라.
9   양보쑨 《Chunqiu Zuozhuan zhu, 2nd ed., Zhongguo Gudian Mingzhu Yizhu Congshu》

(Beijing: Zhonghua Press, 1990). 와이예리의 《The Readability of the Past in Early Chinese Historiography》(Cambridge, MA: Harvard University Press, 2007) 253쪽, 300쪽의 번역과 다소 차이가 있다. 데이비드 샤버그 《A Patterned Past: Form and Thought in Early Chinese Historiography》(Cambridge, MA: Harvard University Press, 2001) 60쪽을 보라. 그리고 《The Chinese Classics, 2nd ed.》(Oxford: Clarendon, 1895) 5권 293쪽, 제임스 레그의 〈The Ch'un Ts'ew with the Tso Chuen〉을 보라.

10 비록 중국에서 민간 부문이 증가하고 있는 것이 사실이지만, 민간 부문의 역할이 제한적이며, 모든 전략적 경제 부문과 대외 무역정책에 대한 관리 감독권을 유지해야 한다는 것이 중국 지도부의 공통된 생각이다. 특히 중국의 학자와 관리들은 통화 관리를 매우 중요하게 생각하는데, 이는 전국시대에 나라마다 각기 화폐가 있었고 이것을 경쟁국과의 경제 전쟁 수단으로 이용했던 것과 무관치 않다.

11 사실, 정보기관들은 경제성장을 가장 우선순위로 삼도록 되어 있다. 하나스 외 《Chinese Industrial Espionage: Technology Acquisition and Military Modernisation》(New York: Routledge, 2013). 중국의 정보기관에 관해서는 리첼슨의 《Foreign Intelligence Organizations》(Cambridge, MA: Ballinger, 1988) 9장, 패트릭 타일러의 1997년 3월 27일 〈뉴욕 타임스〉 기사 'Cloak and Dragon: There Is No Chinese James Bond. So Far', 로핑 〈Secrets About CPC Spies—Tens of Thousands of Them Scattered over 170-Odd Cities Worldwide〉[U.S. Foreign Broadcast Information Service (FBIS) Daily Reports, CHI-97-016, January 1, 1997], 탄포 〈Spy Headquarters Behind the Shrubs—Supplement to 'Secrets About CPC Spies'〉(FBIS Daily Reports, CHI-97-047, March 1, 1997), 피터 매티스 〈China's Misunderstood Spies〉(Diplomat, October 31, 2011) 그리고 데이비드 와이스 《Tiger Trap: America's Secret Spy War with China》(Boston: Houghton Mifflin Harcourt, 2011)를 보라.

12 데이비드 곰퍼트 & 필립 손더스 《The Paradox of Power: Sino-American Strategic Restraint in an Age of Vulnerability》(Washington, DC: National Defense University, 2012) 169쪽.

13 중국의 미사일 생산 비용에 관해서는 곰퍼트 & 손더스 《Paradox of Power》(2012) 81쪽, 106쪽을 보라. 2014년 3월 12일〈워싱턴 포스트〉 편집국 기사 'Beijing's Breakneck Defense Spending Poses a Challenge to the US'는 "중국은 세계 초강대국은 아니더라도 최소한 지역 초강대국이 되려는 열망을 가지고 있다. 그 핵심은 미국을 저지하기 위한 '접근 금지·지역 거부(Anti-Access / Area Denial · A2AD)' 전략을 수행할 수 있는 첨단 무기 체제 개발이며, 중국이 주장하는 지역에 경쟁국들이 접근하는 것을 저지하거나 쫓아내는 것을 의미한다. 따라서 중국은 항공모함을 타격할 수 있는 장거리 크루즈 미사일과 대함 탄도미사일과 같은 무기 개발에 투자하고 있다. 이러한 투자는 미국과 미국의 동맹국에게 비대칭 위협이 된다. 1월에 미-중 경제안보 검토위원회 청문회에 출석한 해군대학의 앤드류 에릭슨 교수의 평가에 따르면, 중국은 미국이 포드급 항공모함 한 척을 개발하는 비용으로 대함미사일 1,227기를 개발할 수 있다. 항공모함 한 척을 수장시키는 데 미사일 한 발이면 된다"고 보도했다. 2014년 1월 30일, 미-중 경제안보 검토위원회 '중국의 군 현대화와 미국을 위한 시사점 (Beijing's Breakneck Defense Spending Poses a Challenge to the US)' 청문회에서 했던

앤드류 에릭슨의 발언과 헨리 헨드릭스 《At What Cost a Carrier?》(Washington, DC: Center for a New American Security, March 2013) 8쪽을 보라.

14 미국의 중국 봉쇄 전략에 대해 수광장 《Economic Cold War: America's Embargo against China and the Sino-Soviet Alliance, 1949 – 1963》(Washington, DC: Woodrow Wilson Center Press; Stanford, CA: Stanford University Press, 2001)를 보라.

15 필스버리 《China Debates the Future Security Environment》(2000) 300쪽.

16 《전략학》이라는 중국어 편람에 따르면, "전략적 사고는 언제나 특정한 역사적·국가적·문화적 전통의 기초 위에 형성되며, 전략가들이 하는 전략의 서술과 기능은 특정한 문화 이데올로기와 역사 문화적 복합체에 통제되고 추진된다." 토머스 만켄 〈Secrecy & Stratagem: Understanding Chinese Strategic Culture〉 (Lowy Institute for International Policy, February 2011)

17 데이비드 라이 〈Learning from the Stones: A Go Approach to Mastering China's Strategic Concept, Shi〉(U.S. Army War College Strategic Studies Institute, May 1, 2004)

18 같은 글에서 인용.

19 로저 에임스 《The Art of Rulership》(Albany: State University of New York Press, 1994).

20 프랑수아 줄리앙, 자넷 로이드가 번역한 《The Propensity of Things: Toward a History of Efficacy in China》(New York: Zone Books, 1999), 《A Treatise on Efficacy: Between Western and Chinese Thinking》(Honolulu: University of Hawaii Press, 2004), 제인 마리 토드가 번역한 《The Great Image Has No Form, or On the Nonobject through Painting》 (University of Chicago Press, 2009), 마에브 드 라 과르디아가 번역한 《The Impossible Nude: Chinese Art and Western Aesthetics》(University of Chicago Press, 2000), 피야우코프스키와 마이클 리처드슨이 번역한 《The Silent Transformations》(New York: Seagull Books, 2011), 소피 호크가 번역한 《Detour and Access: Strategies of Meaning in China and Greece》(New York: Zone Books, 2000), 그리고 파울라 바르사노가 번역한 《In Praise of Blandness》(New York: Zone Books, 2004).

21 줄리앙의 저서에 관해 한 비평가가 말했듯이, "줄리앙의 저서는 독자가 지나치게 강한 문화적 차이 관념을 갖도록 만들며, 그렇게 함으로써 오래전에 사라진 문민 문화를 칭송하고, 자연스럽게 중국의 현재에 일종의 경멸을 갖게 한다." 카이 마셜 〈François Jullien and the Hazards of 'Chinese' Reality〉(Warp Weft and Way, September 27, 2012)를 보라.

22 예를 들면, 중국이 1976년에 헨리 잭슨 미 상원 의원을 베이징으로 초청했다. 잭슨 상원 의원에 관해서는 코프먼의 《Henry M. Jackson: A Life in Politics》(Seattle: University of Washington Press, 2000)를 보라.

23 헨리 키신저의 저서 《Diplomacy》(New York: Simon & Schuster, 1994), 《White House Years》(New York: Little, Brown, 1979), 《Years of Renewal》(New York: Touchstone, 1999), 《Years of Upheaval》(London: Weidenfeld & Nicolson, 1982).

24 헨리 키신저 《On China》(2011) 235쪽.

25 같은 책, 371쪽.

26 필스버리《China Debates the Future Security Environment》(2000)

27 같은 책, 6장과 22장.

28 킴벌리 베지오 & 콘스탄틴 텅《Three Kingdoms and Chinese Culture》(Albany: State University of New York Press, 2007), 존 타식의 2014년 2월 28일 〈월스트리트 저널〉 기사 'A Spirit Visit to an Ancient Land'를 보라.

29 제갈량이 적벽대전에서 승리할 수 있었던 것은 세(勢)의 평가에 따른 네 가지 요인에 기인했다: 1) 피상적인 현상에 불안해하거나 동요하지 않았다. 2) 주적을 치기 위해 연합을 형성했다. 3) 적을 기습 공격했다. 4) 적의 약점을 공략했다. 장테뉴 & 가오샤오싱 《Chinese Ancient Naval History》(Beijing: Ba yi chubanshe, 1993) 46, 47쪽. 또 다른 군사 분석가는 적벽대전의 승리가 상황이 유리하게 변할 때까지 "기다리며 두고 보는" 전략을 응용한 데 기인한다고 강조한다. 웨수이위 & 량징민《Sun Zi's Art of War and High Technology Warfare》(Beijing: Guofang daxue chubanshe, 1998) 122쪽.

30 위쉐빈은《A Discussion on the Lives of the Main Characters in the Three Kingdoms: An Elementary Introduction to the Reasons the Main Characters Were Defeated in "The Romance of the Three Kingdoms"》(Beijing: Jiefangjun chubanshe, 1996) 247–238쪽에서 "조조가 패한 원인은 잘못된 전략", 특히 "강한 적과 대적할 때 자신의 단점을 장점으로 전환하는 데 실패했다. … 신뢰해야 할 사람을 의심했고, 의심했어야 할 사람을 신뢰했다. 그는 오만했다"고 말한다. 푸잉화 & 화밍량은《Devise Strategies Within a Command Tent—Zhuge Liang's Art of War》(Beijing: Wuzi chubanshe, 1996) 47쪽에서 조조가 중국 역사상 위대한 군사 전략가가 될 수 있었다고 말한다.

31 "단 한 번의 속임수에 큰 패배를 당할 수 있다." 이 개념은 적벽대전에 관한 중국군의 주석에 자주 등장한다. 일부 전략가는 정치적 갈등을 봉합한 기량이 적벽대전 승리의 주된 요인이라고 강조한다. 마오전과 외《Strategists》(Beijing: Lantian chubanshe, 1993) 119쪽. 유비와 오나라의 연합이 승리의 주된 요인이었다고 보는 전략가도 있다. 장평《Chiefs of Staff in Past Chinese Dynasties》(Beijing: Kunlun chubanshe, 1999) 180쪽. 천하삼분지계 구상 이후 1년 뒤에 적벽대전이 있었다. 열위에 놓여있던 유비와 오나라가 위나라를 이기기 위해 동맹 전략을 응용한 것이 첫 번째 단계였다. 런위안《Getting the Upper Hand Must Be Examined: Zhuge Liang's Successes and Failures》(Changan: Xibei daxue chubanshe, 1997) 58쪽. 비슷한 견해로 리즈쑨도 동맹을 맺지 않았다면 위나라를 이기지 못했을 것이라고 보았다.《An Outline of Warfare in Past Chinese Dynasties》 (Beijing: Junshi kexue chubanshe, 1994) 108쪽.

32 웨수이위 & 량징민《Sun Zi Bingfa Yu Gao Jishu Zhanzheng》(1998) 122쪽.

33 군부 중앙 방송국과 해군 정치 선전부,《36계 고금담》174-175쪽.

3장

1 래리 친이 미 정보기관의 기밀 자료를 중국 정부에 넘겨주는 과정에서 했던 역할에 관해

토드 호프먼의《The Spy Within: Larry Chin and China's Penetration of the CIA》
(Hanover, NH: Steerforth Press, 2008)를 보라.

2 천젠《Mao's China and the Cold War》(Chapel Hill: University of North Carolina Press,
2001) 245-246쪽.

3 네 명의 장군이 마오쩌둥에게 건의한 전략에 관한 중국 서적을 처음으로 번역한 책이 1999
년에 출판된 패트릭 타일러의《A Great Wall: Six Presidents and China: An Investigative
History》(New York: PublicAffairs, 1999)이다. 동일한 증거를 기초로 키신저의《On China》
가 2012년에 출판되었다. 타일러에 의하면, 네 명의 장군이 1969년에 23차례의 회합을
가졌으며, 이들은 마오쩌둥에게 미국을 히틀러 내지 소련의 확장을 막기로 결심한 무자비한
패권국이라며 냉소적으로 묘사했다. 키신저는 중국이 미국과 협력한 데에는 이런 냉소적인
이유 이상의 다른 이유가 있다는 사실을 간파했던 것 같다.

4 슝샹후이〈The Prelude to the Opening of Sino-American Relations〉(CCP History Materials,
no. 42, June 1992). 윌리엄 버의〈New Documentary Reveals Secret U.S., Chinese
Diplomacy behind Nixon's Trip〉(National Security Archive Electronic Briefing Book, no.
145, December 21, 2004)에서 발췌.

5 이 책은 키신저의《On China》(2011)에 근거하고 있지만, 중국 전략과 관련해 1969년부터
1972년 사이에 장기적인 중-미 협력을 위한 모종의 희망이 태동했다는 키신저의 기술과
주장을 반박하는, 기록 보관소의 증거에 근거해 기술된 네 권의 책이 있다. 본 장의 다른
부분에서 윌리엄 버, 에벌린 고, 제임스 만 그리고 패트릭 타일러의 저서를 인용하고 있다.
아쉽게도, 키신저는 대중국 개방에 대한 자신의 신뢰를 향한 이런 구체적인 공격들을
반박하지 않았다. 이 비판들은 그가 중국의 전략을 잘못 이해했다는 것을 보여주는 실제적인
기록 문건을 제시했는데, 중국의 전략은 미국이 소련으로부터 자신을 보호해줄 것이라는
어떤 신뢰나 미국과의 장기적인 협력을 위한 바람에 기초한 것이 아니었다. 비판들은 중국의
전략이 키신저뿐만 아니라 이후 미국 지도자들을 성공적으로 조종했다는 대안 이론을
제시하고 있다. 제임스 만의 저서《About Face: A History of America's Curious Relationship
with China, from Nixon to Clinton》(New York: Vintage Books, 1998) 6쪽에 의하면,
대중국 개방에 대한 키신저의 기술이 향후 중-미 협력의 패러다임이 되었다.

6 나는 다시 1969년 개방에 대한 키신저의 분석, 특히 지금까지 중국에서 나온 유일한 정보
자료인 슝샹후이의 회고록에 대한 그의 분석에 매우 의존한다. 타일러도《Great Wall》(1999)
71-73쪽에서 슝샹후이의 기술을 인용한다.

7 키신저《On China》(2011) 212쪽.

8 같은 책.

9 같은 책, 212 – 213쪽.

10 같은 책, 274쪽. 제임스 만은《About Face》(1988)에서 자신이 입수한 CIA 자료가 중국의
전략에 대한 키신저의 해석을 반박하고 있다고 말한다: "하지만 최근에 기밀 해제된 기록과
전기는 키신저의 기술이 기껏해야 오해의 소지가 있는 불완전한 것임을 보여준다."
만에 의하면, CIA는 비밀리에 진행한 연구를 통해서 베이징의 지도부가 중국의 친구들
(China's friends)에게 반대급부를 제공하거나 의무감을 주입한다든가, 혹은 비호의적이라고

분류된 인사들을 홀대하는 방식으로 워싱턴 내부의 이견들을 이용하거나 조종할 수 있었다는 사실을 알아냈다.

11 〈뉴욕 타임스〉 기자 패트릭 타일러가 4년 동안 베이징에 체류하면서 대중국 개방에 대해 연구한 후 1999년에 출간한《A Great Wall: Six Presidents and China: An Investigative History》는 닉슨을 베이징으로 오게 만든 과정에 관한 중국의 시각에 영향을 받았다. 닉슨이 대통령에 취임한 후 처음 몇 달 간 공개적으로 했던 반(反)중국적인 발언으로 볼 때 중국에게 관심이 없었다고 그는 말한다. 심지어 그는 닉슨이 소련에게 미군이 베트남에서 철수할 수 있게 해달라고 요청했다는 사실을 감안할 때, 중-소 국경 충돌 이후 닉슨과 키신저는 모스크바 편에 있었다고 결론 내렸다. 이 책이 출판되자 베이징의 편집증이 더 한층 심해졌는데, 키신저가 닉슨을 대리해 1969년 7월에 모스크바의 지원하에서 비밀리에 중국을 겨냥한 핵 공격 방법을 연구했다는 내용이 들어있었기 때문이었다. 타일러는 미국이 (소련이 아니라) 중국을 겨냥한 핵 공격에 초점을 두고 연구를 진행한 것은 이것이 처음이었다고 주장했다. 7월 14일에 키신저가 CIA와 펜타곤에 보낸 메모에, "중국을 겨냥한 미국의 전략 핵 능력을 활용할 수 있는 가상 상황에 관한 연구를 준비하라고 대통령이 지시했다"고 적혀 있었다. 후에 키신저는 타일러에게 보낸 메모에서 "우리는 중국의 핵 능력을 제거하기 위해 소련과 협력을 고려한 적이 없다"고 부인했다.

12 헬무트 소넨펠트와 존 홀드리지가 1969년 10월 10일에 키신저에게 보낸 메모 〈Subject: State Memo to the President on Sino-Soviet Relations and the U.S.〉.

13 1969년 11월 18일, 로저 모리스가 키신저에게 보낸 메모 〈Subject: NSSM 63, Sino-Soviet Rivalry—A Dissenting View〉. 하일랜드와 모리스 두 NSC 관리는 소련이 중국을 공격할 때 미국이 나서지 않도록 만들 방안 내지는 중국 편에 서지 않도록 만들 방안을 주장했다. 반면에, 키신저는《White House Years》(1979)에서 "중국에 대한 소련의 군사 공격을 용납할 수 없었다. 어떤 식으로든 접촉을 하기에 앞서 우리는 이러한 견해를 가지고 있었다"고 말한다. 하지만, 패트릭 타일러는《Great Wall》(1999) 66쪽에서 중국을 보호하려고 했다는 키신저의 진술은 거짓이라고 결론 내린다. "이 이기적인 발언은 키신저의 핵심 조력자들뿐 아니라 레어드 국방부 장관의 회고 내용 … 여러 해에 걸쳐 있었던 닉슨과 키신저의 다른 언급과 명백히 배치된다"고 주장한다.

14 제롬 코헨 〈Ted Kennedy's Role in Restoring Diplomatic Relations with China〉(Legislation and Public Policy 14, 2011) 347 - 355쪽

15 1969년 차파퀴딕에서 있었던 사건은 케네디의 초점을 중국으로부터 옮겨가도록 했고 그의 대권 야망에 걸림돌이 되었지만, 1977년 케네디는 중국을 처음으로 방문해서 덩샤오핑과 만났다. 1969년 3월 20일, 대중국 개방을 지지하는 케네디의 연설은 쿠토보이와 셰브첸코가 그날 격분하며 내게 보여주었던 〈뉴욕 타임스〉 1면 머리기사를 포함해 전 세계 언론의 주목을 받았다.

16 1972년 2월 21일 베이징 회담 기록. 회담 참가자: 마오쩌둥, 저우언라이, 리처드 닉슨, 헨리 키신저, 윈스턴 로드(기록관). 1969~1976 미합중국 외교 문서, 중국 제17권, 문서 번호 194.

17 키신저《On China》(2011) 259쪽

18 1971년 7월 10일 베이징 회담 기록. 회담 참석자: 저우언라이, 예젠잉, 황화, 창원친, 쉬청칭,

왕하이징, 탕원성 그리고 츠차오추(중국어 통역관들과 기록관들), 헨리 키신저, 존 홀드리지, 윈스턴 로드, 리처드 스마이저. 미합중국 외교 문서, 제17권, 문서 번호 140.

19 1971년 11월 11일 키신저가 닉슨에게 보낸 〈My October China Visit: Discussions of the Issues〉 5쪽, 7쪽, 29쪽.

20 1971년 10월 20일 베이징 인민대회당 회담 기록. 회담 참석자: 저우언라이, 츠펑페이, 창원친, 싱상훼이, 왕하이징, 탕원성 그리고 츠차오추(중국어 통역관들과 기록관들), 헨리 키신저, 윈스턴 로드, 존 홀드리지, 알프레드 젠킨스. 1969~1976 미합중국 외교 문서, 중국 E-13권.

21 이 사실은 여러 해가 지날 때까지 공개되지 않았다. 제임스 슐레진저 전임 국방부 장관이 공개적으로 미국 관리들이 중국에 군사 지원을 하는 문제를 논의했다고 말했다. 슐레진저는 미국 관리들이 중국에 군사적 지원을 제공하는 문제를 논의하기는 했지만 정식으로 논의한 적은 없다고 말했다. 1976년 4월 13일, 〈Lethbridge Herald〉 보도. 그는 "이 문제에 대한 추측이 있었지만, 중국에 대한 군사 지원 문제를 정식으로 논의하지는 않았다"고 말했다. 슐레진저는 그런 지원은 상황에 맞추어 고려해야 할 것이라고 말하면서도, "즉각적으로 그것을 거절하지는 않을 것"이라고 덧붙였다. 1976년 4월 12일 〈Victoria Advocate〉 보도.

22 토머스 고틀리브 〈Chinese Foreign Policy Factionalism and the Origins of the Strategic Triangle〉(RAND Corporation, 1977, Document Number R-1902-NA)

23 키신저-황화 비공식 회담에 관해 1971년 11월 29일 윈스턴 로드가 키신저에게 보낸 〈Your November 23 Night Meeting〉.

24 에벌린 고 《Constructing the U.S. Rapprochement with China, 1961-1974: From "Red Menace" to "Tacit Ally"》(Cambridge, UK: Cambridge University Press, 2005) 189쪽.

25 양 & 샤 〈Vacillating Between Revolution and Détente〉(Diplomatic History Journal 34, no. 2, April 2010: 413-414쪽).

26 키신저 《On China》(2011) 290쪽.

27 회담 기록: 1972년 2월 23일, 오후 2:00-6:00. 원본 소장: 미국 국립문서기록관리청.

28 키신저 《White House Years》(1979) 906쪽.

29 회담 기록: 1972년 2월 23일 오전 9:35-오후 2:34. 원본 소장: 미국 국립문서기록관리청, Nixon Presidential Materials Project, National Security Council Files, HAK Office Files, Box 92, Dr. Kissinger's Meetings in the PRC During the Presidential Visit February 1972, page 20, in William Burr, ed., "Nixon's Trip to China: Records Now Completely Declassified, Including Kissinger Intelligence Briefing and Assurances on Taiwan,"National Security Archive, December 11, 2003, Document 4.

30 회담 기록: 1972년 2월 22일. 오후 2:10-오후 6:10. 원본 소장: 미국 국립문서기록관리청, Nixon Presidential Materials Project, White House Special Files, President's Office Files, Box 87, Memoranda for the President Beginning February 20, 1972, page 10, in William Burr, ed., "Nixon's Trip to China: Records Now Completely Declassified, Including Kissinger Intelligence Briefing and Assurances on Taiwan,"National Security Archive, December 11, 2003, Document 1.
회담 기록: 1972년 2월 23일 오전 9:35-오후 12:34. 원본 소장: 미국 국립문서기록관리청,

Nixon Presidential Materials Project, National Security Council Files, HAK Office Files, Box 92, Dr. Kissinger's Meetings in the PRC During the Presidential Visit February 1972, page 20, in William Burr, ed., "Nixon's Trip to China: Records Now Completely Declassified, Including Kissinger Intelligence Briefing and Assurances on Taiwan," National Security Archive, December 11, 2003, Document 4.

31 에벌린 고《Constructing the U.S. Rapprochement with China》(2005) 174-175쪽에 의하면, 아나톨리 도브리닌 미국 주재 소련 대사가 키신저에게 모스크바는 중국에서 나온 자원에 근거하여, 키신저가 중국인들에게 "소련의 미사일 배치 위치뿐만 아니라 중국 국경에 배치된 소련 병력의 '혼란'에 대한 완벽한 설명"을 제공했다는 결론을 내렸다고 키신저에게 말했다. 키신저는 이를 부인했다. 이에 대해 1972년 3월 9일 회담 기록(닉슨 도서관 보유)을 보라.

32 해럴드 포드의 〈The CIA and Double Demonology: Calling the Sino-Soviet Split〉(Studies in Intelligence, Winter 1998 - 1999: 57 - 61쪽)는 중-소 관계 균열에 관한 뛰어난 연구이다.

33 예를 들어, 저우-예젠잉-키신저 비공식 회담(1972. 6. 20.)과 하우가 키신저에게 보낸 〈China Trip〉(1972. 6. 24.)를 보라. 두 개 모두 닉슨 도서관에서 볼 수 있으며, 에벌린 고 〈Nixon, Kissinger, and the 'Soviet Card' in the U.S. Opening to China, 1971 - 1974〉 (Diplomatic History 29, iss. 3,June 2005): 475 - 502쪽, 485쪽에 인용되어 있다.

34 윌리엄 버의《Kissinger Transcripts: The Top Secret Talks with Beijing and Moscow》 (Collingdale, PA: Diane Publishing, 1999) 88-89쪽에 실린 1973년 2월 17일 마오쩌둥-키신저 비공식 회담. 닉슨 도서관에서도 볼 수 있으며 에벌린 고의 〈Nixon, Kissinger, and the 'Soviet' Card〉485쪽에도 인용되어 있다.

35 슝샹후이 〈The Prelude to the Opening of Sino-American Relations〉(CCP History Materials, no. 42, June 1992) 81쪽. 윌리엄 버의 〈New Documentary Reveals Secret U.S., Chinese Diplomacy behind Nixon's Trip〉(2004)에서 발췌.

36 1973년 3월 2일 키신저가 닉슨에게 보낸 〈My Trip to China〉. 닉슨 도서관에서 볼 수 있으며 에벌린 고의 〈Nixon, Kissinger, and the 'Soviet Card'〉에 인용되어 있다.

37 키신저《Diplomacy》(1994) 72쪽.

38 1972년 8월 4일 뉴욕 회담 기록. 회담 참가자: 헨리 키신저, 윈스턴 로드, 황화 그리고 스옌화(통역관). 1969-1976 미합중국 외교 문서, 중국 E-13권.

39 1973년 5월 15일 키신저가 한쉬에게 보낸 메모, Box 238, Lord Files.

40 1973년 5월 29일 키신저가 황전에게 보낸 메모, Box 328, Lord Files.

41 1973년 6월 19일 닉슨이 저우에게 보낸 메모, Box 328, Lord Files.

42 1973년 7월 6일 키신저가 황전에게 보낸 메모 Box 328, Lord Files
1973년 7월 19일 키신저가 황전에게 보낸 메모, Box 328, Lord Files.

43 윈스턴 로드가 헨리 키신저에 보낸 메모. 미국 국립문서기록관리청, RG 59, Policy Planning Staff (S/P), Director's Files (Winston Lord) 1969 - 1977, Entry 5027, Box 370, Secretary Kissinger's Visit to Peking, October 1973, S/PC, Mr. Lord, vol. I.

44 윌리엄 버의《Kissinger Transcripts》(1999) 171-172쪽에 실린 1973년 11월 10일 키신저와 저우의 메모, 국가안보 기록 온라인 문서 번호 283. 프레드 이클레가 헨리 키신저에게

보낸 메모, 미국 국립문서기록관리청, RG 59, Policy Planning Staff (S/P), Director's Files (Winston Lord) 1969 - 1977, Lot 77D112, Entry 5027, Box 370, Secretary Kissinger's Visit to Peking, October 1973, S/PC, Mr. Lord, vol. II.

45 에벌린 고《Constructing the U.S. Rapprochement with China》(2005) 242쪽. 윌리엄 버《Kissinger Transcripts》(1999) 171-172쪽에 실린 1973년 11월 10일 키신저와 저우의 메모.

46 1973년 11월 14일 키신저와 저우의 메모, 국가안보 기록 온라인 문서 번호 284.

47 브레윗 테일러가 번역한 나관중의《Romance of the Three Kingdoms》(Beijing: Foreign Languages Press, 1995) 21장 '매화원에서 조조가 영웅을 논하다'.

48 타이완 해협을 둘러싼 미국과 중국 간 갈등에 관한 더 구체적인 내용은 필스버리〈China and Taiwan—the American Debate〉(RUSI Journal 154, no. 2, April 2009: 82 - 88)를 보라.

49 1975년 9월 8일, 〈뉴스위크〉의 'Guns for Peking' 보도. 레이건은 1976년 5월 28일 기자회견을 열었다. 〈LA 타임스〉는 "소련과 맞서야 한다는 두 나라의 공동 이익의 관점에서 미국의 중국에 대한 무기 판매는 자연스러운 발전이라고 생각한다고 레이건 대통령이 말했다"고 보도했다. 1976년 5월 29일 〈LA 타임스〉 기사 'Reagan Tells of Rumors Administration Plans to Renounce Taiwan After Election'.
유리 디모프〈Commentary〉(Moscow Radio Peace and Progress, October 29, 1975, trans. by U.S. Foreign Broadcast Information Service, Washington, DC, October 31, 1975), 이반 브로즈〈American Military Policy and Its China Factor〉(Rude Pravo, April 27, 1976)를 보라. 이반 브로즈는 "미국에서 가장 반동적인 인물들의 대변인 중 한 사람은 랜드 연구소의 마이클 필스버리다. … 이는 지극히 비난받아 마땅하다. … 이른바 중국에 대한 미국의 군사원조는 베이징의 실용주의 지도부에 보상을 주고, 마오쩌둥 사후에도 중국의 발전이 다른 곳으로 향하지 않도록 할 확실한 보장"이라고 주장한다.

50 에드워드 슬링거랜드《Effortless Action: Wu-Wei as Conceptual Metaphor and Spiritual Ideal in Early China》(New York: Oxford University Press, 2003)

51 덩샤오핑 어록 "Realize the Four Modernizations and Never Seek Hegemony." (1978년 5월 7일)

52 에즈라 보겔《Deng Xiaoping and the Transformation of China》(Cambridge, MA: Harvard University Press, 2011) Kindle edition 323쪽.

53 키신저《On China》(2011) 366-368쪽

54 대통령 훈령(Presidential Directive/NSC-43, November 3, 1978)

55 제임스 릴리 & 제프리 릴리《China Hands: Nine Decades of Adventure, Espionage, and Diplomacy in Asia》(New York: PublicAffairs, 2004) 214-215쪽

56 국가안보 결정지침(NSDD) 제120호: 레이건 대통령이 "특히 우리의 자유화된 기술 이전 정책을 통해서 중국의 야심찬 현대화 노력을 지원하라"고 지시했다. (1984년 1월 9일) 국가안보 결정지침 제140호는 "강하고, 안전하고, 안정화된 중국은 평화에 도움이 될 수 있다"고 선언했다. (1984년 4월 21일)

57 케네스 콘보이《The Cambodian Wars: Clashing Armies and CIA Covert Operations》(Lawrence: University Press of Kansas, 2013), 앤드류 머사《Brothers in Arms: Chinese Aid to the Khmer Rouge, 1975－1979》(Ithaca, NY: Cornell University Press, 2014)를 보라.

58 조지 크라일 《Charlie Wilson's War: The Extraordinary Story of the Largest Covert Operation in History》 (New York: Atlantic Monthly Press, 2003)

59 키신저 《Years of Renewal》(2000) 819쪽

60 타일러 《Great Wall》(1999) 284쪽

61 같은 책, 285쪽.

62 아프가니스탄과 캄보디아에서 대규모로 진행된 미-중 간의 은밀한 활동에 관한 모든 구체적인 내용은 아직 기밀 해제되어 있지 않으며 미국이나 중국 정부에 의해 확인된 바도 없다. 이 책에 기술된 이 프로그램들에 관한 내용은 《Charlie Wilson's War》와 《The Cambodian Wars》 두 권의 책에 소개된 비공식 인터뷰를 참고할 수밖에 없었다.

63 콘보이 《Cambodian Wars》(2009) 228쪽

64 같은 책. 226－227쪽.

65 메리 켈리 〈Intelligence Veteran Focuses on North Korea〉(NPR, October 13, 2006)

66 크라일 《Charlie Wilson's War》(2003), 콘보이 《Cambodian Wars》(2009)를 보라.

67 NSDD 166. (US Policy, Programs, and Strategy in Afghanistan, March 27, 1985)

68 스티브 콜 《Ghost Wars: The Secret History of the CIA, Afghanistan, and Bin Laden, from the Soviet Invasion to September 10, 2001》(New York: Penguin Press, 2004) 66쪽.

69 같은 책, 137쪽.

70 같은 책. 이 모든 과정에서 했던 나의 역할에 관해 이미 출간된 세 권의 책에 기술되어 있다. 레이먼드 가토프는 《Detente and Confrontation: American-Soviet Relations from Nixon to Reagan》(Washington, DC: Brookings Institution, 1983), 696쪽에서, "1975년 가을에 〈포린 폴리시〉에 발표된 여러 논문들에서 소개된 무기 판매와 중국과의 광범위한 군사 안보 관계 구상들은 처음에 마이클 필스버리가 착안했다. 그때까지 필스버리가 중국 관리들과 비밀 회담을 진행하고 있었다는 사실이 알려지지 않았다. … 그의 보고서는 십여 명의 국가안보회의 고위급 인사들, 국방부 장관과 국무부 장관에게 비밀 문건으로 분류되어 보고되었다." 마무드 알리는 《US-China Cold War Collaboration, 1971－1989》(New York: Routledge, 2005) 81쪽에서 "랜드 연구소의 중국 분석가 마이클 필스버리는 1973년 여름 동안 유엔에서의 중국의 역할이라는 외교적 명분하에 중국군 관리들과 비밀리에 만남을 가졌다. … 필스버리는 국방부의 지휘를 받았다"고 주장했다. 소련의 아프가니스탄 철수를 놓고 소련과 협상을 진행했던 유엔사무차장 디에고 코르도베스는 《Out of Afghanistan: The Inside Story of the Soviet Withdrawal (New York: Oxford University Press, 1995) 195쪽에서 "스팅어 프로그램은 프레드 이클레 국방차관과 아프가니스탄 문제에서 그의 적극적인 지지자였던 마이클 필스버리가 주도했다. … 이 논쟁의 막판까지 관료들이 강력하게 반대했음에도 불구하고 스팅어 지지자들이 승리했다." 클린턴 정부에서 법무차관을 지낸 필립 헤이먼은 《Living the Policy Process》(New York: Oxford University Press, 2008) 44쪽에서 "이 비밀 위원회는 3, 4주에 한 번씩 만났다. 아이젠하워 이후로 모든 정부 내에 이런 위원회가 활동했었지만 그 존재가 공식적으로 인정된 적은 없었다. 예를 들어, 케네디 정부 때에는 40인 위원회로 알려져 있었다. 비밀 활동에 관한 모든 정보는 베일(VEIL)이라는

보안 시스템의 보호를 받았다."고 말한다.

71 칼 잭슨 〈Memorandum for the Interagency Group on U.S.-China Military Relations, Subject: U.S.-China Military Relations〉(A Roadmap, September 10, 1986, Department of Defense, International Security Affairs, Douglas Paal file, Reagan Presidential Library).

72 같은 글. 페이근바움의 《China's Techno-Warriors》도 함께 보라.

4장

1 필스버리 《Chinese Views of Future Warfare》(2002) 두 번째 페이지에 덩샤오핑이 손을 흔드는 사진이 실려 있다. 그 페이지의 다른 사진 속 인물은 유명한 군부 강경파와 다섯 권의 책을 저술한 펑광첸 장군인데, 내가 찍어준 것이다.

2 상원 위원회의 일원이자 펜타곤 고문으로서 나는 우리가 처음 만났던 1982년 이후부터 7년 동안 피터의 보고에 의존했다. 그때 그는 베이징 주재 미국 대사관에서 핵심 분석가로 있었다.

3 조지 H. W. 부시 대통령이 1989년 2월 9일 상·하원 합동 회의에서 행한 연설.

4 만 《About Face》(1998) 158쪽.

5 류샤오보는 천안문 학살에서 생존한 후 중국의 민주화를 위해 기울인 노력을 인정받아 20년 후에 노벨 평화상을 수상하게 된다.

6 민신페이 《From Reform to Revolution: The Demise of Communism in China and the Soviet Union》(Cambridge, MA: Harvard University Press, 1994) 152쪽.

7 같은 책.

8 조지 H. W. 부시 & 브렌트 스노크로프트 《A World Transformed》(New York: Alfred A. Knopf, 1998) 98쪽에 실린 조지 H. W. 부시 1989년 6월 5일 일기.

9 같은 책.

10 1989년 5월 23일 전국인민대표대회 의장이며 중국 정치국 멤버 완리와 조지 H. W. 부시의 회담 기록.

11 1992년 후차오무의 사망은 〈뉴욕 타임스〉 1992년 9월 29일 부고란에 '중국 강경파 후차오무 81세로 사망' 등을 포함해 언론 매체 국제면의 주목을 받았다.

12 덩샤오핑 《Selected Works, vol. III (1982-92)》(Beijing: Renmin chubanshe, 1983) 108쪽.

13 에즈라 보겔 《Deng Xiaoping and the Transformation of China》(Cambridge, MA:Harvard University Press, 2012) 659-663쪽)

14 바오푸와 레네 창, 아디 이그나티우스가 번역 편집한 자오쯔양의 저서 《Prisoner of the State: The Secret Journal of Premier Zhao Ziyang》(New York: Simon & Schuster, 2009)에서 편집자들은 "중국에서 드러나지 않게 일해야 했던 많은 사람들이 있다. 그들은 자오쯔양의 비밀 테이프들을 보관했다가 안전하게 국외로 반출하기 위해 상상할 수 없는 위험을 감수했다"고 말한다. 마이클 와인즈의 2012년 4월 6일 〈뉴욕 타임스〉 기고문 〈A Populist's Downfall Exposes Ideological Divisions in China's Ruling Party〉와, 장량이 편찬하고 앤드류

네이선과 페리 링크가 편집한 《The Tiananmen Papers》(New York: PublicAffairs, 2001)를 보라.

15 로버트 저비스 《Why Intelligence Fails: Lessons from the Iranian Revolution and the Iraq War》(Ithaca, NY: Cornell University Press, 2010) 15쪽. 저비스는 25쪽에서 자신이 조사한 바에 의하면, 정보 실패의 주된 요인들 가운데 하나가 "민족주의가 반미주의의 또 다른 이름이라는 사실을 놓치고 이해하지 못했다"는 것이라고 말한다.

16 제임스 해리슨 《The Long March to Power: A History of the Chinese Communist Party, 1921 – 72》(Bethesda, MD: International Thomson Publishing, 1972)

17 옌자치의 저서 《Toward a Democratic China: The Intellectual Autobiography of Yan Jiaqi》 (Honolulu: University of Hawaii Press, 1992) 252-270쪽에 1989년 12월 28일에 그가 발표했던 10가지 사항이 들어있다.

18 롼밍 외 《Deng Xiaoping: Chronicle of an Empire》(Boulder, CO: Westview Press, 1994) 140-150쪽

19 1989년 6월 5일 부시 H. W. 대통령의 기자회견

20 만 《About Face》(1998) 262쪽

21 콘스탄틴 멘지스 《China: The Gathering Threat》(Nashville, TN: Nelson Current, 2005), 124-125쪽

22 타일러 《Great Wall》(1999) 381-416쪽

23 1999년 5월 11일 〈뉴욕 타임스〉 기사. 엘리자베스 로젠탈의 〈Envoy Says Stoning Will End, Ties Won〉

24 에릭 에크홈의 1999년 5월 11일 〈뉴욕 타임스〉 기사 〈China Raises Then Lowers Tone in Anti-U.S. Protests at Embassy〉

25 같은 글.

26 CNN 1999년 5월 10일 보도 〈Clinton opens youth violence summit〉

27 필스버리 《China Debates the Future Security Environment》(2000) 99쪽에 진더샹의 기고문 〈미국 vs. 일본과 독일〉이 인용되어 있다.

28 에크홈 〈China Raises Then Lowers Tone in Anti-U.S. Protests at Embassy〉(1999)

29 하지만 중국의 외교정책 결정에서, 중국 지도부가 베오그라드 폭격을 어떻게 해석했는지 이해하는 것이 더 중요하다. 〈Chinese Law and Government〉35, nos.1 – 2, (2002)에 발표된 '주룽지 in 1999'가 특히 이를 이해하는 데 도움이 된다. 중국 기록관에서 비밀리에 반출된 문건들을 기초로 작성된 이 글은 그해에 주 총리가 참석했던 비밀 결정 과정을 이야기식으로 기술한다. 이 문건은 1999년에 중국 최고위급 인사들이 무슨 생각을 하고 있었는지 보여준다. 크레이그 스미스(2002)는 이 문건이 공산당 내에서 강력한 영향력을 가진 인물들이 공산당의 역사를 재기술하고, 서방에 정보를 흘리는 방식으로 자국의 미래에 영향을 미치고자 하는 시도가 뚜렷해지고 있었다는 사실을 보여준다고 말한다.

30 그 당시에 이 기구의 명칭은 외국방송 정보센터였다. 호프먼의 《Spy Within》(2008) 54-55쪽에 따르면 래리 친이 몇 년간 그곳에서 일했다.

31 빌 거츠 《Enemies: How America's Foes Steal Our Vital Secrets—and How We Let It

Happen》(New York: Crown Forum, 2006) 52-53쪽.

32 글렌 P. 하스테트 《Spies, Wiretaps, and Secret Operations: An Encyclopedia of American Espionage, Volume I》(Santa Barbara, CA: ABC-CLIO, 2011) 468-469쪽, 〈CNN.COM〉 2003년 5월 9일 찰스 펠드먼 & 스탠 윌슨의 〈Alleged Chinese Double Agent Indicted〉, 그리고 미 법무부의 2006년 5월 특별 보고서 〈A Review of the FBI's Handling and Oversight of FBI Asset Katrina Leung (Unclassified Executive Summary)〉을 보라.

33 거츠 《Enemies》(2006) 52-53쪽.

5장

1 카터 정부 때 NSC 중국 자문이자 스탠퍼드대학교 정치학 교수를 지낸 마이클 옥센버그는 《Taiwan, Tibet, and Hong Kong in Sino-American Relations》(Stanford, CA: Institute for International Studies, 1997) 56쪽에서 "중국 지도부는 태생적으로 외세(外勢)에 대해 의심을 가지고 있다. 그들은 외국 지도자들이 국제무대에서 중국이 부상하는 것을 달가워하지 않는 경향이 있으며 중국의 발전을 저지하려 한다고 믿는다. 그들은 외부 세계의 사람들이 기회만 주어지면 중국을 분열시키려 들까봐 두려워한다. … 중국 지도부는 자신들의 주변으로 외부의 영향력에 취약한 지점들이 표시된 전략 지도를 심중에 가지고 있다"고 말한다.

2 중-미 관계의 역사와 발전을 바라보는 중국 측 해석에 관해 차오밍순 《The First Page in Chinese-US Relations》(Beijing: Social Sciences Academic Press, 2000), 타오원자오와 량비인이 엮은 《The United States and Modern and Contemporary China》(Beijing: CASS Press, 1996)에 수록된 스인훙 외 〈The U.S. Attitude Toward China and China's Entrance to the International Community: An Overview of 150 Years of History〉를 보라.

3 '애국주의' 교육 프로그램에 관해 왕정 《Never Forget National Humiliation: Historical Memory in Chinese Politics and Foreign Relations》(New York: Columbia University Press, 2012), 피터 헤이스 그리스 《China's New Nationalism: Pride, Politics, and Diplomacy》(Berkeley: University of California Press, 2005), 크리스토퍼 R. 휴즈 《Chinese Nationalism in the Global Era》(New York: Routledge, 2006), 그리고 쑤이성자오 《A Nation-State by Construction: Dynamics of Modern Chinese Nationalism》(Stanford, CA: Stanford University Press, 2004)을 보라.

4 이 책이 증쇄(增刷)될 것이라고 주장하는 근거는 CASS 웹 사이트이다. 왕춘 《A History of the U.S. Aggression in China》(Beijing Workers'Press, 1951), 2012년 9월/10월 〈포린 어페어스〉 앤드류 J. 네이션 외 〈How China Sees America: The Sum of Beijing's Fears〉를 보라.

5 CASS 웹 사이트 중국어 버전은 http://www.cssn.cn/ 영어버전은 http://bic.cass.cn/english/index.asp.을 보라.

6 의화단 사건에 관해서는 래리 클린턴 《William Scott Ament and the Boxer Rebellion: Heroism, Hubris, and the "Ideal Missionary"》(Jefferson, NC: McFarland, 2009)를 보라.

7 덩샤오핑의 통치가 가져온 영향에 관해 보겔《Deng Xiaoping and the Transformation of China》(2011)을 보라.

8 마오쩌둥《Selected Works of Mao Tse-tung, Volume IV》(Beijing: Foreign Languages Press, 1961) 450쪽.

9 슝즈융〈A Diplomatic Encounter between China and America Reviewed from the Signing of the Treaty of Wangxia〉(Modern Chinese History Studies, no.

5 1989), 차오밍순《First Page in Chinese-U.S. Relations》(1996) 200쪽, 33-34쪽, 38쪽, 147쪽, 171쪽, 타오원자오와 량비인이 엮은《The United States and Modern and Contemporary China》(Beijing: CASS Press, 1996)에 수록된 리지쿠이〈Chinese Republican Revolutions〉41-42쪽을 보라.

10 스인홍 외〈U.S. Attitude toward China and China's Entrance to the International Community〉(1996) 6쪽.

11 베이징 외국어대학교 미국 연구센터 메이런이의〈American Reporting on China's Reform and Opening Up〉(Beijing: Foreign Languages University Press, 1995) 422쪽.

12 《36계》1장.

13 덩수성《American History and Americans》(Beijing: Peoples'Press, 1993) 55쪽.

14 탕칭〈U.S. Policy toward Japan Before the Outbreak of the Pacific War〉(Jianghand University Journal, April 1997: 105 - 109)

15 덩수성《American History and Americans》(1993) 169쪽

16 스테판 페르스타펜《The Thirty-Six Strategies of Ancient China》(San Francisco: China Books and Periodicals, 1999).

17 슝샹후이〈The Prelude to the Opening of Sino-American Relations〉(CCP History Materials, no. 42, June 1992: 81쪽), 윌리엄 버의〈New Documentary Reveals Secret U.S., Chinese Diplomacy behind Nixon's Trip〉에서 발췌.

18 《Silent Contest》의 영어 번역본은 NNL, ZYH, and AEF에서 볼 수 있다. 1부는 http://chinascope.org/main/content /view /6168/92/에서, 2부는 http://chinascope.org/main/content/view/6281/92/에서 볼 수 있다. 2013년 11월 2일〈글로벌 포스트〉에서 벤저민 칼슨의 'China's Military Produces a Bizarre, Anti-American Conspiracy Film (VIDEO)'을 보라. 2013년 11월 5일자〈디플로마트〉, 마이클 콜의 'Does China Want a Cold War?', 그리고 2013년 10월 31일자〈뉴욕 타임스〉, 제인 펄레즈의 'Strident Video by Chinese Military Casts U.S. as Menace'를 보라.

19 미-중 경제안보 검토위원회 연례 보고서(U.S.-China Economic and Security Review Commission Annual Report, 2002). http://china.usc.edu/ShowArticle. aspx?articleID=686#below에서 확인할 수 있다.

20 같은 글.

21 같은 글.

22 같은 글.

23 2013년 12월 4일자〈뉴욕 타임스〉, 마크 랜들러 & 데이비드 E. 생어 'China Pressures U.S.

Journalists, Prompting Warning from Biden'.

24 같은 글.

25 같은 글.

26 같은 글.

27 2013년 4월 11일자 〈워싱턴 타임스〉, 마일즈 위 'Inside China: PLA Strategist Reflects Military's Mainstream'.

28 미-중 경제안보 검토위원회 연차 보고서(2002)

29 같은 글.

30 케빈 스페이시 〈The Usual Suspects〉(브라이언 싱어 감독). Los Angeles: Spelling Films International, Gramercy Pictures, and PolyGram Filmed Entertainment, 1995.

6장

1 앤 마리 브레디 《China's Thought Management》(New York: Routledge, 2012), 2014년 3월 17일자 〈디플로마트〉 기사 'Chinese Foreign Policy: A New Era Dawns', 《Marketing Dictatorship: Propaganda and Thought Work in Contemporary China》(Lanham, MD: Rowman & Littlefield, 2009). 데이비드 샴보 《China's Communist Party: Atrophy and Adaptation》(Berkeley: University of California Press, 2008) 106-111쪽, 《China Goes Global: The Partial Power》(New York: Oxford University Press, 2013).

2 2011년 4월 3일자 〈워싱턴 포스트〉, 키스 B. 리치버그 〈Chinese Artist Ai Weiwei Arrested in Ongoing Government Crackdown〉.

3 국경 없는 기자회, 〈State Enemies: China〉 Special Edition: Surveillance.

4 1999년 8월 1일자 〈뉴욕 타임스〉, 패트릭 E. 타일러 'Who's Afraid of China?'

5 차오량 & 왕샹쑤이 《Unrestricted Warfare: Assumptions on War and Tactics in the Age of Globalization》(Beijing: PLA Literature and Arts Publishing House, 1999). http://www.fas. org/nuke/guide/china/doctrine/index.html 에서 무제한전(戰)의 요약 번역을 볼 수 있다.

6 중국의 예민함에 관해서는 앤드류 네이션 & 앤드류 스코벨 《China's Search for Security》 (New York: Columbia University Press, 2012), 2012년 9월/10월 〈포린 어페어스〉 'How China Sees America'를 참고하라.

7 서재정 외 편저 《Rethinking Security in East Asia: Identity, Power, and Efficiency》(Stanford, CA: Stanford University Press, 2004) 34-96쪽에 수록된 〈Beijing's Security Behavior in the Asia-Pacific: Is China a Dissatisfied Power?〉에서 하버드대학 교수 앨러스테어 존스턴은 《무제한전》의 저자들은 전략가가 아니라 정치 관료이며, 그들의 일차적인 책임은 군대 생활에 관해 알리는 것이었다고 말한다. 그에 의하면, 이 책은 중국 내부에서 매우 논란이 되었으며, 내부적으로 비판을 받았지만, 이 책에 담긴 어떤 정보도 미국의 담론 중 일부가 아니었다고 덧붙였다.(68쪽)

8 2001년 9월 16일자 〈뉴욕 타임스〉, 에릭 에크홈 'After the Attacks: In Beijing: Waiting

Nervously for Response'.

9 왕장 외 《The New Warring States Era》(Beijing: Xinhua chubanshe, 2003).

10 우루쑹 〈On Soft Fighting—The Quintessence of China's Classical Strategy〉(China Military Science 34, no. 1, Spring 1996: 118쪽)

11 리빈옌 《The Grand Strategy of China's Past Dynasties》(Beijing: Kunlun chubanshe, 1998) 51쪽.

12 황즈셴 외 《A Concise New Edition of Sun Tzu》(Beijing: Junshi kexue chubanshe, 1993) 70쪽.

13 차이위추 《On Deceptive Strategy》(Beijing: Lantian chubanshe, 1996) 97쪽.

14 차이위추 《A Store house of Deceptive Strategy》(Guangxi: Guangxi Renmin chubanshe, 1995) 152쪽.

15 2008년 4월 25일자 〈로이터〉, 닉 풀베니 'China to Meet Dalai Lama Aides amid Tibet Tension'.

16 1997년 3월 9일자 〈워싱턴 포스트〉, 브라이언 더피 & 밥 우드워드 'FBI Warned 6 on Hill about China Money'.

17 빌 거츠 《The China Threat: How the People's Republic Targets America》 (Washington, DC: Regnery, 2000) 45쪽.

18 미-중 경제안보 검토위원회 청문회(China's Propaganda and Influence Operations, Its Intelligence Activities That Target the United States, and the Resulting Impacts on U.S. National Security: Hearing before the U.S.-China Economic and Security Review Commission. 2009. 4. 30.)에서 장기 전략 그룹 회장 재클린 뉴 마이어의 진술.

19 프리드버그 《Contest for Supremacy》(2011) 194-195쪽

20 미-중 경제안보 검토위원회 청문회(2009. 4. 30.)에서 페어뱅크연구소 중국 연구원 로스 테릴의 진술.

21 공자 아카데미 홈페이지. http://english.hanban.org/node_10971.htm.

22 2012년 3월 4일자 〈뉴욕 타임스〉, D. D. 구텐플랜 'Critics Worry about Influence of Chinese Institutes on US Campuses'.

23 2011년 1월 20일자 〈이코노미스트〉 보도 'China's Confucius Institutes: Rectification of Statues'.

24 2011년 11월 1일자 〈블룸버그 뉴스〉, 대니얼 골든 'China Says No Talking Tibet as Confucius Funds U.S. Universities'.

25 구텐플랜 〈Critics Worry About Influence of Chinese Institutes on U.S. Campuses〉(2011)

26 2011년 6월 21일자 〈맥클린스〉, 조쉬 드하즈 'Talks End Between Confucius Institutes and U Manitoba'.

27 2013년 10월 29일자 〈네이션〉, 마셜 살린스 'China U.'.

28 대니얼 골든 〈China Says No Talking Tibet as Confucius Funds U.S. Universities〉.

29 같은 글.

30 구텐플랜 〈Critics Worry About Influence of Chinese Institutes on U.S. Campuses〉.

31 대니얼 골든 〈China Says No Talking Tibet as Confucius Funds U.S. Universities〉.
사실 공자 아카데미 홈페이지에는 티베트 문제에 대한 언급이 없다. 2013년 1월 10일,
스탠퍼드대학의 국제부 처장 반왕 교수는 인터뷰에서, "한반이나 PKU와 의견 차이가 있을
때마다 차오 교수님, 샐러 학장님 그리고 제가 직접 만나서 협의하기 위해 베이징으로
갑니다. 매번, 우리는 공자 아카데미를 어떻게 관리할 것인가 하는 일은 스탠퍼드대학이
해야 할 일이라는 점을 상기시킵니다. 상황이 우리에게 유리해졌습니다…"라고 말했다.
스탠퍼드대학 공자 아카데미 홈페이지 주소는 https://oia.stanford.edu/node/14779이다.
와이스 《Tiger Trap》(2011) 14장을 함께 보라.

32 2013년 4월 18일자 〈가디언〉 보도 'Sydney University Criticised for Blocking Dalai Lama
Visit'.

33 드하즈 〈Talks End Between Confucius Institutes and U Manitoba〉(2011)

34 샬린스 〈China U.〉(2013)

35 돈 스타 〈Chinese Language Education in Europe: The Confucius Institutes〉(European
Journal of Education, Research, Development and Policy 44, no. 1, March 2009):
65 - 82쪽)

36 같은 글.

37 2011년 4월 27일자 〈맥클린스〉 보도 'Profs Worry China Preparing to Spy on Students'.

38 TGS & AEF 〈People's Daily: The Rise of an Awakening Lion〉(Chinascope, last updated
February 10, 2011).

39 2012년 6월 15일자 〈가디언〉, 타니아 브래니건 'Chinese Ambassador Attacks 'old War'Fears
over Confucius Institutes'.

40 2011년 2월 20일자 〈시드니 모닝 헤럴드〉, 저스틴 노리 'Confucius Says School's In, but
Don't Mention Democracy'.

41 2013년 11월 17일자 〈워싱턴 포스트〉, 프레드 히아트 'Chinese Leaders Control Media,
Academics to Shape the Perception of China's.

42 같은 글.

43 같은 글.

44 2005년 9월 8일자 〈월스트리트 저널〉, 닐 킹 주니어 'Inside Pentagon: A Scholar Shapes
Views of China's.

45 같은 글.

46 2011년 11월 1일자 〈UN 뉴스 센터〉 보도 'UN Experts Warn of Severe Restrictions on
Tibetan Monasteries in China's.

47 2013년 11월 12일에 언론인 보호 위원회 블로그에 올라온 밥 디에츠 'Q&A: 폴 무니 차이나
리포트'.

48 2013년 11월 5일자 〈비즈니스 인사이더〉, 해리슨 제이컵스 'Chinese Censorship Is
Spreading All Over the World'.

49 같은 글.

50 국경 없는 기자회 〈State Enemies: China〉.

51 미 국무부 민주주의 연방국, 인권과 노동권 〈2013 Human Rights Report: China (includes Tibet, Hong Kong, and Macau)〉.

52 2012년 9월 17일자 〈워싱턴시티 페이퍼〉, 윌 솜머 'Post's Chinese Visa Fight Ends with a Whimper'.

53 2011년 3월 3일자 〈크리스천 사이언스 모니터〉, 피터 포드 'Report on China's 'Jasmine Revolution' Not if You Want Your Visa'.

54 2013년 11월 21일자 〈비즈니스 인사이더〉, 해리스 제이컵스 'Journalist Paul Mooney on Why He Was Blocked from China and How Things Could Get 'Much, Much Worse'.

55 2013년 11월 19일자 〈뉴요커〉, 에번 오스노스 'What Will It Cost to Cover China?', 로버트 디에츠가 2013년 12월 11일에 의회 중국위원회에 제출한 〈Foreign Reporters on Reporting in China〉를 보라.

56 2012년 5월 8일자 〈워싱턴 포스트〉, 키스 리치버그 'China Expels Al-Jazeera Reporter as Media Relations Sour'.

57 〈뉴욕 타임스〉 주필을 역임한 A. M. 로젠탈은 생전에 "미국 역사상, 중국만큼 미국에게 영향을 미친 독재 정권은 없었다. 사실, 내 기억에 영국을 제외하면 어떤 나라도 미국인들의 정치, 경제 그리고 학문 생활에 그토록 많은 영향을 미친 적이 없었다"고 말했다. 거츠 《China Threat》(2000) 40~41쪽에서 발췌.

58 오스노스 〈What Will It Cost to Cover China?〉(2013).

59 2013년 3월 12일자 〈데일리 스타〉(레바논) 보도 'Syria, China Worst for Online Spying: RSF'.

60 국경 없는 기자회 〈State Enemies: China〉

61 같은 글.

62 같은 글.

63 제이컵스 〈Chinese Censorship Is Spreading All Over the World〉.

64 같은 글.

65 2013년 4월 4일자 〈월스트리트 저널〉, 로리 버킷 & 폴 모저 'Foreign Firms Brace for More Pressure in China's.

66 제이컵스 〈Chinese Censorship Is Spreading All Over the World〉.

67 중국 정부의 언론 통제에 관한 상세한 내용은, 2010년 6월 19일, 차이나 미디어 프로젝트의 보도 〈How Officials Can Spin the Media〉와 2007년 1월 7일 〈Media Dictionary: 'Propaganda Discipline〉 보도, 프랭크 피케 《The Good Communist: Elite Training and State Building in Today's China》(Cambridge, UK: Cambridge University Press, 2009), 위관하오와 린쑤 편저 《China's Foreign Policy Making: Societal Force and Chinese American Policy》(Burlington, VT: Ashgate, 2005)에 수록된 옌민위의 〈The Role of the Media: A Case Study of China's Media Coverage of the U.S. War in Iraq〉를 보라. 앤 마리 브래디 편저 《China's Thought Management》(Oxford, UK: Routledge, 2012)에 수록된 브래디와 허융의 〈Talking Up the Market〉, 에던 리에브와 바오강허 편저 《The Search for Deliberative Democracy in China》(New York: Palgrave Macmillan, 2006)에 수록된 민장의

〈Spaces of Authoritarian Deliberation: Online Public Deliberation in China〉, 2010년 10월 12일 〈차이나 미디어 프로젝트〉 잉찬 〈Microblogs Reshape News in China〉, 프랑수아 망쟁 편저 《Cyber China: Reshaping National Identities in the Age of Information》(New York: Palgrave Macmillan, 2004)에 수록된 크리스토퍼 휴즈 〈Controlling the Internet Architecture within Greater China〉를 보라.

7장

1   2006년 10월 20일자 〈아시아 타임스 온라인〉, 빅터 코퍼스 'America's Acupuncture Points. Part 2: The Assassin's Mace', 마이클 필스버리 〈The Sixteen Fears: China's Strategic Psychology〉(Survival: Global Politics and Strategy 54, no. 5, October/November 2012: 149-82), 2009년 11월 15일 미국 해군협회 블로그에 올라온 중국의 DF-21/ASBM 에 관한 기사 '스틸조' 'Required Reading: Naval War College Review', 2011년 7월 21 일자 〈워싱턴 타임스〉, 빌 거츠 'China Building Electromagnetic Pulse Weapons for Use against U.S. Carriers', 2011년 7월 22일 DefenseReview.com에 올라온 빌 크레인 'Chinese Electromagnetic Pulse (EMP) and High-Powered Micro wave (HPM) Weapons vs. U.S. Navy Aircraft Carrier Battle Groups: Can the U.S. Military Effectively Counter 'Assassin's Mace' ', 〈뉴 아틀란티스〉 편집팀 'The Assassin's Mace'(New Atlantis 6, Summer 2004: 107-10,), 미 국방부 장관실 《Military Power of the People's Republic of China》 (Washington, DC, 2005), 필스버리 《China Debates the Future Security Environment》 (2000), 2009년 7월 2일자 〈와이어드〉, 데이비드 햄블링 'China Looks to Undermine U.S. Power with 'Assassin's Mace' '), 2011년 7월 25일자 〈차이나 포스트〉 보도 'China Developing EMP 'Assassin's Mace' Report', 2008년 3월 6일 SPACE.com에 올라온 레너드 데이비드 'Pentagon Report: China's Growing Military Space Power', 2012년 4월 5일자 〈워싱턴 포스트〉, 숀 워터먼 'U.S. Slow Learner on Chinese Weaponry', 마크 허먼 외 《Wargaming for Leaders: Strategic Decision Making from the Battlefield to the Boardroom》(New York: McGraw-Hill, 2009), 로버트 만델 〈Political Gaming and Foreign Policy Making During Crisis〉(World Politics 30, no. 4, July 1977: 610-25)를 보라. 만델은 초반 게임의 시나리오에는 소련의 중국 침공, 인도와 파키스탄 간 긴장, 중국과 베트남 간 도서 분쟁 그리고 중국의 버마(지금의 미얀마) 침공 그리고 인도 내 반란이 포함되어 있었다고 말한다.

2   더 상세한 내용은 2012년 4월 1일자 〈코멘터리〉, 빌 거츠 'China's High-Tech Military Threat', 얀 반 톨 외 〈AirSea Battle: A Point-of-Departure Operational Concept〉(Center for Strategic and Budgetary Assessments, May 18, 2010)를 보라.

3   거츠 〈China's High-Tech Military Threat〉.

4   중국의 '접근 억제 전략'과 투자에 대한 뛰어난 연구로는 제임스 멀베논 외 《Chinese Responses to U.S. Military Transformation and Implications for the Department

of Defense》(Santa Monica, CA: RAND, 2006), 로저 클리프 외 《Entering the Dragon's Lair: Chinese Anti-access Strategies and Their Implications for the United States》(Santa Monica, CA: RAND, 2007), 로널드 오르크 〈China Naval Modernization: Implications for US Navy Capabilities—Background and Issues for Congress〉(CRS Report for Congress, RL33153, May 29, 2007)가 있다.

5 선중창 외 〈21st Century Naval Warfare〉(China Military Science, no. 1, 1995: 28-32쪽). 필스버리 《Chinese Views of Future Warfare》(2002) 38장에 있다.

6 빌 거츠 《The China Threat: How the People's Republic Targets America》(Washington, DC: Regnery, 2013) 페이퍼백 서문 9쪽.

7 2013년 9월 3일자 〈디플로마트〉, 마이클 라스카 'Scientific Innovation and China's Military Modernization'.

8 대표적인 사례에 관해 에드워드 팀퍼레이크 외 《Red Dragon Rising: Communist China's Military Threat to America》(Washington, DC: Regnery, 2002), 거츠 《China Threat》(2000), 스티븐 모셔 《Hegemon: China's Plan to Dominate Asia and the World》(San Francisco: Encounter Books, 2000), 제드 바빈 외 《Showdown: Why China Wants War with the United States》(Washington, DC: Regnery, 2006), 테드 갈렌 카펜터 《America's Coming War with China: A Collision Course over Taiwan》(New York: Palgrave Macmillan, 2005), 리처드 부시 외 War Like No Other: The Truth About China's Challenge to America》 (Hoboken, NJ: John Wiley & Sons, 2007)를 보라.

9 키스 크레인 외 《Modernizing China's Military: Opportunities and Constraints》(Santa Monica, CA: RAND Corporation, 2005)

10 해군력과 전투력 투자 분과위원회, 상원 군사위원회에서 진행된 청문회(2013. 12. 11.): 인민 해방군 해군 현대화 관련 미국의 아시아-태평양 전략의 고려 사항(U.S. Asia-Pacific Strategic Considerations Related to PLA Naval Forces Modernization). 청문회에 증인으로 출석한 인물들 가운데 허드슨 연구소 선임 연구원 세스 크롭시, 미국 해군대학 부교수 앤드류 에릭스, 의회조사국 해군 업무 전문가 로널드 오르크, 전략예산 평가센터 부소장 짐 토머스가 포함되어 있었다. 세스 크롭시 《Mayday: The Decline of American Naval Supremacy》 (New York: Overlook, 2013)를 보라.

11 해전에 관한 더 상세한 내용은 호세 카레뇨 외 《Proceedings》(vol. 136/8/1,290, U.S. Naval Institute, August 2010), J. 노엘 윌리엄스 〈Air-Sea Battle: An Operational Concept Looking for a Strategy〉(Armed Forces Journal, September 2011), 애덤 시걸 〈Chinese Computer Games: Keeping Safe in Cyberspace〉(Foreign Affairs 91, no. 2, March/April 2012)를 보라.

12 거츠 《Enemies》(2006) 54쪽, 와이스《Tiger Trap》(2011) 216-217쪽을 보라. 와이스는 "치막이 판결을 받으면서, 나머지 그의 가족들이 연이어 죄를 자백했다. 2008년 3월, 치막은 연방 감옥에서 24년 복역을 선고받았다"고 적고 있다.

13 중국의 미국 위협론에 대한 더 상세한 내용은 야웨이류 외 〈An Emerging Consensus on the U.S. Threat: The United States According to PLA Officers〉(Journal of Contemporary China 23, no. 86, 2014: 255-74쪽)를 보라.

14 천유웨이 〈China's Foreign Policymaking as Seen Through Tiananmen〉(Journal of Contemporary China 12, no. 37, November 2003: 715 - 38쪽).

15 가오푸강 외 〈Study of Operational Effectiveness of Blockade Running of Escorted Submarine〉(Military Operations Research and Systems Engineering, September 3, 2006: 39 - 42쪽), 필스버리의 〈Sixteen Fears〉(2012)를 보라.

16 이런 봉쇄 방법은 타이핑 〈Multipronged Blockade of the Ocean: Japan's Measures after the Offshore Submarine Incident〉(Modern Weapons, March 2005: 51쪽, trans. Toshi Yoshihara, U.S. Naval War College) , 리쥬위 〈Combat Uses of Japan's Airpower〉 (Shipborne Weapons, March 2007: 48쪽, trans. Toshi Yoshihara), 우페이환 외 〈Acting with a Motive: The Japan - US Island Defenses Exercises〉(Modern Weaponry, February 2006: 8쪽, trans. Toshi Yoshihara)를 보라.

17 거건중 〈Submarine Operation in Informatized Warfare〉(Submarine Research 22, no. 1, 2004), 마오창신 외《Case Study of Submarine Warfare》(Qingdao: Naval Submarine Academy, 1997), 장원위 외 〈Introduction to Asymmetric Operations of Submarines〉 (Submarine Research 22, no. 1, 2004), 룽하이양 외 《Submarine Tactics》(Qingdao: Naval Submarine Academy, 2001), 친강 《Submarines in Naval Warfare》(Nanjing: Naval Command Academy, 1997), 완춘 《Surface Warship Tactics》(Nanjing: Naval Command Academy, 2004), 청왕츠 외 〈A Method to Estimate Force Required for Submarine to Run a Blockade〉(Military Operations Research and Systems Engineering 18, no. 1, 2004: 21 - 23 쪽)를 보라.

18 토시 요시하라 외 〈China's New Undersea Deterrence〉(Joint Force Quarterly, issue 50, 2008, 37쪽)에서 인용. 앤드류 에릭슨 외 〈Gunboats for China's New 'Grand Canals'?: Probing the Intersection of Beijing's Naval and Oil Security Policies〉(Naval War College Review 62, no. 2, Spring 2009), 2013년 1월 3일자 〈디플로마트〉, J. 마이클 콜 'China's Maritime Surveillance Fleet Adds Muscle', 2011년 11월 12일자 〈뉴욕 타임스〉, 마크 랜들러 'A New Era of Gunboat Diplomacy', 2012년 12월 31일자 〈스트레이츠 타임스, 아시아 레포트〉 보도 'China Adds Destroyers to Marine Surveillance: Report'를 보라.

19 장덩이 〈Manage and Use the Ocean Wisely, Establish a Strong Maritime Nation〉(Qiushi, no. 11, 2001, 46쪽), 펑량 외 〈A Discussion of the Navy's Strategic Use in Peacetime〉 (China Military Science, no. 3, 2001: 78쪽), 2007년 6월 6일 루루더 〈Defining Sea Power in China's Grand Strategy〉(People's Navy, June 6, 2007)를 보라.

20 가오푸강 외 〈Study of Operational Effectiveness of Blockade Running of Escorted Submarine〉(2006).

21 같은 글. 양밍제 편저 《Sea Lane Security and International Cooperation》(Beijing: Shishi chubanshe, 2005) 365쪽에 수록된 다웨이의 〈China's Maritime Security Strategy〉도 보라.

22 장원무 〈Economic Globalization and Chinese Sea Power〉(Strategy and Management 1, 2003: 96쪽).

23 허자청 외 〈The International Military Situation and China's Strategy of National Defense

Economic Development〉(Military Economic Research 1, 2005: 12쪽).

24 스춘룬 〈A Commentary on Studies of the Last Ten Years Concerning China's Sea Power〉 (Contemporary International Relations, April 20, 2008), 류장핑 외 〈Management of the Sea in the 21st Century: Whither the Chinese Navy?〉(Modern Navy, June 2007). 자세한 내용은 필스버리 〈Sixteen Fears〉(2012)를 참고하라.

25 다웨이 〈China's Maritime Security Strategy〉(2005) 119쪽, 가브리엘 B. 콜린스 외 〈No Oil for the Lamps of China?〉(Naval War College Review 61, no. 2, Spring 2008: 79–95쪽), 에릭슨 외 〈Gunboats for China's New 'Grand Canals'?〉(2009), 2009년 12월 30일자 〈로이터〉 보도 〈Chinese Admiral Floats Idea of Overseas Naval Bases〉를 보라. 해상 교통로에 대한 중국의 두려움은 글로벌 '피크 오일'에 대한 우려와 해상봉쇄에 취약하다는 우려가 맞물리면서 정점에 이른다. 차오쿠이와 쩌우펑 〈Discussion of China's Oil and Energy Security〉(Teaching of Politics, November 2005), 중국 사회과학원의 〈A Study of Energy Security〉(2007. 12. 05.), Office of the National Energy Leading Group의 〈The Real Meaning of 'Energy Security'〉(2006. 9. 18.)를 보라.

26 앤드류 에릭슨 외 〈Gunboats for China's New 'Grand Canals'?〉(2009)

27 《The Science of Campaigns》(Beijing: NDU Press, 2000), 쉐싱린《A Guide to the Study of Campaign Theory》(Beijing: National Defense University Press, 2002), 《People's Liberation Army Outline on Joint Campaigns》(Beijing: Central Military Commission, 1999)를 보라. 중국의 미래 군사력에 관한 개요는 1999년에 발표되어 기밀문서로 취급되었지만, 여러 저술과 문건에서 언급되었다. 이 배포는 1999년 1월 25일자 〈인민일보〉 보도 〈CMC Chairman Jiang Zemin Signs Order Implementing Our Army's New Generation of Operational Regulations〉로 알려졌다.

28 장위량《Science of Campaigns》(Beijing: National Defense University Press, 2006) 297–303쪽

29 가브리엘 B. 콜린스 외《China's Energy Strategy: The Impact on Beijing's Maritime Policies》 (Annapolis, MD: China Maritime Studies Institute and the Naval Institute Press, 2008) 320쪽에서 인용.

30 쉬건추《Science of Joint Training》(Beijing: Military Science Press, 2007). 여기에 언급된 다른 많은 책들처럼 이 책도 군내 발행이라는 표시가 되어있는데, 말 그대로 '군 내부적으로 보급'된 책이라는 의미이다. 이런 표시가 있는 책들이 실제로 '기밀'로 분류되지는 않지만, 중국 군대 서점에서 장교들만이 들어갈 수 있는 특별한 공간에 진열되어 있다. 이 책들은 표지에 ISBN 번호가 표시되어 있지 않다. 본래 어떤 경로로 들어왔는지에 대해서는 알 수 없지만 미국 정부는 이런 종류의 많은 책들을 학자들이 볼 수 있도록 하버드대학, 캘리포니아대학 버클리대학 도서관에 소장할 수 있도록 해두었다.

31 광타오 외《China's Theater Military Geography》(Beijing: People's Liberation Army Press, 2005)

32 데니스 블라스코《The Chinese Army Today, 2nd ed.》(New York: Routledge, 2012) 2장을 보라.

33 광타오 외《China's Theater Military Geography》(2005)

34 "CCTV-7 2005 북방의 검 훈련(CCTV-7 Shows North Sword 2005 Exercise, PLA's Li Yu Meeting Foreign Observers. 2005. 9. 28.)", 2005 북방의 검 훈련 군대 문건 세부 내용 보도 (Chinese Military Paper Details North Sword 2005 PLA Exercise. 2005. 9. 28.), 북방의 검 공군 수송 vs. 디지털화 기갑부대 보도(PLA Airborne in '1st Live' Drill vs. 'Digitized' Armor Unit in 'North Sword'. 2005. 9. 29.), 2005 북방의 검 훈련 베이징 군구에서 실시 보도 (Xinhua Article Details 'North Sword 2005' Exercise Held at Beijing MR Base. 2005. 9. 27.), 중국 최대 규모 전쟁 훈련 실시 보도(China Launches Its Biggest-Ever War Exercises. 2005. 9. 27.)를 보라.

35 이에 관한 개괄은 로이 컴퍼슨 외 편저《Beyond the Strait: PLA Missions Other Than Taiwan》(Carlisle, PA: U.S. Army War College Strategic Studies Institute, 2009)에 수록된 머레이 스콧 태너의 〈How China Manages Internal Security Challenges and Its Impact on PLA Missions〉, 중국군 대령 다이쉬가 난징에 있는 중국군 국제관계연구소 회의에서 '2030: China Faces the Fate of Dismemberment: The U.S. Strategy for a Global Empire and China's Crisis'라는 주제로 행한 연설을 보라. 2013년 4월 11일자 〈워싱턴 타임스〉 보도 'Inside China: PLA Strategist Reflects Military's Mainstream'.

36 〈World Knowledge〉23(2002년 12월 1일, 34-39쪽)에 의하면, 이 정부 관리는 중앙당 국제연락부 차장 위훙췬이었던 것으로 확인되었는데, 칭화대학교 〈World Affairs Forum〉과의 인터뷰에서 이같이 말했다.

37 리신치 외 〈Precaution Model and Simulation Actualization on Threat of Maneuver Target Group on the Sea〉(Intelligence Control Systems and Simulation Methods, August 1, 2005) 필스버리《China Debates the Future Security Environment》(2000) 83-85쪽, 2000년 12월 26일자 〈광명일보 온라인〉 궈시린 'The Aircraft Carrier Formation Is Not an Unbreakable Barrier', 저우이 〈Aircraft Carriers Face Five Major Assassins〉(Military Digest, March 1, 2002: 4-6쪽), 2002년 3월 5일자 〈중국 국방 뉴스〉 펑창쑹 외 'Six Aircraft Carrier Busters', 둥화 〈Aircraft Carrier's Natural Enemy: Antiship Missiles〉(Military Digest, July 1, 2002: 50-52쪽), 2002년 10월 21일자 〈광저우 데일리〉 샤오야오진 외 'China's Existing Tactical Missiles Can Fully Meet the Need of a Local War Under High-Tech Conditions', 왕자쒀 〈Aircraft Carriers: Suggest You Keep Out of the Taiwan Strait!〉(Military Digest, April 1, 2001: 58-59쪽)을 보라.

38 방공(防空)수송 방법에 관한 군사작전 분석의 사례에 관해서는, 〈Preliminary Analysis on the Survivability of a U.S. Aircraft Carrier〉(Guided Missiles 5, 2000: 1-10쪽), 〈Study of Attacking an Aircraft Carrier Using Conventional Ballistic Missiles〉(Second Artillery Corps Research Institute of Engineering Design, Xian, 2002), "Concept of Using Conventional Ballistic Missiles to Attack a Carrier Fleet〉(Science and Technology Research 1, 2003), 필스버리〈Sixteen Fears〉(2012)에 인용된《Movement Forecast Model and Precision Analysis of Maneuvering Targets at Sea》(Beijing: Second Artillery Engineering Academy, 2005)와〈Research on Optimization Methods for Firepower Allocation Plans in Joint Strike

Fires〉(Military Operations Research and Systems Engineering, 2005)를 보라.

39 중국 공군 교리의 발전 양상과 새로운 운용 개념에 관한 종합 논의는 로이 컴퍼슨 외 편저
《Right-Sizing the People's Liberation Army: Exploring the Contours of China's Military》
(Carlisle, PA: Strategic Studies Institute, U.S. Army War College, 2007) 437-479쪽에 수록된
케빈 M. 란지트 외 〈Right-Sizing the PLA Air Force: New Operational Concepts Define a
Smaller, More Capable Force〉를 보라.

40 마이클 D. 스웨인 외 《Managing Sino-American Crises: Case Studies and Analysis》
(Baltimore: Johns Hopkins University Press, 2006), 마이클 D. 스웨인 《America's Challenge:
Engaging a Rising China in the Twenty-First Century》(Washington, DC: Carnegie
Endowment for International Peace, 2011), G. 존 아이켄베리 〈The Rise of China and
the Future of the West〉(Foreign Affairs, January/February 2008), 프레드 C. 버그스텐 외
《China's Rise: Challenges and Opportunities》(Washington, DC: Peterson Institute for
International Studies and Center for Strategic and International Studies, 2008), 앤드류
스코벨과 래리 워즐 편저 《Chinese Decisionmaking under Stress》(Carlisle, PA: Strategic
Studies Institute, U.S. Army War College, 2005) 5 - 53쪽에 수록된 마이클 D. 스웨인
〈Chinese Crisis Management: Framework for Analysis, Tentative Observations, and
Questions for the Future〉를 보라.

41 토머스 셸링은 《Arms and Influence》(Santa Barbara, CA: Praeger, 1966)에서 "중국이
그토록 비밀리에 갑작스럽게 북한으로 진주해온 이유를 설명하기는 쉽지 않다. 만약 그들이
자신들의 국경과 영토를 지키기 위해 유엔을 평양 정도 수준에서 멈추게 하고자 했다면,
유엔 사령부가 대거 진입한 초기부터 유엔 사령부는 그간의 성과에 흡족해하며 북한의
나머지 부분을 놓고 중국군과 다시 전쟁을 할 생각이 없다는 것을 알았을 것이다. 대신에
그들은 훌륭한 전술적 장점이 있으면서도 제지당할 가능성이 없는(이탤릭체는 본 저자가
표시한 것임) 기습 공격을 감행하는 쪽을 선택했다"고 기술했다. 한국전에서 중국 최고
사령관이었던 펑더화이 장군은 "적은 우리의 통신과 군량미 공급을 차단할 수 있는 공군력을
자랑했다. 이는 적에게 우리의 의도를 속일 수 있는 기회를 가져다주었다. 일부 포로들을
석방시켜서, 우리는 적에게 우리가 물자부족에 처해서 퇴각하려 한다는 정보를 흘릴 수가
있었다"고 회고했다. 맥아더의 오만과 자기만족을 부채질하기 위한 다양한 속임수들이
동원되었다. 하오위판 외 〈China's Decision to Enter the Korean War: History Revisited〉
(China Quarterly 121, March 1990: 94 - 115쪽), 러셀 스퍼 《Enter the Dragon: China's
Undeclared War Against the U.S. in Korea, 1950 - 1951》(New York: Henry Holt, 1989),
해리 하딩 외 편저 《Sino-American Relations, 1945 - 1955: A Joint Reassessment of a
Critical Decade》(Wilmington, DE: Scholarly Resources, 1989) 213-237쪽에 수록된 조너선
폴락 〈Korean War〉, 세르게이 곤차로프 외 《Uncertain Partners: Mao, Stalin, and the Korean
War》(Stanford, CA: Stanford University Press, 1993)를 보라.

42 수전 셔크 《China: Fragile Superpower: How China's Internal Politics Could Derail Its
Peaceful Rise》(New York: Oxford University Press, 2007) 5쪽.

43 같은 책, 269쪽.

44 로버트 수팅어 《Beyond Tiananmen: The Politics of U.S.-China Relations 1989-2000》 (Washington, DC: Brookings Institution Press, 2003).

45 "2002 국방부가 의회에 제출한 중국군 군사력에 관한 연례 보고(DoD Annual Report to Congress—Military Power of the People's Republic of China, 2002)"

46 앤드류 스코벨 외 《Civil-Military Change in China: Elites, Institutes, and Ideas After the 16th Party Congress》(Carlisle, PA: Strategic Studies Institute, U.S. Army War College, September 2004) 315쪽에서 인용

47 같은 글, 324쪽.

48 앤드류 스코벨 외 《Civil-Military Change in China》(2004) 324쪽에 수록된 제이슨 브루진스키의 〈Demystifying Shashoujian: China's 'Assassin's Mace' Concept"〉를 보라.

49 앤드류 스코벨 외 《Civil-Military Change in China》(2004) 359쪽에 수록된 캐리 황의 〈Jiang Zemin Reportedly Urges the Development of Strategic Weapons〉 (Hong Kong iMail, August 5, 2000)를 보라

50 브루진스키 〈Demystifying Shashoujian〉(2004)에 언급된 2000년 11월 29일자 〈칭치 데일리〉 보도 'Jiang Zemin Orders Effectual Preparations for Use of Force'를 보라.

51 왕충뱌오 〈Studying Jiang Zemin's 'On Science and Technology'〉(Guangzhou Yangcheng Wanbao, February 13, 2001, 외국방송 정보서비스). 외국방송 정보서비스(FBIS)는 CIA 산하기관인 과학기술부 소속이다. 이곳은 미국 이외의 언론 기관에서 보도된 뉴스와 정보를 모니터링하고, 미국 내에서 공개적으로 이용할 수 있도록 번역 보급하는 일을 담당했다. 2005년 11월, FBIS는 자유롭게 정보를 이용할 수 있도록 수집하고 분석하는 일을 담당하는 공개 정보 출처 센터(Open Source Center)로 새롭게 변모할 것이라고 발표했다. (http://en.wikipedia.org/wiki/Foreign_Broadcast_Information_Service.)

52 제임스 릴리 외 《China's Military Faces the Future (Studies on Contemporary China)》 (Washington, DC: American Enterprise Institute, 1999) 66쪽.

53 〈2013년 미-중 경제안보 검토위원회가 의회에 제출한 보고서: 중국의 군사력 현대화, 미-중 안보 관계 그리고 중국의 사이버 활동(U.S.-China Economic and Security Review Commission 2013 Report to Congress: China's Military Modernization, U.S.-China Security Relations, and China's Cyber Activities)〉 보라.

54 같은 글.

55 돈 온리 외 〈Red Storm Rising〉(Government Computer News, August 17, 2006,).

56 2013 미-중 경제안보 검토위원회가 의회에 제출한 보고서 〈U.S.-China Economic and Security Review Commission 2013 Report to Congress〉에서 래리 워츨 박사의 증언.

57 2013년 5월 27일자 〈워싱턴 포스트〉, 앨런 나카시마 'Confidential Report Lists U.S. Weapons System Designs Compromised by Chinese Cyberspies'.

58 2005년 8월 29일자 〈타임〉, 네이션 손버그 'The Invasion of the Chinese Cyberspies'.

59 "2013 미-중 경제안보 검토위원회가 의회에 제출한 보고서 〈U.S.-China Economic and Security Review Commission 2013 Report to Congress〉에서 래리 워츨 박사의 증언.

60 2013년 9월 17일자 〈로이터〉, 짐 핀클 'Hacker Group in China Linked to Big Cyber Attacks:

Symantec'.

61 시만텍 블로그의 2013년 9월 17일 게시물 'Hidden Lynx—Professional Hackers for Hire'를 보라.

62 2007년 9월 17일 국제합동통신 게시물 숀 워터먼 'China 'Has 75M Zombie Computers'in U.S.'

63 릴리 외《China's Military Faces the Future》(1999) 71쪽

64 창멍슝《Weapons of the 21st Century》(China Military Science 30, no. 1, Spring 1995) 19-24쪽, 49쪽. 필스버리《China Debates the Future Security Environment》(2000) 292쪽에 있다.

65 같은 책, 254쪽.

66 루이스 지아넬리《The Cyber Equalizer: The Quest for Control and Dominance in Cyber Spectrum》(Bloomington, IN: Xlibris, 2012) 147쪽에 인용된 장서우치, 쑨쉐구이, 제팡쥔바오의 1996년 5월 14일 언급을 보라.

67 코퍼스〈America's Acupuncture Points. Part 2: The Assassin's Mace〉(2006).

68 미 국방부가 2008년에 의회에 제출한 연례 보고서〈Annual Report to Congress: Military Power of the People's Republic of China 2008〉을 보라.

69 2013년 7월 12일자〈U.S. 포커스〉, 조앤 존스-프리즈 'China's Antisatellite Program: They're Learning'.

70 2007년 1월 24일자〈워싱턴 타임스〉, 에밀리 밀러 'Officials Fear War in Space by China's.

71 셜리 칸《CRS Report for Congress: China's Antisatellite Weapon Test》(April 23, 2007).

72 밀러〈Officials Fear War in Space by China〉(2007).

73 2013년 5월 14일자〈워싱턴 프리 비컨〉, 빌 거츠 'China Conducts Test of New Antisatellite Missile', 2014년 3월 17일자〈로이터〉, 앤드리아 섈레일라 'Analysis Points to China's Work on New Antisatellite Weapon'을 보라.

74 2013년 8월 26일자〈워싱턴 프리 비컨〉, 빌 거츠 'China Launches Three ASAT Satellites'.

75 레너드 데이비드〈Pentagon Report: China's Growing Military Space Power〉(2012)

76 코퍼스〈America's Acupuncture Points. Part 2: The Assassin's Mace〉(2006).

77 미 국방부가 2003년에 의회에 제출한 연례 보고서〈Annual Report to Congress: Military Power of the People's Republic of China 2003〉를 보라

78 코퍼스〈America's Acupuncture Points. Part 2: The Assassin's Mace〉(2006).

79 스코벨 외《Civil-Military Change in China》(2000) 342쪽.

80 미 국방부가 2003년에 의회에 제출한 연례 보고서〈Annual Report to Congress: Military Power of the People's Republic of China 2003〉를 보라

81 2011년 11월 27일에 미국의 아시아 회귀 전략에 관해 처음으로 언급한 오바마 대통령의 캔버라 연설 'Remarks by President Obama to the Australian Parliament'와 2011년 10월 11일자〈포린 폴리시〉, 힐러리 클린턴 'America's Pacific Century'를 보라.

8장

1   이 교육 과정에서 앵거스 매디슨(1991)의 《Dynamic Forces and Capitalist Development: A Long-Run Comparative View》(New York: Oxford University Press, 1991), 알프레드 D. 챈들러 외 편저 《Big Business and the Wealth of Nations》(Cambridge, UK: Cambridge University Press, 1999)에 수록된 토머스 K. 맥크로의 연구 〈Government, Big Business, and the Wealth of Nations〉, 알프레드 D. 챈들러 저서 《The Visible Hand: The Managerial Revolution in American Business》(Cambridge, MA: Harvard University Press, 1993), 찰머스 존슨(1982)의 《MITI and the Japanese Miracle: The Growth of Industrial Policy, 1925 - 1975》(Stanford, CA: Stanford University Press, 1982)의 번역서들이 이용되었다. 관련 도서로는 토머스 맥크로가 편집한 《America vs. Japan: A Comparative Study》 (Cambridge, MA: Harvard Business School Press, 1986)의 번역서가 있었다. 그들은 마이클 포터(1990)의 《The Competitive Advantage of Nations》(New York: Free Press, 1990)뿐만 아니라 맥크로가 편집한 《The Essential Alfred Chandler: Essays toward Historical Theory of Big Business》(Cambridge, MA: Harvard Business School Press, 1988)도 번역했다.

2   앨리슨 와츠 〈The Technology That Launched a City〉(Minnesota History Magazine 57, Summer 2000: 86 - 97쪽)에 의하면, 필스버리의 설립자는 1874년에 이 신기술을 얻기 위해 오스트리아 출신의 엔지니어 윌리엄 드라 바르를 헝가리에 보내기로 결정했다.
"헝가리인들은 자신들의 진행 상황을 비밀로 했고, 드라 바르는 그들의 기계에 관해 기록하기 위해 위장을 해야 했다. … 금속 롤러를 이용한 이 새로운 점진적인 제분 방법은 더 적은 힘으로, 더 많은 시간 동안 더 많은 밀가루를 생산할 수 있었기 때문에 곧바로 완벽하게 돌절구를 대신하게 되었다. 또한 이 혁신을 통해 가열 변색을 방지하고, 밀가루를 얼룩지게 하는 껍질을 최소 크기로 분쇄하고, 맷돌이나 자기 롤러보다 유지하기가 더 용이한 설비를 이용할 수 있게 되었다"고 말한다. 이외에도 존 올리버 《History of American Technology》 (New York: Ronald Press, 1956), 윌리엄 파월 《Pillsbury's Best: A Company History from 1869》(Minneapolis: Pillsbury Publishing, 1985), 존 레이놀즈 《Windmills & Watermills》(New York: Praeger, 1970), 《Collections of the Minnesota Historical Society 10, pt. 1》(St. Paul: Minnesota Historical Society, 1905)에 수록된 조지 로저스 〈History of Flour Manufacture in Minnesota〉를 보라.

3   이는 가황 처리 과정 기술과 부츠, 장갑, 우의, 산업용 호스, 그리고 절연 물질을 생산할 수 있는 완성 고무 사출 기계 제작 기술을 습득함으로써 가능해졌다.

4   이를 통해 듀폰은 나일론과 다른 합성섬유뿐 아니라 스티로폼을 생산할 수 있게 되었다. 1985년까지, 수작업으로 만든 섬유가 미국에서 사용되는 전체 합성섬유의 70%가 넘었다.

5   찰스 퍼거슨 외 《Computer Wars: How the West Can Win in a Post-IBM World》(New York: Times Books, 1993).

6   《The Economist Pocket World in Figures 2014년》(London: Profile Books, 2013) 24쪽.

7   〈CNN 머니〉의 'Fortune Global 500'.

8   순위 내에 시노펙, 차이나 내셔널 페트롤리엄(CNPC), 국가전망공사(State Grid),

중국공상은행 그리고 중국건설은행이 포함되어 있다.

9 중국 경제의 급속한 성장에 관해 더 상세한 내용은 셔크《China: Fragile Superpower》(2007) 275쪽에 인용된 2002년 12월 17일자 〈차이나 이코노믹 타임스〉 보도 'China Aims to Quadruple GDP, Build a Well-Off Society, and Become the World's Largest Economy by 2020'을 보라. 조엘 안드레아스《Rise of the Red Engineers: The Cultural Revolution and the Origins of China's New Class》(Stanford, CA: Stanford University Press, 2009), 윰녠정《Will China Become Democratic?: Elite, Class, and Regime Transition》(New York: Cavendish Square Publishing, 2004), 로버트 로런스 쿤《How China's Leaders Think: The Inside Story of China's Past, Current, and Future Leaders》(Hoboken, NJ: John Wiley & Sons, 2010), 이먼 핑클톤《In the Jaws of the Dragon: America's Fate in the Coming Era of Chinese Dominance》(New York: St. Martin's Press, 2008), 담비사 모요《Winner Take All: China's Race for Resources and What It Means for the World》(New York: Basic Books, 2012)를 보라.

10 《The Economist Pocket World in Figures 2014년》14쪽. 1949년 중국이 성립된 직후에 시작된 이러한 노력은 '한 자녀 정책'이 전국적으로 실시되었던 1979년까지 대체로 효과적이었다. 마오쩌둥은 적절한 규모의 중국 인구를 '약 6억'으로 생각했던 것으로 알려져 있다. 수전 그린핼프《Just One Child: Science and Policy in Deng's China》(Berkeley: University of California Press, 2008) 46 – 53쪽에 따르면 1958년에 마오쩌둥은 "과거에 나는 우리가 8억을 유지할 수 있을 것이라고 말했다. 지금 나는 10억이 넘는다 해도 놀랍지 않다고 생각한다"고 말했다.

11 더 상세한 내용은 세계은행의 2013년 보고서 〈China 2030: Building a Modern, Harmonious, and Creative Society〉(Washington, DC: World Bank, DOI: 10.1596/978-0-8213-9545-5, License: Creative Commons Attribution CC BY 3.0)를 보라.

12 2012년 2월 27일자 〈CNN 머니〉, 애너린 센스키 'World Bank to China: Free Up your Economy or Bust'.

13 중국의 '국가대표 기업'에 관해 더 상세한 내용은 액센츄어 컨설팅의 〈중국 날개를 펼치다: 중국 기업들의 글로벌 약진〉(2007), 2008년 3월 16일자 〈파이낸셜 타임스〉 제프 다이어 외 'China's Champions: Why State Ownership Is No Longer a Dead Hand', 의회 연례 보고서 앤드류 자모스키 외 〈An Analysis of State-owned Enterprises and State Capitalism in China〉(U.S.-China Economic and Security Review Commission, October 26, 2011), 조셉 케이시 〈Patterns in U.S.-China Trade Since China's Accession to the World Trade Organization〉(U.S.-China Economic and Security Commission, November 2012)을 보라.

14 로널드 코스, 닝왕《How China Became Capitalist》(New York: Palgrave Macmillan, 2012).

15 1984년 10월, 베이징에서 헬무트 콜 독일 총리를 만난 덩샤오핑은 중국의 농부들과 대부분의 농촌 지역이 이미 자유 시장을 누리고 있다고 말했다. 코스와 닝왕은 "덩샤오핑의 말은 절묘한 은폐였다. 중국은 자유로운 농촌 경제를 위한 규제를 전혀 풀지 않았으며, 이런 구상을 거부했다"고 적고 있다. 같은 책. 162쪽.

16 이 문제는 의회가 미-중 경제안보 검토위원회에 연례 보고서에서 분석하도록 위임한

일이었다. 이 위원회의 연례 보고서는 http://www.uscc.gov/Annual_Reports.에서
검색할 수 있다.

17 필스버리 《China Debates the Future Security Environment》(2000) 6장.

18 중국 사회과학원 연구, 샤오렌 〈Prospect and Measures for China-U.S. Energy Cooperation〉(Yafei Zongheng, 2008: 4쪽)

19 왕샹린 〈The Influence of Somali Pirates on China's Maritime Security〉(International Relations Academy Journal, 2009: 5쪽).

20 공산당 제11차 중앙위원회 3중전회(1978. 12. 18-22.)에서 이 정책의 변화가 추인되었다.

21 토머스 프리드먼 《The Lexus and the Olive Tree: Understanding Globalization》(New York: Farrar, Straus and Giroux, 1999) 195쪽.

22 2003년 2월 24일 업데이트된 캘리포니아대학 산타 크루즈 아틀라스 〈국내총생산(GDP)〉.

23 미 국무부 상임 연구원 캐롤 리 햄린은 《China and the Challenge of the Future: Changing Political Patterns》(Boulder, CO: Westview Press, 1990)에서, 중국은 〈Global 2000 Report to the President: Entering the Twenty-First Century〉라고 불리는 장기 계획을 활용했으며, 이 보고서의 저자를 중국으로 초빙해 "차이나 2000" 팀을 조직했다. 나는 이것이 마라톤 전략에 기여했다고 믿는다. 1983년에서 1985년 사이에 중국 국무원 조사 센터가 두 번째 차이나 2000 연구 초안을 작성했다. 햄린은 "덩샤오핑의 요청에 의해, 대외적으로 세계은행의 연구가 이루어진 것과 병행해 내부적으로는 이러한 작업이 진행되었다"고 말한다. 4백 명이 넘는 전문가가 참여했다. 이 연구는 MIT대학의 제이 포레스터 교수가 개발한 '시스템 동태적 국가 모델(system dynamics national model)'을 활용해, 2050년과 2080년까지 경향을 예측할 수 있는 수학적 모델을 만들기 위한 정량적 예측 방식을 채택했다. 햄린은 "우리나라는 다음 세기 중반경, 선진국의 경제 발전 수준에 근접하거나 도달할 것이며, 다음 세기 말엽이 되면 그들을 추월할 것이다"라고 적힌 중국의 문건을 인용한다. 이 중국 문건은 중국이 선진국들을 추월하면, "수 세기에 걸쳐 영웅과 열사들의 숭고한 이상을 간직해온 수많은 인민의 오랜 염원이 이루어질 것이다. 이런 점에서, 21세기는 중국의 세기가 될 것이다!"라고 결론 내렸다. 이외에 제럴드 바니 《The Future of China: Collected Papers》(Arlington, VA: Global Studies Center, 1985), 캐롤 리 햄린와 쑤이성자오 《Decision-Making in Deng's China: Perspectives from Insiders》(Armonk, NY: M.E. Sharpe, 1995), 그리고 햄린이 만든 사이트(http://www.globalchinacenter.org/about/scholars/senior-associate/dr-carol-lee-hamrin.php.)를 보라.

24 수제야오 《Economic Growth, Income Distribution, and Poverty Reduction in Contemporary China》(London: Routledge Curzon, 2012) 9쪽.

25 〈Report of the Working Party on the Accession of China〉(World Trade Organization, October 1, 2001, 8쪽). 중국의 WTO 가입에 관한 광범위한 논의에 관해서는 수파차이 외 《China and the WTO》(New York: John Wiley & Sons, 2002), 미국 무역긴급위원회(ECAT) 의 의장 칼먼 코헨이 미-중 경제무역 검토위원회의 'WTO 내에서 중국의 과거와 미래 역할에 관한 평가 청문회(Hearing on Evaluating China's Past and Future Role in the World Trade Organization)'에서 한 증언(2010. 6. 9.)을 참고하라.

26 엘리자베스 이코노미 외 《By All Means Necessary: How China's Resource Quest Is Changing the World》(New York: Oxford University Press, 2014).

27 천야톈(1992) 《Chinese Military Theory: Ancient and Modern (Lanham, MD: Mosaic Press, 1992) 6장.

28 http://thomas.loc.gov.29.에서 H.R.444에 관한 표결(2000. 5. 24.)을 보라.

29 http://www.senate.gov.에서 H.R.444에 관한 상원 호명 투표 결과(2000. 9. 19.)를 보라.

30 민신페이가 아시아 비즈니스 위원회에 제출한 보고서 〈Intellectual Property Rights: A Survey of the Major Issues〉, 앤드류 머사 《The Politics of Piracy: Intellectual Property in Contemporary China》(Ithaca, NY: Cornell University Press, 2005)

31 2013년 7월 29일 〈파이낸셜 타임스〉 제이밀 앤드리니〈Justin Lin Criticises China Growth Pessimists〉.

32 린의 아버지가 세상을 떠난 2002년에 다시 그의 이름이 신문 머리기사에 올랐는데, 그가 타이완 정부에 장례식 참석을 위해 입국할 수 있도록 해달라고 신청했다. 타이완 정부는 그의 신청을 승인하고 그에 대해 체포 영장을 발부했다. 2012년 3월 15일자 〈타이페이 타임스〉, 리치 창 외 'Justin Lin Faces Arrest If He Returns: MND'를 보라.

33 저스틴 이푸린 《Benti Changwu: Dialogues of Methodology in Economics》(Singapore: Cengage Learning, 2005), 저스틴 이푸린 외 《The China Miracle: Development Strategy and Economic Reform》(Hong Kong: Chinese University Press, 2003)를 보라.

34 왕지쓰 〈China's Search for a Grand Strategy〉(Foreign Affairs, March/April 2011).

35 햄린 《China and the Challenge of the Future》(1990) 3장.

36 조셉 스티글리츠는 《Globalization and Its Discontents》(New York: W.W. Norton & Company, 2002) 10장, 11장에서 "나도 약 20년 동안 공산주의가 시장경제로 전환하는 것과 관련한 논쟁에 참여해왔다. 그런 전환을 어떻게 다룰 것인지에 관련한 나의 경험은 1980년에 시작되었는데, 그때 나는 시장경제로의 전환을 시작하고 있던 중국 지도부와 이 문제들을 처음으로 논의했다. 나는 중국이 채택한 점진주의적인 정책의 강력한 옹호자였으며, 이 정책은 지난 20년에 걸쳐 장점을 입증해왔다"고 기술한다.

37 세계은행 1985년 10월 31일 국가경제보고서 〈China—Long-term Development Issues and Options〉를 보라.

38 같은 글, 16쪽.

39 중국의 금융 부문 신용 확대 효과에 대한 논의에 관해서는 2013년 8월 15일자 〈월스트리트 저널〉, 링링웨이 외 'Chinese Banks Feel Strains After Long Credit Binge'를 보라.

40 〈Mao Yushi: Winner of the 2012 Milton Friedman Prize for Advancing Liberty〉(Cato Institute)를 보라.

41 2013년 11월 20일, 미-중 경제안보 검토위원회(U.S.-China Economic and Security Review Commission)가 의회에 제출한 보고서, 앤드류 자모스기 외 《An Analysis of State-Owned Enterprises and Capitalism in China: A Report Submitted to the U.S.-China Economic and Security Review Commission》(Washington, DC: Capital Trade, 2011).

42 피터 해럴드 〈Macroeconomic Management in China〉(World Bank Discussion Paper

no. 222, Washington, DC: The World Bank, 1993). 피터 해럴드 외 〈China: Reform and Development in 1992 – 1993〉(World Bank Discussion Paper no. 215, Washington, DC: The World Bank, 1993)를 보라.

43 〈China—Long-term Development Issues and Options〉, 해럴드 〈Macroeconomic Management in China〉, 〈China 2030: Building a Modern, Harmonious, and Creative Society〉(Washington, DC: WorldBank, DOI: 10.1596/978-0-8213-9545-5, License: Creative Commons Attribution CC BY 3.0.and 2013).

44 미-중 경제 검토위원회(U.S.-China Economic and Security Review Commission)가 2009년 의회에 제출한 보고서 57-65쪽, 세계은행과 중국 국무원 발전연구센터(World Bank and the Development Research Center of the State Council, 2013), 〈China 2030: Building a Modern, Harmonious, and Creative Society〉, 존 시언의 〈Alternative International Economic Strategies and their Relevance for China〉(World Bank, Staff Working Paper 759, February 28, 1986: 1, 7 – 8, 14쪽)을 보라.

45 2013년 11월 6일자 〈월스트리트 저널〉 보도 'China's Banks by the Numbers'.

46 중국은 최근에 외국 은행들을 허용하기 시작했다. 2014년 3월 기준으로 20개에 이르렀다.

47 2013년 11월 20일자 〈블룸버그〉 보도 'PBOC Says No Longer in China's Interest to Increase Reserves'.

48 국가 외환 보유고에는 금, 달러화, 파운드화, 특별 인출권 그리고 기타 유동자산이 포함된다. 이는 자국과 다른 무역 상대국들과의 균형 부족을 보완하기 위한 것으로 전형적으로 정부가 보유한다.

49 몇몇 국가들이 발전 초기 단계에 국영기업을 활용했다. 자유 시장이 취약하거나 존재하지 않거나, 신흥 산업의 규모가 영세하거나, 잠재적인 외국 경쟁자들이 매우 강력하거나, 혹은 희귀 천연자원을 신중하게 관리해야 할 필요가 있을 경우에 대개 이렇게 한다. 일본, 한국 그리고 기타 소위 아시아의 호랑이들이 이 과정을 거쳐왔다.

50 프레이저 J. T. 호위 외《Red Capitalism: The Fragile Financial Foundation of China's Extraordinary Rise》(Hoboken, NJ: John Wiley & Sons, 2011) 10쪽.

51 같은 책, 163쪽.

52 같은 책, 178쪽.

53 데이비드 파제카스 〈Stocks Rise to New Record Highs on Strong Economic〉(Corporate News), 2013년 12월 23일자 〈야후 파이낸스〉 보도 'Facebook Joins the S&P 500'.

54 2011년 6월 15일자 〈월스트리트 저널〉, 베스 가디너 'B-Schools Embrace China's.

55 2012년 3월 17일자 〈아시아 투데이 온라인〉 보도 'China failing WTO Pledge on State-Owned Firms'.

56 2013년 6월 11일자 〈ABC 뉴스 24〉, 스티븐 맥도널 'Chinese Telco Huawei Tries to Shake Off Spy Image After NBN Ban'.

57 국가방첩본부(ONCIX)가 의회에 제출한 보고서 〈Counterintelligence Security: Foreign Spies Stealing US Economic Secrets in Cyberspace〉(2011년 10월).

58 저널리스트 마이클 슈만이 2013년 12월 10일자 〈타임〉 보도 'China's Quest to Take on the U.S. Dollar Has a Long Way to Go'에서 썼던 것처럼, "요즘 베이징의 정책 입안자들은 훈훈하고 묘한 기분에 사로잡혀 있을 게 틀림없다. 수년간, 그들은 세계가 변덕스러운 워싱턴의 정책과 의문스러운 경제 관리에 휘둘리고 있다며 불만을 터뜨렸고, 미 달러화가 세계 무역과 금융을 주도해 온 것을 비난했다. … 중국의 정책 입안자들이 위안화의 국제화를 여러 해 동안 장황하게 떠들어왔지만, 과정은 녹록치 않다." 멜리사 머피와 원진위안은 《Is China Ready to Challenge the Dollar?: Internationalization of the Renminbi and Its Implications for the United States》(Washington, DC: Center for Strategic and International Studies, 2009) 1쪽에서 "중국의 고위급 인사들의 발언으로 인해 일부 옵서버 국가들이 위안화(RMB)가 '세계 준비 통화로서의 미 달러화의 자리를 찬탈'할 것이라고 결론짓게 되었고, 이로 인해 미 달러화의 미래에 대한 추측이 무성하다"고 적고 있다. 이외에도 2013년 10월 29일자 〈RT〉 보도, 닐 보위 'Renminbi Rising: China's 'de-Americanized World' Taking Shape?', 왕장 외 《The New Warring States Era》(Beijing: Xinhua chubanshe, 2003)를 보라. 세계은행의 2013년 보고서 《China 2030: Building a Modern, Harmonious, and Creative Society》에는 중국이 어떻게 위안화를 국제 통화로 만드는지 설명하는 6개 보고서가 언급된다. 이 보고서는 다음과 같다. 잉평황 〈RMB Policy and the Global Currency System〉(Working Paper 2010-03, Peking University, China Center for Economic Research, Beijing, 2010), 마커스 재거 〈Yuan as a Reserve Currency: Likely Prospects and Possible Implications〉(Deutsche Bank Research, 2010), 이종화 〈Will the Renminbi Emerge as an International Reserve Currency?〉(Asian Development Bank, Manila, 2010), 존 마킨 〈Can China's Currency Go Global?〉(Economic Outlook, American Enterprise Institute for Public Policy Research, Washington, DC, January 2011), 프리드리히 우 외 〈Renminbi's Potential to Become a Global Currency〉(China and World Economy 18, no. 1, 2010: 63-81쪽), 샤오촨저우 〈China's Corporate Bond Market Development: Lessons Learned〉(BIS Papers 26, Bank for International Settlements, Basel, 2005).

59 2009년 12월 24일자 〈중국 청년보〉 보도, 마렌화 'Minister of the MIIT Li Yizhong: Will Accelerate Merger and Restructure Next Year'.

60 2014년 1월 21일자 〈차이나 데일리〉 보도, 잭 프레이펠더 'Pollution-Reporting Move a 'Turning Point' in Smog Battle: Official'.

61 미-중 경제안보 검토위원회(U.S.-China Economic and Security Review Commission)가 의회에 제출한 2013년 연례 보고서 11쪽을 보라.

62 우샤 할리 외 《Subsidies to Chinese Industry: State Capitalism, Business Strategy, and Trade Policy》(New York: Oxford University Press, 2013). 20-25쪽에 자세한 개요가 나온다.

63 2002년 4월 21일자 〈ABC 뉴스〉, 마크 리트케 'China Big in Counterfeit Goods', 오데드 센카 《The Chinese Century: The Rising Chinese Economy and Its Impact on the Global Economy, the Balance of Power, and Your Job》(Upper Saddle River, NJ: Pearson Prentice Hall, 2006) 100쪽.

64 제임스 킨지는 〈Modern China: The Promise and Challenge of an Emerging Superpower〉

(World Savvy Monitor, no. 2, June 2008)에서 미국, 유럽 그리고 일본 기업들이 중국의 모조 제품으로 인해 2004년 한 해 동안만 6백억 달러의 손실을 겪었다고 추산했다.

65 쎈카《Chinese Century》(2006) 102쪽.

66 국가방첩본부(ONCIX)가 2011년 10월 의회에 전달한 보고서 〈Counterintelligence Security: Foreign Spies Stealing US Economic Secrets in Cyberspace, 2009-2011〉을 보라.

67 같은 글, 요약.

68 국가방첩본부(ONCIX)가 2011년 10월 의회에 전달한 보고서 〈Counterintelligence Security: Foreign Spies Stealing US Economic Secrets in Cyberspace, 2009-2011〉 2쪽을 보라.

9장

1 2010년 1월 4일자 〈포린 폴리시〉 보도. 로버트 포겔 '$123,000,000,000,000'.

2 마크 이슬리 〈Bipolarity, Proxy Wars, and the Rise of China〉(Strategic Studies Quarterly, Winter 2011: 75 - 91쪽), 2013년 6월 15일자 〈이코노미스트〉 보도, 'After You'.

3 아르빈드 비르마니 외 〈Tripolar World: India, China, and the United States in the 21st Century〉(Carnegie Endowment for International Peace, February 9, 2011), 아르빈드 비르마니〈A Tripolar World: India, China, and U.S.〉[ICRIER (Indian Council for Research on International Economic Relations), May 18, 2005]를 보라.

4 〈Global Development Horizons, Multipolarity: The New Global Economy〉(World Bank, 2011, 7쪽).

5 빅터 메이어 편저《Columbia History of Chinese Literature》(New York: Columbia University Press, 2001) 1057쪽에 수록된 〈The Translator's Turn〉에서 리디아 류는 "선교사 W. A. P. 마틴이 1864년에 〈만국공법〉을 중국어로 번역했으며, 그와 그의 동료 중국인 번역가들이 'rights'를 비롯해 다른 어휘들에 적합한 중국어 어휘를 찾는 데 매우 큰 어려움을 겪었다"고 적고 있다.

6 제임스 오길비 외 〈China's Futures: Scenarios for the World's Fastest-Growing Economy, Ecology, and Society〉(Foreign Affairs, July/August 2000: 13쪽).

7 2013년 2월 3일자 〈뉴욕 타임스〉, 에드워드 웡 'Reformers Aim to Get China to Live Up to Own Constitution'.

8 독립 언론인, 블로거 그리고 컬럼비아대학 인권연구소 방문학자인 원윈차오는 자신의 트위터 계정이 스팸 메시지의 "폭격"을 당했다고 말했다. 이 맹렬한 공격은 2012년 4월 25일에 발생했는데, 24시간 만에 59만 개의 스팸 메시지가 쏟아져 들어왔다. 그는 "또한 누군지 알 수 없는 사람들이 매일 1만 배의 속도로 나에 대한 악의적이고 중상모략적인 정보를 보내왔다"고 덧붙였다. 그러한 공격 속도, 빈도 그리고 규모는 군대가 아닌 다른 누가 수행할 수 있는 것이 아니었다. 2013년 6월 25일, 원윈차오가 미 의회 중국집행위원회의 "Chinese Hacking: Impact on Human Rights and Commercial Rule of Law" 청문회에서 했던 증언을 보라.

9 중국의 한 지방에서 공개 처형이 진행된 장면을 찍은 온라인 동영상이 인권 단체들로부터

세계적으로 가장 많은 사람들을 사형시키는 나라로 줄곧 지목되어온 국가의 사형 제도에 대한 논쟁에 불을 지폈다. 2013년 8월 13일자 〈월스트리트 저널〉 보도, 'Video Reignites Death Penalty Debate in China's.

10 2009년 1월 30일자 〈아시아 타임스〉, 윌리 램 'Chinese State Media Goes Global'.

11 2011년 3월 11일자 〈뉴욕 타임스〉, 에드워드 웡 'Human Rights Advocates Vanish as China Intensifies Crackdown'.

12 미 의회 중국집행위원회의 〈Chinese Hacking: Impact on Human Rights and Commercial Rule of Law〉(2013년 6월 25일) 청문회를 보라.

13 2013년 6월 25일, 아시아, 중동 및 북아프리카 글로벌 프로그램 민주주의를 위한 국가기금 부총재 루이사 그레베가 미 의회 중국집행위원회 〈Chinese Hacking: Impact on Human Rights and Commercial Rule of Law〉 청문회에서 했던 진술을 보라.

14 같은 글.

15 사이버경찰, 하드웨어 엔지니어, 소프트웨어 개발자 그리고 중국의 인터넷 사용자 감시, 필터링, 검열하는 웹 모니터들이 이 '비즈니스'의 직원들이다. 최근에, 베이징대학의 진보 법률학자 장첸판 교수가 중국의 꿈을 입헌주의와 동일시하는 발언을 했는데, 검열자들이 헌법의 중요성에 대한 그의 언급을 삭제했다. 2013년 4월 6일자 〈이코노미스트〉 보도, 'A Giant Cage'와 2013년 5월 4일자 보도 'Xi Jinping's Vision: Chasing the Chinese Dream'을 보라.

16 캘러핸 《China Dreams》(2013) 51쪽.

17 피터 포드 〈Tiananmen Still Taboo in China After All these Years〉(Christian Science Monitor, June 4, 2013)

18 2013년 6월 4일자 〈애틀랜틱 와이어〉 보도, 알렉산더 아바드산토스 'How Memes Became the Best Weapon against Chinese Internet Censorship'.

19 같은 글. 이 외에도 '티베트 독립', '세뇌', 그리고 '아이웨이웨이' 같은 단어들이 여기에 포함된다. 데이비드 바만 외 〈Censorship and Deletion Practices in Chinese Social Media〉 (First Monday 17, no. 3, March 2012). 그의 아내의 말에 의하면, 중국의 반체제 작가 위제가 중국 총리를 비판하는 책을 출판한 후, '불분명하다'는 이유로 경찰에 의해 구금되었다. 그것이 처음 당한 구금이 아니었다. 어떤 경우에는 심문이 12시간 동안 이어졌다. 그의 책들은 중국에서 출판이 금지되었다. 그는 표현, 출판 그리고 종교의 자유 옹호자이다. 2013년 7월 6일자 〈허핑턴 포스트〉 보도, 'Yu Jie: Dissident Chinese Author Taken Away by Police'.

20 2013년 4월 21일자 〈이코노미스트〉 보도, 'The Economist Explains: How Does China Censor the Internet?'.

21 피터 나바로 외 《Death by China: Confronting the Dragon—A Global Call to Action》(Upper Saddle River, NJ: Pearson Prentice Hall, 2011) 189쪽, 2012년 9월 24일 프리덤 하우스 보고서 〈Freedom on the Net 2012: A Global Assessment of Internet and Digital Media〉 2쪽을 보라. 중국 업무를 담당하는 나의 동료들은 이것을 '차이나 이펙트', '베이징 컨센서스', '중국 문화의 정신', '중국의 평화적 부상', '교화를 위해 황인종이 져야 할 짐', 그리고

'중화민족의 회춘' 등 표현으로 부른다.

22 2012년 9월 24일 프리덤 하우스 보고서 〈Freedom on the Net 2012: A Global Assessment of Internet and Digital Media〉 2쪽을 보라.

23 같은 글. 중국은 자국에 대한 부정적인 이미지를 낙관적인 스토리텔링으로 전환하기 위해 아프리카 대륙 전역에 걸쳐 신속하게 중국 미디어 네트워크를 확장하고 있다. 그들은 자국 언론인들을 교육한 후 아프리카 언론인들과 교환 프로그램을 진행하고 있다. 2013년 4월 29일자 〈가디언〉, 클레어 프로보스트 외 'China Commits Billions in Aid to Africa as Part of Charm Offensive—Interactive'를 보라.

24 예를 들어, 중국은 9 · 11 테러가 발생한 후 미국에 조문단을 파견하면서도, 인터넷에서는 반미 여론을 유도하고 있었다. 앤-마리 브래디《Marketing Dictatorship》(2009) 99쪽을 보라.

25 해외선전공작부는 중국이 대내외적으로 인터넷을 모니터하기 위해 만들어진 조직이다. 그들은 서방국가들이 인권과 자유를 신장한다는 미명하에 중국을 악마화하기 위해 세계의 미디어를 움직이고 있다고 믿는다. 같은 글, 9, 13, 99쪽.

26 하비에르 코랄레스 외《Undermining Democracy: 21st Century Authoritarians》(Washington, DC: Freedom House, June 2009) 3쪽, 프로보스트 외 〈China Commits Billions in Aid to Africa as Part of Charm Offensive—Interactive〉(2013)를 보라. 중국이 유일하게 외면하고 있는 국가는 타이완과 외교 관계를 유지하고 있는 4개국이다: 부르키나파소, 감비아, 상투메 프린시페 그리고 스와질란드.

27 2011년 1월 11일자 〈BBC〉, 크리스 호그 'China Banks Lend More Than World Bank—Report'.

28 스테판 핼퍼《The Beijing Consensus: How China's Authoritarian Model Will Dominate the Twenty-First Century》(New York: Basic Books, 2010) 38쪽.

29 코랄레스 외《Undermining Democracy》(2009) 4쪽.

30 핼퍼《Beijing Consensus》(2010) 85쪽, 조슈아 아이젠먼 〈Zimbabwe: China's African Ally〉 (China Brief 5, no. 15, 2005)

31 핼퍼《Beijing Consensus》(2010) 85-86쪽. 대부분의 중국 프로젝트는 수송, 저장 그리고 에너지 분야다. 중국은 건강, 교육 그리고 문화 프로젝트에 수백만 달러를 쏟아 부었다. 예를 들어, 라이베리아에 태양열 신호등을 설치하고, 모잠비크에 시각예술학교를 짓고 알제리에서는 오페라 하우스를 건설했다. 프로보스트 외 〈China Commits Billions in Aid to Africa as Part of Charm Offensive—Interactive〉(2013)를 보라.

32 나바로 외《Death by China》(2011) 103쪽.

33 제임스 조지 〈China Arms Africa: Ignores UN Sanctions〉(Examiner.com, August 26, 2012)

34 핼퍼《Beijing Consensus》(2010) 39쪽.

35 같은 글. 아르빈드 수브라마니안《Eclipse: Living in the Shadow of China's Economic Dominance》(Washington, DC: Peterson Institute for International Economics, 2011).

36 2001년 9월 28일자 〈워싱턴 타임스〉 보도, 'Chinese Firms Helping Put Phone System in Kabul'.

37 같은 글.

38 빌 거츠《Treachery: How America's Friends and Foes Are Secretly Arming Our Enemies》 (New York: Three Rivers Press, 2004) 117쪽.

39 같은 글, 118쪽.

40 같은 글, 119쪽.

41 2001년 2월 22일자〈워싱턴 포스트〉보도, 'Text: President Bush's News Conference'.

42 2001년 2월 22일자〈L.A. 타임스〉, 매기 팔리 'U.S. Pushes for Response from China's.

43 거츠《Treachery》(2004), 121쪽.

44 같은 글, 124쪽.

45 같은 글, 125쪽.

46 2013년 8월 10일자〈이코노미스트〉보도, 'China and the Environment: The East Is Grey'.

47 같은 글.

48 같은 글.

49 2012년에 OECD가 출간한《2050 환경 예측: 무(無)행동의 결과》24쪽에 실린 〈요약(Executive Summary)〉을 보라.

50 2013년 4월 3일자〈애틀랜틱 와이어〉, 필립 범프 'China Air Pollution Already up 30 Percent'. 2013년 2월 4일자〈블룸버그 비즈니스위크〉, 크리스티나 라르손은 'China's Autos Need to Emit Less Pollution'에서 "베이징에서 뉴 노멀이란 아이들이 가스마스크를 착용하고 등교하고(개당 60달러), 가격을 감당할 능력이 있는 사람들은 공기청정기 아이큐에어 헬스프로(방마다 약 천 달러의 비용 소요)를 설치하는 것이다. 또 하나의 인기 품목은 아이들이 운동장에서 활동할 수 있도록 하기 위해 설치하는 야외용 가압 캐노피이다. … 또한 캔에 가압 저장한 신선한 공기 … '청정한 티베트'와 '탈(脫)산업화된 타이완'의 정취도 이에 속한다"고 적는다.

51 2013년 1월 30일자〈뉴욕 타임스〉, 에드워드 웡 'Beijing Takes Steps to Fight Pollution as Problem Worsens'.

52 2013년 1월 3일에 에너지 연구소가 발간한《Developing Countries Subsidize Fossil Fuels, Artificially Lowering Prices》를 보라.

53 웡〈Beijing Takes Steps to Fight Pollution as Problem Worsens〉(2013)에 의하면, 1990년대 중국의 자유 석탄 정책으로 총 25억 명이 조기 사망했다. 2013년 8월 5일자 〈블룸버그 비즈니스위크〉, 찰스 케니 'How Cleaning China's Dirty Air Can Slow Climate Change'.

54 2013년 1월 22일자〈디플로마트〉, 엘리자베스 이코노미 'China's Water Pollution Crisis'.

55 같은 글.

56 같은 글.

57 같은 글.

58 중국 어민들에 따르면, 10년 전만 해도 해안에서 90해리 밖으로 나가면 물고기를 잡을 수 있었지만 지금은 130에서 160해리까지 나가야 하고, 같은 기간의 어획량도 4분의 3으로 줄었다. 상업적 가치가 있는 어종의 수도 수년 동안 70종에서 10종으로 감소했다. 2013 년 7월 24일 상원 외교분과위원회〈China's Water Challenge: Implications for the U.S.

Rebalance to Asia〉 청문회에서 행한 엘리자베스 이코노미의 진술을 보라.

59 같은 글.

60 중국의 대규모 댐 건설 계획과 이를 반대하는 주장에 관해 앤드류 머사,《China's Water
Warriors: Citizen Action and Policy Change》(Ithaca, NY: Cornell University Press, 2008)를
보라.

61 2012년에 OECD가 출간한《2050 환경 예측: 무(無)행동의 결과》에 실린
"요약(Executive Summary)"을 보라.

62 2012년 10월 6일자 〈이코노미스트〉 보도, 'State-Owned Enterprises: The State Advances'.

63 2010년 6월 6일자 〈가디언〉, 조너선 와츠 'China's 'Cancer Villages' Reveal Dark Side of
Economic Boom'.

64 2020년까지, 해마다 250만에서 3백만 명이 사망할 것이다. 2013년 4월 9일자
〈블룸버그 비즈니스위크〉, 크리스티나 라르손 'China Releases Grim Cancer Statistics'.

65 2013년 5월 29일자 〈CNN〉, 데이비드 매켄지 'In China 'Cancer Villages' Is a Reality of Life'.

66 2013년 5월 22일, 하원 중국분과 청문회 〈Food and Drug Safety, Public Health, and the
Environment in China〉에서 셰로드 브라운 상원 의원의 진술을 보라.

67 와츠 〈China's 'Cancer Villages' Reveal Dark Side of Economic Boom〉(2010).
그들은 서구 시장에서 허용될 수 없을 정도로 질이 낮은 물품을 만들기 위해 자원을 캐고
쓰레기장을 만든다. 나바로 외《Death by China》(2011).

68 와츠 〈China's 'Cancer Villages' Reveal Dark Side of Economic Boom〉(2010).
EU는 동물 치료제의 잔류를 발견한 후 중국산 동물성 물질의 수입을 금지하고 있다.
일본은 자국 기준치보다 180배 많은 농약이 발견된 냉동 시금치 수입을 금지했다.
미국은 납 성분이 함유된 페인트를 사용한 반려동물 사료와 장난감 수입을 금지했다.
몇몇 동아시아 국가들은 양식 어류에서 발암성 항진균제와 동물 치료제를 발견했다.

69 〈The IP Commission Report: The Report of the Commission on the Theft of American
Intellectual Property〉(Seattle: National Bureau of Asian Research, 2013) 12쪽을 보라.

70 같은 글, 요약, 3쪽.

71 〈The IP Commission Report: The Report of the Commission on the Theft of American
Intellectual Property〉를 보라. 2012년, 버라이즌은 18개의 민간 기관과 정부 연구소들과
협력으로, 무역 기밀 절취와 지식재산권 도용을 포함해 세계의 사이버 스파이 활동의
96%가 중국으로부터 왔다는 사실을 발견했다. 2013년 7월 8일자 〈PBS 뉴스 아워〉 보도,
'Industry Fed Up with Chinese Cyber Theft , What's Being Done?'.

72 낮아진 무역 장벽으로 인해 저개발 국가들은 저(低)기술력 제품과 서비스를 선진국에 판매할
수 있게 되었고, 선진국들은 자신들의 노동력을 더 첨단제품을 생산하는 쪽으로 전환했다.
전반적으로 발전이 진행됨에 따라서 많은 국가들이 기술 사다리를 올라갈 수 있게 되었다.
1950년부터 2012년까지, 글로벌 생산량이 16배 증가했고 전 세계적으로 생활수준이
향상되었다. 〈The IP Commission Report: The Report of the Commission on the Theft of
American Intellectual Property〉 보고서 9쪽.

73 같은 글. 25쪽.

74 같은 글, 12쪽.

75 안젤라 후웨장 〈The Single Entity Theory: An Antitrust Time Bomb for Chinese State-Owned Enterprises〉(Journal of Competition Law & Economics 8, no. 4, 2012)

76 같은 글.

77 2013년 4월 27일자 〈이코노미스트〉 보도, 'Perverse Advantage: A New Book Lays Out the Scale of China's Industrial Subsidies'.

78 같은 글. 모든 산업에 걸쳐 에너지 보조금이 지급된다. 경쟁 회사들은 자국 시장에서 엄중히 보호받으며 보조금과 막강한 자금력으로 무장한 이 경제 타이탄들과 맞서야 한다.

79 후웨장 〈Single Entity Theory〉(2012).

80 2012년 10월 6일자 〈이코노미스트〉 보도, 'State-Owned Enterprises: The State Advances'.

81 같은 글.

82 2011년 10월 21일, 허버트 스미스 프리힐즈 외국법자문 법률사무소가 발표한 〈Chinese State-Owned Enterprises under the Microscope: Increased Antitrust Scrutiny by the EU and Chinese Authorities〉 보고서.

83 2011년 11월 5일자 〈파이낸셜 타임스〉, 조이 쇼 외 'China Sets Antitrust Milestone with Investigation into Large SOE'.

84 중국의 진입 프로토콜에 따르면, 2006년까지 결제 시장을 개방하도록 되어 있었지만, 유니온페이는 지금까지 자국 결제 시스템을 독점하고 있다. 2012년 10월 6일자 〈이코노미스트〉 보도, 'State-Owned Enterprises: The State Advances'.

85 2011년 4월 29일자 〈AmCham China News〉 보도, 'Market Access: Barriers to Market Entry'.

86 상하이협력기구(SCO)의 옵서버 국가에 아프가니스탄, 인도, 이란, 몽골, 그리고 파키스탄이 포함되고, 대화 상대국으로 벨라루스, 스리랑카 그리고 터키가 포함된다.

87 줄리 볼랜드 《Ten Years of the Shanghai Cooperation Organization: A Lost Decade? A Partner for the U.S.?》(Washington, DC: Brookings Institution, 21st Century Defense Initiative policy paper, June 20, 2011) 4쪽.

88 같은 글, 8쪽.

89 2012년 3월 28일자 〈인도 BBC 뉴스〉, 아밋 바루하 'Can Brics Rival the G7?'.

90 샤우위푸 외 〈After Unipolarity: China's Visions of International Order in the Era of U.S. Decline〉(International Security 36, no. 1, Summer 2011: 41 - 72쪽)

91 웬디 프리드먼 《China, Arms Control, and Nonproliferation》(New York: RoutledgeCurzon, 2005) 94쪽.

92 빌 거츠 《Betrayal: How the Clinton Administration Undermined American Security》 (Washington, DC: Regnery, 2001) 99쪽.

93 같은 글.

94 2001년 7월 23일자 〈워싱턴 타임스〉 보도, 'Helms Outlines China's Broken Promises'.

95 거츠 《Treachery》(2004), 136쪽.

96 2006년 9월 14일, 미-중 경제무역 검토위원회 〈The Administration's Perspective on China's

Record on Nonproliferation〉 청문회에 출석한 국무부 검증준수실행국 차관보 폴라 드서터의 진술을 보라.

97 2005년 9월 15일, 후진타오 주석의 유엔 연설 〈Build Toward a Harmonious World of Lasting Peace and Common Prosperity〉.

98 캘러핸《China Dreams》(2013) 47-48쪽. 문명의 다양성과 평화로운 국가로서의 중국의 역사를 강조하는 반면, 중국 역사에서 폭력적 확장과 축소의 여러 시기들을 간과하고 있는 두 개의 공식 문건 속에 후진타오 주석의 '조화로운 세계' 개념이 상세히 기술되어 있다.

99 2005년 9월 15일, 후진타오 주석의 유엔 연설 〈Build Toward a Harmonious World of Lasting Peace and Common Prosperity〉.

100 2013년 3월 17일자 〈신화 통신〉, 양리나 'President Vows to Bring Benefits to People in Realizing 'Chinese Dream''.

10장

1 중국의 우주정거장 설계에 관한 더 상세한 내용은 레너드 데이비드의 2011년 7월 24일 SPACE.COM 게시글 〈China's First Space Station Module Readies for Lift off〉를 보라.

2 조앤 존슨-프리즈 〈China's Antisatellite Program: They're Learning〉(China-US Focus, July 12, 2013).

3 2011년, MGM은 영화 〈레드 던〉에서 중국군이 미국 내 자국의 투자를 보호하기 위해 침공하는 장면을 삭제했다. MGM은 강력한 지배자로서의 중국에 대한 묘사를 삭제하고 디지털 작업을 거쳐 이 장면을 북한으로 대체했다. 2011년 3월 16일자 〈L.A. 타임스〉, 벤 프리츠 외 'Reel China: Hollywood Tries to Stay on China's Good Side'.

4 2009년 12월 20일자 〈가디언〉, 조너선 와츠 'Copenhagen Summit: China's Quiet Satisfaction at Tough Tactics and Goalless Draw'.

5 2010년 5월 5일자 〈슈피겔〉, 토비아스 랩 외 'Copenhagen Summit: China's Quiet Satisfaction at Tough Tactics and Goalless Draw'.

6 2009년 12월 18일자 〈뉴욕 타임스〉, 존 폼프렛 'Many Goals Remain Unmet in 5 Nations' Climate Deal'.

7 2010년 1월 30일자 〈워싱턴 포스트〉, 폼프렛 'U.S. Sells Weapons to Taiwan, Angering China's.

8 2011년 9월 18일자 〈뉴욕 타임스〉, 마크 랜들러 'No New F-16s for Taiwan, but U.S. to Upgrade Fleet'. 타이완에 대한 미국의 무기 판매와 관련한 더 상세한 내용은 2010년 2월 1일자 〈뉴욕 타임스〉, 헬렌 쿠퍼 'U.S. Arms for Taiwan Send Beijing a Message', 2010년 1월 30일자 〈뉴욕 타임스〉, 헬렌 쿠퍼 'U.S. Approval of Taiwan Arms Sales Angers China's, 2010년 1월 31일자 〈뉴욕 타임스〉, 키스 브래드셔 'U.S. Deal with Taiwan Has China Retaliating'을 보라.

9 셜리 칸 〈U.S.-China Military Contacts: Issues for Congress〉(Congressional Research

Service, November 20, 2013) 4쪽.

10 중국이 종합 국력을 측정하는 데 사용하는 지표에 관해 더 상세한 내용은 황서우펑
《On Comprehensive National Power》(Beijing: Zhonggou shehui kexue chubanshe, 1992),
옌쉐퉁 외 〈The Hegemonic Thinking in Zhanguo Ce and Its Intellectual Enlightenment〉
(Quarterly Journal of International Politics 16, no. 4, 2008), 왕쑹편《Comparative Studies
of the Comprehensive National Power of the World's Major Nations》(Changsha: Hunan
chubanshe, 1996), 리린과 자오친쉬안 편저《Studies of New Period Military Economic
Theory》(Beijing: Junshikexue chubanshe, 1995)에 수록된 주량인 외 〈A Study of Deng
Xiaoping's Comprehensive National Power Thought〉, 에릭 에델먼 〈Understanding
America's Contested Primacy〉(Center for Strategic and Budgetary Assessments, October
21, 2010), 후안강 외 〈The Rising of Modern China: Comprehensive National Power and
Grand Strategy〉, 2009년 12월 25일자 〈차이나 데일리〉, 레이샤오쉰 'Yellow Book Ranks
China 7th in Overall Strength'을 보라. 국력 측정에 관한 더 포괄적인 논의는 제프리 하트
〈Three Approaches to the Measurement of Power in International Relations〉(International
Organizations 30, no. 2), 애슐리 텔리스《Measuring National Power in the Postindustrial
Age》(Santa Monica, CA: RAND, 2000)를 보라.

11 그레고리 친 외〈Debating the International Currency System: What's in a Speech?〉
(China Security 6, no. 1 (2010): 3-20쪽)

12 데이비드 곰퍼트 외《The Paradox of Power: Sino-American Strategic Restraint in an Age
of Vulnerability (Washington, DC: National Defense University, 2012).

13 같은 책, 21쪽.

14 같은 책, 요약, 23쪽.

15 국력을 측정하기가 어려운 본질적인 이유에 관한 논의는 로버트 달 〈The Concept of Power〉
(Behavioral Scientist 2, no. 3)와 데이비드 볼드윈이 〈Power Analysis and World Politics:
New Trends versus Old Tendencies〉(World Politics 31, no. 2) 그리고 조지프 나이
〈The Changing Nature of World Power〉(Political Science Quarterly 105, no. 2
(Summer 1990) 177-192쪽을 보라.

16 앤드류 마셜 〈A Program to Improve Analytic Methods Related to Strategic Forces〉
(Policy Sciences 15, November 1982: 47 - 50쪽), 필스버리《China Debates the Future
Security Environment》(2000) 359쪽에 인용.

17 마이클 필스버리《China's Progress in Technological Competitiveness: The Need for a
New Assessment》(Washington, DC: Report Prepared for the U.S.-China Economic and
Security Review Commission, April 21, 2005) 5-6쪽에서 발췌.

18 마이클 베클리 〈China's Century: Why America's Edge Will Endure〉(International Security
36, no. 3, Winter 2011/12: 41 - 78쪽).

19 같은 글, 44쪽.

20 힘의 균형에 관한 더 상세한 내용은 에드워드 보스 굴릭《Europe's Classical Balance of
Power: A Case History of the Theory and Practice of One of the Great Concepts of

European Statecraft〉(New York: W. W. Norton, 1955), 브라이언 힐리 외 〈The Balance of Power in International History: Theory and Reality〉(Journal of Conflict Resolution 17, no. 1, March 1973)를 보라.

21 오해가 어떻게 전쟁으로 이어지는지에 관한 상세한 내용은 잭 레비 〈Misperception and the Causes of War: Theoretical Linkages and Analytical Problems〉(World Politics 36, no. 1, October 1983: 76-99쪽), 스티븐 이브라《Causes of War: Power and the Roots of Conflict》(Ithaca, NY: Cornell University Press, 1999)를 보라.

22 2011년 3월 30일자 〈뉴욕 타임스〉, 에드워드 웡 'China Hedges over Whether South China Sea Is a 'Core Interest' Worth War', 2013년 4월 29일자 〈디플로마트〉, 해리 카지아니스 'Senkaku/Diaoyu Islands: A 'Core Interest'of China's를 보라.

23 테사 자만드레 〈China Fired at Filipino Fishermen in Jackson Atoll〉(VERA Files, ABS-CBN News, June 3, 2011), 2011년 6월 8일자 〈마닐라 타임스〉, 후이 두옹 'The Philippines and Vietnam at the Crossroad', 2011년 6월 9일자 〈블룸버그 뉴스〉 보도, 'Vietnam Says Chinese Boat Harassed Survey Ship, China Disputes', 2011년 7월 14일자 〈보이스 오브 아메리카〉 보도 'Vietnam Accuses Chinese Troops of Attack on Fishermen'.

24 2014년 2월 4일자 〈뉴욕 타임스〉, 키스 브레드셔 'Philippine Leader Sounds Alarm on China's.

25 2014년 2월 8일자 〈로이터〉 보도, 'China Decries U.S. Comments on South China Sea as 'Not Constructive'.

26 2010년 9월 24일자 〈뉴욕 타임스〉, 마틴 패클러 'Japan Retreats with Release of Chinese Boat Captain', 2010년 9월 19일자 〈뉴욕 타임스〉, 패클러 외 'Arrest in Disputed Seas Riles China and Japan'을 보라.

27 윈란장 〈New Twists over Old Disputes in China-Japan Relations〉(Jamestown Foundation, China Brief 10, no. 20, October 8, 2010)

28 2012년 9월 14일자 〈AP 통신〉, 말콤 포스터 '6 Chinese Ships Near Islands in Dispute with Japan', 2012년 9월 14일자 〈타임〉, 오스틴 램지 'Tensions with Japan Increase as China Sends Patrol Boats to Disputed Islands'를 보라.

29 2012년 9월 14일자 〈신화 통신〉, 무쉐취안 'Chinese Surveillance Ships Start Patrol Around Diaoyu Islands'.

30 2012년 11월 2일자 〈뉴욕 타임스〉, 마틴 패클러 'Chinese Patrol Ships Pressuring Japan over Islands'.

31 2012년 9월 11일자 〈뉴욕 타임스〉, 제인 펄레즈 'China Accuses Japan of Stealing After Purchase of Group of Disputed Islands'.

32 2012년 9월 16일자 〈뉴욕 타임스〉 이언 존슨 외 〈Beijing Mixes Messages over Anti-Japan Protests〉.

33 2012년 9월 18일자 〈파이낸셜 타임스〉 보도, 'Anti-Japan Protests Spread Across China's, 2010년 9월 8일자 〈뉴욕 타임스〉, 이언 존슨 'China and Japan Bristle over Disputed Chain of Islands'.

34 2011년 11월 23일자 〈신화 통신〉, 허우창 'Announcement of the Aircraft Identification Rules for the East China Sea Air Defense Identification Zone of the PRC'.

35 2013년 11월 25일자 〈신화 통신〉, 옌 'China Refutes Japan's Protest at ADIZ over East China Sea'.

36 2014년 1월 23일자 〈이코노미스트〉 보도, 'Echoing the Guns of August'.

37 2013년 1월 6일자 〈뉴욕 타임스〉, 오드 안 웨스타드 'In Asia, Ill Will Runs Deep'.

38 같은 글.

39 2013년 8월 26일자 〈디플로마트〉, 정왕 'China and Japan REALLY Don't Like Each Other'. 2013년 설문 조사는 http://www.genron-npo.net/english/index.php?option=com_content&view=article &id=59:the-9th-japan-china-public-opinion-poll&catid=2:research&Itemid=4.에서 확인할 수 있다.

40 마이클 필스버리 〈A Japanese Card?〉(Foreign Policy 33, Winter 1978-79: 3-30쪽)

41 류장융 편저 《Japan across the century—new political, economic, and foreign relations trends》(Beijing: Shishi chubanshe, 1995). 이 책의 편집자는 현대 국제관계 연구원(CICIR)의 일본 연구 책임자이다. 이외에 천샤오 〈An assessment of Japan's postwar comprehensive national power development〉(Pacific Journal 3, December 1995: 96-101쪽). 천은 중국 사회과학원 세계정치경제 연구소(CASS-IWEP)의 연구원이다.

42 환샹 〈Sino-US Relations over the Past Year〉(Liaowang, January 11, 1988), 필스버리 《China Debates the Future Security Environment》(2000) 114쪽에 인용.

43 류장융 〈Distorting History Will Misguide Japan〉(Contemporary International Relations 5, no. 9, September 1995: 1-11), 필스버리 《China Debates the Future Security Environment》(2000) 122쪽에 인용.

44 1999년 6월 5일자 〈해방군보〉, 량밍 'Experts Comment on the Strengthening of the Japanese-U.S. Military Alliance' 시리즈 중 두 번째 'A New Trend That Merits Vigilance'.

45 필스버리 《China Debates the Future Security Environment》(2000) 135쪽에 인용.

46 같은 책, 131쪽에 인용.

47 1999년 6월 6일자 〈해방군보〉, 루광예 'Experts Comment on the Strengthening of the Japanese-U.S. Military Alliance' 시리즈 중 세 번째 'Going Against the Tide of History, Threatening World Peace'. 1999년 6월 4일자 〈해방군보〉, 장진팡 'Experts Comment on the Strengthening of the Japanese-U.S. Military Alliance' 시리즈 중 첫 번째 'Serious Threats to China's Security', 량밍 〈A New Trend That Merits Vigilance〉(1999)를 보라.

48 루중웨이 〈On China-U.S.-Japan Trilateral Relations—a Comment on Their Recent Exchanges of Top-Level Visits〉(Contemporary International Relations 7, no. 12, December 1997), 필스버리 《China Debates the Future Security Environment》(2000) 128쪽에 인용.

49 양보장 〈The Trans-Century Tendencies of Japan〉(Contemporary International Relations 8, no. 8, August 1998: 17쪽), 가오헝 〈Northeast Asia's Security Structure and Future Trends〉(The 21st Century, no. 6, 1995: 35-36쪽)을 보라. 일본 헌법 개정을 위한 광범위한 연구와 노력에 관해 쑹장켠 《Studies on Japan's Constitution》(Beijing: Shishi chubanshe, 1997),

필스버리 《China Debates the Future Security Environment》(2000) 126쪽에 인용.

50 쉬즈셴은 〈Readjustment of Japan's foreign policy in the new era〉(Contemporary International Relations 74, no. 12, December 1995: 13쪽)에서 "중국으로부터의 필요한 지지가 없이는 일본이 유엔 안전보장이사회의 회원국이 되고자 하는 바람을 실현할 수 없을 것이다. … 만일 일-중 경제 관계 발전이 합리적으로 개선되지 않는다면, 일본은 지정학적 우위를 상실하게 될 것이다"라고 주장한다. 쉬즈셴 외 〈On the Foreign Strategy and Trends in the China Policy of the United States, Western Europe, and Japan at the Turn of the Century〉(Contemporary International Relations 8, no. 3, March 1998: 16쪽), 선취룽 〈Postwar Asia Pacific—Historical Lessons and Common Efforts for a Bright Future〉 (Contemporary International Relations 5, no. 11, November 1995)를 보라. 필스버리 《China Debates the Future Security Environment》(2000) 129쪽에 인용.

51 1993년 10월 23일자 〈뉴욕 타임스〉, 니콜라스 크리스토프 'China, Reassessing Its Strategy, Views Japan Warily'.

52 쉬웨이디 〈Post-Cold War Naval Security Environment〉(World Military Trends, Beijing: National Defense University, 1996).

53 리젠쑹 〈Continued Naval Developments in Nations on China's Periphery〉 (Ordinance Knowledge, May 12, 1997: 17-20쪽).

54 딩방취안 〈Adjustments and Trends in Japan's Military Strategy〉 (World Military Trends, Beijing: Academy of Military Science, n.d.)

55 왕지쓰 〈China's Search for a Grand Strategy〉(2011)

56 패리스 창 〈Beijing Copes with a Weakened Ma Administration: Increased Demands, and a Search for Alternatives〉(Jamestown Foundation, China Brief 14, no. 2, 2014)

57 같은 글 인용.

58 요약하자면, 타이완 민진당 당원인 패리스 창은 "시진핑과 그의 전임자인 후진타오 정부하에서 베이징의 대(對)타이완 전략이 긍정적인 결과들을 가져왔다. 이 접근법을 통해 미국과 발생할 수 있는 군사 충돌을 피하고 뿐만 아니라 워싱턴으로부터 지지를 얻고 있다. … 베이징은 경제적 수단들을 통해 … 타이완 경제가 중국에 통합되도록 촉진하고 타이완 경제에 대한 중국의 영향력을 크게 증대시켰으며, 타이완이 본토의 궤도에서 벗어날 수 없도록 만들고 있다"고 말한다. 중국의 타이완 접근법은 군사력이 장기적 경쟁에서 승리하기 위한 핵심적 요인이 아니라는 개념을 적용한 것이다. 이는 또한 상대방이 자신의 뜻대로 움직이도록 만드는 중국의 성공적인 시도이기도 하다.

59 2012년 12월 3일자 〈뉴아메리칸〉, 크리스천 고메즈 'Communist China's Cold War'.

60 진(秦)의 승리는 7명의 왕이 바뀌는 세월이 걸려서 얻어진 것이었고, 이는 결코 운명적으로 정해진 승리가 아니었다. 빅토리아 휘 《War and State Formation in Ancient China and Early Modern Europe》(Cambridge, UK: Cambridge University Press, 2005). 대니얼 벨과 쑨저가 편집하고 에드먼드 라이덴이 번역한 옌쉐퉁의 《Ancient Chinese Thought, Modern Chinese Power》(Princeton, NJ: Princeton University Press, 2011)에 수록된 〈Pre-Qin Philosophy and China's Rise Today〉에서, 옌쉐퉁은 "중국의 관점에서, 우리는

진이 탄생하기 이전 신흥 세력들의 성공과 실패의 경험을 고찰할 수가 있다"고 말한다. 그는 또한 "비록 진 이전의 국가들 간 정치철학이 중국 내 학자들 사이에서 관심을 끌어왔지만, 아직 국제적으로 주목을 받지는 못했다"고 말한다(220쪽). 같은 책 122-123쪽에 수록된 옌쉐퉁과 황위싱의 〈Hegemony in the Stratagems of the Warring States〉를 보라. 이외에도 제럴드 찬 〈The Origin of the Interstate System: The Warring States in Ancient China〉(Issues and Studies 35, no. 1, 1999: 147－66쪽), 스차이천 〈The Equality of States in Ancient China〉(American Journal of International Law 35, no. 4, 1941: 641－50쪽), 빅토리아 휘 〈Toward a Dynamic Theory of International Politics: Insights from Comparing the Ancient Chinese and Early Modern European Systems〉(International Organization 58, no. 1, 2004: 175－205쪽), 리처드 워커 《The Multistate System of Ancient China》(Westport, CT: Greenwood Press, 1953)가 있다.

61 앨러스테어 이언 존스턴 〈How New and Assertive Is China's New Assertiveness?〉 (International Security 37, no. 4, Spring 2013: 7－48쪽)

62 배경에 관에서는 위안평 〈Shifts in International System, China's Strategic Options〉 (Contemporary International Relations, November 30, 2009)를 참조하라. 보니 글레이저의 〈A Shifting Balance: Chinese Assessments of U.S. Power〉(Capacity and Resolve: Foreign Assessments of U.S. Power, Washington, DC: CSIS, 2011)에 인용되어 있다.

63 2012년 9월 5일자 〈CCTV English〉 보도, 'China FM: Japan-U.S. Security Treaty a 'Relic''.

11장

1 폴 호퍼 《Understanding Development》(Cambridge, UK: Polity Press, 2012) 208쪽

2 2012년 11월 29일에 독일 금융기관 딜로이트 투쉬 토마츠와 미국 경쟁력위원회 (Deloitte Touche Tohmatsu Limited and the Council on Competitiveness)가 발표한 '2013 글로벌 제조업 경쟁 지수'를 보라.

3 켄트 휴즈 《Building the Next American Century: The Past and Future of American Economic Competitiveness》(Washington, DC: Woodrow Wilson Center Press, 2005).

4 1993년 1월 11일자 〈크리스천 사이언스 모니터〉, 데이비드 프랜시스 'U.S. Still Leads the Pack; Only Japan Closes Gap'.

5 2013년 10월 24일자 〈허핑턴 포스트〉, 랠프 고모리 'It Takes More Than Economics 101 to Compete with China's.

6 2006년 11월 30일자 〈Manufacturing News〉 보도, 'U.S.-China Commissioner Expresses Concern over Whether Multinationals Are Good for the United States'.

7 로버트 앳킨슨 외 《Innovation Economics: The Race for Global Advantage》 (New Haven: Yale University Press, 2012) 364쪽.

8 2009년 3월 10일자 〈뉴욕 타임스〉, 에드워드 웡 'Dalai Lama Says China Has Turned Tibet into a 'Hell on Earth''.

9 2012년 7월 2일자 〈월스트리트 저널〉, 레비야 카디르 'China's Second Tibet'.

10 예를 들어, 팀 가담은 "오늘날 중국에 얼마나 많은 기독교 신자가 있는지 말하기는 어렵지만, 그 수가 폭발적으로 증가하고 있다는 사실은 누구도 부정하지 못한다. 중국 정부는 개신교 신자가 1천8백만 명이고 가톨릭 신자가 6백만 명으로, 기독교 신자가 모두 2,500만 명이라고 말한다. 하지만 독립적 통계에 따르면 이는 과도하게 낮춰 잡은 수치이다. 보수적으로 계산해도 6천만이다"라고 적었다. 2011년 9월 11일자 〈BBC 뉴스〉, 팀 가담 'Christians in China: Is the Country in Spiritual Crisis?'. 이외에 도나타 하덴버그는 "미국에 본부를 두고 있는 인권 단체 차이나 에이드에 의하면, 중국 내 기독교인 수가 중화인민공화국이 성립된 이래 100배 증가했다. 현재, 소위 가정 교회를 포함해 적극적인 기독교인 수가 8천만에서 1억 3천만에 이르는 것으로 추산된다"고 기술한다. 2011년 7월 1일자 〈알 자지라〉, 도나타 하덴버그 'Christianity: China's Best Bet?'.

11 천광청에 관한 더 상세한 내용은 2012년 5월 2일자 〈뉴욕 타임스〉, 제인 펄즈 외 'Blind Chinese Dissident Leaves U.S. Embassy for Medical Treatment'를 보라.

12 양젠리는 또한 중국이 민주주의로 가는 길은 모든 중국인 속에서 단합된 '시민의 역량'의 불을 지피는 데 달려 있다는 생각을 지지한다.

13 2012년 6월 1일자 〈월스트리트 저널〉, 매리 키셀 'Bob Fu: The Pastor of China's Underground Railroad'.

14 2013년 5월 6일자 〈뉴욕 타임스〉, 데이비드 생어 'U.S. Blames China's Military Directly for Cyberattacks'.

15 〈The IP Commission Report: The Report of the Commission on the Theft of American Intellectual Property〉 요약 부분을 보라.

16 2011년 4월 22일자 〈사이언스 매거진〉, 제프리 멀비스 'Spending Bill Prohibits U.S.-China Collaborations'.

17 2014년 2월 15일에 프랭크 울프 의원 사무실에서 만든 '사이버 보안(Cybersecurity)'.

18 2013년 11월 27일자 〈시애틀 타임스〉, 윌리엄 페세크 'Chinese Should Beg Gary Locke to Stay on as U.S. Ambassador'.

19 공중환경연구소(Institute of Public and Environmental Affairs) 웹 사이트를 보라.

20 2013년 7월 8일자 〈뉴욕 타임스〉, 앤드류 제이컵스 'Chinese Journalist Is Released on Bail'.

21 2013년 7월 9일자 〈뉴욕 타임스〉, 앤드류 제이컵스 'Chinese Police Said to Fire on Tibetans'. 중국이 토론을 막기 위해 웹 사이트를 차단한 또 다른 중요한 사례에 관해 2012년 5월 1일자 〈자유 아시아 방송〉 보도, 'China Closes Unirule Web Site'를 보라.

22 2012년 10월 26일자 〈뉴욕 타임스〉, 데이비드 바르보자 'Billions in Hidden Riches for Family of Chinese Leader'.

23 2012년 6월 29일자 〈인터내셔널 비즈니스 타임스〉, 필라시 고쉬 'China Blocks Bloomberg Web Site After Story Details Xi Jinping's Family's Vast Wealth'.

24 2013년 8월 9일자 〈월스트리트 저널〉, 리바 골드 'Wikipedia Cofounder Refuses to Comply with China's Censorship'.

25 숀 힐리 〈The Great Firewall of China〉(Social Education 71, no. 3, April 2007: 158-162쪽).

26 2006년 9월 9일자 〈가디언〉, 데이비드 스미스 외 'Wikipedia Defies China's Censors'.

27 예를 들어, 2011년 12월 26일자 〈인민일보 해외판〉, 예샤오윈 'Common Interests Prevent
'Cold War' Between China and U.S.', 2014년 2월 20일자 〈파이낸셜 타임스〉,
제프 다이어 'U.S. v China: Is This the New Cold War?', 2014년 4월 25일에 있었던
추이톈카이의 하버드대학 연설 〈China's Policy Toward the Asia-Pacific〉을 보라.

28 이 주제에 관한 일반적인 논의는 마이클 필스버리 〈The Sixteen Fears: China's Strategic
Psychology〉(Survival: Global Politics and Strategy 54, no. 5, October/November 2012:
149–82쪽)를 보라.

29 로버트 게이츠 〈Understanding the New U.S. Defense Policy through the Speeches
of Robert M. Gates〉[Secretary of Defense, December 18, 2006 – February 10, 2008,
Department of Defense (Rockville, MD: Arc Manor, 2008)], 143쪽.

30 외국의 영향력에 대한 중국의 반대와 관련한 상세한 논의는 조너선 스펜서《To Change
China: Western Advisers in China》(New York: Penguin, 1969), 앤-마리 브래디《Making
the Foreign Serve China: Managing Foreigners in the People's Republic》(Lanham, MD:
Rowman & Littlefield Publishers, 2003)을 보라.

31 칼슨, 〈China's Military Produces a Bizarre, Anti-American Conspiracy Film(VIDEO)〉.

32 2012년 6월 20일자 〈워싱턴 타임스〉, 마일스 위 'Inside China: PLA Hawks Decry Sellout by
Leaders'.

33 맨지스《China: The Gathering Threat》(2005)

34 미국이 자금을 지원하는 중국 내 대부분의 프로그램들은 법과 시민사회의 발전을 촉진하는
것이 목적이며, 국무부의 인권과 민주주의 기금을 통해 특별한 용도에 따라 분배된다.
토머스 룸〈U.S.-Funded Assistance Programs in China〉(Congressional Research Service,
April 24, 2009).

35 유럽연합이 중국에서 기울이는 지원과 노력, 특히 법 발전 영역에서의 지원은 미국에 비해
더욱 적극적이다. 토머스 룸〈U.S. Assistance Programs in China〉(Congressional Research
Service, May 9, 2013).

36 스웨인《America's Challenge》(2011) 283-288쪽

37 http://english.unirule.org.cn/

38 로버트 졸릭은 '고품질'의 미-중 투자 협정이 되려면 다음과 같은 조건이 만족되어야 한다고
말한다(나는 이에 동의한다): 외국 기업과 내국 기업에 대한 동등한 대우, 외국 투자자에
대한 불공정한 처우 금지, 무역 왜곡 조치 금지, 지체 없는 국내외 자금 이동 능력, 그리고
분쟁 해결을 위한 국제중재 시스템. 2014년 3월 10일자 〈파이낸셜 타임스〉, 로버트 졸릭
'International Treaties Can Once Again Help China Advance'. 이 조건들을 만족하기
위해서는 소위 국가대표 기업을 포함해 중국 국유기업에 주는 혜택을 축소해야 할 것이다.
이것이 중국 지도부가 이런 항목에 동의하고 싶어 하지 않는 한 가지 이유다.

39 민주주의를 위한 국가원조기금(NED)의 지원을 받는 또 다른 저널로 〈중국 노동 회보
(China Labor Bulletin)〉가 있다. 1994년 홍콩에서 설립된 비정부기구인 〈중국 노동 회보〉
는 모니터링과 조사를 하는 소규모 조직에서 출발하여 중국 내 노동자들의 권리를 지키고

증진하기 위해 적극적으로 활동하는 조직으로 성장했다. http://www.clb.org.hk/en/content/who-we-are.

40 에번 메데이로스는 《Reluctant Restraint: The Evolution of China's Nonproliferation Policies and Practices, 1980 - 2004》(Palo Alto, CA: Stanford University Press, 2007) 40쪽에서 "미국의 전략은 … 원자력협력 협정에서의 진전과 중국의 비확산 협정을 명시적이고도 공개적으로 연관 짓고 있었다. 이 전략은 제한적이지만, 중국의 비확산 정책과 실행에 즉각적으로 영향을 미쳤다."고 적었다.

41 같은 책.

42 1971년 6월 25일 바이든 상원 의원이 매리 앤 케이시에게 제출한 문건 〈The Algerian Nuclear Problem, 1991: Controversy over the Es Salam Nuclear Reactor〉(National Security Archive, edited by William Burr, posted September 10, 2007, Document 17b)를 보라.

43 미국 정부의 지원을 받지 않는 포드 재단이 1988년~2006년 동안에 중국 내 프로그램들을 위해 2억 2천만 달러에 달하는 자금을 제공했다. 중국에 포드 재단의 지원금은 관리, 민주주의 그리고 시민사회 프로그램들을 지원했고, 후에는 건강, 교육 그리고 문화 활동 및 경제 발전과 환경 프로젝트들을 지원했다. 포드 재단은 시민사회 발전, 투명하고 효율적이며 책임 있는 정부, 민사 및 형사 사법 제도 개혁, 중등교육 및 고등교육에 대한 더 많은 접근 기회 부여, 천연자원에 대한 지역사회의 권리 그리고 성과 생식에 대한 교육을 위한 활동에 2억 7천5백만 달러의 자금을 지원했다. 포드 재단의 2012년 보고서 〈Results That Change Lives〉를 보라.

44 중국의 확산 활동의 증가 상황에 관한 더 상세한 내용은 셜리 칸 〈China and Proliferation of Weapons of Mass Destruction and Missiles: Policy Issues〉(Washington, DC: Congressional Research Service, January 3, 2014), 존 볼튼의 2005년 2월 7일 도쿄 연설 〈Coordinating Allied Approaches to China〉을 보라.

45 리처드 해스와 메건 오설리번 편저 《Honey and Vinegar: Incentives, Sanctions, and Foreign Policy》(Washington, DC: Brookings Institution Press, 2000) 41쪽에 수록된 로버트 수팅어 〈United States and China: Tough Engagement〉.

46 2013년 2월 3일자 〈뉴욕 타임스〉, 에드워드 웡 외 'Reformers Aim to Get China to Live Up to Own Constitution'.

47 같은 글.

48 2000년, 미국 의회는 중국과의 거래에서 미국의 이익을 보호해줄 제도적 안전장치 역할을 해줄 두 개의 의회위원회를 설립했다: 의회 중국위원회(CECC)와 미-중 경제안보 검토위원회(USCC). USCC 연례 보고서에는 예를 들어 중국과 보다 공정한 무역 관계 추구, WTO 결정 집행, 통화 조작 중단, 미국 기업들이 수출 규제를 더 잘 이해할 수 있도록 지원 그리고 국가경쟁력 전략 개발 등 50개 항목에 달하는 권고 조항들이 들어 있었다. 중국의 이기적 논쟁에 대한 더 상세한 내용은 징황 《Factionalism in Chinese Communist Politics》(Cambridge, UK: Cambridge University Press, 2000), 빅터 스 《Factions and Finance in China: Elite Conflict and Inflation》(Cambridge, UK: Cambridge University Press, 2008)을 보라.

49 옥센버그가 브레진스키에게 보낸 메모(Foreign Relations of the United States, vol. 13, 1146-47).

50 1996년 1월 19일 미국 정보기관의 역할과 기능에 관한 위원회 청문회(Room SD-106, Dirksen Senate Office Building, Washington, DC).

51 미-중 안보검토위원회에서, 릴리 대사는 증인으로 출석한 내게 질문을 하며 청문회의 3분의 2에 달하는 시간 동안 이 의견을 피력했다. 미국 연방의회 중계방송국(C-SPAN) 홈페이지에서 〈Security Issues: Panelists Talked about the Ongoing Relationship between the U.S. and China, Focusing on China's Perceptions of the U.S. Strategically, Regionally, and Militarily〉를 보라(2001. 8. 3.).

52 2012년 3월 30일자 〈뉴욕 타임스〉, 제인 펄즈 'Myanmar Reforms Set U.S. and China in Race for Sway'.

53 2012년 5월 17일자 〈AP 통신〉 보도, 'Derek Mitchell Named Myanmar Ambassador by Obama Administration'.

54 예를 들어, 파리드 자카리아 〈A Conversation with Lee Kuan Yew〉(Foreign Affairs, March/April 1994)를 보라.

55 그레이엄 앨리슨 외 《Lee Kuan Yew: The Grand Master's Insights on China, the United States, and the World》(Cambridge, MA: MIT Press, 2013). xxvii.

56 같은 책, xxvii, 3, 14, 15-16쪽.

57 같은 책, 4쪽.

58 샴보 《China Goes Global》(2008) 248쪽에서 인용.

59 왕장 외 《The New Warring States Era》(Beijing: Xinhua chubanshe, 2003)

60 마틴 자크 《When China Rules the World: The End of the Western World and the Birth of a New Global Order, 2nd ed.》(New York: Penguin Books, 2012)

61 2014년 2월 26일자 〈CNBC〉, 안수야 하자니 'Yuan to Supersede Dollar as Top Reserve Currency: Survey'.

62 샴보 《China Goes Global》(2008)

63 이 주제에 관한 문헌이 늘었다. 이에 관한 정부 당국의 견해는 국방부 〈Background Briefing on Air-Sea Battle by Defense Officials from the Pentagon〉(November 9, 2011)을 보라. 학자들의 논의는 숀 머스키 〈Stranglehold: The Context, Conduct and Consequences of an American Naval Blockade of China〉(Journal of Strategic Studies 36, no. 3, June 2013: 385-421쪽), 테런스 켈리 외 《Employing Land-Based Anti-ship Missiles in the Western Pacific》(Santa Monica, CA: RAND Corporation, 2013), 마크 랜테인 〈China's Maritime Security and the 'Malacca Dilemma'〉(Asian Security 4, no. 2, 2008: 141-61쪽), 더글러스 페이퍼 〈China, the German Analogy and the New AirSea Operational Concept〉(Orbis 55, no. 1, Winter 2011: 114-31쪽), 로버트 포터 〈The Importance of the Straits of Malacca〉(e-International Relations, September 7, 2012), 제이슨 글랩 〈Blockading China: A Guide〉(War on the Rocks, October 1, 2013), 애런 프리드버그 《Beyond Air-Sea Battle: The Debate over U.S. Military Strategy in Asia》(London: International Institute for

Strategic Studies, 2014), 2013년 7월 31일 〈내셔널 인터레스트〉 윌리엄 콜비 〈Don't Sweat AirSea Battle〉, 2012년 7월 19일 〈내셔널 인터레스트〉 조슈아 로브너 〈Three Paths to Nuclear Escalation with China〉, 2011년 8월 17일 〈디플로마트〉 라울 하인리히 〈America's Dangerous Battle Plan〉, 2013년 1월 6일 〈PJ 미디어〉 크리스토퍼 포드 〈'Air/Sea Battle,' Escalation, and U.S. Strategy in the Pacific〉을 보라.

64 아미타이 에치오니 〈Who Authorized Preparations for War with China?〉 (Yale Journal of International Affairs, Summer 2013: 37 – 51쪽).

65 워런 짐머먼 《First Great Triumph: How Five Americans Made Their Country a World Power》(New York: Farrar, Straus and Giroux, 2002).

66 우춘추 《On Grand Strategy》(Beijing: Current Affairs Press, 2000)

67 앤 오드 《The Eclipse of Great Britain: United States and British Imperial Decline, 1895 – 1956》(Basingstoke, UK: Palgrave Macmillan, 1996), 애런 프리드버그 《The Weary Titan: Britain and the Experience of Relative Decline, 1895 – 1905》(Princeton, NJ: Prince ton University Press, 1988), 란신샹 《Recasting the Imperial Far East: Britain and America in China, 1945 – 1950》(Armonk, NY: M.E. Sharpe, 1995).

68 펑웅펑 〈The Peaceful Transition of Power from the UK to the U.S.〉(Chinese Journal of International Politics 1, no. 1, 2006: 83 – 108쪽)